CAHIER DE
TRAVAUX PRATIQUES

ALLONS-Y!
LE FRANÇAIS PAR ÉTAPES

▼ ▼

JEANNETTE D. BRAGGER
The Pennsylvania State University

DONALD B. RICE
Hamline University

HH Heinle & Heinle Publishers
I (T) P An International Thomson Publishing Company
Boston, Massachusetts 02116 USA

Illustrations by Valerie Spain, Jane O'Conor, Patricia Olmstead

TABLE ▾ DES ▾ MATIÈRES

Preface

Organization

The Workbook for **Allons-y! *Le français par étapes***, Fourth Edition, is organized as follows:

Paralleling the first three **étapes** in each textbook chapter are three Workbook **étapes** that include the following sections:

- **Lisons!** Reading strategies, reading selection, and comprehension activities
- **Écrivons!** A self-correcting test on the grammer of the **étape** (students who do not score 80% or above on this test are referred to the ***Pratique de la grammaire*** at the back of the Workbook, which contains highly structured review exercises on the topic of the test); semi-controlled and open-ended authentic writing activities that reinforce the vocabulary and the grammar of the **étape** (NOTE: For many of these activities, especially in the early chapters, answers are provided at the back of the Workbook.)

The fourth **étape** of each Workbook chapter parallels the fourth **étape** of the textbook and includes the following sections:

- **Écoutons!** Listening activities correlated with the Student Tapes (answers are provided at the back of the Workbook)
- **Rédigeons!** Open-ended writing activities that combine the functions, vocabulary, grammar, and theme of the chapter
- **Travail de fin de chapitre** An additional listening activity from the Student Tape and, in most chapters, a word-game (crossword puzzle, rebus, anagram, etc.) that reviews some of the vocabulary of the chapter

Development of Skills

The separation of communicative functions (in the Workbook) and structured grammar practice (in the computer program) places the responsibility on the student and makes the development of communicative skills more interesting and challenging. In turn, this organization relieves the tedium of mechanical exercise correction and allows instructors to give time to the development of the reading, writing, and listening skills.

Reading (*Lisons!*) The Workbook contains many authentic texts that include literary excerpts, the popular press, realia, and so forth. In each text, students are directed to apply a specific reading strategy (e.g., skimming, scanning, use of cognates, guessing from context, word families, reading for gist, reading for supporting detail). All of these strategies are applied to a variety of text types to assure sufficient practice through regular re-entry.

Writing (*Écrivons! / Rédigeons!*)   The exercises in these sections are communicative, often personalized, writing assignments that range from lists to sentences to paragraphs to multiple paragraphs. Each chapter ends with an extended writing activity that asks students to use the vocabulary, grammar, and functions learned in the particular chapter as well as previous ones. The writing tasks are keyed to the software program *Système-D: Writing Assistant for French,* for students who have access to this program.

*Système-D'*s array of on-line tools include:
- a bilingual dictionary of more than 8,000 entries complete with examples of usage
- a verb conjugator that can call up over 500,000 conjugated verb forms
- an on-line reference grammar
- an index to functional phrases
- sets of thematically related vocabulary items

Extensive cross linking between dictionary, grammar, and functions ensures easy access for the student to the very different ways in which English and French sometimes express the same ideas.

An on-line word processor enables students to capture the fruits of their labors in an electronic file that, when printed out, provides both student and teacher with a legible product.

The tracking program, which records every student action within the program, can provide teachers with insights into how individual students approach the writing process (e.g., linearly or recursively) and thus with the means to provide direction to students on an individual basis.

Système-D is available to institutions in DOS, Windows, or Macintosh formats via site license agreement. It can be installed either in a stand-alone mode or on a network. A non-networkable stand-alone version is also available for individual purchase by students.

L'art d'écrire   Begining in Chapter 11, this section is included in the first three **étapes** of each chapter. In all, these twelve writing lessons constitute a systematic writing development course similar to the typical freshman English composition course. Students are given explanations with examples of a particular writing strategy in a series of activities. Among the strategies presented are the expansion of the sentence, punctuation, personal and business letters, the development of an idea, the organization of a paragraph, the linking of sentences (temporal and logical), how to identify key words in a text, how to use the dictionary, and how to imitate French syntax.

Listening (*Écoutons!*)   The Student Tapes that accompany **Allons-y!,** Fourth Edition, focus on listening comprehension rather than on speaking. The material for each chapter (found on the Student Tape for that chapter) usually consists of three segments. The first segment deals with pronunciation and corresponds to the **Prononciation** section of each **étape** in the textbook. (Since these sections only appear in Chapters 1 through 11, the Student Tapes for Chapters 12 through 14 have only two segments each.) The second segment provides a variety of activities: dictation, sound and word discrimination, specific task listening. The final segment offers a conversation or monologue that provides practice in listening for gist and for detail.

We hope that students will find their experience with this Workbook both rewarding and enjoyable.

ÉTAPE
PRÉLIMINAIRE

Apprenons une langue étrangère!

L▪I▪S▪O▪N▪S ! (*Let's read!*)

You are probably already able to read some French, even though you have barely begun your formal study of the language. Here and on pages 2–4 are six texts that a first-time visitor to France might want to read.

✻ **I. Qu'est-ce que c'est?** (*What is it?*) Using your knowledge of English (and any other languages you know) as well as your experience in reading similar material, identify each *type* of text.

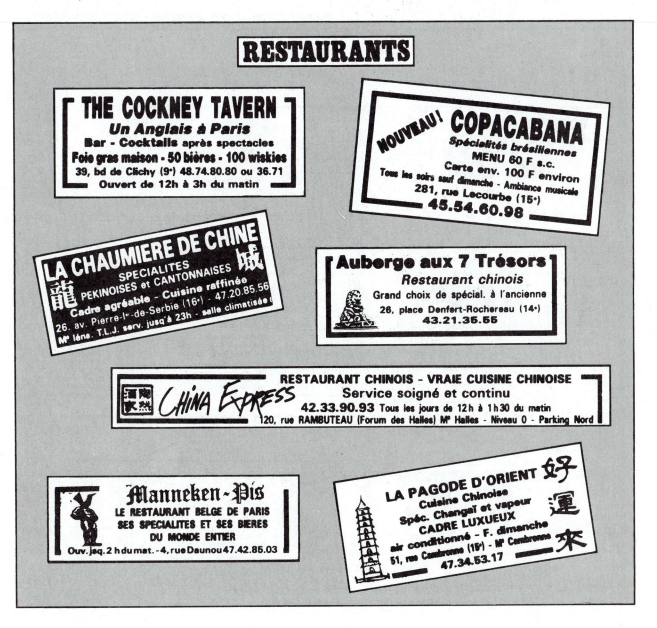

1 *Type of text:* _____

_____

REMEMBER! An asterisk (✻) preceding an exercise number indicates that the exercise is self-correcting. You will find the answers at the back of this **Cahier**, beginning on page 365.

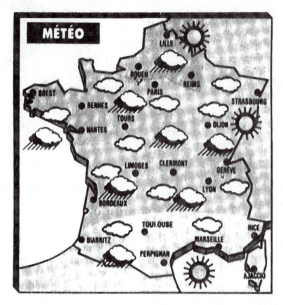

2 *Type of text:* _____

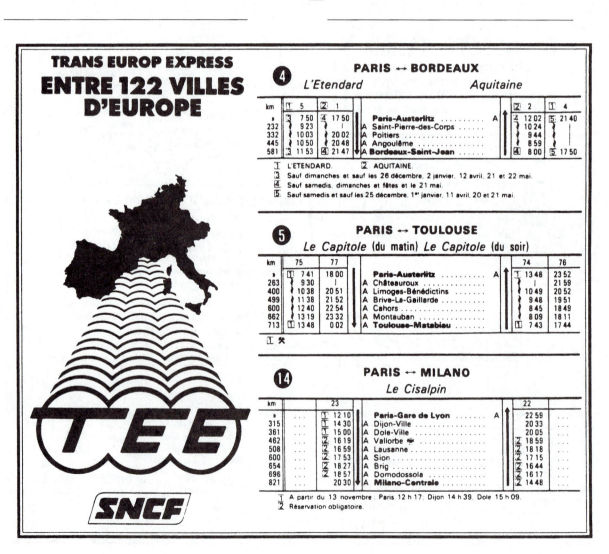

3 *Type of text:* _____

4 *Type of text:* _____

VENDREDI **VOTRE SOIRÉE**

VINGT-QUATRE
France-Soir **TV**

7 AVRIL 1989 (DH)

Variétés

Carlos retrouve ses copains

20.35 : Tapis vert.

20.40 | **Avis de recherche**

Présenté par Patrick Sabatier.
INVITÉ PRINCIPAL : CARLOS

VARIÉTÉS : Europe, Boom-Boom et les Tequilas, Yvette Horner, vidéo de Georges Brassens, Mylène Farmer, Fred Mella.
COUP DE CŒUR : Michel Piccoli, Michèle Morgan.

Carlos.

22.45 | **52 sur la Une**

proposé par Jean Bertolino, Gérard David et Jane Lagier.
BON CHIC-BON GENRE
Si, en 1968, être bourgeois paraissait infamant, aujourd'hui le bon chic-bon genre a de nouveau droit de cité. Avec ses codes, ses modes, ses stars, ses rallyes mondains, ses fêtes et ses écoles de maintien, le monde de BC-BG s'est définitivement imposé. Témoin privilégié de ce reportage haut de gamme : Jacques Chazot.

23.45 | **Une dernière**

Présenté par Geneviève Gallay.

0.00 | **Météo**

0.05 | **Spécial sport**
RALLYE DE TUNISIE

0.10 | **Arsène Lupin**
« VICTOR, DE LA BRIGADE MONDAINE »
Série de Jean-Pierre Decourt.
DISTRIBUTION : Georges DESCRIÈRES, Yvon BOUCHARD, Jacques BALUTIN.
L'HISTOIRE. – Victor, un policier en poste en Afrique et donc totalement inconnu, est engagé pour arrêter Arsène Lupin.

1.05 | **Des agents très spéciaux**
« OPÉRATION VOLCAN »
DISTRIBUTION : Robert VAUGHN, David McCALLUM, Leo G. CARROLL.
L'HISTOIRE. – TRUSH possède une arme qui permet de réactiver les volcans.

Série

Les cris de Mountbatten

20.29 : Spot INC.

20.35 | **Lord Mountbatten**

QUE CHOISIR **ENQUÊTE FIABILITÉ ELECTRO-MÉNAGER**
7000 UTILISATEURS ONT JUGÉ : RÉSULTATS DANS QUE CHOISIR D'AVRIL

« LE DERNIER VICE-ROI DES INDES »
Quatrième épisode de la série réalisée par Tom Clegg. Scénario de David Butler. (Sous-titrage Antiope.)
DISTRIBUTION : Nicol WILLIAMSON (Mountbatten), Janet SUZMAN (Edwina), Ian RICHARDSON (Nehru), Sam DASTOR (Gandhi), Vladeck SHEYBAL (Jinnah), Nigel DAVEMPORT (Ismay), Wendy HILLER (la princesse Victoria).

L'HISTOIRE. – L'Inde est désormais indépendante. L'enthousiasme populaire est indescriptible. Une foule évaluée à plus de 250.000 personnes emplit les rues de New Delhi. Aux acclamations qu'elle adresse à Nehru se mêlent les cris de Mountbatten Ki Jai (victoire à Mountbatten)

21.30 | **Thalassa**
Proposé par Georges Pernoud.
« HENRY DE MONFREID : L'AVENTURE JUSQU'AU BOUT »
Deuxième partie du reportage de Daniel Grandclément.

22.25 | **Soir 3**
Présenté par Maggy Gilbert.

22.50 | **La Pétition**
Téléfilm d'après Vaclav Havel. Réalisation : Jean-Louis Comoll. Musique : Michel Portal.
DISTRIBUTION : Daniel GÉLIN, Stephan MELDEGG, Lydie et Laura GÉLIN.

23.40 | **Musiques, musique**
Proposé par Dominique Fournier.

0.15 | **Delaney**
QUELQUES HEURES AVANT L'AUBE
Réalisation : Joseph Hardy. Scénario de Robert Garland et George Yanok. Musique : Pete Rugolo. Durée 1 h 10. Espionnage. (Sous-titrage Antiope.)
DISTRIBUTION : Ed LAUTER (Bud Delaney), Thalmus RASULA (Justice Sullivan), George MURDOCK (le sergent Hagen).

1.30 | **Coupe Davis**
Commentaires : Michel Drhey et Jean-Paul Loth, en tant que consultant. Deuxième tour en direct de San Diego (Californie) :
ÉTATS-UNIS/FRANCE
(Groupe mondial - Deux simples)
LES ÉQUIPES
FRANCE : Yannick Noah, Guy Forget, Henri Lecomte, Thierry Tulasne. Capitaine : Eric Deblicker.
ÉTATS-UNIS : John McEnroe, André Agassi, Ken Flash, Robert Seguso. Capitaine : Tom Gorman.

Téléfilm

Gaz toxiques en Orient

20.00 Cosby Show.

20.35 | **Le Nuage de la mort**

Téléfilm réalisé par Leslie Martison. Durée : 1 h 35.
DISTRIBUTION : Richard BASEHART, Leslie NIELSEN, Susan STRASBERG, Jack ALLEN, Russel WATERS.

L'HISTOIRE. – La E/Force Authority consacre ses activités à la sauvegarde de l'environnement. Dans une ville d'Extrême-Orient, on signale la présence d'un gaz inconnu particulièrement dangereux. La E/Force Authority envoie l'un de ses meilleurs agents sur place. La tension monte dans la ville. La perspicacité de l'expert finit par porter ses fruits.

22.10 | **L'Homme de fer**
« RETOUR DE MANIVELLE »
DISTRIBUTION : Raymond BURR (Robert Dacier), Don MITCHELL (Mark Sanger).
L'HISTOIRE. – Maerk Sanger, étudiant endroit, plonge Dacier et son équipe dans une situation embarrassante : un brouillon de discours de la défense a été remis à l'avocat général.

23.00 | **Sexy clip**
Proposé par Jean-Luc Colin. Réalisation : Kate Jones.
THÈME : DROLE DE DRAME
Histoire de deux motards dont l'un se révèle être une femme.

23.30 | **6 Minutes**

23.35 | **Boulevard des clips**

2.00 | **Adventure**
(Rediffusion.) Présenté par Charles Villeneuve.
« LA RUMEUR »

2.50 | **Ondes de choc**
(Rediffusion.)
« LE BUSINESS DE LA NOUVELLE FESSE »

3.40 | **S'il te plaît, montre-moi nos histoires**
« LA CHARTREUSE DE LA VERNE OU LA RENAISSANCE D'UNE GRAND ABBAYE »

4.05 | **Destination santé**
(Rediffusion.) Présenté par LE DOCTEUR Marion Meney.

5.00 | **Le Glaive et la Balance**
(Rediffusion.) (Rediffusion.) Charles Villeneuve.

5.30 | **Adventure**
(Rediffusion.)

6.00 | **Boulevard des clips**

5 *Type of text:* _____

_____

_____

_____

A

Ailes du désir (Les)
VO ST-ANDRÉ-DES-ARTS I 30. rue St-André-des-Arts 43.26.48.18
GAUMONT COLISEE 38. av. des Ch.-Elysées 43.59.29.46
GAUMONT PARNASSE 82. bd du Montparnasse 43 35 30 40

Alexandre Nevski
VO ÉPÉE DE BOIS 100, rue Mouffetard 43 37 57 47

Amarcord
VO ACCATONE (EX-STUDIO CUJAS) 20, rue Cujas 46.33.86.86

Ami de mon amie (L')
LUCERNAIRE 53. rue Notre-Dame-des-Champs 45.44.57.34

Ange gardien
VO CINOCHES 1. rue de Condé 46 33 10 82

Arbre du désir (L')
VO COSMOS 76. rue de Rennes 45.44.28.80

Au revoir les enfants
FORUM CINEMAS ORIENT-EXPRESS 1. rue de l'Orient-Express 42.33.42.26
SAINT-MICHEL 7. place St-Michel 43.26.79.17
GAUMONT AMBASSADE 50. av. des Ch -Elysées 43.59.19.08
MONTPARNOS 16-18. rue d'Orléssa 43.27.52 37

Aux quatre coin-coin du « Canard »
UTOPIA CHAMPOLLION 9. rue Champollion 43.26.84.65

Aventure intérieure (L')
VO GEORGE-V 146. av. des Ch -Elysées 45.62.41 46
VF U.G.C. MONTPARNASSE 83. bd du Montparnasse 45.74.94.94
CONVENTION SAINT-CHARLES 96. rue Saint-Charles 45.79.33.00

Aventures de Bernard et Bianca (Les)
VF NAPOLEON 4. av. de la Gde-Armée 42 67 63.42

Aventures de Chatran (Les)
VF GAUMONT OPERA 31. bd des Italiens 47.42.60.33

B

Baby Boom
VO GAUMONT LES HALLES 1-3. rue Pierre-Lescot Forum des Halles (niveau-3) 40.26.12.12
PUBLICIS SAINT-GERMAIN 149. bd Saint-Germain 42.22.72.80
GAUMONT AMBASSADE 50. av. des Ch.-Elysées 43.59.19.08
GAUMONT PARNASSE 82. bd du Montparnasse 43.35.30.40
VF MAXEVILLES 14. bd Montmartre 47.70.72.86
U.G.C. OPERA 34. bd des Italiens 45.74.95.40
U.G.C. LYON BASTILLE 12. rue de Lyon 43.43.01.59
U.G.C. GOBELINS 66 bis. av. des Gobelins 43.36.23.44
GAUMONT ALESIA 73. av. du Gal-Leclerc 43.27.84.50
MONTPARNOS 16-18. rue d'Odessa 43.27.52.37
GAUMONT CONVENTION 27. rue Alain-Chartier 48.28.42.27
IMAGES 132-134. bd de Clichy 45.22.47.94

Benji la Malice
VF FORUM CINEMAS ARC-EN-CIEL 3. rue de l'Arc-en-Ciel Forum des Halles (niveau - 3) 42.97.53.74
REX 1. bd Poissonnière 42.36.83.93
U.G.C. ERMITAGE 72. av. des Ch.-Elysées 45.63.16.16
PARAMOUNT OPERA 2. bd des Capucines 47.42.56.31
U.G.C. LYON BASTILLE 12. rue de Lyon 43.43.01.59
FAUVETTE 58. av. des Gobelins 43.31.56.86
PATHÉ MONTPARNASSE 3. rue d'Odessa 43.20.12.06
CONVENTION SAINT-CHARLES 96. rue Saint-Charles 45.79.33.00
NAPOLEON 4. av. de la Gde-Armée 42.67.63.42
PATHÉ CLICHY 7-8. av. de Clichy 45.22.46.01
GAMBETTA 6. rue Belgrand 46.36.10.96

R

Retour sur Terre : Startrek IV
VO U.G.C. NORMANDIE 116 bis. av. Ch.-Elysées 45.63.16.16
VF U.G.C. MONTPARNASSE 83. bd du Montparnasse 45.74.94.94
U.G.C. OPERA 34. bd des Italiens 45.74.95.40
IMAGES 132-134. bd de Clichy 45 22 47.94

Robocop
VO FORUM CINEMAS ORIENT-EXPRESS 1. rue de l'Orient-Express 42.33.42.26
U.G.C. ERMITAGE 72. av. des Ch -Elysées 45.63.16.16
VF REX 1. bd Poissonnière 42 36.83.93
PARAMOUNT OPERA 2. bd des Capucines 47.42.56.31
GAUMONT PARNASSE 82. bd du Montparnasse 43.35.30.40

W

Wall Street
VO FORUM HORIZON 7. place de la Rotonde 45.08.57.57
U.G.C. ODEON 124. bd Saint-Germain 42 25 10.30
PATHÉ MARIGNAN-CONCORDE 27-33. av. Ch -Elysées 43.59.92.82
U.G.C. BIARRITZ 79. Champs-Elysées 45.62.20.40
MAX-LINDER PANORAMA 24. bd Poissonnière 48.24.88.88
14 JUILLET BASTILLE 4. bd Beaumarchais 43.57.90.81
ESCURIAL 11. bd de Port-Royal 47.07.28.04
14-JUILLET BEAUGRENELLE 16. rue Linois 45.75.79.79
PATHÉ MAYFAIR 90. av. Paul-Doumer 45.25.27.06
VF U.G.C. MONTPARNASSE 83. bd du Montparnasse 45.74.94.94
PATHÉ FRANÇAIS 38. bd des Italiens 47.70.33.88
NATION 133. bd Diderot 43.43.04.67
U.G.C. GOBELINS 66 bis. av. des Gobelins 43 36 23 44
MISTRAL 70. av du Gal-Leclerc 45.39.52 43
PATHÉ MONTPARNASSE 3. rue d'Odessa 43.20.12.06
U.G.C. CONVENTION 204. rue de la Convention 45.74.93.40
LE MAILLOT Pl. de la Porte-Maillot Palais des Congrès 47.48.06.06
PATHÉ WEPLER Place de Clichy 45.22.46.01

---

6 *Type of text:* _____

_____

✳ **II. Vous venez d'arriver en France.** (*You've just arrived in France.*) Use your basic reading skills to solve the following "problems" for your traveling companions. Refer to the texts in Exercise I.

1. Someone wants to know the weather for Paris today. _____

_____

2. Some of your companions want to watch TV in their hotel rooms. What program might a sports fan like? Indicate times and channels.

_____

_____

_____

Others might like to watch a movie. Again indicate time(s) and channel(s).

_____

_____

_____

3. What kinds of food are served in the restaurants advertised?

_____

_____

_____

_____

4. Some of your companions would like to go to a movie, but they want to see one in English. Select a movie for them and give them the address of the movie theater.

_____

_____

5. To save money, some people want to go to a store and buy some food. What is the name of the store advertising in the newspaper? What kind of food might they want to buy there?

_____

_____

6. A friend of one of the people traveling with you has to join a tour group in Toulouse. What time can she get a train to Toulouse tomorrow morning? How long will the trip take?

_____

_____

É•C•R•I•V•O•N•S ! *(Let's write!)*

III. Les signes graphiques *(diacritic marks)*

A. Since English does not use diacritic marks or accent marks, English speakers often overlook them in French. This exercise is designed to help you notice diacritics. In the following paragraph about two professional dancers, circle each letter that has a diacritic mark. You should find sixteen such letters.

Françoise et Dominique: danseurs complètement français, malgré cet héritage de l'école allemande qu'ils ont reçu l'un et l'autre. Dans le contenu et dans le livret de leurs premières œuvres, dans le choix de musiques, de costumes, ils sont souvent restés explicitement proches du patrimoine culturel français ou méditerranéen. Proches aussi du folklore, ou tout au moins de danses et de musiques traditionnelles; il semblerait que ce fût là une volonté de remonter aux sources—sources européennes ou plus lointaines.

(Le Monde de la Musique—n° 130, février 1990, p. 84)

B. Now copy the following sentences, making sure to include all diacritics. Check the number of diacritic marks you've written against the number in parentheses at the end of each sentence.

1. **Accent aigu** *(acute accent)*
Nous préférons célébrer la majorité d'André en été. (8)

_____

2. **Accent grave** (*grave accent*)
Le père et le frère espèrent voir leur chère mère à Genève. (7)

_____

3. **Accent circonflexe** *(circumflex)*
Le maître du château rêve d'être des nôtres. (5)

_____

4. **Cédille** *(cedilla)*
Commençons les livres de français que tu as reçus. (3)

_____

✳ IV. Cognates

A. **Les villes du monde.** *(The cities of the world.)* The French names of most major cities in the world are cognates with English. Write the French names of the cities numbered on the map on page 6. Be sure to include all accent marks. When you have finished, circle the number of each city whose name is *exactly* the same in both French and English.

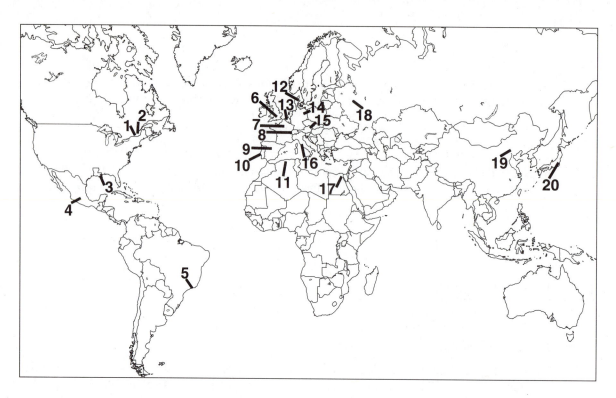

Choose from these cities in French: **Alger, Beijing, Berlin, Bruxelles, Le Caire, Copenhague, Genève, Lisbonne, Londres, Madrid, Mexico, Montréal, Moscou, La Nouvelle-Orléans, Paris, Québec, Rio de Janeiro, Rome, Tokyo, Vienne**

1. _____
2. _____
3. _____
4. _____
5. _____
6. _____
7. _____
8. _____
9. _____
10. _____

11. _____
12. _____
13. _____
14. _____
15. _____
16. _____
17. _____
18. _____
19. _____
20. _____

B. Les prénoms. (*First names.*) Many French first names are also cognates with English—for example, **Hélène, Bernard, Isabelle, Paul, Francine, Vincent.** There are some "false friends" in French, however: for example, **Jean** is a male name while **Claude** may be either a male or a female name. To familiarize yourself with some of the French first names you will be using in ***Allons-y!***, read the following lists; then do the exercise that follows.

Male names: Alain, Alfred, Bernard, Charles, Christian, Didier, Éric, Étienne, François, Georges, Gérard, Hervé, Jacques, Jean, Jean-Luc, Jean-Marc, Jean-Pierre, Marc, Mathieu, Michel, Nicolas, Pierre, Robert, Sacha, Serge, Stéphane, Vincent, Xavier, Yves

Female names: Anne-Marie, Annick, Béatrice, Bénédicte, Chantal, Christiane, Claire, Émilie, Francine, Françoise, Germaine, Hélène, Irène, Isabelle, Jeanne, Laure, Michèle, Mireille, Nicole, Pascale, Simone, Stéphanie, Sylviane, Véronique, Yvette, Yvonne

Male or female names: Claude, Dominique

In a tiny village in France, there are nine boys and nine girls of school age. Curiously, the first letters of the **prénoms** of eight boys **(garçons)** make up the name of the ninth boy; similarly, the first letters of the **prénoms** of eight girls **(jeunes filles)** make up the name of the ninth girl. Using the eighteen names listed below, complete the anagrams.

Prénoms (par ordre alphabétique): Alain, Alfred, Annick, Christian, Émilie, Étienne, Irène, Jacques, Jean-Marc, Laure, Mathieu, Nathalie, Nicolas, Robert, Simone, Sylviane, Véronique, Yvonne

Garçons	**Jeunes filles**
_____	_____
_____	_____
_____	_____
_____	_____
_____	_____
_____	_____
_____	_____
_____	_____
= _____	= _____

 É▾C▾O▾U▾T▾O▾N▾S ! *(Let's listen!)*

The **Écoutons!** activities (except in the **Étape préliminaire**) are found in the fourth (and final) section of each workbook chapter. The taped material that accompanies this section is located on the Student Tapes that accompany *Allons-y!*

Exercice 1. The sounds of French. The French equivalents of the five basic English vowels (*a, e, i, o, u*) are [a], [ə], [i], [o], [y]. Listen and repeat.

[a] Madame   Coca   garçon

[ə] de   demi   Monsieur

[i] merci   limonade   kir

[o] **au**   **eau**   rose

[y] nature   **u**ne   ét**u**diante

There are in French, however, six other vowels that are close to these basic vowel sounds: [e], [ɛ], [ø], [œ], [ɔ], [u]. Listen and repeat.

[e] caf**é**   th**é**   l**ai**t

[ɛ] **e**xpress   v**e**rre   bi**è**re

[ø] M**o**nsieur   bl**eu**   **Eu**rope

[œ] mot**eu**r   act**eu**r   n**eu**f

[ɔ] Coca   **O**rangina   lim**o**nade

[u] p**ou**r   v**ou**s   r**ou**ge

French also has three nasal vowels; that is, the sound is pushed through the nose rather than through the mouth: [ã], [ɛ̃], [ɔ̃]. Listen and repeat.

[ã] fr**an**çaise   bl**an**c   m**en**the

[ɛ̃] **un**   v**in**   p**ain**

[ɔ̃] all**on**s   citr**on**   n**on**

While doing the preceding exercises on the vowel sounds, you probably noticed that many of the French consonants are pronounced very much like English consonants. Consequently, you should have little trouble with the following phonemes. Listen and repeat.

[b] **b**ière   **b**lanc

[k] **c**rème   **k**ir

[p] **p**ressé   éta**p**e

[s] pre**ss**é   **c**itron

[d] **d**emi   Ma**d**ame

[z] frai**s**e   Ma**d**emoiselle

[t] Vi**tt**el   ci**t**ron

[v] **V**ittel   **v**ous

[m] **m**enthe   crè**m**e

[l] **l**ait   a**ll**emande

[n] **n**ature   limo**n**ade

[r] **r**ouge   me**r**ci

[g] **g**arçon   **gu**itare

There are, however, a few consonant sounds that are not as easily recognizable. Listen and repeat the following.

[ʃ] **ch**apitre   dou**ch**e

[j] b**i**ère   Perr**i**er

[ʒ] **j**e   rou**g**e

[ɥ] S**u**isse   h**u**it

[ɲ] espa**gn**ol   si**gn**e

[w] **ou**i   b**oi**sson

Exercice 2. Des boissons. Now that you have heard and repeated all the basic sounds of French, practice them by listening to and repeating some of the drinks you might want to order in a café.

une limonade	une menthe à l'eau	un verre de blanc
un demi	un Coca	un thé nature
un verre de rouge	un thé citron	un Perrier
un express	un Orangina	un kir
un café crème	une bière allemande	un citron pressé
un Vittel	un lait fraise	une bière française

✳ **Exercice 3. Au café.** Now that you are a little more familiar with these sounds, let's practice listening to some spoken French. Imagine that a large group of people arrive at a café. As the waiter struggles to get their orders, you "keep score" on the checklist provided in your workbook.

_____ un café au lait		_____ une limonade
_____ un café crème		_____ un Perrier
_____ un express		_____ un Vittel
_____ une bière allemande		_____ un verre de blanc
_____ une bière française		_____ un verre de rouge
_____ un demi		_____ un kir
_____ un thé citron		_____ un citron pressé
_____ un thé nature		_____ une orange pressée
_____ un thé au lait		_____ une menthe à l'eau
_____ un Coca		_____ un diabolo citron
_____ un Orangina		

CHAPITRE 1 — Allons prendre quelque chose!

▼ PREMIÈRE ÉTAPE ▼

Commandons! *(Text pp. 12–21)*

L·I·S·O·N·S !

READING STRATEGY

Predicting from Context and Format

The physical context and the layout or format of a text can help you understand what you are reading. For example, the sizes of the typefaces and the location of words and phrases can provide clues about the information on the label of a bottle. If you recognize cognates and use the knowledge you have already gained from reading labels written in English, you will find that the format allows you to identify the name and type of product, the quantity, and other information.

When you want something to drink, it is not always necessary to go to a café. Sometimes you may go to a store to buy a bottle of soda, beer, etc. While you can tell a lot from the color of the liquid and the size and shape of the bottle, it is often important to make sure you know what you are getting by reading the label.

✳ **I. Deux étiquettes françaises.** *(Two French labels.)* Based on your familiarity with labels on American beverages, complete the analysis of the following two French labels by listing the appropriate French words.

REMEMBER! An asterisk (✳) preceding an exercise number indicates that the exercise is self-correcting. You will find the answers at the back of this **Cahier**, beginning on page 365.

Chapitre premier **9**

A. Tonic

1. brand name _____

2. type of product _____

3. description of product _____

_____

4. quantity (volume) _____

5. address of bottler _____

B. Wine

1. year in which wine was produced _____

2. type of wine _____

3. name of vineyard _____

4. name of distributor _____

5. alcoholic content _____

6. quantity (volume) _____

READING STRATEGY

Recognizing Cognates

Many French words are easy for an English-speaking reader to guess because they resemble English words. These familiar-looking words, called *cognates*, provide you with a large vocabulary from the time you begin the study of French.

✱ **II. Quelques boissons françaises.** (*A few French beverages.*) Study the labels from twelve beverages available in France (pp. 10–12). Then answer the questions. Do the exercise on page 12, making use of your knowledge of American labels and your ability to recognize cognates.

4

EAU MINÉRALE NATURELLE

Vittel
Grande Source

Vittel
Grande Source
e 1,5 L.

MINÉRALISATION CARACTÉRISTIQUE

Calcium Ca²⁺	0,202 g/l	Sulfate SO₄²⁻	0,306 g/l
Magnésium Mg²⁺	0,036 g/l	Hydrogénocarbonate HCO₃⁻	0,402 g/l
Sodium Na⁺	0,003 g/l		

Grâce à sa composition minérale équilibrée et à sa très faible
teneur en sodium, Vittel pénètre facilement
dans les cellules, entraîne les impuretés, stimule les reins
et favorise la détoxication.

Chaque jour Vittel vous aide doucement et
régulièrement à entretenir votre forme. Il n'y a aucune
contre-indication. Cure thermale toute l'année :
lithiase, goutte, obésité, cellulite.

Informations consommateurs Vittel : BP 43 - 88800 Vittel.

*Le Club Méditerranée à Vittel, c'est le village
grande forme dans 450 hectares de domaine vert
au cœur des Vosges.*

SOCIÉTÉ GÉNÉRALE DES EAUX MINÉRALES DE VITTEL

...FRANCE.

...e 29 décembre 1903.
...la Santé Publique.
...vra, sec et tempéré.
...EMB 88516

5

FLOREAL

ROSÉ DE BÉARN
APPELLATION BÉARN CONTRÔLÉE
MIS EN BOUTEILLE À LA PROPRIÉTÉ
LES VIGNERONS DU VIC-BILH MADIRAN
64350- LEMBEYE -FRANCE
PRODUIT DE FRANCE

750 ml   12 % vol

6

JOUEZ SUR 36.15
CODE ORANGINA
ET GAGNEZ
DES MILLIERS DE CADEAUX
SUR VOTRE MINITEL

ORANGINA®
A LA PULPE D'ORANGE
150 cl

7

Finley
MARQUE DÉPOSÉE
TONIC
SODA AUX EXTRAITS D'ORANGES AMÈRES
ET D'ÉCORCES DE QUINQUINA
(CONTIENT DE LA QUININE).
150 cl.

8

Chênailles

Vin de Table Français

11 % vol   73 cl

MIS EN BOUTEILLE PAR E.V.P. F00220

129   324   L. RUEL POITIERS

9

Alc 4,5% Vol.
Cidre Bouché
BRUT   75 cl
La Closerie

10

GRAND VIN DE BORDEAUX
1987

Château Lieujean
CRU BOURGEOIS
HAUT-MÉDOC
APPELLATION HAUT-MÉDOC CONTRÔLÉE
12,1 % vol   e 750 ml
MIS EN BOUTEILLE AU CHÂTEAU
S.C.E.V. Château Lieujean Saint-Sauveur de Médoc 33250 Pauillac France
PRODUCT OF FRANCE

1. List by number all of the alcoholic beverages. _____
   _____

2. Which of these beverages has the highest alcoholic content? _____ the lowest? _____

3. Which of the bottles contains the greatest volume? _____ the smallest? _____ Are all
   the wine bottles the same size? _____ Explain. _____
   _____

4. Which of the labels come from fruit drinks? _____ How does each fruit drink differ from
   the other fruit drinks? _____
   _____
   _____

5. Which of the labels come from mineral water? _____ Are these drinks similar or different?
   _____ Explain. _____
   _____
   _____

6. In what ways are Tourtel and La Belle Brasseuse similar? How do they differ? _____
   _____
   _____

7. Which two drinks would you be most likely to buy? Why? _____
   _____
   _____

8. Which two drinks would you be least likely to buy? Why? _____
   _____
   _____

É▾C▾R▾I▾V▾O▾N▾S !

PRATIQUE DE LA GRAMMAIRE

In this **étape**, you have studied the conjugation of **-er** verbs (first and second persons) and the differences between **tu** and **vous**. To verify that you have learned these structures, take *Test 1* below. You will find the answers and scoring instructions on page 365. A perfect score is 20. If your score is less than 16, or if you wish additional practice, do the self-correcting exercises for **Chapitre 1, Étape 1**, in the *Pratique de la grammaire* at the back of this Workbook.

TEST 1

Use the verb provided to ask and answer a question. Pay attention to the person or persons to whom you are speaking.

fumer

1. Martine, _____?

2. Oui, _____ un peu.

voyager

3. Éric et Jean-Pierre, _____ beaucoup?

4. Oui, _____ assez souvent.

étudier

5. Nathalie, _____ beaucoup?

6. Oui, _____ beaucoup.

habiter

7. Annick et Sylvie, est-ce que _____ à Paris?

8. Non, _____ à Issy.

parler

9. Mme Letellier, est-ce que _____ anglais?

10. Non, mais _____ italien et espagnol.

▼ NOTE FOR CORRECTION: one point for each correct subject pronoun, one point for each correct verb form — *total: 20*

✳ **III. Le petit déjeuner et le déjeuner.** You are seated in a café. When the waiter comes, you order something to eat and drink. On the basis of the drawings, write what you order.

1. *un sandwich au jambon et un demi*_____

2. _____

3. _____

4. _____

5. _____

6. _____

7. _____

✳ **IV. Au café.** Two friends are having lunch at a café. Complete their conversation, using words or expressions that make sense and fit grammatically into the sentence.

JACQUES: Ah, voilà le garçon. _____, Monsieur!

GARÇON: Oui, _____ désirez?

JACQUES: Moi, _____ une omelette _____ et un

    _____. Et _____, Thierry?

THIERRY: Je _____ un sandwich _____ et une

    _____.

Quelques moments après (*a few moments later*).

GARÇON: Voilà, Messieurs.

THIERRY ET
JACQUES: _____, Monsieur.

GARÇON:	_____, Messieurs.
THIERRY:	Tiens! Voilà Mireille. Salut, Mireille.
MIREILLE:	Salut, Thierry. Salut, Jacques.
JACQUES:	Qu'est-ce que tu vas prendre?
MIREILLE:	Eh bien, moi, je voudrais _____ et _____.

✱ **V. Martine et Gérard.** Martine and Gérard are French university students. Ask them the following questions. Then answer the questions according to the information suggested by the drawings. Vary the form of your questions.

1.   2.   3.

Ask Martine and Gérard . . .

1. if they live in Paris.

   Est-ce que vous habitez à Paris?   *Oui, nous habitons à Paris.*

2. if they speak French.

   _____   _____

   _____   _____

3. if they study a lot.

   _____   _____

   _____   _____

4.   5.   6.

Ask Gérard . . .

4. if he sings

   _____   _____

   _____   _____

Chapitre premier   **15**

5. if he eats a lot.

_____ _____

_____ _____

6. if he speaks Spanish.

_____ _____

_____ _____

7.

Ask Martine . . .

8.

9.

7. if she speaks German.

_____ _____

_____ _____

8. if she often travels.

_____ _____

_____ _____

9. if she swims well.

_____ _____

_____ _____

VI. À vous, maintenant! You are going to write a letter in which you will introduce yourself to a new French friend. Using the verbs and adverbs listed below, write at least six sentences that you might include in this letter. In each sentence use one of the following subjects: **je** or **ma famille et moi, nous** or **mes amis et moi, nous.** Use a separate sheet of paper.

Verbs: **chanter, étudier, fumer, habiter, manger, nager, parler, travailler, voyager**
Adverbs: **beaucoup, bien, mal, un peu, souvent, rarement**

▼ DEUXIÈME ÉTAPE ▼
Parlons! _(Text pp. 22–30)_

L·I·S·O·N·S !

I. Prélecture: On va manger quelque chose. Answer the following questions.

1. When you are hungry, either for a snack between meals or for a light lunch or supper, what

kinds of food do you like to eat? _____

_____

2. If you go out to get this food, where do you go? _____

_____

3. How much do you usually pay? _____

_____

4. Is any of this food you like to eat sold from sidewalk stands? If so, what? _____

✷ **II. Deux autres possibilités.** (*Two other possibilities.*) You have already learned that in a café one can get sandwiches, omelets, and other foods to eat. When in France, however, you do not have to go to a café for a snack or a light meal. Two other possibilities are a sidewalk food shop called **une briocherie** or a small snack restaurant called **un salon de thé.** In each case, using your newly acquired knowledge of French and the basic reading skills of predicting from format and recognizing cognates, you should be able to do more than just point at what you want or always order the same thing—that is, you should be able to *read* the menu.

A. La briocherie. This shop gets its name from **une brioche**—a light, sweet bun raised with yeast and eggs. However, you can buy numerous other treats there, both sweet (**sucré**) and salty (**salé**). The following sign can be seen on the street in front of a **briocherie** in Lyon. Study it. Then indicate what special deal is being offered.

_____

_____

La Brioche Lyonnaise

croissants	pizzas
brioches	glaces
croques	boissons

REPAS PLATEAU

1 produit salé

1 produit sucré

1 boisson

(à partir de 19F)

Julie vous propose...

MENU à 49.50 F service compris

1 Salade Verte
1 Tarte Salée au choix à 26.00
1 Tarte Sucrée au choix à 17.50
ou 1 Glace 2 boules au choix à 16.00
1/4 Vin Rouge ou Rosé

MENU à 59.50 F service compris

1 Salade Verte
1 Pizza au choix à 34.00
1 Tarte Sucrée au choix à 17.50
ou 1 Glace 2 boules au choix à 16.00
1/4 Vin Rouge ou Rosé

PLAT DU JOUR

SES SALADES

Salade du Verger *(Endives, Pommes, Gruyère, raisin)*	35.00
Frisée au Confit et Filets d'Oie Fumés	42.00
Frisée aux Lardons	33.00
Frisée aux Noix et Chèvre Chaud	34.00
Frisée au Saumon fumé	42.00
Frisée au Roquefort et Noix	34.00
Julie au Jambon	35.00
Niçoise	36.00
Exotique au Crabe *(Soja, Tomate, Poivron, Crabe)*	36.00
Salade Diététique	34.00
Salade Landaise aux Gésiers Confits	39.00
Salade Gasconne *(à Victor Hugo seulment)*	65.00
(Foie gras de Canard mi cuit et magret d'Oie Fumé, Vinaigre de Framboise)	
Salade Mexicaine	32.00
Verte de Saison	12.00

SES TARTES SALÉES

Oignons Gruyère	26.00
Forestière *(Epinards, Lardons, Champignons)*	26.00
Provençale *(Tomates, Poivrons, Aubergines, Olives)*	26.00
Bleu d' Auvergne aux Noix	26.00
Chèvre Menthe Fraiche et Noisettes	26.00
Quiche Lorraine	26.00
Poireaux Roquefort	26.00
Feta *(Fromage de Brebis, Tomates et Basilic)*	28.50
Endives Jambon Gruyère	28.50
Foie de Volaille	29.50
Poulet Estragon	29.50
Steack Haché Poivre Vert	29.50
Lyonnaise *(Saucisson de Lyon, Pommes de terre)*	32.00
Saumon Oseille ou Epinards	32.00
Saumon Fumé Chester	35.00
Périgourdine au Confit d'Oie	35.00

SES PIZZAS

Super Julie *(Epaule, Champignons, Poivron, Oeuf)*	38.00
Milanaise *(Merguez, Tomate, Oeuf)*	38.00
Fruits de mer *(Moules, Crevettes, Calamars)*	38.00
Printanière *(Tomate, Champignon, Poivron, Oeuf)*	38.00
Reine *(Epaule, Champignon)*	34.00
Anchois	34.00
Marino *(Thon, Poivron)*	38.00

B. Tarte Julie. There is a relatively new chain of eating places in Toulouse that specialize in tea and pies (**les tartes**). The menu is fairly complicated. Study its organization. Then answer the questions that follow.

1. Identify (in English) for your traveling companion the six main sections of the menu. _____

   _____

   _____

2. What is the function of the italicized words in parentheses? _____

   _____

3. What English word does the French word **supplément** resemble? _____

   What do you think it refers to? _____

SES GLACES

Ananas ou Pêche Melba	26.00
Coupe Exotique *(Fruit de la Passion, Noix de Coco, Mangue)*	24.00
Coupe Grenobloise *(Glace Miel et Noix, Chantilly, Noix)*	26.00
Coupe Jolivet *(Glace Poire et Cassis, Crème de Cassis)*	26.00
Coupe Gaîté *(Glace Vanille et Chocolat, Banane en morceaux, Chantilly)*	26.00
Coupe Julie *(Glace Vanille et Framboise, Cassis Grain)*	26.00
Coupe Normande *(Granité de Pommes Vertes, Calvados)*	26.00
Coupe Gersoise *(Glace Pruneaux à l'Armagnac, Pruneaux)*	26.00
Café ou Chocolat Liégeois	24.00
Glace 2 boules au choix	16.00
Glace 3 boules au choix	23.00

SES TARTES SUCRÉES

Tarte Julie *(Quetsches, Abricots, Mirabelles, Reine Claude)*	17.50
Pommes ou Rhubarbe	17.50
Rhubarbe Cassis ou Poire Cassis	19.00
Bananes ou Ananas Coco	19.00
Clafoutis Fruits Mélangés	19.00
Pommes, Poires et Noix	19.00
Pommes Cannelle Raisins	19.00
Raisins Cannelle Noix	19.00
Citron	21.00
Framboises ou Griottes	21.00
Groseille - Cassis	21.00
Mûres ou Myrtilles	21.00
Fromage Blanc Cannelle Raisin ou écorce Orange	21.00
Banane Chocolat	21.00
Poire Chocolat	21.00
Orange ou Mandarine Chocolat	21.00
Ananas Chocolat	21.00
Chocolat Pur	21.00
Délice de Fruits Rouges avec son Coulis	25.00
Fraises	24.00
Framboise Fruits de la Passion	27.00

Et aussi

Coupe Chantilly ou crème anglaise	13.00
Fromage Blanc coulis Cassis	13.00

Supplément

Sauce au Chocolat	6.00
Crème Anglaise	6.00
Coulis de Fruits Rouges	6.00
Chantilly	6.00

SON CHOIX DE THÉS

Orange Pekoe	13.00
Thé de Ceylan à grande feuille, parfumé et assez léger	
Darjeeling	13.00
Thé des Indes poussant sur les hauts plateaux de l'Himalaya, il est considéré comme le thé le plus parfumé qui soit	
Mandarin Jasmin	13.00
Thé de Chine vert non fumé fortement parfumé au Jasmin et agrémenté de fleurs	
Lapsang Souchong	13.00
Thé de Chine fumé	
Earl Grey	13.00
Mélange d'Orient traditionnel, il enchante grâce à la bergamote utilisée	
Goût Russe Douchka	13.00
Mélange spécial de thés de Chine et d'Inde de très belle qualité, un apport d'essence de fruits lui donne un caractère attachant	
Thé aromatisé à la Mangue	13.00
Mélange de thé de Ceylan et d'Inde aromatisé à la Mangue	
Thé au caramel	13.00
Thé de Ceylan et Chine non fumé, aromatisé au caramel	
Thé à la Vanille	13.00
Thé de Ceylan et Chine non fumé, aromatisé à la Vanille	
Mélange aux quatre Fruits Rouges	13.00
Mélange de Ceylan, Inde et Chine aromatisé à la fraise, à la framboise, à la groseille et à la mûre	
Chine Gunpowder n°1 plus menthe fraîche	13.00
"poudre à canon". Feuilles vertes roulées en boule. Le meilleur thé vert du monde	
Thé déthéiné	14.00
Earl gray déthéiné	
Supplément Lait ou Citron	1.00

Et...

Tisane *(Verveine, Tilleul, Menthe)*	12.00
Café	6.50
Petit Crème	7.50
Grand Crème	14.00
Capuccino	12.00
Chocolat chaud	14.00
Petit Chocolat chaud	7.50
Chocolat Viennois	18.00

4. How much would the following items cost? _____ **a.** Earl Grey tea with lemon

_____ **b.** two scoops of vanilla ice cream with chocolate sauce

_____ **c.** a simple green salad

5. The restaurant offers two specially priced meals. Give an example of what someone could order to get *one* of these special prices. (Use the French words for the dishes you order.)

_____

_____

PRATIQUE DE LA GRAMMAIRE

In this **étape,** you have studied the conjugation of **-er** verbs (third person) and the definite article (**le, la, l', les**). To verify that you have learned these structures, take *Test 2* below. You will find the answers and scoring instructions on page 366. A perfect score is 12. If your score is less than 10, or if you wish additional practice, do the self-correcting exercises for **Chapitre 1, Étape 2,** in the *Pratique de la grammaire* at the back of this Workbook.

TEST 2
▼ ▼ ▼ ▼

First, write sentences using the words suggested.

1. Liliane et Sylvie / fumer beaucoup

_____

2. Carole / ne pas manger beaucoup

_____

3. M. et Mme Chartier / habiter à Toulouse

_____

4. on / parler français à Genève

_____

5. Jean-Pierre / ne pas aimer le vin

_____

Now, complete the responses to the following questions, using the appropriate form of the definite article.

6. —Tu voudrais une salade?

—Non, merci. Je n'aime pas _____ salade.

7. —Vous voudriez un Orangina?

—Non, merci. Je n'aime pas beaucoup _____ boissons gazeuses.

8. —Vous allez prendre un Perrier?

—Non, je n'aime pas _____ eau minérale.

9. —Tu voudrais un chocolat?

—Non, je n'aime pas _____ chocolat.

10. —Elle va prendre un sandwich?

—Non, elle préfère _____ omelettes.

▼ NOTE FOR CORRECTION: items 1–5 — one point for each correct verb form, one point for each correct use of **ne...pas**; *total: 7;* items 6–10 — one point for each correct definite article; *total: 5*

III. On se rencontre. (*People run into each other.*) For each of the drawings below, imagine a short dialogue.

A. Bonjour, . . . When there are two people in the picture, have them greet each other. When there are three people, have them make introductions. Use the names accompanying the drawings, when appropriate.

1. Mme Serreau, M. Nougent

2. Dominique, Marie-Hélène

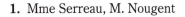

_____

_____

_____

_____

_____

_____

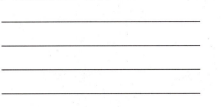

3. Simone Verdun, Germaine Ledoux, Jacques Olivier

4. Bénédicte Masson, Jean-Pierre Thibault, Vincent Beauchamp

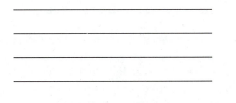

_____

_____

_____

_____

_____

_____

B. Au revoir. Now have the people say good-bye to each other.

5. Marcel, Sylvie

_____

_____

_____

6. Georges Molina, Andrée Gerbal

_____

_____

_____

IV. Moi, j'aime mieux . . . Choose at least three items from each category and indicate your personal attitude toward them. Use each of the following expressions at least once: **aimer beaucoup, aimer bien, aimer mieux, aimer un peu, ne pas aimer, ne pas aimer du tout** (_not at all_), **détester.**

Modèle: boissons chaudes (thé, café, chocolat)

> _En général, je n'aime pas les boissons chaudes. J'aime bien le chocolat, j'aime un peu le café, mais je n'aime pas du tout le thé._

1. boissons chaudes (thé, café, chocolat)

_____

_____

2. boissons froides (Coca, eau minérale, Orangina, limonade)

_____

_____

3. petit déjeuner (café au lait, chocolat, croissants, thé)

_____

_____

4. déjeuner (salade, sandwiches, omelettes, frites)

_____

_____

V. Trois amis. Write two short paragraphs about some friends of yours. In the first paragraph, discuss _one_ friend. In the second paragraph, talk about _two_ other friends. Use as many of the suggested verbs and adverbs as possible. If you choose to talk about a male friend, begin with **Mon ami;** for a female friend, use **Mon amie.** When talking about two friends, if they are both female, use **Mes amies;** otherwise, use **Mes amis.** Use a separate sheet of paper.

Verbs: **aimer, chanter, étudier, habiter, manger, parler, préférer, travailler, voyager**
Adverbs: **beaucoup, bien, mal, un peu, souvent, rarement**

Nom .... Cours ....

1

3ᵉ Étape

▼ TROISIÈME ÉTAPE ▼

Tu aimes les fast-foods? *(Text pp. 31–41)*

L ▾ I ▾ S ▾ O ▾ N ▾ S !

American culture has had a strong influence on France. One obvious example is the development of fast-food restaurants, led by McDonald's. Since you have probably had considerable experience with McDonald's in the United States, you would be well equipped to function in the French version.

✳ **I. Un menu.** First study the McDonald's menu. Then use your prior knowledge of both English and McDonald's as well as the French you already know to answer the questions that follow.

Notre Hamburger : le goût véritable d'un steak 100 % pur bœuf.

Notre Cheeseburger : le goût véritable d'un steak 100 % pur bœuf avec une tranche de fromage fondant.

Notre Filet-O-Fish® : le goût délicieux d'un filet de poisson bien doré.

Notre Doublecheeseburger : le double plaisir de deux steaks 100 % pur bœuf avec deux tranches de fromage.

Nos fameuses frites croustillantes et bien dorées.

Difficile de résister à notre célèbre Big Mac® avec deux steaks hachés 100 % pur bœuf, accompagné de sa sauce spéciale, de salade fraîche, d'oignons...

...Ou à nos Chicken McNuggets, savoureux beignets de poulet croustillants et bien dorés.

Salade Jardin : préparée le jour même, comme toutes les salades McDonald's. Une délicieuse composition de salade, céleri, carottes, radis, tomates, concombres, fromage, œuf.

Salade aux Crevettes. L'harmonie gourmande : crevettes, salade, céleri, carottes, radis, tomates, concombres, œuf.

Salade du Chef. Un savoureux mélange de jambon, dinde, salade, céleri, carottes, radis, tomates, concombres, fromage, œuf.

Vanille, fraise ou chocolat : les parfums au choix de nos délicieux Milkshakes.

Nos desserts à fondre de plaisir : chaussons aux fruits ou sundaes.

Spécial enfants.
Notre Happy Meal® : un délicieux menu conçu spécialement pour les enfants avec des jeux et des surprises à collectionner.

C'est bon comme ça chez McDonald's.®

A. Les mots apparentés. (*Cognates.*)

1. List the French words for five vegetables whose French names you can recognize because of their resemblance to English. _____

   _____

2. List ten other French words whose meaning you can guess because of their resemblance to English. _____

   _____

B. L'image et le contexte. Using the photos and the linguistic context (that is, those words that you know or recognize), find the French words or expressions that correspond to the following English words or expressions.

1. chicken _____
2. egg _____
3. fish _____
4. fruit pastries (pies) _____
5. games _____
6. shrimp _____
7. slice _____
8. strawberry _____

RESTAURANT McDonald's® - Nice-Masséna
20, av. Jean Médecin - Tél. 93.62.09.04

1er Anniversaire de votre restaurant
McDonald's® Nice-Masséna,
pour tout achat
du fameux **Big-Mac®** un délicieux
SUNDAE vous sera offert

BIENVENUE A NICE
où il se passe toujours quelque chose

WELCOME TO NICE...
where it is all happening

WILLKOMMEN IN NIZZA...
wo immer 'was los ist

BIENVENIDOS EN NIZA...
donde siempre occurre algo

BENVENUTI A NIZZA...
dove succede sempre qualche cosa

Date	Heure	MANIFESTATIONS	Lieu
Lundi 1 juin	20h00	Orch. symph. de Vienne Dir. Georges Prêtre	Acropolis
Sam. 6 juin	16h00	"Symphonie n° 4" G. Mähler	Opéra
Dim. 7 juin	16h00		
Dim. 7 juin	10h00	"Messe du couronnement" de Mozart	Cathédrale
Lun. 8 juin	20h30	Concert Simply Red	Théâtre Verdure
Mer. 10 juin	21h00	"La Création" de J. Haydn	Cathédrale
Sam. 13 juin	21h00	Jazz - Nuit du jazz azuréen	Centre cult. Cimiez av. de la Marne
Mer. 17 juin	21h00	"Te Deum" de Jean-Baptiste Lully	Cathédrale
Mar. 16 juin	19h30		
Jeu. 18 juin	19h30	"Hérodiade" de Jean Massenet	Acropolis
Dim. 21 juin	14h30	Direction Georges Prêtre	
Mar. 23 juin	19h30		
Sam. 20 juin	10-21h	Assemblée 173e District du Rotary Inter	Acropolis
Jeu. 25 juin	21h00	"5e Symphonie" A. Brüchner	Cathédrale
Ven. 26 juin	21h00		
Ven. 26 juin	20h30	Concert Diane Dufresne	Théâtre Verdure
Mer. 8 juillet		Concert Paul Young	Théâtre Verdure
Jeu. 16 juillet		Concert David Bowie	Stade de l'Ouest

✳ **II. Un set de table.** (*A place mat.*) Even though the basic format of American fast-food restaurants remains the same when transported to other cultures, each country usually adds its own particular touches. One example is the place mat. Study this place mat from a McDonald's restaurant in Nice (on the Mediterranean coast). Then do the exercises that follow.

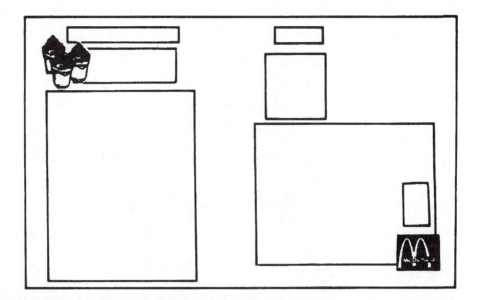

Juin

Nous recrutons des équipiers à temps partiel. Demandez un formulaire aux caisses.

GÉNIAL...
Un "Happy Meal" tout nouveau pour jouer tout l'été
COMPOSE TOI-MÊME TON MENU "HAPPY MEAL"

Happy Meal

Regarde-moi à la Télévision
Mercredi 10 juin
TF1 10 h
FR3 17 h 30
Samedi 13 juin
TF1 15 h
Dimanche 14 juin
TF1 10 h
FR3 17 h

Exemple :
1 hamburger
+ 1 frites
+ 1 boisson au choix
+ 1 cookie
+ 1 seau de plage
avec sa pelle : **22,50 F.**

McDonald's®

Ça se passe comme ça chez McDonald's®

A. Comprenez-vous? (*Can you understand*?) Many of the words on the place mat may look strange to you, but you can probably figure out the type of information being communicated. Look at the following list. If an item is included on the place mat, put its number in the appropriate location on the outline (p. 25); if it is not, cross it out.

1. an ad for "Happy Meals"

2. the current month

3. the times you can see Ronald McDonald on TV

4. addresses of the other McDonald's restaurants in Nice

5. listings of classical music concerts in Nice

6. an ad for a radio station

7. the address and telephone number of this McDonald's restaurant

8. listings of sporting events in Nice

9. an announcement that McDonald's is hiring part-time workers

10. a menu

11. listings of rock and popular music

12. a special anniversary offer

B. La France et les États-Unis. (*France and the United States.*) On the basis of the information provided on the French place mat, what cultural differences between France and the United States might you deduce? _____

_____

_____

_____

_____

_____

_____

_____

_____

_____

_____

_____

_____

_____

_____

_____

_____

É·C·R·I·V·O·N·S !

PRATIQUE DE LA GRAMMAIRE

In this **étape,** you have studied the conjugation of the verb **être,** nouns of profession, and adjectives of nationality. To verify that you have learned these structures, take *Test 3* below. You will find the answers and scoring instructions on page 366. A perfect score is 20. If your score is less than 16, or if you wish additional practice, do the self-correcting exercises for **Chapitre 1, Étape 3,** in the *Pratique de la grammaire* at the back of this Workbook.

TEST 3
▼ ▼ ▼ ▼

Complete the following conversations, using the appropriate forms of the verb **être** and of the nouns or adjectives suggested.

architecte / avocat

1. Mme Bérard, vous _____?

2. Non, je _____.

espagnol / portugais

3. Manuel et Juan, vous _____?

4. Non, _____.

russe / mexicain

5. Est-ce que Tatiana _____?

6. Non, elle _____.

étudiant / professeur

7. Michèle, tu _____?

8. Non, je _____.

français / canadien

9. Françoise et Anne-Marie, elles _____?

10. Non, elles _____.

▼ NOTE FOR CORRECTION: one point for each correct form of **être;** one point for each correct noun or adjective; *total: 20*

✱ III. Un album de photos. You are setting up a photo album of pictures taken during your recent travels around the world. Using the clues in the photo, complete the caption for each of the following entries.

Modèle:

Herbert Reed

Herbert est professeur. Il est anglais.
Il habite à Londres.

1. Jean-Yves Leroux

_____

_____

_____

_____

2. Ana et Marta González

_____

_____

_____

_____

3. Dolores Rey

_____

_____

_____

4. Kathryn Mallory

_____

_____

_____

5. Hugo Fierbach et Rolf Vogel

_____

_____

_____

6. Francesca Martinello

_____

_____

_____

7. François Denis

_____

_____

_____

8. Jean-Pierre et Catherine Letourneur

_____

_____

_____

✳ **IV. Les cartes de débarquement.** You are working for a tourist service that coordinates travel for international groups. Using the information on your group list, fill out the landing cards (**cartes de débarquement**) for the members of your group. They will be traveling from New York to Paris on Air France flight 017.

Group #2087	17 July 1996	New York–Paris	AF 017	
Name	**Gender**	**Country**	**Address**	**Occupation**
Abruzzi, Marcello	M	Turin, Italy	via Garibaldi	businessman
Delteil, Jean-Claude	M	Montréal, Canada	rue Sainte-Catherine	accountant
Fodéba, Annie	F	Lyon, France	rue Jean Moulin	doctor
Frye, Alan	M	Bristol, England	Dickens Boulevard	farmer
Kramer, Hilda	F	Munich, Germany	Leopold Strasse	secretary
Oh, Mata	F	Sapporo, Japan	Hamamatsucho	dentist
Sormani, Helen	F	Zurich, Switzerland	Dietzinger Strasse	teacher

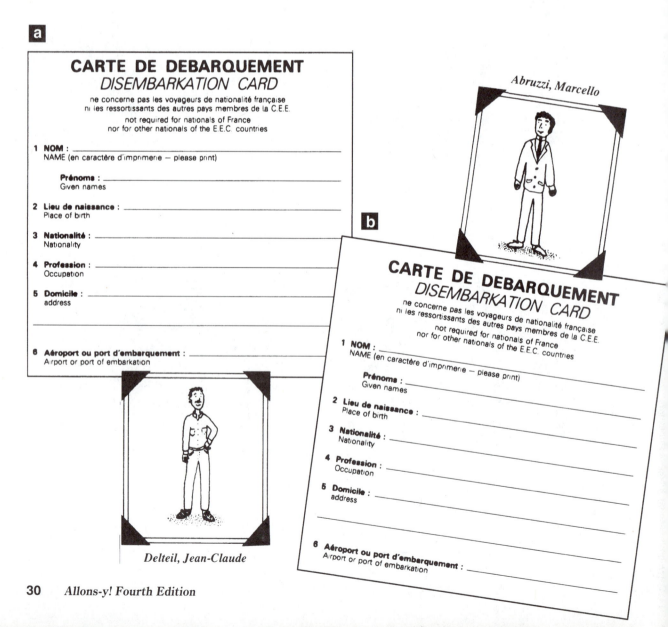

a

CARTE DE DEBARQUEMENT
DISEMBARKATION CARD

ne concerne pas les voyageurs de nationalité française
ni les ressortissants des autres pays membres de la C.E.E.
not required for nationals of France
nor for other nationals of the E.E.C. countries

1 NOM : _____
NAME (en caractère d'imprimerie — please print)

   Prénoms : _____
   Given names

2 Lieu de naissance : _____
Place of birth

3 Nationalité : _____
Nationality

4 Profession : _____
Occupation

5 Domicile : _____
address

_____

6 Aéroport ou port d'embarquement : _____
Airport or port of embarkation

Abruzzi, Marcello

b

CARTE DE DEBARQUEMENT
DISEMBARKATION CARD

ne concerne pas les voyageurs de nationalité française
ni les ressortissants des autres pays membres de la C.E.E.
not required for nationals of France
nor for other nationals of the E.E.C. countries

1 NOM : _____
NAME (en caractère d'imprimerie — please print)

   Prénoms : _____
   Given names

2 Lieu de naissance : _____
Place of birth

3 Nationalité : _____
Nationality

4 Profession : _____
Occupation

5 Domicile : _____
address

_____

6 Aéroport ou port d'embarquement : _____
Airport or port of embarkation

Delteil, Jean-Claude

c

CARTE DE DEBARQUEMENT
DISEMBARKATION CARD

ne concerne pas les voyageurs de nationalité française
ni les ressortissants des autres pays membres de la C.E.E.

not required for nationals of France
nor for other nationals of the E.E.C. countries

1 NOM : _____
NAME (en caractère d'imprimerie — please print)

    Prénoms : _____
    Given names

2 Lieu de naissance : _____
Place of birth

3 Nationalité : _____
Nationality

4 Profession : _____
Occupation

5 Domicile : _____
address

_____

6 Aéroport ou port d'embarquement : _____
Airport or port of embarkation

Fodéba, Annie

d

CARTE DE DEBARQUEMENT
DISEMBARKATION CARD

ne concerne pas les voyageurs de nationalité française
ni les ressortissants des autres pays membres de la C.E.E.

not required for nationals of France
nor for other nationals of the E.E.C. countries

1 NOM : _____
NAME (en caractère d'imprimerie — please print)

    Prénoms : _____
    Given names

2 Lieu de naissance : _____
Place of birth

3 Nationalité : _____
Nationality

4 Profession : _____
Occupation

5 Domicile : _____
address

_____

6 Aéroport ou port d'embarquement : _____
Airport or port of embarkation

Frye, Alan

e

CARTE DE DEBARQUEMENT
DISEMBARKATION CARD

ne concerne pas les voyageurs de nationalité française
ni les ressortissants des autres pays membres de la C.E.E.

not required for nationals of France
nor for other nationals of the E.E.C. countries

1 NOM : _____
NAME (en caractère d'imprimerie — please print)

    Prénoms : _____
    Given names

2 Lieu de naissance : _____
Place of birth

3 Nationalité : _____
Nationality

4 Profession : _____
Occupation

5 Domicile : _____
address

_____

6 Aéroport ou port d'embarquement : _____
Airport or port of embarkation

Kramer, Hilda

f

CARTE DE DEBARQUEMENT
DISEMBARKATION CARD
ne concerne pas les voyageurs de nationalité française
ni les ressortissants des autres pays membres de la C.E.E.
not required for nationals of France
nor for other nationals of the E.E.C. countries

1 NOM : _____
NAME (en caractère d'imprimerie — please print)

    Prénoms : _____
    Given names

2 Lieu de naissance : _____
   Place of birth

3 Nationalité : _____
   Nationality

4 Profession : _____
   Occupation

5 Domicile : _____
   address

6 Aéroport ou port d'embarquement : _____
   Airport or port of embarkation

Oh, Mata

g

CARTE DE DEBARQUEMENT
DISEMBARKATION CARD
ne concerne pas les voyageurs de nationalité française
ni les ressortissants des autres pays membres de la C.E.E.
not required for nationals of France
nor for other nationals of the E.E.C. countries

1 NOM : _____
NAME (en caractère d'imprimerie — please print)

    Prénoms : _____
    Given names

2 Lieu de naissance : _____
   Place of birth

3 Nationalité : _____
   Nationality

4 Profession : _____
   Occupation

5 Domicile : _____
   address

6 Aéroport ou port d'embarquement : _____
   Airport or port of embarkation

h

Sormani, Helen

CARTE DE DEBARQUEMENT
DISEMBARKATION CARD
ne concerne pas les voyageurs de nationalité française
ni les ressortissants des autres pays membres de la C.E.E.
not required for nationals of France
nor for other nationals of the E.E.C. countries

1 NOM : _____
NAME (en caractère d'imprimerie — please print)

    Prénoms : _____
    Given names

2 Lieu de naissance : _____
   Place of birth

3 Nationalité : _____
   Nationality

4 Profession : _____
   Occupation

5 Domicile : _____
   address

6 Aéroport ou port d'embarquement : _____
   Airport or port of embarkation

Fill out the last card for yourself. ➤

Nom .... Cours ....

1

4e Étape

✳ V. Au Quick. Three friends go to a Quick fast-food restaurant for lunch. After deciding what to eat and placing their order, they talk to an acquaintance of one of the three, who is eating at the same place. Complete their conversation with appropriate words and phrases that you have learned.

PASCALE: Alors, les amis, c'est l'heure du déjeuner. On _____ au Quick?

FRANCINE: Oui, _____? J'aime beaucoup _____ fast-foods.

MICHEL: Moi, aussi.

PASCALE: Eh bien, Francine, qu'est-ce que tu _____?

FRANCINE: _____ un Big Bacon et _____ limonade. Et _____, Michel?

MICHEL: Je _____ un Cheeseburger et _____ frites.

PASCALE: Tu prends une _____?

MICHEL: Oui, un jus d'orange.

PASCALE: Très bien. S'il vous plaît, deux Big Bacons, un Cheeseburger, deux limonades, un jus d'orange _____ des frites.

FRANCINE: Tiens! Voilà Jorge. Il _____ mexicain. Jorge! Jorge! _____, Jorge! Comment _____?

JORGE: Oh, ça va _____. Et toi, Francine?

FRANCINE: _____. Jorge, mes amis Pascale et Michel.

JORGE,
PASCALE,
MICHEL: _____.

PASCALE: Alors, Jorge, tu _____ mexicain. Tu _____ donc (*therefore*) espagnol.

JORGE: Oui. Et vous deux, vous _____ français?

PASCALE: Non. Francine et Michel _____ français, mais moi, je _____ suisse. Mais nous _____ tous les trois (*all three of us*) étudiants à la Sorbonne.

JORGE: Ah, bon. Moi aussi, je suis _____ à la Sorbonne.

▼ QUATRIÈME ÉTAPE ▼
(Text pp. 42–46)

É•C•O•U•T•O•N•S !

CHAPITRE 1
SEGMENT 2

✳ I. Dans la rue et au café. You will hear some conversations that take place in the street or at a café. Match each conversation with the appropriate description. In some instances, more than one answer may be possible.

a. friends seeing each other in the street

b. acquaintances running into each other in the street

c. students meeting for the first time

d. older strangers meeting for the first time

e. friends having a drink together in a café

f. strangers having a drink in a café

g. friends saying good-bye

h. acquaintances saying good-bye

1. _____   2. _____   3. _____   4. _____   5. _____   6. _____

✻ **II. Distinguez!** (*Distinguish!*) In each part of this activity, try to discriminate between the similar-sounding words you will hear. Although some of the words will be unfamiliar, you should concentrate on making the appropriate distinctions.

A. *Un ou une?* Listen to each statement and tell whether the drink that is ordered is masculine (**un**) or feminine (**une**).

Modèle: You hear: Un diabolo menthe, s'il vous plaît.

You circle: (un) une

1. un   une   3. un   une   5. un   une

2. un   une   4. un   une   6. un   une

B. *Le, la ou les?* Listen to each statement and tell whether the food or drink mentioned is masculine singular (**le**), feminine singular (**la**), or masculine or feminine plural (**les**).

Modèle: You hear: Je n'aime pas du tout le fromage.

You circle: (le) la les

1. le la les   4. le la les   7. le la les

2. le la les   5. le la les   8. le la les

3. le la les   6. le la les   9. le la les

C. *Il, elle, ils ou elles?* Listen to each statement and tell whether the subject pronoun is masculine singular (**il**), masculine plural (**ils**), feminine singular (**elle**), or feminine plural (**elles**).

Modèle: You hear: François? Mais il ne parle pas chinois.

You circle: (il) elle ils elles

1. il elle ils elles   6. il elle ils elles

2. il elle ils elles   7. il elle ils elles

3. il elle ils elles   8. il elle ils elles

4. il elle ils elles   9. il elle ils elles

5. il elle ils elles   10. il elle ils elles

D. Masculin ou féminin? Listen to each statement and tell whether the person whose nationality is given is male or female.

Modèle: You hear: *Mathilde est française.*

You circle: m (f)

1. m f   5. m f   8. m f

2. m f   6. m f   9. m f

3. m f   7. m f   10. m f

4. m f

✱ **III. Cette valise est à vous?** (*Does this suitcase belong to you?*) You are working as the representative of an American tour group in Paris. One of your jobs is to meet arriving flights and help people find their luggage. On this occasion, you are stuck with several pieces of luggage that have not been claimed. Based on the short conversations you overhear, try to match the person and the baggage tag. If a conversation does not match any of the tags, mark an X.

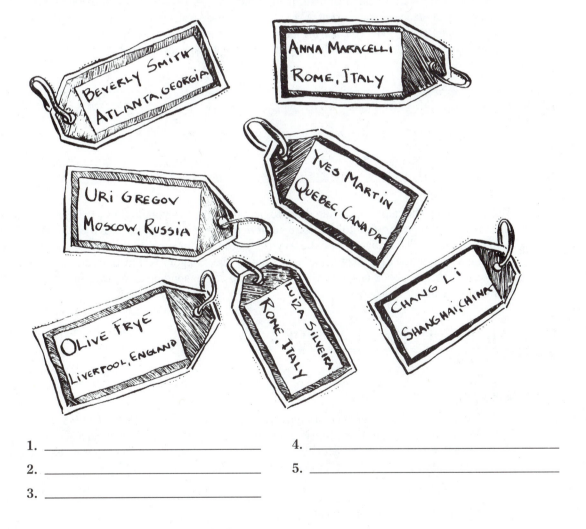

1. _____   4. _____

2. _____   5. _____

3. _____

✻ IV. Mini-dictée: Deux étudiants étrangers à Paris. Listen to this short text about two foreign students in Paris. It will be read first at normal speed and then more slowly so that you can fill in the missing words. You may listen again, if necessary.

Jacques _____ Marisa sont _____. Ils ne sont pas

_____ et _____

_____ à Paris. Jacques _____ suisse. _____

souvent au café. Marisa _____. Elle

_____ les fast-foods.

R▾É▾D▾I▾G▾E▾O▾N▾S ! *(Let's write!)*

Write an imaginary conversation that takes place either in a café or in a fast-food restaurant in Paris. You and an acquaintance of your parents (Mr. . . .) have made plans to meet for lunch. A French friend of yours (Janine Leclair) joins you. During lunch, Mr. . . . and Janine try to find out about each other. Make sure that everyone gets something to eat. Use a separate sheet of paper.

PHRASES: Greetings; introducing; thanking; advising

VOCABULARY: Food; drinks; professions; trades; occupations

GRAMMAR: Present tense

(**Writing Hint:** The information listed above may be of help as you do this writing assignment. The **Phrases** category refers to the **Pour se débrouiller** section of the **Lexique** for this chapter in your textbook. The category **Vocabulary** refers to the **Thèmes et contextes** section of the **Lexique** at the end of this chapter in the textbook. The category **Grammar** refers to one of the structures in the textbook chapter. You will also find corresponding categories in the **Système-D** computer program.)

TRAVAIL DE FIN DE CHAPITRE
▼ ▼ ▼ ▼ ▼

CHAPITRE 1 SEGMENT 3

✻ I. Quatre conversations

A. You will hear four short conversations (Dialogues 1–4). Listen to each conversation and try to match its number with the appropriate description. You will not understand all of what is being said; however, use the French you have already learned and any other clues you can pick up to identify the context for each conversation.

_____ **a.** Three university students go to a café for lunch.

_____ **b.** Two friends have lunch in a café.

_____ **c.** Two high school students stop at a café for something to drink. While there, a friend of one of them comes by.

_____ **d.** Two friends go to a fast-food restaurant for lunch, where one of them runs into an older acquaintance.

1

B. Listen again to the four conversations. Then answer the following questions.

Dialogue 1

1. What does each person order? _____

_____

_____

2. How many drinks does the waiter suggest? _____

_____

Dialogue 2

3. What are the names of the three customers? _____

_____

4. What does each one order? _____

_____

5. Why do the three people laugh? _____

_____

_____

Dialogue 3

6. Why doesn't Laurent like the Quick restaurant? _____

_____

7. What does he finally order at the café? _____

_____

Dialogue 4

8. Which of the two friends knows Mme Launay? _____

_____

9. How do you know that? _____

_____

10. What do Florence and Thibault order to eat and/or drink?

_____

_____

_____

✳ II. Jeu: Quelque chose à manger. The white blocks of letters are the names of drinks you can order in a café. Using the clues (the number of spaces and the letters or punctuation marks provided), fill in the names of the drinks. Then transfer some of the letters, following the arrows, to the shaded blocks in the middle. If you are correct, the shaded blocks will contain the name of something to eat that can also be ordered in a café.

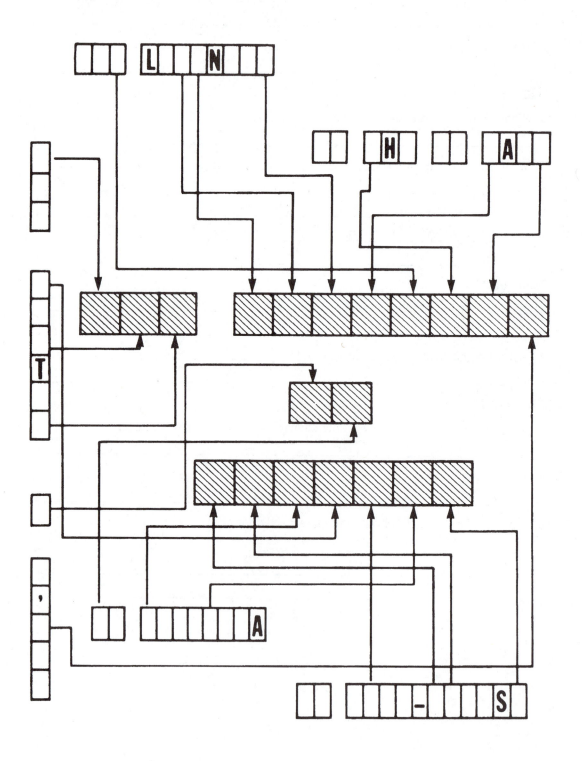

Nom .... Cours ....

2

1ère Étape

CHAPITRE 2 Faisons connaissance!

▼ PREMIÈRE ÉTAPE ▼

C'est à toi, ça? *(Text pp. 50–61)*

L▾I▾S▾O▾N▾S !

In France, as in the United States, advertising (what the French call **la publicité** *or* **la pub***) is big business. Consequently, when you are in France, you are bombarded with ads for all types of merchandise. In this* **étape,** *you will work on reading ads for merchandise that you as student might want or need.*

✱ **I. Prélecture.** Answer the following questions about ads on the basis of your general knowledge and your ability to observe.

1. Even if someone did not understand a single word of French, what physical cues might allow

   that person to distinguish the ad from the rest of this magazine page? _____

   _____

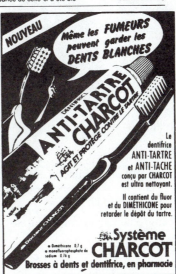

BOND EN AVANT DE LA RECHERCHE SUR LE CANCER

Mais il serait aussi responsable d'accidents cérébraux (lésions, aires d'apoplexie) et d'un certain nombre d'affections neurologiques. Présent dans toutes les cellules du cerveau où il joue un rôle de transmetteur, le glutamate peut, à certains moments, se trouver en minuscules quantités dans les espaces intercellulaires. Mais il arrive que le cerveau soit brusquement privé d'oxygène, alors le glutamate devient plus abondant et envahit les cellules principales, les neurones, et les noie. Nécessaire à la vie, le glutamate se transforme alors en tueur.

Un détecteur ultrasensible. C'est le dernier gadget pour détecter plus facilement la moindre grosseur dans un sein. Il s'agit d'une poche en latex d'une vingtaine de centimètres de diamètre, remplie de silicone liquide, que l'on place sur le sein. Son application augmente considérablement la perception de la dimension de la plus minuscule grosseur. A travers cette poche, la palpation d'un grain de sel donne l'impression d'un caillou, un cheveu humain est aussi épais qu'un morceau de fil de fer. Comment le «sensor pad» permet-il de détecter les grosseurs les plus infimes ? En éliminant friction, chaleur et autres stimuli, il ne permet qu'à la seule perception de la forme de l'anomalie de parvenir au cerveau.

« Nous affirmons qu'il est réalisable et cliniquement utile de se servir des polymorphismes de l'A.D.N. (Acide DésoxyriboNucléique) pour déterminer le risque de cancer. » Traduite en clair, cette phrase signée par 14 cancérologues de réputation internationale – américains, anglais, suédois et allemands – publiée dans le fameux « New England Journal of Medicine », signifie que le dépistage aussi bien que le traitement de certains cancers vont devenir possibles. L'explication de cet optimisme et de cet espoir se trouve à l'échelon le plus intime de la cellule humaine. L'A.D.N. des chromosomes. Les biologistes se sont attelés au décryptage des quelque 100 000 gènes qui forment un individu. C'est ainsi qu'ils ont découvert sur le chromosome 11, puis sur le 13, puis sur le 17, des gènes dont la présence ou l'absence correspond à l'existence d'un cancer. Sur les chromosomes 11 et 17, la présence de certains gènes dits «oncogènes» ou cancéreux, est liée à des cancers du sein. Sur le chromosome n° 13, c'est l'absence d'un gène baptisé Rb qui coïncide avec l'apparition d'un cancer rare mais redoutable de la rétine – le rétinoblastome – chez les enfants (1 cas pour 15 000 à 34 000 naissances). Le Rb a sous sa dépendance la synthèse d'une protéine essentielle à la croissance cellulaire normale. Son absence correspond à une croissance cellulaire anormale, cancéreuse. Ainsi découvert, isolé et classé, le gène Rb a-t-il permis la

mise au point d'un test prédictif du rétinoblastome à partir d'un simple prélèvement sanguin. Test d'une importance capitale puisqu'il peut être effectué avant la naissance, ce qui met les futurs parents en face de leurs responsabilités. Mais le gène Rb n'est pas spécifique au rétinoblastome. Il est également impliqué dans la genèse des cancers du poumon à petites cellules, 20 % des cancers primitifs du sein et la moitié des cas de cancers des os. Ce gène Rb vient d'être réimplanté au sein du chromosome n° 13 d'une souris porteuse d'une tumeur et la croissance de celle-ci a été blo-

quée. Cette expérience prouve que la protéine codée par le gène Rb est capable d'enrayer la formation d'une tumeur. Des essais sur l'homme sont envisagés « d'ici un an ou deux », a déclaré le Pr Wenhwa Lee, qui dirige les chercheurs de l'université de Californie qui ont réussi cette expérience. Un autre cancérologue américain, Steven Rosenberg, veut aller plus vite et plus loin. A la fin janvier, il se préparait à implanter chez de grands malades des «gènes manipulés». Pour la première fois, on devrait savoir s'il est possible d'aller «tuer un cancer dans l'œuf». ■

Jean V.-Manevy

LE TELEPUCE

NOKIA
2110

Le nouveau Nokia 2110
est un phénomène
à double titre :
il est aussi petit que
performant !
Ce concentré de
technologie ne mesure
que 15 cm.,
ne pèse que 199 g...
et tient dans la main.
Tailleur, veste, chemise,
jean's... il se glisse dans
toutes les poches pour
vous suivre partout.
Nokia 2110.
Le plus mobile des
téléphones GSM.

NOKIA
CONNECTING PEOPLE*

* POUR RELIER LES HOMMES

Distribué par les Agences
France Télécom, Darty et vos
points de vente habituels.

---

2. When you read an ad in a newspaper or magazine, how often do you expect to find the following types of information?

	Always	Usually	Rarely or never
a. type of product	☐	☐	☐
b. brand name	☐	☐	☐
c. name and address of manufacturer	☐	☐	☐
d. price	☐	☐	☐
e. materials, ingredients, and/or features	☐	☐	☐
f. picture of the product	☐	☐	☐
g. reasons for buying the product	☐	☐	☐
h. testimonials	☐	☐	☐

✻ **II. Calculatrices et ordinateurs.** Read the two ads for electronic products. Then tell which types of information listed in the preceding exercise are contained in each ad.

EL 531
Calculatrice scientifique
- *38 fonctions scientifiques et statistiques.*
- *15 niveaux de parenthèses.*
99F *Prix public conseillé*

PC 1401
Ordinateur de poche scientifique
- *59 fonctions*
- *mémoire vive : 4,2 K.octets.*
- *programmable en basic*
899F *Prix public conseillé*

EL 512
Calculatrice scientifique
- *Programmable (128 pas)*
- *71 fonctions*
- *9 mémoires*
- *Conversion décimale, hexadécimale.*
259F *Prix public conseillé*

*Liste des spécialistes Sharp en téléphonant au :
(1) 48.34.93.44. - Poste 411.*

PB 80 : Initiation basic

Micro-ordinateur de poche.
Instructions préprogrammées sur une touche
114 caractères différents, traitements de chaînes de caractères
fonctions scientifiques complètes (27).

Capacité de mémoire RAM 1 K octet extensible à 2 K octets
par RAM ORI.

Touches sensitives – Beep sonore – coffret "intégral".

Programme MÉMO intégré (N° téléphone, formules...).
L'outil idéal de l'initiation BASIC dans les écoles. Pour collégiens,
lycéens, étudiants.

Le Club CASIO pour vous aider...
Dimensions (mm) : 142 × 77 × 14 : 2 manuels d'initiation.

CASIO
Micro-ordinateurs

PB 80   **PB 770**

CATALOGUE sur demande contre 2 timbres à 2,20 F. CASIO – 178, rue du Temple – 75139 PARIS Cedex 03.
Vente en papeterie et magasins spécialisés. AGENT EXCLUSIF : NOBLET S.A.

Sharp	**Casio**
_____	_____
_____	_____
_____	_____
_____	_____
_____	_____
_____	_____

READING STRATEGIES

✳ **III. Calculatrices et ordinateurs (suite).** Scan the ads in Exercise II in order to answer the following questions.

1. What are the important differences between the EL 531 and the EL 512? _____

   _____

   _____

2. The EL 512 has more functions than the PC 1401. Why does the PC 1401 cost so much more?

   _____

   _____

   _____

3. What is the approximate price in American dollars of each of these instruments? Can you buy

   similar instruments for the same or a lower price in the United States? _____

   _____

   _____

   _____

4. How does the PB 80 compare to the products in the Sharp ad? _____

   _____

   _____

5. No price is suggested for the PB 80. How might you find out more about this particular

   instrument? _____

   _____

   _____

6. Which of these products would you find the most useful? Why? (Or, if none would help you,

explain why not.) _____

_____

_____

_____

É▾C▾R▾I▾V▾O▾N▾S !

PRATIQUE DE LA GRAMMAIRE

In this **étape,** you have studied the conjugation of the verb **avoir** and possessive adjectives (first and second person forms). To verify that you have learned these structures, take **Test 4** below. You will find the answers and scoring instructions on page 368. A perfect score is 16. If your score is less than 13, or if you wish additional practice, do the self-correcting exercises for **Chapitre 2, Étape 1,** in the *Pratique de la grammaire* at the back of this Workbook.

TEST 4
▼ ▼ ▼ ▼

First, complete each sentence with the appropriate form of the verb **avoir.**

1. Pour aller en ville, nous _____ une voiture.

2. Jacques et Bénédicte _____ une voiture aussi.

3. Nathalie _____ un vélo.

4. Toi, tu _____ une motocyclette, non?

5. Non, moi, j' _____ un vélomoteur.

6. Et vous, qu'est-ce que vous _____?

Now, complete each of the following sentences, using an appropriate form of the possessive adjectives. Pay attention to the speaker (indicated in parentheses at the beginning) as well as to the person spoken to.

7. (Henri) Tiens, voici _____ chambre. Mais, Jean-Jacques, où est _____ chambre?

8. (Pierre et Yvonne) Où sont _____ clés? Quel désastre!

   (Éric) Calmez-vous! Voici _____ clés!

9. (Sylvie) Martine, voici _____ vélo. Mais je ne peux pas trouver (*I can't find*)

   _____ vélo.

10. (Nathalie) Tiens, François, je te présente _____ amie Chantal. Chantal, François.

11. (Robert) Alain, tu aimes _____ compact discs?

(Alain) Ah, oui. J'aime beaucoup _____ compact discs.

12. (Philippe) M. Lavenne, j'aime beaucoup _____ voiture. Je voudrais bien avoir une voiture comme ça!

> ▼ Note for correction: items 1–6 — one point for each correct form of **avoir;** *total: 6;* items 7–12 — in some cases, there are two possible ways to complete the sentence; one point for each correct possessive adjective; *total: 10*

✳ **IV. Il y a . . .** Look at the drawings of Pascale's room and Didier's room. First, list at least ten objects that you see in Pascale's room.

Pascale

Didier

Dans la chambre de Pascale, il y a _un bureau,_ _____

_____

_____

Now list at least five items in Didier's room that are *not* found in Pascale's room.

Dans la chambre de Didier, il y a _____

_____

✳ **V. Petites conversations.** (*Little conversations.*) Complete the following conversations, using the expressions **il y a** or **voilà** or the appropriate form of the verbs **être** or **avoir.**

1. —À Cassis _____ des avocats?

   —Oui. Tiens! Regardez! _____ un avocat.

   —Ah, oui. M. Rocard. Il _____ de Marseille, mais il

   _____ une maison à Cassis.

2. —Nous sommes à l'université?

   —Oui. Regardez! _____ des étudiants. Là, au restaurant universitaire.

   —Est-ce qu'ils _____ français?

   —Non, espagnols et allemands. _____ beaucoup d'étudiants étrangers (*foreign*) ici.

3. —Où est-ce que Nathalie habite?

   —Est-ce qu'elle _____ un appartement?

   —C'est possible. _____ des appartements pour étudiants dans l'avenue Dauphine.

   —Où _____ l'avenue Dauphine?

   —_____ l'avenue Dauphine. Tout droit (*straight ahead*).

✳ **VI. À qui est-ce?** (*Whose is it?*) Using the information suggested, complete the following exchanges.

1. Alain is looking for his pens. Francine sees where they are.

   ALAIN: Où sont _____ stylos?

   FRANCINE: Ils sont dans _____ sac à dos.

2. Alain and Francine are looking at Didier's house.

   ALAIN: Francine, c'est _____ maison?

   FRANCINE: Non, c'est _____ maison _____ Didier.
              Je n'habite pas dans une maison. J'ai un appartement.

   ALAIN: Ah, oui? Où est _____ appartement?

3. Francine has found a set of keys.

   FRANCINE: Didier et Christine, ce sont _____ clés?

   CHRISTINE: Oui, ce sont _____ clés.

4. Alain is looking at Francine's stereo.

   ALAIN: Francine, c'est _____ chaîne stéréo?

   FRANCINE: Oui, et ce sont _____ cassettes aussi.

5. Francine and Alain are trying to find out whose desk this is.

FRANCINE: À qui est ce bureau?

ALAIN: Didier, ce n'est pas _____ bureau?

CHRISTINE: Mais non, c'est _____ bureau, à moi.

6. Didier is looking for a computer.

DIDIER: Christine, où est _____ ordinateur?

CHRISTINE: Je n'ai pas d'ordinateur, mais voici _____ calculatrice.

7. Alain and Francine can't find their bikes.

ALAIN: Francine, où sont _____ vélos?

CHRISTINE: Vous cherchez _____ vélos? Ils sont dans le garage.

VII. Les chambres à la résidence universitaire. You have been asked to send a letter to a French exchange student who is planning to spend a year at your university. Write a paragraph in which you describe a typical room in a residence hall and explain what she will need. Use the expressions **il y a, il n'y a pas,** and **tu auras besoin de** (*will need*). Begin your paragraph with: **Dans une chambre typique . . .** Use a separate sheet of paper.

SYSTÈME-D

VOCABULARY: Classroom; bedroom; toilette

GRAMMAR: **avoir** expressions

DICTIONARY: **avoir**

▼ DEUXIÈME ÉTAPE ▼

Moi, j'aime beaucoup . . . *(Text pp. 62–69)*

L▾I▾S▾O▾N▾S !

The use of skimming and scanning as reading strategies is not limited to "practical" texts, such as timetables, schedules, ads, etc. We also use these techniques when reading newspapers and magazines. In the exercises that follow, you will apply skimming and scanning to a common type of article found in today's print media, mini-portraits of famous people.

✳ **I. Prélecture.** Based on your experience looking at newspapers and magazines, answer the following questions.

1. What elements of layout are typical of a mini-portrait of a celebrity? _____

_____

2. List at least five types of information (for example, the person's name) that you almost always find in a short celebrity portrait. _____

_____

_____

3. List at least three other types of information that you sometimes find in a short celebrity portrait. _____

_____

2

✳ **II. Trois célébrités.** Rapidly scan the three portraits of people in the French spotlight and identify each person's claim to fame.

2ᵉ Étape

Il est pianiste et américain, mais d'origine chinoise, l'énigmatique Frederic Chiu. Formé à la Juilliard School, il aura donné son premier concert public à l'âge de 14 ans. Depuis, il court le monde. Ce 18 février à Paris, il interprétera des pages de Liszt. Dans le cadre de l'Heure musicale Scribe.

Steinberger: Enguerand

FREDERIC CHIU

Henri Leconte

Il s'appelle Henri Leconte. Il a vingt-trois ans, et c'est un des meilleurs joueurs de tennis de France.

Henri est né en 1963 dans le nord de la France. Dans la famille Leconte, les quatre enfants et les parents aiment jouer au tennis le dimanche.

Aujourd'hui, Henri joue dans tous les grands championnats de tennis du monde.

Henri habite à Paris, mais il veut aller habiter en Suisse. Henri a beaucoup de talent et il est très sympathique; c'est un vrai champion!

Henri Leconte

SALIF KEITA

Salif Keita est un drôle de bonhomme. Fils d'une aristrocratique famille africaine, il naît albinos. Une caractéristique difficile à porter pour un bambin du Mali. Parti de chez lui, il traîne dans les rues, et se bâtit une existence de vagabond, «Kô-Yan» est son deuxième album. Il a eu les moyens de le peaufiner et d'utiliser les techniques modernes au service de mélodies ancestrales. Il répète sans cesse: «Pour nous, la France, c'est la maman».

1. Frederic Chiu _____

2. Henri Leconte _____

3. Salif Keita _____

III. En plus. (*In addition.*) Scan the portraits a second time, a little more slowly. Then write a short paragraph in English about each of the three people. Use a separate sheet of paper.

PRATIQUE DE LA GRAMMAIRE

In this **étape**, you have studied the conjugation of the verb **faire** and information questions. To verify that you have learned these structures, take **Test 5** below. You will find the answers and scoring instructions on page 368. A perfect score is 11. If your score is less than 9, or if you wish additional practice, do the self-correcting exercises for **Chapitre 2, Étape 2**, in the *Pratique de la grammaire* at the back of this Workbook.

TEST 5
▼ ▼ ▼ ▼

First, complete each of the following sentences, using the appropriate form of the verb **faire**.

1. Qu'est-ce que vous_____ ce soir?

2. Alain _____ du tennis.

3. Frédérique et moi, nous _____ du ski nautique.

4. M. et Mme Mathieu _____ une promenade en voiture.

5. Tu _____ une promenade à pied?

6. Non, je _____ un tour à vélo.

Now, provide the question that provoked each of the following responses.

7. _____?
   Reims se trouve au nord-est de Paris.

8. _____?
   Nous mangeons des omelettes.

9. _____?
   Mathieu et Jeannine parlent chinois.

10. _____?
    Parce que je n'ai pas faim.

11. _____?
    Elle travaille à Rouen.

▼ NOTE FOR CORRECTION: items 1–6 — one point for each correct form of **faire**; *total: 6;* items 7–11 — one point for each question form used appropriately, no points for other parts of the sentence; *total: 5*

✳ **IV. Ce qu'on aime faire le week-end.** Annick, Denis, and Nelly are discussing what they each like to do on the weekend when they have some free time. Complete their conversation, using an appropriate form of **faire** or **avoir**, a question word, or another word or expression that you know and that makes sense.

ANNICK: Denis et Nelly, qu'est-ce que _____ le week-end si (*if*) vous

n'_____ pas de devoirs (*homework*)?

DENIS: Moi, _____ du tennis. Toi aussi, Nelly?

NELLY: Moi, non. J'aime rester à la maison et _____ de la musique.

ANNICK: C'est vrai? Alors, tu ne _____ de tennis?

NELLY: Non, mais mes amis et moi, nous _____ beaucoup de

promenades. Et toi, Annick, tu _____ du sport?

ANNICK: Moi, j'adore _____ des tours à vélo.

DENIS: Ah, oui. Moi aussi. Mais je _____ vélo.

_____ on peut louer (*can rent*) un vélo?

NELLY: _____ un magasin (*store*) où on peut louer des vélos dans la
rue St-Pierre.

✳ **V. Une interview.** You have been chosen to interview a French person who is attending your university. Prepare questions that you could ask in order to elicit the following information. Do not translate word for word, but look for French equivalents.

1. where he/she lives in France (**en France**)

_____

2. whether he/she lives in a house or an apartment

_____

3. whether he/she works or is a student in France

_____

4. (if he/she works) where he/she works / (if he/she is a student) what he/she is studying (*Make up two questions.*)

_____

_____

5. whether he/she prefers sports or music

_____

6. why he/she doesn't like American beer

_____

7. what he/she likes to do on the weekend

_____

8. whether or not he/she is a skier

_____

VI. Encore une interview. (*Another interview.*) You now have been asked to make up several questions that could be used to interview a French-speaking applicant for *one* of the following positions:

1. You are looking for a roommate.

2. You are looking for a live-in baby sitter for your little brother and sister (or your children).

3. You are looking for a companion for your aging parents.

Circle the situation you have chosen. Then make up six to eight appropriate questions. Once again, do not translate word for word. Use as many question words as you can. Do this exercise on a separate sheet of paper.

VII. Vous voulez rencontrer quelqu'un. (*You want to meet someone.*) You are lonely and decide to make use of a dating service to meet some new people. The first service you contact sends you a questionnaire that includes the following questions. Answer them truthfully in complete sentences.

UNI CENTRE: LES RENCONTRES D'AUJOURD'HUI
♥ ♥ 94, RUE SAINT-LAZARE · PARIS, 9E ♥ ♥

QUESTIONNAIRE

1. Où est-ce que vous habitez? ....

2. Êtes-vous originaire de la ville où vous habitez? ....
   ....

3. Est-ce que vous travaillez? Où? ....
   ....

4. Avez-vous une voiture? ....
   ....

5. Quels sports aimez-vous le mieux? ....
   ....

6. Quelle musique préférez-vous? ....
   ....

7. Qu'est-ce que vous aimez faire le week-end? ....
   ....
   ....

8. Quelles émissions regardez-vous à la télévision? ....
   ....
   ....
   ....

2

VIII. Vous voulez rencontrer quelqu'un (suite). Not satisfied with the first dating service, you decide to try another. This time, instead of sending a questionnaire, they ask you to write a paragraph about yourself. Use a separate sheet of paper.

3ᵉ Étape

VOCABULARY: Food; traveling; leisure; personality

PHRASES: Describing people; writing a letter

GRAMMAR: faire expressions

DICTIONARY: faire

SYSTÈME·D

▼ TROISIÈME ÉTAPE ▼

Voici ma famille! *(Text pp. 70–79)*

L·I·S·O·N·S !

Using reading strategies such as scanning and skimming and relying on the many cognates between French and English, you have already been able to read a variety of texts. This process has also been aided by the fact that the texts were printed. Postcards and letters, however, are usually handwritten, which introduces an additional complication. In the exercises that follow, you will work on recognizing letters and numbers as they appear in handwriting.

I. Prélecture. Study the handwritten note in English, left by the writer for his wife. Then do the activities that follow.

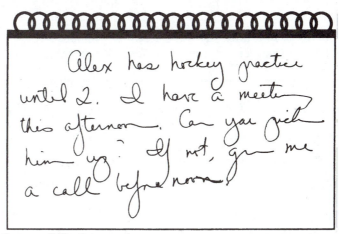

1. Circle any words that are difficult to read.
2. Which of these words can you figure out despite the poor handwriting? What allows you to

   identify them? _____

   _____

   _____

   _____

II. L'écriture. (*Handwriting.*) While letters and numbers are the same in both French and English, differences in handwriting styles between the two languages can cause some problems.

A. Les lettres. Rewrite the following words in your own handwriting. Then circle any letters that are formed in a different fashion in French.

1. Mademoiselle   5. être
2. français   6. nature
3. Généralement   7. déjeune
4. préparer   8. Avez-vous

B. Les chiffres. (*Numbers.*) Study the handwritten French numbers from 0 to 9. Then rewrite the following numbers in your own handwriting.

0 1 2 3 4 5 6 7 8 9

1. 36   5. 50
2. 27   6. 11
3. 49   7. 47
4. 18   8. 62

READING STRATEGY

Guessing from Context

When faced with an unfamiliar word or, in the case of a handwritten text, with a word whose letters you can't completely make out, you can often figure out the probable meaning from the context—that is, from surrounding words that you do recognize. As a general rule, don't be afraid to make intelligent guesses about the meanings of words and phrases. If you are wrong, succeeding sentences will probably warn you to go back and try again.

✳ **III. Trois portraits de famille.** Read the family descriptions written by three French speakers. Then, guessing from context when necessary, answer the questions that follow.

> Je m'appelle Jean-Philippe Chaumette et j'ai 17 ans. J'habite avec ma famille à Lyon. J'ai un père, une mère et deux soeurs. Sandrine a 13 ans et Laurence a 15 ans. Mon oncle Étienne, le frère de mon père, et sa femme Véronique ont deux fils. Ils s'appellent Bernard et Emmanuel. J'ai de la famille dans d'autres villes de France aussi. Mon grand-père, le père de ma mère, habite à Bordeaux avec ma grand-mère. Les parents de mon père habitent à Grenoble.

1. Who is the oldest child in Jean-Philippe Chaumette's immediate family? And the youngest?

_____

2. Which set of grandparents lives the closest to Jean-Philippe? _____

_____

Je m'appelle Isabelle Metz, j'ai 24 ans et j'étudie l'allemand et l'anglais dans le but d'enseigner. Je vis à Strasbourg avec mes parents et ma sœur Laurence qui a 20 ans. Notre appartement a quatre pièces et deux grands balcons. Mon père travaille à la SNCF et ma mère est secrétaire à l'université.

Toute ma famille habite en Alsace. J'ai deux oncles qui portent le même prénom : Bernard. L'un est le frère de ma mère, l'autre celui de mon père. Mes cousins sont tous plus jeunes que moi François, Lucie, Marie, Béatrice et Emmanuel.

Cette année, j'ai commencé à prendre des cours de guitare et je m'exerce dès que j'ai un moment de loisir. J'aime aussi sortir avec mes amis. Nous allons au restaurant ou au cinéma au moins une fois par semaine. Pendant les vacances, je fais des randonnées dans d'autres régions de France. Cet été, j'irai découvrir les volcans d'Auvergne.

3. Where does Isabelle Metz live? How many people live with her? _____
_____

4. What do her uncles have in common? _____
_____
_____

5. How does Isabelle spend her free time? _____
_____
_____

Je m'appelle Françoise et je suis belge. J'habite à Namur, une petite ville au sud de la Belgique, avec mon mari et ma famille. J'ai deux enfants, une fille et un fils: Pascale et Bernard. Mais, comme ils sont déjà grands, vingt-cinq et vingt-deux ans, ils n'habitent plus à la maison. Ils ont leur propre appartement. Par contre, mon beau-fils Stéphane, le plus jeune garçon de mon second mari, habite encore chez nous. Il a seulement dix-huit ans et il fait ses études à l'université. J'ai aussi un autre beau-fils plus âgé, Patrick, qui est marié et qui a un petit garçon de quatre ans. C'est mon premier petit-fils! Je suis très heureuse d'être grand-mère. Comme nous habitons tous dans la même ville, nous nous voyons assez souvent. C'est très agréable d'avoir toute sa famille autour de soi!

6. Where do Françoise and her family live? _____

_____

7. How do you know that Françoise is considerably older than Jean-Philippe or Isabelle?

_____

_____

8. In what way(s) does Françoise's family differ from the traditional idea of a family?

_____

_____

_____

_____

É·C·R·I·V·O·N·S !

PRATIQUE DE LA GRAMMAIRE

In this **étape,** you have studied the possessive adjectives (third person forms). To verify that you have learned this structure, take *Test 6* below. You will find the answers and scoring instructions on page 368. A perfect score is 7. If your score is less than 6, or if you wish additional practice, do the self-correcting exercises for **Chapitre 2, Étape 3,** in the *Pratique de la grammaire* at the back of this Workbook.

TEST 6
▼ ▼ ▼ ▼

Complete each of the following sentences, using an appropriate form of the possessive adjective.

1. —C'est la voiture d'Henri?

   —Non, _____ voiture est bleue.

2. —Ce sont les amis de Jean-Pierre et de Francine?

   —Non, _____ amis sont allemands.

3. —C'est le cahier de Mathilde?

   —Non, _____ cahier est rouge.

4. —C'est la maison de M. et Mme Moreau?

   —Non, _____ maison est blanche.

5. —Ce sont les clés de Pierre?

   —Non, voici _____ clés.

6. —C'est l'amie de Michel?

   —Non, _____ amie s'appelle Jacqueline.

7. —C'est l'amie de Martine?

   —Non, _____ amie s'appelle Anne.

▼ NOTE FOR CORRECTION: one point for each correct possessive adjective form; *total: 7*

✻ IV. Lequel aimes-tu mieux? (*Which one do you prefer?*) In each case, tell whether you prefer the item pictured below or a similar item belonging either to you or to your family. Use a possessive adjective in your answer.

Modèle: Lequel aimes-tu mieux—ton vélo ou le vélo de Michèle?
J'aime mieux mon vélo. or *J'aime mieux son vélo.*

la chaîne stéréo de Gérard

notre voiture

mon programme

la maison des Blanchet

le vélo de Michèle

les posters de Chantal

1. Laquelle aimes-tu mieux—ta chaîne stéréo ou la chaîne stéréo de Gérard? _____
   _____

2. Laquelle aimez-vous mieux—votre maison ou la maison des Blanchet? _____
   _____

3. Lesquels aimes-tu mieux—tes posters ou les posters de Chantal? _____
   _____

4. Laquelle aimez-vous mieux—votre voiture ou notre voiture? _____
   _____

5. Lequel aimes-tu mieux—ton programme ou mon programme? _____
   _____

V. Ma famille. Answer the following questions about you and your family.

1. Comment vous appelez-vous? _____

2. Quel âge avez-vous? _____

3. Vous êtes combien dans votre famille? _____

4. Combien de frères est-ce que vous avez? Comment est-ce qu'il(s) s'appelle(nt)? _____
   _____

5. Combien de sœurs est-ce que vous avez? Comment est-ce qu'elle(s) s'appelle(nt)? _____
   _____

6. Quel est le prénom de votre grand-mère (la mère de votre père)? _____

7. Quel est le nom de famille de votre grand-père (le père de votre mère)? _____

8. Votre mère est-elle d'une famille nombreuse? Et votre père? Expliquez (*explain*). _____
   _____
   _____

VI. J'aime bien . . . Write a paragraph about one relative from *each* of the categories listed below.

Modèle: tante

> *J'aime bien ma tante Béatrice. Elle a 37 ans. Elle est très petite. Elle a les yeux bleus et les cheveux blonds. Elle est mariée et elle a deux fils. Elle habite à New Haven. Elle travaille à la maison. Elle aime beaucoup le théâtre.*

1. oncle ou tante
2. cousin ou cousine
3. grand-père ou grand-mère

VOCABULARY: Body; hair colors; face; house; geography

PHRASES: Describing people

GRAMMAR: Possessive adjectives

SYSTÈME-D

VII. Voici ma famille. Your family has invited a young French-speaking student to spend the year with them. They ask you to write a letter to the exchange student, expressing their pleasure in her upcoming visit and describing your family. Complete the letter, giving as much information as you can about your family.

◆ ◆

le 22 septembre 19___

Chère Colette,

    Ma famille et moi, nous sommes très heureux d'apprendre que vous allez passer l'année chez nous. Je m'appelle _____, j'ai _____ ans et je suis étudiant(e) à _____. Je voudrais vous faire une petite description de ma famille.

    Nous sommes _____

_____

_____

_____

_____

_____

_____

_____

_____

_____

_____

Nous attendons avec impatience votre arrivée.

            Cordialement,

            _____

▼ QUATRIÈME ÉTAPE ▼

(Text pp. 80–85)

CHAPITRE 2
SEGMENT 2

É▾C▾O▾U▾T▾O▾N▾S !

I. L'alphabet

A. You probably will have noticed that many of the letters in French are quite similar to those in English. For example, repeat the following letters:

a   b   c   d   f   l   m   n   o   p   q   r   s   t   v

Now repeat the following letters that are different. You will do each one twice:

h   k   u   w   x   y   z

Finally, there are two pairs of letters that can be confusing to speakers of English. Repeat each of the pairs several times:

e i   g j

To spell in French, you need to know several other expressions. For double letters, say **deux** (*two*) before the letters: **deux l, deux p, deux s, deux t.** If a letter has an accent mark, say the name of the accent after the letter: **e accent aigu (é), e accent grave (è), i accent circonflexe (î), c cédille (ç).** The same is true for a capital letter (**majuscule**) and a small letter (**minuscule**): **F majuscule, d minuscule.**

✳ B. Comment s'écrit. . . ? (*How is it written?*) Knowing the alphabet will come in handy, particularly when someone gives you names or addresses over the telephone. In this exercise, a French friend is telling you about two people you could contact while traveling in the south of France. Your friend spells out the last names, the street names, and the names of the town. (Your friend assumes you can spell the first names and cognate words such as **avenue** and **boulevard.**) Write in the spaces provided the names and addresses.

_____   _____

_____   _____

_____   _____

C. Épelez . . . (*Spell . . .*) You in turn may need to spell in French when making reservations or filling out forms for someone. Imagine that you are trying to reserve a hotel room over the telephone. The clerk asks you for the following information, which you should be ready to spell in French for your instructor:

1. your last name

2. your first name

3. the name of the street where you live

4. your city

5. your state

Nom .... Cours ....

2

✳ **II. Dans mon sac à dos . . . Dans ma chambre . . .** Two students, Mireille and Vincent, are going to describe what can be found in their backpacks. Write **M** under the picture of each item Mireille has in her backpack and **V** under the picture of each item Vincent has. Not everything in the picture is mentioned on the tape. Mireille will begin.

4ᵉ Étape

1. _____   2. _____   3. _____   4. _____   5. _____   6. _____

Now Vincent and Mireille will describe what they have in their dorm rooms. Once again, write **V** or **M** under the picture of each possession. Not everything in the picture is mentioned on the tape. This time Vincent will speak first.

7. _____   8. _____   9. _____   10. _____

11. _____   12. _____   13. _____   14. _____

15. _____   16. _____   17. _____   18. _____

✳ **III. Une famille.** The names of several members of the same family are listed below. One of the children is going to explain how these people are related to each other. As you listen to her explanation, fill in the family tree with the initials of the people she talks about.

Nicolas Clément / Cécile Clément / François Clément / Marguerite Clément / Pauline Clément / Raymond Clément / Sylvie Clément / Alfred Clément

Ghislaine Favier / Henri Favier

André Truchet / Céline Truchet / Francis Truchet / Michèle Truchet

_____   _____   _____   _____   _____

✳ **IV. *Avoir* ou *être*.** Certain forms of the verbs **avoir** and **être** resemble each other closely. For each of the following sentences, circle which of the two forms you hear and then write the corresponding infinitive (**avoir** or **être**). You may not recognize every word in the sentence; listen carefully for the verb.

Modèle: You hear: Vraiment? Il est avocat? Quelle surprise!

You circle: (*il est*) *il a*

You write: *être*

1. elle a   elle est   _____

2. tu es   tu as   _____

3. ils sont   ils ont   _____

4. il a   il est   _____

5. tu as   tu es   _____

6. elles ont   elles sont   _____

✻ **V. Mini-dictée.** Complete the following conversation by writing the missing words. The conversation will be read twice.

—Ah, voilà _____ de Bernard. Elle s'appelle Yvonne. Salut, Yvonne.

—Salut, Stéphane. Où sont _____?

—Comment? Moi, je _____ frères, mais j'ai deux sœurs.

—Ah, oui. Elles _____ un appartement dans la rue Mauclair. Qu'est-ce

qu'elles _____ comme distractions?

—Ma sœur Denise _____, elle _____ du tennis; ma

sœur Isabelle _____ la politique.

—Moi, _____ la musique. Je suis pianiste.

—Ah, bon. _____ tu aimes comme musique?

—Je _____ la musique classique.

✻ **VI. Un portrait.** Claire Turquin, a young French woman, talks about herself and her family during a radio interview. Listen to her self-description, then answer the questions. Circle the letter(s) of the correct response(s). You may listen more than once to her self-description.

1. Claire habite
   a. à l'université.
   b. dans une grande maison près de Paris.
   c. dans un petit appartement à Paris.

2. . . . n'habite(nt) pas avec Claire.
   a. Ses parents
   b. Son grand-père
   c. Ses frères
   d. Ses sœurs

3. Elle a
   a. une stéréo et des disques.
   b. des photos.
   c. un vélo.
   d. une auto.

4. Elle n'aime pas beaucoup
   a. le ski.
   b. le vélo.
   c. le camping.
   d. le basketball.

5. À l'université elle n'aime pas
   a. les sciences.
   b. l'histoire.
   c. les langues.
   d. la géographie.

R·É·D·I·G·E·O·N·S !

Un autoportrait. You are going to spend a semester studying in France and have requested to stay with a French family. To help the French housing bureau match you with a family, you need to write a short self-portrait. Use a separate sheet of paper.

VOCABULARY: Family members; personality; sports; leisure

SYSTÈME-D **PHRASES:** Describing a person

TRAVAIL DE FIN DE CHAPITRE
▼ ▼ ▼ ▼ ▼

✻ **I. Deux étudiants.** Listen now to a short conversation between two students—Henri and Janine. Tell whether the characteristics below apply to Henri (**H**), to Janine (**J**), or to neither one (**X**).

1. être de Rennes _____
2. habiter à Lyon _____
3. être d'une famille nombreuse _____
4. avoir deux frères et une sœur _____
5. avoir des sœurs qui sont étudiantes _____
6. aimer le tennis _____
7. faire du ballet _____
8. aimer les sports de combat _____

✳ II. Jeu: Qui gagne à l'ordinateur? Five students of different nationalities are attending a private school in Switzerland. One of them would like a computer, but his/her parents refuse to buy one. Consequently, he/she enters a lottery and wins the first prize—a computer! Using the clues given below, figure out which of the five students wins the computer.

Hint: After reading each clue, write something down. If you can fill in one of the boxes in the chart, do so. For example, for the statement **Le garçon canadien a un frère et une sœur,** put **Montréal** in the city box next to the number 2 in the brother/sister column. If you don't have enough information to fill in a box, jot down a connection. For example, **Éric aime écouter des disques compacts,** write down **Éric—CD—musique.** Be careful! Write only one name or number or item per box.

Les élèves s'appellent Jean, Louise, Éric, Sara et Peter. Ils sont de Londres, Paris, New York, Montréal et Madrid. Ils ont le nombre suivant de frères et de sœurs: 0, 1, 2, 3, 4.
Les pères des lycéens sont avocat, ingénieur, homme d'affaires, médecin et professeur.
Les élèves aiment beaucoup la musique, le football, le cinéma, le théâtre et la politique.
Ils ont (ou voudraient avoir) une voiture, un magnétoscope, un ordinateur, une chaîne stéréo et une motocyclette.

1. Le garçon canadien a un frère et une sœur.
2. Éric aime écouter des disques compacts.
3. La fille anglaise s'intéresse beaucoup aux élections.
4. Éric n'est pas canadien.
5. Le père de Sara travaille dans une université. Il enseigne la littérature.
6. L'élève qui a une Kawasaki 500 a un frère et n'a pas de sœurs.
7. Sara aime regarder les films d'horreur.
8. Le père de Sara parle espagnol à la maison.
9. Le fils du médecin a beaucoup de disques compacts.
10. L'élève qui aime les sports est canadien.
11. Le médecin a trois filles et deux fils.
12. Le fils de l'homme d'affaires aime beaucoup Shakespeare et Molière.
13. Jean adore le football.
14. Louise est la fille de l'ingénieur.
15. Sara a deux frères et une sœur.
16. Le père canadien n'est pas ingénieur et il n'est pas dans le commerce.
17. Peter voudrait être à Broadway.
18. Le fils de l'avocat a une Volkswagen.
19. La fille du professeur invite des amis à regarder des vidéos.
20. Le fils de l'homme d'affaires a un frère, mais il n'a pas de sœurs.

Nom	Ville d'origine	Frères et sœurs	Profession du père	Activités	Possessions
		0			
		1			
		2			
		3			
		4			

CHAPITRE 3   Renseignons-nous!

1ère Étape

▼ PREMIÈRE ÉTAPE ▼

Faisons connaissance de la ville! *(Text pp. 90–98)*

L▪I▪S▪O▪N▪S !

Whether in a city or in the town where you live, you will often want to read about opportunities for entertainment. The city of Toulouse, in southwestern France, publishes a biweekly entertainment guide called **Flash: L'Hebdo Loisirs.** *In this* **étape,** *you will make use of your skimming and scanning skills to read parts of an issue of* **Flash.**

✱ I. **Prélecture.** To begin, think about reading an entertainment guide for an American city with which you are familiar.

1. The first thing you would probably want to do is to locate the table of contents. What visual and linguistic cues will help you find it? _____

_____

_____

_____

2. Describe how you would go about making use of the guide, once you had found the table of contents. _____

_____

_____

_____

_____

✱ II. *Flash: L'Hebdo Loisirs.* Take a quick look at the pages of **Flash** reproduced on page 64. Then do the exercises that follow on page 65.

REMEMBER! An asterisk (✱) preceding an exercise indicates that the exercise is self-correcting. You will find the answers at the back of the **Cahier,** beginning on page 369.

FLASH

L'Hebdo Loisirs

Semaine du 3 au 13 mars
N° 597 - 5F

Sommaire

1

AU BLUE'S NOTE

PHILIPPE LEJEUNE
GERARD FREMAUX
Duo jazz

Philippe Lejeune : *piano*
Gérard Frémaux : *batterie*

CALLEJA QUARTET
Les 9 et 10 mars

Se succèdent blues, compositions originales et standards hiératiques. De plus Calleja a su réunir la section rythmique idéale. On a pu lire dans Jazz Magazine à propos de Richard Calleja *"qu'il est l'un des saxophonistes français les plus intéressants à l'heure actuelle."*

A 22 H AU RAGTIME

SIOU BROTHERS

Sextet blues

Les 9 et 10 mars

Le Ragtime :
14 place Arnaud Bernard.
61.22.73.01.

LE RENDEZ-VOUS ROCK DU SUD TOULOUSAIN

11

A 18 H A LA BODEGA
LE FLAMENCO
PACO DE ALHAMBRA

Flamenco

A 22H AU MANDALA

BATUCADA

Musique brésilienne

SPECIAL JAZZ CLUB, les **mardis** et **mercredis.**

Le Mandala :
23, rue des Amidonniers.
61.23.95.58.

ENSEMBLE PONTORMO
GROUPE VOCAL DE TOULOUSE

Direction : Alix BOURBON

«LE VOYAGE A LUBECK»

Œuvres de J. S Bach et D. Buxtehude

**Mardi 13 mars, à 21h,
en L'Eglise Saint-Exupère**

20

ESPACE CROIX-BARAGNON
24 rue Croix-Baragnon
61.52.57.72.
Du 21 février au 24 mars
Isabelle Mottes
Peintures

•

DIAGONAL
37 place des Carmes 61.55.57.59.
Jusqu'au 24 mars
Graham Rawle
"Boxes, photo-collages, tableaux en trois D, installations.

•

GALERIE, CHARLENE RIBIERE
2 rue Dalayrac 61.99.09.99.
Jusqu'au 31 mars
Monique Malbert
peintures
"Femmes, Fleurs et Fruits"

•

**GALERIE MUNICIPALE
DU CHATEAU D'EAU**
Place Laganne 61.42.61.72
Du 1er mars au 2 avril
Espace I, II et III
"20 ans de photographies créatives en France"

ART-SUD
17 rue Peyras 61.23.37.27.
Jusqu'au 10 mars
Isabelle Bloch
Peintures

•

ESPACE DES ARTS
Plein Centre - Colomiers 61.78.15.41.
Du 23 février au 31 mars
André Nouyrit
Sculptures et peintures
Mercredi 14 mars, à 20h30,
conférence de Marguerite Gaston
sur le thème «Sculpture et Nature».

•

GALERIE AXE ACTUEL
11 pl. de la Daurade 61.22.43.32.
Jusqu'au 17 mars
Marie Ducaté
Œuvres récentes

47

A. 1. On what page is the table of contents found? _____

2. Were you able to use the same cues that you mentioned in Exercise I, Question 2? Explain.

_____

_____

3. Tell your friends which page(s) of **Flash** they should consult for information about the activities in which they are interested.

a. Katie would like to see a play. _____

b. Tom would like to go see a French movie. _____

c. Diane would like to see an exhibit of paintings. _____

d. Lynn has heard that there is a place in Toulouse where you get free-fall lessons.

e. Jim wants to go to hear some jazz. _____

f. Roger is mainly interested in having a good meal. _____

g. Ginny wants to hear some Bach or some Beethoven. _____

B. Not all of your friends can read French; help those who ask for your assistance.

1. Diane, a painter, is interested in seeing the work of other female painters. How many

choices does she have? _____ She wants to know what hours the galleries are open. Based on the information provided in **Flash,** what would be the easiest way for you to get

her such information? _____

2. Where will Jim be able to listen to some jazz? _____ Some of your other friends like music, but don't particularly care for jazz. What other kinds of music can

you hear in Toulouse? _____

3. Will Ginny be able to hear some Bach or Beethoven? _____

Where? _____ In what form? _____

É·C·R·I·V·O·N·S !

PRATIQUE DE LA GRAMMAIRE

In this **étape,** you have studied the verb **aller,** the use of **à** with the definite article, and the immediate future. To verify that you have learned these structures, take *Test 7* below. You will find the answers and scoring instructions on page 369. A perfect score is 10. If your score is less than 8, of if you wish additional practice, do the self-correcting exercises for **Chapitre 3, Étape 1,** in the *Pratique de la grammaire* at the back of this Workbook.

TEST 7
▼ ▼ ▼ ▼

Complete each of the following sentences with the appropriate form of the verb **aller** and, when necessary, with **à** and a definite article.

1. Où est-ce que vous _____ le week-end?

2. Jean et moi, nous _____ souvent _____ musée.

3. Vincent _____ quelquefois _____ piscine.

4. Maman et Papa _____ toujours _____ église.

5. Et toi, qu'est-ce que tu _____ faire ce week-end?

6. Moi, je _____ aller _____ théâtre.

▼ NOTE FOR CORRECTION: one point for each correct verb form and one point for each correct form of **à** + definite article; *total: 10*

✳ **III. Je suis désolé(e), mais c'est impossible!** When you and your friends are invited to go somewhere, you unfortunately must refuse. Using the cues provided, complete the refusal notes by explaining that you are going somewhere else.

Modèle: je (cinéma) / Jeanne (bibliothèque)
Je vais au concert ce soir. Est-ce que Jeanne et toi, vous voudriez y aller aussi?   Marc

> *Je suis désolée, mais c'est impossible. Moi, je vais au cinéma et Jeanne va à la bibliothèque.   Alice*

1. je (stade) / Michel (rester à la maison avec son petit frère)
Nous allons à la piscine cet après-midi. Toi et Michel, vous voudriez y aller aussi?   Jeanne-Marie

> *Je suis désolé(e), mais c'est impossible.*

2. je (cathédrale) / Yvette et Jacqueline (musée)
On va au parc aujourd'hui. Tu voudrais y aller aussi? Tu voudrais inviter Yvette et Jacqueline aussi?   Hervé

> *Je suis désolé(e), mais*

3. Vincent et moi, nous (théâtre)
On va au concert ce soir. Vincent et toi, vous voudriez nous accompagner?   Chantal

>

LA SAINTE CHAPELLE
4, Bd du Palais - Paris 1er - M° Cité - St Michel - Châtelet

Réservations par Carte Bleue 42.77.65.65

**Samedi 24, Dimanche 25
Lundi 26, Mardi 27 Juin
Jeudi 1e Juillet à 19h15 et 21h**

**ANTONIO
VIVALDI
LES 4 SAISONS
MOZART
UNE PETITE MUSIQUE DE NUIT
ALBINONI : l'ADAGIO**

Chapitre trois **67**

IV. Ce soir et demain. (*Tonight and tomorrow.*) List at least three places to which you are going to go and three things you are going to do in the next 24 hours or so. Suggested expressions: **ce soir, demain, demain matin, demain après-midi, demain soir.**

Modèle: *Ce soir je vais aller au théâtre.*
Demain après-midi je vais jouer au tennis.

1. _____

_____

2. _____

_____

3. _____

_____

4. _____

_____

5. _____

_____

6. _____

_____

∗ V. Laissez un mot. (*Leave a message.*) You are supposed to meet a French-speaking friend at his dorm room. When you get there, he is not in. After waiting a few moments, you write a note to explain where you will be (are going) and what you are going to do.

Modèle: You'll be at the library doing your French homework.

> *Jacques, je vais à la bibliothèque. Je vais faire mon français.* Janet

1. You'll be at the park. You're going to take a walk.

2. You and a friend are going downtown (**en ville**). You are going to the bookstore; your friend is going to listen to some CDs.

3. You are going to your friend's house (**chez**). You are going to work on the computer (**à l'ordinateur**); your friend is going to watch TV.

Nom .... Cours ....

3

2ᵉ Étape

VI. Ma ville (mon quartier). Describe your town or, if you live in a large city, your neighborhood **(quartier)** by giving precise information about what one finds or does not find there.

> **Modèle:** *Dans ma ville (dans mon quartier) il y a trois églises, mais il n'y a pas d'hôpital.*

SYSTÈME-D

VOCABULARY: City; store

PHRASES: Describing objects; comparing & contrasting

▼ DEUXIÈME ÉTAPE ▼

Où se trouve . . .? *(Text pp. 99–107)*

L▪I▪S▪O▪N▪S !

*When visiting a city, tourists are usually interested not only in evening entertainment but also in the sites and attractions for which the city is famous. Thus, they often use a guidebook to find their way around. In this **étape**, you will use your reading skills to compare an excerpt from the well-known French guidebook series, the **Guide Michelin,** with guidebooks published here in the United States. One major difference is that the **Guide Michelin** has one volume, the **Guide rouge,** that lists hotels and restaurants for all the cities in France, and a series of smaller volumes, the **Guides verts,** that present tourist attractions by region. While scanning and skimming the excerpts from the **Guide vert** for Provence, a region in southern France, you will discover other differences.*

✻ **I. Prélecture.** What types of information (other than listings of restaurants and hotels) would you expect to find in a guidebook for tourists visiting a fairly large city in the United States?

_____

_____

_____

READING STRATEGIES

Skimming Section Heads
Publications such as guidebooks are often divided into small, easy-to-handle segments. To facilitate the use of these segments, the publisher provides various titles and subtitles. Consequently, when skimming a text, it is very useful to start by looking first at the major headings, and then at the minor ones.

✻ **II. Deux guides.** Skim the extracts for San Diego in **Frommer's** and for Nîmes in the **Guide vert** on pages 70–73.

1. What types of information do you find in both guidebooks? _____

_____

_____

_____

_____

SAN DIEGO

The oldest city in California and the second largest on the Pacific Coast, San Diego has a Spanish/Mexican heritage. Interstate 5 connects San Diego with Los Angeles, 137 miles to the north, and San Diego is about 18 miles north of the U.S.–Mexican border at Tijuana.

A couple of years ago San Diego was only the third-largest city on the West Coast. But the numbers who came to look and decided to stay have increased by the day. Now San Diegans are beginning to wonder about the virtues of beauty.

San Diego is probably the best all-around vacation spot in the country, and blessed with the best climate. It's now the eighth-largest city in the U.S., though if you stood at its busiest corner you'd never know it. San Diego's secrets are sunshine (most of the time), mild weather, soft winds, one of the most famous natural harbors in the world, and a very informal lifestyle. This adds up to sailing on Mission Bay or the Pacific; fishing, snorkeling, scuba-diving, and surfing (what else do you do with 70 miles of county waterfront?); lots of golf (there are over 60 courses) and tennis, biking, jogging, sunbathing, even hang-gliding into an unending supply of air currents. Or you can just go fly a kite any day.

Mission Bay Park alone has 4,600 acres for boating and beachcombing. However, to save San Diego from being totally overrun by visitors, the Lord, in his infinite wisdom, gave the city an ocean cooled to a chilly average of 62° —not exactly bathtub temperature for swimming, but not bad for surfers who wear wet suits—and who cares ·if you're fishing? Then there's the surrounding territory—within reasonable driving time you can be in the desert, the mountains, or even another country.

About 6,000 pleasure boats are moored in the bay, and that's where the U.S. Navy berths the Pacific submarine fleet, along with an impressive collection of over 100 warships.

Many of San Diego's most popular attractions are discussed below; however, listings of current entertainment happenings are best found in the Sunday edition of the *San Diego Union,* in the *La Jolla Light,* a weekly newspaper appearing every Thursday, and in the *Reader* (a free tabloid), also appearing on Thursday.

The excellent **San Diego Convention and Visitors Bureau and International Visitors Information Center,** 11 Horton Plaza, at 1st Ave. and F St. (tel. 619/236-1212), is open daily from 8:30 a.m. to 5:30 p.m. They offer visitors to San Diego a one-stop service center for information on hotels, entertainment and sightseeing, fishing licenses, boating permits, and even sports events, bullfights, other Tijuana attractions, not to mention Mexican auto insurance. For a recorded message about all sorts of local events, call 619/239-9696.

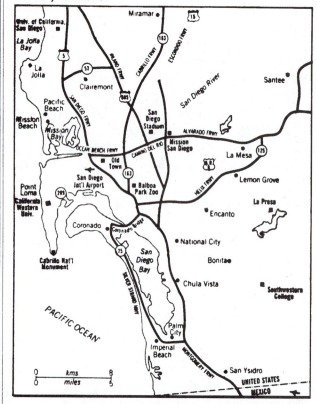

THINGS TO SEE AND DO:

San Diego Zoo

With more than 3,200 animals, this world-famous zoo contains one of the most exotic collections of wildlife anywhere, yet it's right in Balboa Park, just minutes from downtown San Diego. You can wander through the 100 acres, which are also lavishly landscaped as a botanical garden (some of the plants provide food for the animal residents), and admire the baby orangutans, koalas, the finest collection of primates ever assembled, and tropical birds with plumage of every imaginable color.

For a bird's-eye view of the animals, you can take the **Skyfari Aerial Tramway** across the treetops of the zoo ($2 for adults, $1.50 for children 3 to 15). There's also a great bus tour in which driver-guides point out some of the more exotic creatures living along the path of the three-mile tour ($3 for adults, $2.50 for children). Admission to the zoo is $10.50 for adults, $2.50 for children. There's also a **Children's Zoo** with a petting section and a nursery where baby animals are raised. Admission is 50¢; under 3, free.

From July to Labor Day the zoo is open daily from 9 a.m. to 5 p.m. Between Labor Day and the end of June it closes at 4 p.m. For additional information, call 619/234-3153 or 231-1515.

Seaport Village

One of San Diego's centers for shopping and dining is Seaport Village, 849 W. Harbor Dr., at Pacific Coast Hwy. (tel. 619/235-4013). It is easily reached by following Harbor Drive south from the Maritime Museum.

The 22-acre complex is beautifully landscaped and has more than 70 shops including galleries and boutiques selling hand-crafted gifts, collectibles, and many imported items. Two of my favorite shops are **Hug-A-Bear** (tel. 619/230-1362), with a selection of plush bears and woodland animals, and the **Seaport Kite Shop** (619/232-2268), with kites from around the world. I also enjoy the **Upstart Crow & Co.** (619/232-4855), a delightful combination bookstore and coffeehouse.

The restaurants in and near Seaport Village run the gamut from take-out stands to a Mexican bakery and more conventional facilities. The **Harbor House,** at 831 W. Harbor Dr. (tel. 619/232-1141), offers good seafood with a pleasant view.

Old Town

The spirit of the "Birthplace of California," the site of the first European settlement on the West Coast, is captured in the six-block area northwest of downtown San Diego. Although the Old Town was abandoned more than a century ago for a more convenient business center near the bay, it has again become a center of interest—this time as a State Historic Park. Some of its buildings have been restored, and the combination of historic sights, art galleries, antique and curio shops, restaurants, and handcraft centers make this an interesting and memorable outing.

The park is bounded by Congress, Twiggs, Juan, and Wallace Streets. There's a map of Old Town's layout at the intersection of Twiggs and San Diego Streets to help you find your way around.

Many of the historic buildings here have been restored or reconstructed. They include the magnificent **Casa de Estudillo,** the **Machado/Stewart Adobe,** the **San Diego Union's newspaper office,** the old one-room **Mason Street schoolhouse,** and the **stables** from which Alfred Seeley ran his San Diego–Los Angeles stagecoach line. (The latter now houses a collection of horse-drawn carriages.)

Wild Animal Park

A sister institution of the world-famous San Diego Zoo, the San Diego Wild Animal Park (tel. 619/747-8702), located in the San Pasqual Valley, 30 miles north of downtown San Diego via Interstate 15 and then via Rancho Parkway, is a 1,800-acre wildlife preserve dedicated to the preservation of endangered species. Some 2,500 animals from Africa and Asia roam free here, much as they would in their native habitats. You can watch gorillas at play in the giant Gorilla Grotto, or wander through the giant aviary where exotic birds fly freely in a lush African setting.

The Wild Animal Park is open daily in summer from 9 a.m. to 6 p.m. Monday to Thursday, to 8 p.m. Friday to Sunday; daily till 4 p.m. the rest of the year. Adults pay $14.95; children 3 to 15, $8.95. Price of admission includes the monorail and all shows. Parking is $2.

★★★ NÎMES

128 471 h. (les Nîmois)

Carte Michelin n° 83 pli 9 ou 245 pli 27 ou 246 plis 25, 26.

Posée au pied des collines calcaires des garrigues, élégante, gaie, vivante, Nîmes offre le visage accueillant d'une grande ville d'art fière de son prestigieux patrimoine gallo-romain, impressionnant témoin d'un passé grandiose.
En outre, chaque année, les arènes, le jardin de la Fontaine ou le temple de Diane servent de cadre à des manifestations artistiques.
Ville de vieille tradition industrielle (vêtements, chaussures) qui transforme aussi les productions agricoles locales (conserveries de fruits au sirop, commerce du vin), ville administrative (chef-lieu du Gard), elle essaye depuis peu de développer ses activités culturelles.
Parmi les spécialités gastronomiques nîmoises, retenons la brandade de morue, les olives confites, le « caladon », biscuit sec aux amandes, et le croquant Villaret, fabriqué depuis deux cents ans dans le même four.
Mais tout cela ne doit pas faire oublier que Nîmes est le temple de la tauromachie : les corridas dans les règles de l'art aux arènes, les courses camarguaises, les lâchers de taureaux dans les rues, remportent un immense succès populaire et portent haut le renom de la cité *(voir le chapitre des Principales manifestations en fin de volume)*.

UN PEU D'HISTOIRE

Le crocodile enchaîné – Capitale des Volques Arécomiques, Nîmes était à la tête d'un vaste territoire de 24 oppidums entre mer et Cévennes, du Rhône à la montagne de Sète, quand elle accepta sans difficulté la domination romaine. Son nom – Nemausus – vient d'une source sacrée autour de laquelle était née la ville indigène.
La date de l'implantation de la colonie romaine, l'identité de son fondateur, son statut et l'origine ethnique des colons sont actuellement l'objet de controverses. La version admise jusque-là voyait en Auguste le père fondateur d'une colonie romaine peuplée de vétérans d'Égypte installés ici après la bataille d'Actium (31 avant J.-C.), colonisation illustrée par la fameuse monnaie au crocodile enchaîné. Certains historiens estiment cependant que Nîmes fut une colonie latine créée sous César ou peu après sa mort (44 avant J.-C.).

Luttes religieuses – Avec l'empreinte romaine, le trait le plus marquant de l'histoire nîmoise est l'âpreté des luttes religieuses séculaires. Au 5e s., les Wisigoths, qui règnent sur tout le pays de Toulouse au Rhône, se heurtent à la population catholique en voulant imposer l'hérésie arienne (ne reconnaissant pas la divinité du Christ) ; les églises sont fermées et les persécutions durent pendant une grande partie du 6e s.
Nouvelles difficultés du 13e s. ; les Nîmois prennent fait et cause pour les albigeois *(voir le guide Vert Michelin Pyrénées Roussillon Albigeois)*. Mais, dès l'apparition du terrible Simon de Montfort à la tête des croisés du Nord, la ville préfère se rendre sans résistance (1213). Au 14e s., une vague d'intolérance frappe les Juifs, pourtant bien intégrés à la vie économique et intellectuelle locale ; ils sont expulsés de la ville et leurs biens confisqués.
Au 16e s., Nîmes devient huguenote : c'est le rempart de la nouvelle religion dans le Midi, les trois quarts des habitants ayant opté pour la Réforme. La ville ressemble alors à une petite Genève qui se gouverne de façon autonome et traque le catholicisme. Le 29 septembre 1567, la tragédie de la Michelade se traduit par le massacre de 200 catholiques, principalement des prêtres. Il s'ensuit une longue période de troubles, de guerres et de persécutions, qui s'étend sur tout le 17e s. et ne prend fin qu'à la Révolution, vécue ici comme une revanche des protestants sur les catholiques.

L'essor économique – A plusieurs reprises, dans son histoire, Nîmes est passée de la prospérité à la déconfiture. Au début du 15e s. en particulier, les guerres, les incursions des routiers, des tremblements de terre et la peste ont fait, de l'antique et altière Nemausus, un bourg de cent feux, rattaché à un bailliage du Vivarais.
Dès la fin du 15e s., la ville se relève, on y travaille le bois, le cuir, la soie et le verre ; Louis XI ordonne la création d'une manufacture de drap et d'étoffe de laine. Mais c'est surtout sous le règne de François Ier que Nîmes se développe ; l'industrie des étoffes s'intensifie et, dès lors, la progression ne s'arrête plus. Au 18e s., les tissages nîmois (soierie et serge) font tourner plus de 300 métiers et occupent 10 000 personnes. Cette production, entre les mains de la bourgeoisie protestante, s'exporte en Espagne, au Portugal et aux Indes. Au 19e s., l'arrivée du chemin de fer favorise les activités industrielles et l'extension du vignoble gardois. De nos jours, Nîmes est une ville où domine le secteur tertiaire. S'ouvrant vers le tourisme européen, elle affiche également d'ambitieux projets d'urbanisme, comme le Carré d'Art, au cœur du centre historique *(p. 155)* ou le complexe de logements « Nemausus » **(BZ)** au Sud de la ville, conçu par l'architecte Jean Nouvel.

LES MONUMENTS ROMAINS *visite : environ 3 h*

★★★ **Arènes (CV)** ☉ – *Voir également p. 33.* Cet amphithéâtre merveilleusement bien conservé est le frère jumeau de celui d'Arles : sensiblement de la même époque (fin du 1er s., début du 2e s. de notre ère), de mêmes dispositions, de dimensions et de contenance voisines (133 m sur 101 m, 24 000 spectateurs), il ne s'en distingue que par des nuances architecturales dans les galeries où la voûte en berceau, de tradition romaine, se substitue au plafond plat, de tradition grecque.

Les spectacles – Ils étaient extrêmement variés et, la plupart du temps, sanguinaires. Annoncés à grand fracas publicitaire, les combats de gladiateurs étaient très prisés. Prisonniers de guerre, condamnés, professionnels ou aventuriers, les gladiateurs appartenaient à différentes écuries, entraînées par des sortes d'imprésarios qui les louent très cher à de riches notables, le plus souvent candidats à des fonctions publiques.

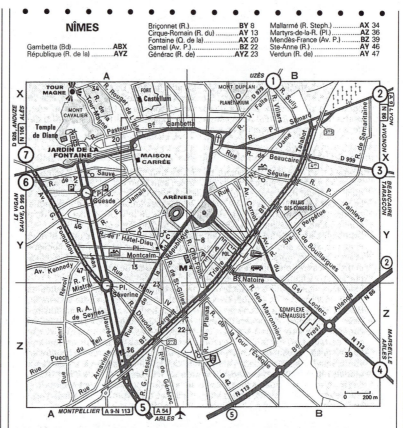

NÎMES

Gambetta (Bd)......................**ABX**
République (R. de la) ....**AYZ**

Briçonnet (R.)......................**BY** 8
Cirque-Romain (R. du) ....**AY** 13
Fontaine (Q. de la)...............**AX** 20
Gamel (Av. P.).....................**BZ** 22
Générac (R. de) ....**AYZ** 23

Mallarmé (R. Steph.) ....**AX** 34
Martyrs-de-la-R. (Pl.)............**AZ** 36
Mendès-France (Av. P.)........**BZ** 39
Ste-Anne (R.) ....**AY** 46
Verdun (R. de) ....**AY** 47

★★★**Maison Carrée** (CU) ⏱ – Ce magnifique temple, le mieux conservé des temples romains encore debout, a été construit sous Auguste (fin du 1er s. avant J.-C.), probablement par un architecte de Narbonnaise qui a repris, en l'adaptant, le plan du temple d'Apollon à Rome. Il dessine un rectangle de 26 m de long sur 15 m de large pour 17 m de hauteur et se hausse sur un podium auquel on accède par un escalier de 15 marches (le nombre impair de ces dernières était calculé de façon qu'en commençant à monter du pied droit, on arrive du même pied sur le podium).

Comme tous les temples classiques, il se compose d'un vestibule délimité par une colonnade et d'une chambre de la divinité, la « cella ». Consacré au culte impérial et dédié aux petits-fils d'Auguste – les princes de la jeunesse –, il bordait le forum et était entouré d'un portique aux belles colonnes sculptées.

La pureté de lignes et d'exécution de l'édifice, ses proportions harmonieuses et l'élégance de ses colonnes cannelées dénotent une influence grecque qui se retrouve dans la décoration sculptée : chapiteaux corinthiens, architrave rythmée par des rangées de perles, frise à rinceaux, corniche à

Nîmes – La Maison Carrée.

modillons avec rosaces, grecques, têtes de lions... La façade d'entrée et la façade opposée portent chacune un fronton triangulaire, les dix colonnes du vestibule se détachent avec une rare souplesse tandis que vingt autres colonnes s'engagent dans les murs de la « cella ».

Sous le podium se logeaient des pièces aménagées pour la conservation des archives du sanctuaire, du trésor et divers ustensiles.

A l'Ouest de la Maison Carrée s'élève le **Carré d'Art**, édifice en pierre, verre et acier, élevé sur les plans de l'architecte britannique Norman Foster, qui abritera, dès 1993, un musée d'Art contemporain, une médiathèque et des ateliers de création artistique.

★★ **Jardin de la Fontaine** (AX) – Ce monumental jardin est l'œuvre inattendue d'un ingénieur militaire du 18e s., J.-P. Mareschal. Situé au pied et sur les premières pentes de la colline – le mont Cavalier – que surmonte la tour Magne, il respecte le plan antique de la fontaine de Nemausus qui s'étale en miroir d'eau, avant d'alimenter des bassins et un canal. La fontaine, en réalité, est une résurgence de type karstique d'eaux de pluie qui s'infiltrent dans les garrigues calcaires au Nord-Ouest de la ville. Dans l'Antiquité, ce quartier sacré comprenait, outre la fontaine, un théâtre, un temple et des thermes.

Temple de Diane (AX) – Cet édifice, qui daterait de la première moitié du 2e s., est connu sous le nom de temple de Diane, mais on ignore quelle était sa véritable fonction. Il s'intégrait sans doute à un ensemble architectural beaucoup plus vaste encore enfoui, et comprenait plusieurs niveaux (restes d'escaliers). Occupé par des religieuses bénédictines au Moyen Âge qui en firent leur église sans l'altérer gravement, il fut ruiné pendant les guerres de Religion en 1577.

★ **Tour Magne** (AX) ⊘ – Plantée au sommet du mont Cavalier, au point le plus haut de la ville, la tour Magne est le plus remarquable vestige de la puissante enceinte de Nîmes élevée en 15 avant J.-C., dont le tracé et une trentaine de tours ont été reconnus ces dernières années. A l'origine, la tour Magne faisait partie d'un rempart préromain et fut simplement renforcée et surélevée sous Auguste. Polygonale à trois étages, haute de 34 m depuis les travaux de déblaiement de Traucat *(p. 153)* au 16e s., on y accède par un escalier intérieur de 140 marches qui conduit à une petite plate-forme d'où la **vue**★ est fort belle sur le Ventoux, les Alpilles, Nîmes, la plaine du Vistre et les Garrigues. De la rue Stéphane-Mallarmé, belle vue sur la tour.

AUTRES CURIOSITÉS

★ **Musée d'Archéologie** (DU M¹) ⊘ – Installé dans l'ancien collège des Jésuites, il présente, dans la galerie du rez-de-chaussée, de nombreuses sculptures antérieures à la conquête romaine : buste de guerriers gaulois, stèles, frises et des objets de cette époque (armes, céramiques) ainsi qu'une importante collection d'inscriptions romaines.

★ **Musée des Beaux-Arts** (ABY M²) ⊘ – Il a été réaménagé en 1986 sous la direction de l'architecte J.-M. Wilmotte. Au rez-de-chaussée, une vaste mosaïque romaine, découverte à Nîmes au 19e s., représente la demande en mariage d'Admète. Au 1er étage, l'ensemble des salles présente des tableaux des écoles italienne, hollandaise, flamande et française, du 15e au 19e s. Parmi les œuvres importantes, remarquer celles de Giambono *(Le Mariage mystique de sainte Catherine)*, Bassano *(Suzanne et les vieillards)*, Rubens *(Portrait d'un moine)*, Seghers *(Les Adieux du Christ à sa mère)*, Jean-François de Troy *(La Moissonneuse endormie)*, Natoire *(Vénus et Adonis)*, Paul Delaroche *(Cromwell devant le cercueil de Charles 1er)*. Citons encore Carbone, Rivalz, Subleyras, Berthélémy *(La Thomyris)*, Alexandre Colin, Giraud *(Souvenir de Tahiti)*.

Maison natale d'Alphonse Daudet (CU E) – *Au n° 20, boulevard Gambetta*. Vaste demeure bourgeoise dont l'entrée est encadrée de colonnes.

Fontaine Pradier (DV) – Construite en 1848. La statue, qui symbolise Nîmes, a eu pour modèle Juliette Drouet, amie de Pradier avant de devenir celle de Victor Hugo.

Le Vieux Nîmes – Ce secteur sauvegardé se groupe autour de la cathédrale et offre un ensemble de ruelles anciennes dans lesquelles s'ouvrent notamment de pittoresques passages intérieurs.

Cathédrale Notre-Dame et St-Castor (CDU) – Élevée en 1096 et souvent remaniée au cours des siècles, elle fut reconstruite presque entièrement au 19e s.

★ **Musée du Vieux Nîmes** (CU M³) ⊘ – Installé dans l'ancien palais épiscopal (17e s.), au cœur de la ville ancienne, ce musée fondé en 1920 par un émule de Frédéric Mistral présente de nombreux souvenirs régionaux dans un décor ancien remarquablement mis en valeur.

EXCURSIONS

Oppidum de Nages ; source Perrier – *Circuit de 44 km – environ 2 h 1/2. Quitter Nîmes par la rue Arnavielle (AZ), prolongée par la route de Sommières, D 40.*

Caveirac – 2 679 h. Un imposant château du 17e s. en fer à cheval abrite la mairie. Il a conservé deux tours d'angles carrées couvertes de tuiles vernissées, des fenêtres à meneaux, de belles gargouilles et un grand escalier à rampe en fer forgé. Une route, la D 103, emprunte le vaste porche d'entrée.

Calvisson – 2 725 h. Calvisson, bourg paisible au milieu des vignes, est au centre d'une plaine appelée la Vaunage.

Dans le centre du bourg, prendre le CD 107 vers Fontanès ; sortir du village et prendre à gauche la route signalée vers le Roc de Gachonne.

De la table d'orientation aménagée au sommet d'une tour, on découvre une **vue** pittoresque sur le village aux toits de tuiles rouges, sur la vallée du Vidourle au Sud-Ouest et le pic St-Loup à l'Ouest, tandis qu'au loin la vue s'étend vers la Méditerranée et les Pyrénées.

Oppidum de Nages – Page 152.

Prendre la D 345 qui traverse Boissières dominé par un château médiéval très restauré. Suivre la D 107, tourner à droite dans la N 113 puis à gauche dans la D 139.

Source Perrier ⊘ – La source forme une nappe d'eau souterraine d'une température de 15° ; le gaz naturel, très abondant, qui s'en échappe, est recueilli par des captages pour être réincorporé à l'eau. On visite les importants ateliers de fabrication de bouteilles, d'embouteillage, d'étiquetage, d'emballage et de stockage.

La production, qui était de 24 millions de bouteilles en 1938 et de 70 millions en 1949, dépasse maintenant 800 millions de bouteilles par an grâce à un matériel d'embouteillage automatisé. Outre la France et les pays de la Communauté, les principaux clients sont les États-Unis, le Canada, le Royaume-Uni, la Suisse, l'Australie et l'Arabie Saoudite.

Guide Michelin, Provence

2. What differences do you notice between the two guidebooks?_____

_____

_____

_____

_____

✳ **III. Un itinéraire.** Guidebooks written in French often use the infinitive, rather than the present tense or the imperative, when laying out an itinerary. Read the following itinerary for a tour of Nîmes and its Roman monuments. Then *trace* the route on the map below. Vocabulary aids: **prendre** (*to take*), **suivre** (*to follow*), **laisser** (*to leave*).

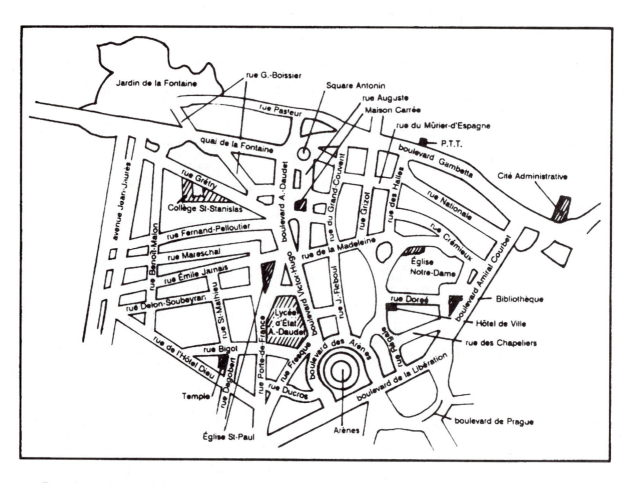

Prendre comme point de départ de la visite le boulevard des Arènes.

Visiter les Arènes (l'amphithéâtre de Nîmes).

Suivre en auto le boulevard Amiral Courbet jusqu'au boulevard Gambetta. Tourner à gauche et suivre le boulevard Gambetta jusqu'au square Antonin; prendre le boulevard A.-Daudet. Laisser la voiture près de la Maison Carrée.

Visiter la Maison Carrée (un temple romain).

Reprendre la voiture. Suivre la rue Auguste et tourner à gauche après (*after*) le square Antonin, puis suivre le quai de la Fontaine jusqu'au Jardin de la Fontaine.

Visiter le parc.

Reprendre la voiture et revenir aux Arènes par le boulevard Victor-Hugo.

É·C·R·I·V·O·N·S !

PRATIQUE DE LA GRAMMAIRE

In this **étape,** you have studied the use of **de** with the definite article and the imperative. To verify that you have learned these structures, take **Test 8** below. You will find the answers and scoring instructions on page 370. A perfect score is 10. If your score is less than 8, or if you wish additional practice, do the self-correcting exercises for **Chapitre 3, Étape 2,** in the **Pratique de la grammaire** at the back of this Workbook.

TEST 8
▼ ▼ ▼ ▼

First, complete each sentence with the appropriate form of **de** and a definite article.

1. Tu joues _____ piano, non?

2. Tu as l'adresse _____ hôtel?

3. Quel est le numéro de téléphone _____ amis de Michèle?

4. Le restaurant est près _____ cathèdrale.

5. La banque est à côté _____ bureau de poste.

Now, give the indicated commands. Pay attention to the person(s) you are addressing.

6. Dites à votre amie de regarder.

   _____

7. Dites à vos amis de ne pas parler anglais.

   _____

8. Proposez à la classe de chanter.

   _____

9. Dites à votre ami de faire attention.

   _____

10. Dites à vos frères (*brothers*) de rester à la maison.

   _____

▼ NOTE FOR CORRECTION: items 1–5 — one point for each correct form of **de** + definite article; *total: 5;* items 6–10 — one point for each correct command; *total: 5*

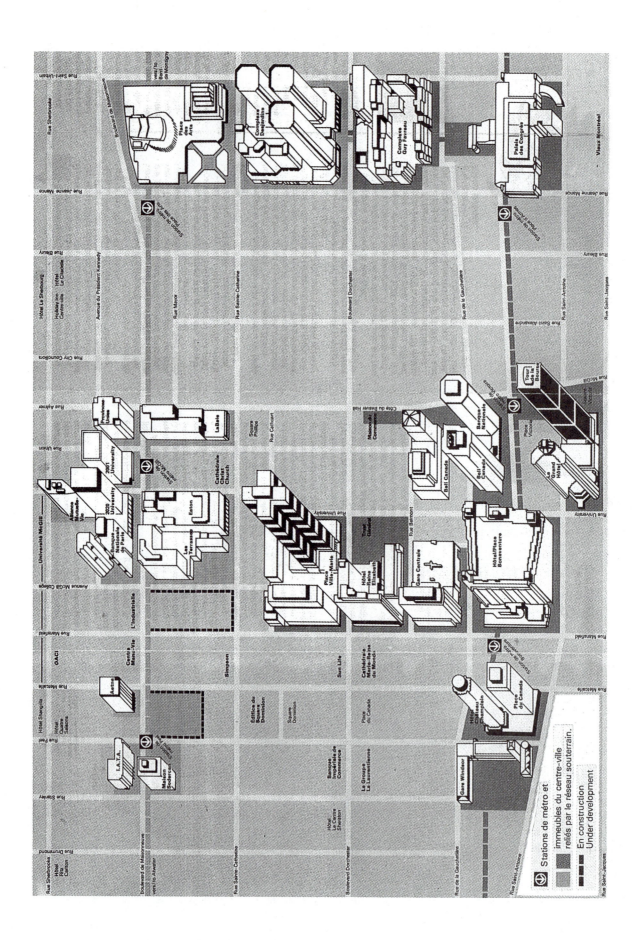

✻ **IV. Montréal: La ville souterraine.** A large part of downtown Montreal is connected by a series of underground walkways. Study the map of this underground city (**ville souterraine**) on p. 76. Then use an appropriate preposition of place to explain the relationship between each set of places.

Modèle: la gare Windsor / la gare Centrale

La gare Windsor est près de la gare Centrale.

1. l'hôtel Bonaventure / la gare Centrale

_____

2. le Grand Hôtel / la tour de la Bourse

_____

3. le Complexe Desjardins / la place des Arts / le Complexe Guy Favreau

_____

4. la station de métro Peel / la Maison Sodercan

_____

5. la station de métro Victoria / le Grand Hôtel

_____

6. la gare Centrale / la Baie

_____

7. le Complexe Desjardins / la rue Sainte-Catherine / le boulevard Dorchester

_____

8. la Banque Nationale de Paris / les Terrasses

_____

✻ **V. Des ratures.** (*Erasures.*) Your younger brother and his friends are spending a week at the lycée Camus (see p. 112 of your textbook). They have been given instructions on how to get to various points in the city from the school, but, unfortunately, certain parts of the instructions got wet in the rain and have been erased. The starting point is the lycée Camus.

1. Complete the first set of instructions, using appropriate forms of **aller, continuer, tourner,** and **traverser.**

> Vous _____ au musée des Beaux-Arts. Vous _____
> à droite dans la rue Notre-Dame et vous _____ jusqu'au
> boulevard Victor-Hugo. _____ à gauche et
> tout droit. Vous _____ la place de la Révolution et
> le musée est sur votre gauche, à côté du restaurant La Bonne Soupe.

2. This time some prepositions and adverbs are missing. Complete the directions, using expressions such as **au, sur le, dans la, près de, à gauche,** etc.

> *Vous allez au théâtre municipal. Vous tournez* ___ *la*
> *rue Notre-Dame et vous allez* ___ *boulevard Victor-Hugo.*
> *Vous tournez* ___ *et vous continuez* ___
> *place de la Libération. Vous tournez* ___ *le bou-*
> *levard Gambetta et vous continuez* ___ *. Le théâtre*
> *est sur votre gauche,* ___ *parc.*

✳ **VI. Rendez-vous à ... h devant le ...** (*Meet at ... o'clock in front of the ...*) You rarely see your new French-speaking friends from Montreal. Consequently, you leave them notes, telling what your plans are and explaining where and when to meet. Since they don't know the city very well, you give them directions.

1. You are in the city represented by the map on p. 112 of your text. You leave a note for your friend Gérard and his sister Évelyne, saying that you are going to the movies. They are staying in an apartment in the rue de Verdun.

> *Nous allons au cinéma ce soir. Rendez-vous à 8h devant le cinéma Manet, sur le boulevard Manet. Vous allez dans la rue de Verdun jusqu'à*

2. It's another day. This time you are going to a soccer match. You will meet your friends in front of the église St-Vincent de Paul, which is very near the stadium.

> *Il y a un match de foot ce soir au stade municipal. Rendez-vous à*

VOCABULARY: City; direction & distance

PHRASES: Giving directions; telling time; describing objects

GRAMMER: Imperative

SYSTÈME-D

▼ TROISIÈME ÉTAPE ▼

Rendez-vous à 10 heures! (Text pp. 108–118)

L·I·S·O·N·S !

*Tarascon is only one of many small cities in France that organize annual festivals. In this section of the Workbook, you will read about a festival that takes place in Quimper, a city of some 60,000 inhabitants in Brittany (**la Bretagne**), the westernmost province of France. This region of France was settled in the fifth century by people from Britain and the Celtic influence is still very strong. (For example, the area around*

Quimper is still known as **la Cornouaille,** *the same name as the southern part of the British Isles—Cornwall.) The inhabitants of Brittany,* **les Bretons,** *are fiercely independent and retain many vestiges of their original dialect. Consequently, when looking at the program for the festival at Quimper, even native French speakers will find words they do not understand.*

✳ **I. Prélecture.** List the different types of information you would expect to find in a brochure

designed to attract tourists to a regional festival. _____

_____

RENCONTREZ LA BRETAGNE

QUIMPER
Festival de Cornouaille
21 AU 27 JUILLET

Depuis 1923, Quimper, ville d'art et d'histoire, rassemble les ferments de la tradition populaire bretonne.

Au début, fête des costumes, des chants et des danses, le Festival de Cornouaille a su s'étendre aux diverses expressions des cultures bretonnes et celtiques d'hier et d'aujourd'hui.

Pendant sept jours, du 21 au 27 juillet, le Festival, avec ses spectacles, ses concerts, ses animations, ses expositions, ses milliers de participants en costumes, apparaît comme l'un des grands moments de la vie culturelle bretonne.

Mais c'est aussi la fête authentique qui s'installe au cœur de la cité, de chaque côté de sa rivière marine, sur ses places et ses allées, dans ses rues et ses jardins. Et cela, pour l'enthousiasme des visiteurs de l'été et le plaisir profond des Bretons venus retrouver leurs racines.

PROGRAMME PROGRAMME PROGRAMME PROGRAMME PROGRAMME PROGRAMME PROGRAMME

Date	Heure		Prix du billet
LUNDI 21	21h00	Théâtre en Breton	30 F
	21h30	Chant et musique de Corse et de Bretagne **I MUVRINI et Melaine FAVENNEC**	50 F
MARDI 22	18h30	Musique et danse de Bretagne et d'Ecosse	25 F
	21h00	**FEST-NOZ** avec "Sonerien Du" et jeux bretons	20 F
MERCREDI 23	17h00	Spectacle de marionnettes : Enfants **La Forêt des Fleurs** Adultes	10 F / 20 F
	18h00	Présentation des Costumes de Bretagne	30 F
	18h30	Musique et danse de Bretagne	25 F
	21h00	Théâtre en français : **La Révolte des Bonnets Rouges**	30 F
	21h30	Musique d'Irlande avec **STOCKTONS WING**	60 F
JEUDI 24	17h00	Spectacle de marionnettes : Enfants **La Forêt des Fleurs** Adultes	10 F / 20 F
	18h30	Musique et danse de Bretagne et d'Ecosse	25 F
	21h30	**TRI YANN** en concert	70 F
VENDREDI 25	14h00	**Excursion** en Cornouaille	50 F
	15h00	**Exposition-vente** des artisans-luthiers	20 F
	17h00	Spectacle de Marionnettes : Enfants **La Forêt des Fleurs** Adultes	10 F / 20 F
	18h00	CONCERT-CRÉATION de Jean-Pierre Lécuyer **"Une Vielle à la Mer"**	25 F
	19h00	**NOCTURNE AU VIEUX QUIMPER** Animations éclatées : 23 groupes (chant-musique). Théâtre en français et en breton · Diaporama. Conteurs · Marionnettes · Artisans. Expositions Repas de campagne et des ports. Dégustation de produits du terroir.	25 F

Date	Heure		Prix du billet
SAMEDI 26	10h30	Concours de biniou-braz et bombarde	*
	14h00	Concours de biniou-koz et bombarde	*
	14h00	Concours de batteries	*
	14h30	**FESTIVAL DES GROUPES D'ENFANTS** Musique · Chant · Danse · Théâtre	30 F
	16h30	**CONCERT** et conférence-animation A la découverte du chant et des instruments traditionnels de Bretagne	25 F
	17h00	**CONCERT DE BAGADOU**	30 F
	21h30	**BALLET NATIONAL DE POLOGNE "SLASK"** 100 artistes · 1 800 costumes	60 F / 80 F
DIMANCHE 27	9h00	Messe en langue bretonne	
	10h30	**GRAND DÉFILÉ DES GUISES BRETONNES** 2 500 participants	20 F
	14h30	**ABADENN VEUR** (La Grande Assemblée) 2 000 participants Spectacle de chant, danses, traditions Danse des mille	50 F
	15h00	**CONCERT DE BAGADOU**	30 F
	18h00	Triomphe de la Fête	*
	18h30	Animations par les bagadou	*
	21h30	Soirée des lauréats **MUSIQUE ET DANSE DE BRETAGNE ET D'ÉCOSSE** Feu d'artifice en musique	30 F
	22h00	Fest-noz de clôture	

Vous trouverez le programme complet de toutes les manifestations dans le PROGRAMME OFFICIEL qui sera en vente à partir du 10 juillet à la Permanence et à l'Office du Tourisme.

Le Comité se réserve le droit de modifier le programme sans préavis.

You will be able to find the full series of events in the OFFICIAL PROGRAMME, which will be on sale from the 10th of July at the Local Festival Office and the Tourist Office.

The Committee has the right to alter the programme as necessary without prior notice.

Sie finden das Programm aller Veranstaltungen in dem offiziellen Programm, das ab dem 10. Juli in der Kartenverkaufsstelle und im Verkehrsbüro verkauft wird.

Das Komitees behält sich das Recht vor, das Programm ohne vorherige Benachrichtigung zu ändern.

* Entrée gratuite

Le Festival c'est aussi :

– des STAGES · harpe · vielle · danse évolutive;
– des ATELIERS* : initiation à la danse bretonne;
– MUSIQUE DANS LA RUE* : 20 groupes dans les vieux quartiers;
– la TAVERNE* avec ses animations musicales en après-midi et en soirée;
– des EXPOSITIONS* avec le concours du Musée Départemental Breton, du Cercle Culturel Quimpérois et de l'Association La Boëze;
– des CONFÉRENCES*;
– des COLLOQUES*;
– le SALON DU PRODUIT BRETON, organisé par l'Association "Vent d'Ouest";
– du CINÉMA, avec la collaboration de l'Atelier Régional Cinématographique de Bretagne, l'Association Daoulagad Breizh et la SOREDIC.

RENSEIGNEMENTS
FESTIVAL DE CORNOUAILLE
2, place de la Tour d'Auvergne - B.P. 77 - 29103 QUIMPER CEDEX
Tél. 98 55 53 53 + 98 90 09 33 (en juillet)

REDUCTIONS

GROUPES (tribune réservée) :	Samedi soir	50 F · 70 F
	Dimanche (Défilé + Abadenn Veur)	60 F
	(journée complète)	90 F
GROUPES DE JEUNES	: Samedi soir	30 F · 40 F
	Dimanche (Défilé)	10 F
	(Abadenn Veur)	25 F
ENFANTS	: Gratuit jusqu'à 12 ans, sauf marionnettes.	

II. Les mots apparentés. Read the four paragraphs that serve as an introduction to the festival and underline all of the English cognates. Then, with the help of these cognates, summarize the main ideas of the introduction to the best of your ability.

_____

_____

_____

_____

_____

III. Au Festival de Cornouaille. Read the program of activities. Then pick out at least four activities that various members of your family might particularly like. For each activity, specify the family member, the date and time of the activity, the cost of admission (if any), and the reason for your choice.

1. _____

   _____

   _____

   _____

3. _____

   _____

   _____

   _____

2. _____

   _____

   _____

   _____

4. _____

   _____

   _____

   _____

É▾C▾R▾I▾V▾O▾N▾S !

PRATIQUE DE LA GRAMMAIRE

In this **étape**, you have studied the verb **prendre** and how to tell time. To verify that you have learned these structures, take **Test 9** below. You will find the answers and scoring instructions on page 371. A perfect score is 12. If your score is less than 10, or if you wish additional practice, do the self-correcting exercises for **Chapitre 3, Étape 3,** in the **Pratique de la grammaire** at the back of this Workbook.

TEST 9
▼ ▼ ▼ ▼

First, complete each sentence, using the appropriate form of the verb in parentheses.

1. (prendre) Moi, je _____ l'autobus pour aller à l'école.

2. (prendre) Mes parents _____ le métro pour aller au travail.

3. (prendre) Qu'est-ce que vous _____ pour le petit déjeuner?

4. (comprendre) Tu _____ toujours le prof d'anglais?

5. (apprendre) Qui _____ à faire du ski nautique?

6. (prendre) Mes amis et moi, nous _____ souvent le déjeuner au café.

Now, write the indicated time using numbers and A.M. or P.M.

7. Il est neuf heures du matin.

_____

8. Il est sept heures moins le quart du soir.

_____

9. Il est onze heures et demie du matin.

_____

10. Il est minuit moins vingt.

_____

11. Il est deux heures et quart de l'après-midi.

_____

12. Il est midi cinq.

_____

▼ NOTE FOR CORRECTION: items 1–6 — one point for each correct form of **prendre**; *total: 6;* items 7–12 — one point for each correct time; *total: 6, no partial credit*

IV. **Questions personnelles.** Answer the following questions about you, your family, and your friends.

1. Combien de cours est-ce que vous prenez? _____

_____

_____

2. Quelles langues vivantes est-ce que vous apprenez? _____

_____

_____

3. Est-ce que vos amis apprennent le français aussi? _____

_____

_____

4. Est-ce que vous comprenez toujours vos professeurs? _____

_____

_____

5. Vous et votre famille, est-ce que vous prenez souvent le petit déjeuner ensemble?

_____

_____

6. Est-ce que vous prenez toujours votre temps quand vous faites quelque chose? _____

_____

_____

✻ **V. Une lycéenne française.** Anne-Marie Réveillon tells about her life as a student in a French **lycée.** Complete the paragraphs with the appropriate forms of the following verbs: **aller, apprendre, avoir, commencer, comprendre, continuer, être, étudier, parler, prendre.**

Je _____ en troisième au lycée Max Jacob à Quimper. (Troisième, c'est

l'équivalent, plus ou moins, de l'année «sophomore» dans une école américaine.)

J'_____ un emploi du temps très chargé (*a very heavy schedule*).

Je _____ onze cours. J' _____ deux langues

vivantes: l'anglais et l'allemand. Et j'_____ aussi le latin et le grec. Mon

cours préféré, c' _____ le cours d'anglais. Mon grand-père maternel

_____ de Grande-Bretagne et il _____ anglais à la

maison de temps en temps. Par conséquent, je _____ sans difficulté mon

professeur d'anglais.

Mes cours _____ à 8h du matin et ils _____

jusqu'à 5h de l'après-midi. Heureusement (*fortunately*) nous _____ deux

heures pour le déjeuner. Mes amis et moi, nous _____ d'habitude à un café

ou à un fast-food près du lycée.

VI. Tu voudrais aller à la Fête des Fleurs? While spending the summer in Tarascon, you meet a student from Spain, who has just arrived in town. Using the information in the textbook (p. 108 and p. 109), complete the following note inviting him/her to join you and your friends at the festival.

Cher (Chère) _____ ,

Samedi, c'est la Fête des Fleurs à Tarascon. J'y vais avec mes amis. Tu voudrais nous accompagner?

Le matin il y a _____ et _____ .

L'après-midi quelques-uns (some) de mes amis vont _____ ; d'autres (others) préfèrent _____ . Nous allons nous retrouver à 7h30 du soir au bord du Rhône pour _____ .

Ensuite nous allons _____ et _____ .

Tu voudrais y aller? Eh bien, rendez-vous à _____ h

Tu habites près de la piscine, n'est-ce pas? Eh bien, pour aller

_____ , tu _____

_____

_____

À bientôt,

_____

VII. Tu voudrais aller au festival? Imagine that you have just met a French-speaking foreign student and would like to invite him to join you and your friends at a festival in your town or region. Write your new friend a note similar to the one in Exercise VI.

VOCABULARY: City; flowers; days of the week; time expressions; time of day

PHRASES: Making an appointment; giving directions; inviting; telling time

DICTIONARY: prendre

▼ QUATRIÈME ÉTAPE ▼

(Text pp. 119–123)

CHAPITRE 3
SEGMENT 2

É▾C▾O▾U▾T▾O▾N▾S !

I. L'intonation. Intonation refers to pitch, the rising and falling of the voice within the speaking range. Rising intonation indicates continuation—that there is more to follow. Falling intonation signals closure—that is, the end of a sentence or idea. French intonation patterns are determined by word groups and by the type of utterance. Listen to the following examples:

1. In the basic intonation pattern, voice pitch rises and falls:

Nous habitons à Paris.

Ma sœur et moi, nous habitons à Paris.

Ma sœur et moi, nous habitons à Paris depuis trois ans.

Notice that the voice rises at the end of each group except the last

.2. Short phrases and sentences as well as commands and short information questions are all marked by falling intonation:

Bonjour, Madame.   Dépêche-toi, mon petit!

Je ne sais pas.   Comment allez-vous?

3. Questions that can be answered by **oui** or **non** are marked by rising intonation:

Tu aimes danser?   Elle a des frères et des sœurs?   C'est ton livre?

Take a few minutes to practice these basic intonation patterns by saying the following sentences aloud. In each case, when you hear the number of the sentence, read the word groups, listen to the model intonation, and then repeat the word groups.

First, practice the basic sentence pattern with rising and falling intonation.

1. Elle a deux frères.

2. Elle a deux frères et une sœur.

3. Dans ma chambre j'ai une chaîne stéréo et des cassettes.

4. Dans ma chambre j'ai un téléviseur, un frigo, un bureau et un lit, mais je n'ai pas de chaîne stéréo.

5. Je n'aime pas danser.

6. Je n'aime pas chanter, mais j'adore écouter des cassettes de musique classique.

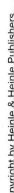

Now practice some short utterances with falling intonation.

7. Très bien, merci.

8. Quelle heure est-il?

9. Merci beaucoup.

10. Un moment, s'il vous plaît.

And finally, practice some yes-no questions with rising intonation.

11. Tu as faim?

12. Est-ce qu'elles habitent à Paris?

13. Ce sont vos clés, Madame?

14. Vous voulez prendre quelque chose?

∗ II. Les renseignements. People frequently need to ask for directions. Match each conversation you hear with the appropriate drawing.

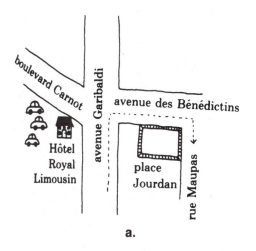

a.

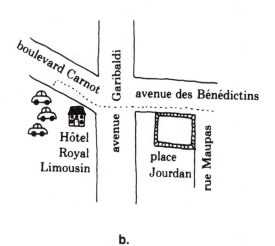

b.

c.

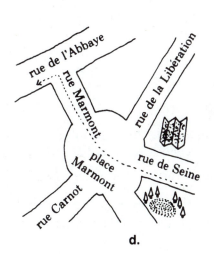

d.

1. _____   2. _____   3. _____   4. _____

✳ III. À quelle heure? In each conversation that you will hear, a time is mentioned. Match each conversation to the appropriate clock.

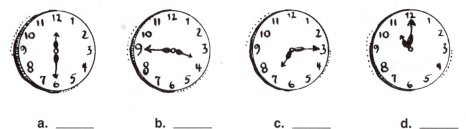

a. _____   b. _____   c. _____   d. _____

✳ IV. Une journée chargée. (*A busy day.*) Christiane Barbey is an executive in an advertising firm in Quimper. In addition to her regular work, she is also one of the organizers of the Festival de Cornouaille. Listen to her conversation with her secretary. Then fill in her appointment schedule for the busy day just before the opening of the festival.

vendredi 18 juillet

9h ....

10h ....

11h ....

12h ....

1h ....

2h ....

3h ....

4h ....

5h ....

6h ....

7h ....

8h ....

9h ....

✳ V. Mini-dictée: Le quartier de l'université. Listen to this description of the area around the University of Nancy and fill in the missing words. The description will be read twice.

Le quartier de l'université est _____ la gare. Pour aller à l'université, vous

prenez _____ Chabot _____ boulevard de

l'Université. La bibliothèque municipale est _____ l'université.

_____ il y a un restaurant et _____ restaurant

se trouve une librairie. La librairie est _____ l'École. Pour s'amuser, les

étudiants vont au café _____ boulevard de l'Université et aussi

_____ Royal, qui se trouve _____ de Bourgogne.

✳ **VI. Des messages.** You find yourself alone in the apartment of the French family with which you are staying. The parents (**M. et Mme Loridon**) and your French "brother" (**Mathieu**) are all out, so you have to answer the phone. Listen to each conversation and fill in the time, place, and any other relevant information on the message pad by the phone.

Rendez-vous   à ____ *h* ____

à _____

_____

_____

_____

Rendez-vous   à ____ *h* ____

à _____

_____

_____

_____

Rendez-vous   à ____ *h* ____

à _____

_____

_____

_____

✻ VII. Où êtes-vous? You will be given three sets of directions, either by a stranger or by a friend. Follow each set of instructions, tracing your route on the map below and indicating where you end up. If you get lost, listen to the directions again.

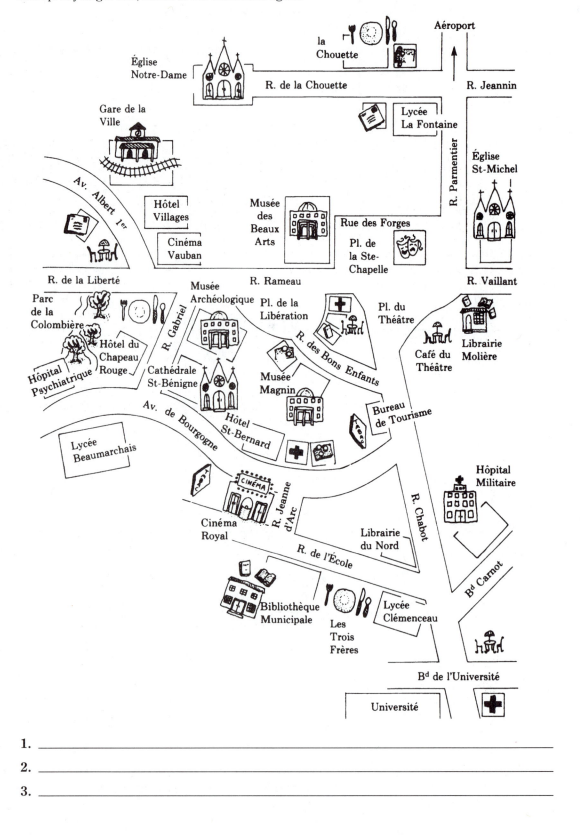

1. _____

2. _____

3. _____

Nom .... Cours ....

3

R·É·D·I·G·E·O·N·S !

Votre région. Create a small brochure advertising your town or area to French-speaking tourists. Include a title, a short general description, a list of attractions, a map of places of interest, and suggestions for activities.

Rédigeons!

BAYEUX

CAPITALE DU BESSIN

Région encore protégée, le Bessin offre sur son littoral, en forêt ou à la campagne des paysages divers et colorés dont tout le monde peut jouir.

Bayeux, centre religieux, puisque ville épiscopale depuis le IVe siècle, Bayeux, centre culturel grâce à la richesse naturelle du Bessin d'une part, à l'empreinte religieuse d'autre part, s'inscrit bien comme la capitale d'une région rurale et maritime.

Vous y pratiquerez toutes les activités de loisirs liées à l'art, à la gastronomie, à la mer, à la forêt...

1) Dentelle d'aujourd'hui à l'Ecole dentellière.
2) Maison à pans de bois du XIVe siècle - la plus ancienne maison de Bayeux et plan de situation.
3) Les cinq rencontres du Général de Gaulle avec Bayeux, notamment le 14 juin 1944 et le 16 juin 1946 (discours sur la Constitution).
4) L'Hôtel de Ville (autrefois Evéché) du XVe au XVIIIe siècle.
5) La majestueuse Cathédrale (XIe et XIIIe siècles) domine paisiblement la ville.
6) Musée Mémorial de la Bataille de Normandie - 1944.
7) Mannequins en uniforme allemands et américains (Musée de la Bataille de Normandie).
8) Rond Point de Vaucelles - Monument de la Libération - Seul monument en France avec l'effigie du Général de Gaulle de son vivant.
9) Mémorial et Cimetière britanniques.

TRAVAIL DE FIN DE CHAPITRE
▼ ▼ ▼ ▼ ▼

CHAPITRE 3
SEGMENT 3

✳ I. **Dans la rue.**

A. You will hear four short conversations in which people ask for directions. Match the number of the conversation (1, 2, 3, 4) with the appropriate brief description. You will not understand most of each conversation in detail; simply listen for the general context.

_____ A motorist asks a policeman for directions.

_____ A tourist asks a passerby for directions, but the passerby can't help.

_____ A student tells a friend how to get somewhere in town.

_____ A student explains to a friend how to get to a relative's house.

B. Listen again to the four conversations. Then do the following exercises.

Conversation 1. Diagram the instructions given in the conversation. Use the following proper names: **la rue Saint-Jacques, l'avenue Lafayette, le boulevard Saint-Germain.**

Conversation 2. Diagram the location of the store that the person is going to. Use the following proper names: **Hachette, Saint-Michel, Duprès, Longchamp.**

Nom .... Cours ....

3

Travail de fin
de chapitre

Conversation 3. Circle the number of the statement that best describes the passerby in this conversation:

1. impolite and not at all helpful
2. polite and a bit helpful
3. polite, but not helpful at all
4. impolite, but very helpful

Conversation 4. Answer the following questions. Use the following proper names as needed: **Hautes-Feuilles, Petits Fours, Haussmann.**

1. Why does Hélène call Élisabeth? _____

2. Where is Élisabeth? _____

3. What is the address? _____

✳ **II. Jeu: Mots croisés.** Do the following crossword puzzle in French by filling in the words missing from the clues. Do not worry about accent marks: the letter **E** may stand for **é** or **è** or **ê** or **e**. (A few of the more difficult answers have been filled in for you.)

Horizontalement

1. On achète des choses sucrées et des choses salées à une _briocherie_____.

5. On achète un journal (*newspaper*) dans un bureau de _____.

8. Vous allez souvent _____ théâtre?

9. Ils habitent près d'ici? Quelle est _____ adresse?

10. Je _____ voudrais pas être ingénieur.

11. Marc est un élève sérieux. Il fait toujours ces devoirs. Il _____ beaucoup.

12. Qui _____ à la piscine? Vous y allez? Tiens! Nous aussi.

13. On va à la Fête des Fleurs à la _____ de Tarascon.

14. Est-ce qu'il y a _____ pharmacie près d'ici?

15. Les jeunes Français font des études secondaires dans un collège ou dans un

_____.

18. Où est Cécile? Voici _____ livres.

20. —La bibliothèque, s'il vous plaît?

—Je m'excuse, mais je ne suis pas d'ici. Demandez à l' _agent_____ de police.

23. J'ai, tu as, elle a, etc. Ce sont les formes du verbe _____.

24. Le continent où se trouve la France s'appelle l' _____.

26. L' _____ St-Sauveur, elle est protestante ou catholique?

27. Quel âge avez-vous? J'ai dix-sept _____.

28. Vous avez des lettres à envoyer (*to send*)? Allez au bureau de _____.

Verticalement

1. Il y a beaucoup d'argent dans une _____.

2. S'il vous plaît, la _____ Mazeppa, elle est près d'ici?

3. Le maire et ses adjoints travaillent à l' _____ de ville.

4. Je suis _élève_____ dans un lycée à Bordeaux.

5. Jacqueline _____ la rue Dauphine pour aller à la pharmacie.

6. Les gens du Midi (du sud de la France) aiment jouer aux _boules_____.

7. On retrouve ses amis au _____ pour parler et pour prendre quelque chose à boire ou à manger.

16. On va voir le film *Cyrano* au _____ Rex.

17. Vous aimez voyager par le train? Il y a cinq _____ à Paris: St-Lazare, Montparnasse, etc.

19. On fait du sport au _____.

21. Est-ce que _____ as tes clés?

22. _____, je préfère la musique moderne.

23. Quel _____ avez-vous?

25. Ma sœur et moi, nous cherchons _____ disques compacts. Est-ce qu'ils sont chez vous?

CHAPITRE 4 **Allons en ville!**

1ère Étape

▼ PREMIÈRE ÉTAPE ▼

Vous allez en ville? *(Text pp. 128–135)*

L▾I▾S▾O▾N▾S !

One of the principal means of getting around many French cities is by bus. In this **étape,** *you will be asked to use your reading skills (predicting, scanning, skimming, recognizing cognates, guessing from context) to read a bus schedule and related information. The schedule comes from the bus system of Toulouse, a city of some 350,000 inhabitants located in southwestern France.*

✳ **I. Prélecture.** You have just arrived in Toulouse, where you have not yet gotten to know anyone. You want to take the bus to explore the city. What kinds of information would you want to know

about taking a bus from where you are staying to downtown? _____

_____

_____

_____

✳ **II. Plan et horaires**

    A. Rapidly skim the brochure on pages 94 and 95. Then tell what types of information are provided on each page.

        1. cover (left panel) _____

        _____

        2. back page (right panel) _____

        _____

        3. inside, upper _____

        _____

        4. inside, lower _____

        _____

    B. You have a room in a residence hall at the **cité universitaire du Mirail.** Skim the brochure to find the answers to the following questions.

        1. Is this a schedule for the whole bus system or for a single bus line? How can you tell? ____

        _____

        2. What is the closest place for you to go to buy bus tickets? _____

        _____

REMEMBER! An asterisk (✳) preceding an exercise number indicates that the exercise is self-correcting. You will find the answers at the back of this **Cahier,** beginning on page 371.

3. How often do buses run during the week? On the weekend? _____

_____

_____

LIGNE 148

plan et horaires

réseau urbain

Semvat

LIGNE **148** GARE DU MIRAIL / MARENGO

PREMIERS ET DERNIERS DEPARTS

FREQUENCES.

148	LUNDI A VENDREDI		SAMEDI		LUNDI A VENDREDI VACANCES SCOLAIRES		DIMANCHES ET JOURS FERIES	
	PREMIERS DEPARTS	DERNIERS DEPARTS	PREMIERS DEPARTS	DERNIERS DEPARTS	PREMIERS DEPARTS	DERNIERS DEPARTS	PREMIERS DEPARTS	DERNIERS DEPARTS
Marengo vers Gare du Mirail	6.05 - 6.30	20.40 - 21.00	6.05 - 6.30	20.30 - 21.00	6.05 - 6.30	20.30 - 21.00	6.50 - 7.25	20.35 - 21.00
Gare du Mirail vers Marengo	5.30 - 5.50	20.05 - 20.25	5.30 - 5.50	19.55 - 20.25	5.30 - 5.50	19.55 - 20.25	6.15 - 6.50	20.00 - 20.25
Fréquence moyenne de passage	7 mn		9 à 12 mn		9 à 12 mn		16 à 30 mn	

Les dimanches et jours fériés, le terminus Marengo est reporté à Matabiau.

4. Pick out three places you might want to go on the bus and name the bus stops where you would get off.

Destination	Bus stop
a. _____	_____
b. _____	_____
c. _____	_____

5. On your first day in Toulouse (a Saturday), you go downtown in the afternoon and plan to eat in a restaurant on the rue d'Alsace. At what time should you be at your bus stop to avoid missing the last bus back to the Cité? _____

_____

READING STRATEGY

False Cognates

You have already seen how helpful cognates (**les mots apparentés**) can be when you are scanning a text. In this text, for example, are words such as **urbain, ligne, tickets, bus, information**, and **fréquences,** which are quite recognizable from English. However, from time to time you will run into false cognates (**les faux amis**)—French words that look like English words but that have quite different meanings. The primary way of recognizing a false cognate is that the apparent English word does not make sense in context. For example, in the sentence, **Le train entre en gare et nous montons dans le premier wagon,** the word **wagon** does not mean *wagon*; from context, you can probably guess that it is the equivalent of *train car*.

In the sentence, **Les dimanches et les jours fériés, le terminus Marengo est reporté à Matabiau,** the word **reporté** is a false cognate. Using all of your reading skills, try to figure out the meaning of this sentence. _____

_____

É▾C▾R▾I▾V▾O▾N▾S !

PRATIQUE DE LA GRAMMAIRE

In this **étape,** you have studied the verb **vouloir** and the days of the week. To verify that you have learned these structures, take *Test 10* below. You will find the answers and scoring instructions on page 372. A perfect score is 13. If your score is less than 11, or if you wish additional practice, do the self-correcting exercises for **Chapitre 4, Étape 1,** in the *Pratique de la grammaire* at the back of this Workbook.

TEST 10

First, complete each sentence with the appropriate form of the verb **vouloir.**

1. Qu'est-ce que tu _____ faire ce soir?

2. Mes parents _____ rester à la maison.

3. Moi, je _____ aller au cinéma.

4. Et vous autres, est-ce que vous _____ voir le film avec nous?

5. Anne-Marie ne _____ pas y aller.

6. Jacques et moi, nous _____ bien vous accompagner au cinéma.

Now, fill in the blanks of the calendar with the days of the week. Remember that French calendars do not begin with Sunday.

Juin

___	___	___	___	___	___	___
		1	2	3	4	5
6	7	8	9	10	11	12
13	14	15	16	17	18	19
20	21	22	23	24	25	26
27	28	29	30			

▼ NOTE FOR CORRECTION: items 1–6 — one point for each correct form of **vouloir**; *total: 6;* days of week — one point for each correct day; *total: 7*

III. **Moi, je . . .** Using the expressions below, write five sentences that tell how you get around town. Use at least one expression from each column in each of your sentences. Use as many of the words and expressions as you can.

d'habitude	aller	à pied	en ville
souvent	prendre	le métro	au . . .
toujours		l'autobus	à la . . .
de temps en temps		un taxi	à l' . . .
quelquefois		mon vélo	à . . .
rarement		la voiture	
ne . . . jamais			

Modèle: *D'habitude je vais à l'université à pied.* or: *Quelquefois je prends l'autobus pour aller à l'université et quelquefois j'y vais dans la voiture de mon frère. Je ne prends jamais de taxi.*

1. _____

_____

2. _____

_____

3. _____

_____

4. _____

_____

5. _____

_____

IV. Des invitations. Use the verb **vouloir** to extend invitations to the following people. Whenever possible, choose activities that might interest them. Use a separate sheet of paper.

Modèle:

> *Chère Isabelle,*
> *Est-ce que tu veux venir (to come) avec nous samedi soir?*
> *Nous allons voir un film de Woody Allen. Si tu veux y aller,*
> *téléphone-moi ce soir.*
>
> *Diane*

SYSTÈME-D

VOCABULARY: Days of the week; leisure; arts; sports

PHRASES: Inviting; telling time

DICTIONARY: vouloir

---

1. un(e) ami(e)

2. deux ou trois camarades de classe

3. votre père et/ou votre mère

V. Vos activités. Complete the paragraphs from two letters that you are writing, using some of the suggested expressions. Write on a separate piece of paper.

SYSTÈME-D

VOCABULARY: Days of the week; time expressions; time of day; leisure

PHRASES: Sequencing events; linking events

A. To your parents: **le lundi, le mercredi soir, le samedi après-midi, le dimanche,** etc.

> *La vie à l'université est assez monotone . . .*

B. To a friend who does not go to your school: **ce soir, demain matin, demain soir, dimanche après-midi,** etc.

> *C'est vendredi Le weekend va bientôt commencer! . . .*

Nom ....   Cours ....

4

2ᵉ Étape

▼ DEUXIÈME ÉTAPE ▼

Prenons le métro! *(Text pp. 136–146)*

L▾I▾S▾O▾N▾S !

*Most Americans arrive in France by plane, and most commercial flights from the United States arrive at Charles de Gaulle Airport in Roissy, a northern suburb of Paris. Consequently, one of the first situations they need to deal with is getting from the airport into the city. In this **étape,** you will apply your reading skills to a brochure about one means of getting into the city—a train-bus service called **Roissy-Rail.***

✳ **I. Prélecture.** Imagine that you are arriving in Paris and that someone has told you about the train-bus service between the airport and the city. What information would you need about this service before making use of it? Complete the following list.

the cost of a ticket, _____

_____

_____

_____

✳ **II. Roissy-Rail.** Using the brochure, answer the following questions about the train-bus service.

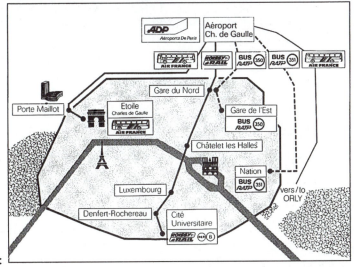

LES TRANSPORTS :

BUS AIR FRANCE de 5 h 45 à 23 h
   Paris/CDG 2A/CDG 2B/CDG 1

de 6 h à 23 h CDG/Paris
Toutes les 12 mn

Départ de Paris vers CDG :
PLACE CHARLES-DE-GAULLE - ÉTOILE
(Avenue Carnot)
PORTE MAILLOT (près agence AF)

Départ de CDG vers Paris :
CDG 2A porte A5
CDG 2B porte B6
CGD 1 porte 36 niveau arrivée

Trajet moyen : 40 mn – 35 F

ROISSY RAIL de 5 h 25 à 23 h 25 Paris/CDG

de 5 h 10 à 23 h 45 CDG/Paris
Toutes les 15 mn
Départ de Paris vers CDG :
Toutes les stations de la ligne B du RER
Départ de CDG vers Paris :
CDG 2A porte A5
CDG 2B porte B6
CDG 1 porte 28 ou 30 niveau arrivée

Trajet moyen : 35 mn
35 F Gare du Nord en 1ʳᵉ classe
(navette comprise)

1. If we arrive at Terminal Number 1 at Charles de Gaulle, where do we get on the shuttle bus?

_____

2. How much will our train ticket cost? How long will it take to get into Paris?

_____

3. If we have a hotel near the Jardin du Luxembourg, should we get off at the Gare du Nord?

_____

4. If we have a hotel near the Notre-Dame-des-Champs station (D4 on the metro map on p. 138 of your textbook), how could we get there from the airport? (Where would we switch from the RER to the metro?)

_____

_____

É▾C▾R▾I▾V▾O▾N▾S !

PRATIQUE DE LA GRAMMAIRE

In this **étape,** you have studied adverbs used to designate the present and the future as well as the expressions **espérer** and **avoir l'intention de**. To verify that you have learned these structures, take *Test 11* below. You will find the answers and scoring instructions on page 372. A perfect score is 8. If your score is less than 7, or if you wish additional practice, do the self-correcting exercises for **Chapitre 4, Étape 2,** in the *Pratique de la grammaire* at the back of this Workbook.

TEST 11
▼ ▼ ▼ ▼ ▼

Write sentences using the elements provided.

1. je / être chez moi / maintenant

_____

2. ils / dîner au restaurant / demain soir

_____

3. qu'est-ce que / tu / faire / cet après-midi

_____

4. elle / faire un voyage / la semaine prochaine

_____

5. moi, je / avoir l'intention de / aller en France / l'année prochaine

_____

6. je / espérer / visiter l'Allemagne aussi

_____

7. nous / avoir l'intention de / faire nos devoirs / ce soir

_____

8. nous / espérer / étudier / demain soir aussi

_____

> ▼ NOTE FOR CORRECTION: one point for each correct verb form; _total: 8_ — in some cases, more than one possible answer (for example, present or immediate future for items 2 and 3)

✷ **III. Mais oui.** Antoine's friends ask him questions about his activities. Using the calendar as a guide, play the role of Antoine and answer the friend's questions. Today is June 6.

J U I N	
L 6	_matin: travailler à la maison; après-midi: aller en ville; soir: aller au cinéma avec des amis_
M 7	_visiter le musée_
M 8	_après-midi: faire des courses en ville; soir: rester à la maison_
J 9	_matin: faire un tour à vélo; soir: aller à une discothèque_
D 12	_matin: aller à l'église; après-midi: déjeuner avec mes parents_
L 13	_faire des achats_
M 14	_aller à Londres (M14–D19)_

Modèle: Tu aimes te promener à vélo?

Mais oui. Je vais faire un tour à vélo jeudi matin.

1. Tu travailles à la maison de temps en temps? _____

_____

2. Tu vas souvent à une discothèque? _____

_____

3. Quand est-ce que tu vas en ville? _____

_____

4. Tu aimes voyager? _____

_____

5. Tu as besoin d'acheter quelque chose pour le voyage? _____

_____

6. Tu vas au cinéma avec tes amis de temps en temps? _____

_____

7. Tu as le temps de déjeuner avec tes parents? _____

_____

8. Tu vas faire des courses en ville bientôt? _____

_____

IV. L'avenir. (*The future.*) Different people have different plans and dreams for the future. Using the suggested expressions, write three sentences for each situation. Tell about (a) your best friend **(mon meilleur ami, ma meilleure amie),** (b) your parents, and (c) yourself.

1. cette année / avoir l'intention de

   a. _____

   b. _____

   c. _____

2. l'année prochaine / vouloir

   a. _____

   b. _____

   c. _____

3. un jour / espérer

   a. _____

   b. _____

   c. _____

✳ **V. Prenez le métro!** Using the information provided on page 103, and the metro map on page 138 of the textbook, write notes to the following people, telling them how to use the metro to meet you. Write the second and third notes on a separate sheet of paper.

Nom .... Cours ....

4

3e Étape

1. Your German friend Greta is staying in the Latin Quarter. She wants to see the Arc de Triomphe. Départ: station Saint-Michel (E4) → arrivée: station Charles de Gaulle–Étoile (C3) / sortie: avenue de Friedland

❖◆❖

Greta,

On va visiter l'arc de Triomphe demain après-midi. Pour prendre le métro, tu vas à la station Saint-Michel, et tu prends la direction _____. Tu changes à _____, direction _____. Tu descends à la station _____.

Rendez-vous à 3h. à la sortie (exit) dans l'avenue de Friedland.

Paul

2. Your Brazilian friend Jorge is staying behind the Gare Montparnasse. He wants to go see a play at the Comédie-Française. Départ: station Pasteur (C4) → arrivée: station Palais-Royal (D3) / sortie: rue St-Honoré

3. Your Egyptian friends Anwar and Farah are staying near the place d'Italie. They want to see the basilica of the Sacred Heart(**Sacré-Cœur**) in Montmartre. Départ: station Place d'Italie (E5) → arrivée: station Barbès-Rochechouart (E2) / sortie: boulevard Rochechouart

▼ TROISIÈME ÉTAPE ▼

Je veux prendre un taxi! *(Text pp. 147–157)*

L ▪I ▪S ▪O ▪N ▪S !

Although most French cities have excellent public transportation systems, the French, like Americans, all like to own their own car. One evidence of this love affair with the automobile is the vast number of car ads that appear in weekly and monthly magazines. Because the visual impact of any ad is usually more important than the words used, you can probably read and evaluate car ads in French even though your French is still limited.

✶ I. **Prélecture.** Study the two ads from American magazines (pages 104–105). Then answer the questions.

1. First, consider only the picture part of the ad. What does it suggest?

   a. Toyota _____

   _____

   b. Ford _____

2. Now consider the titles (the parts printed in the largest typeface). What is the key word in each title?

   a. Toyota _____

   b. Ford _____

Nom .... Cours ....

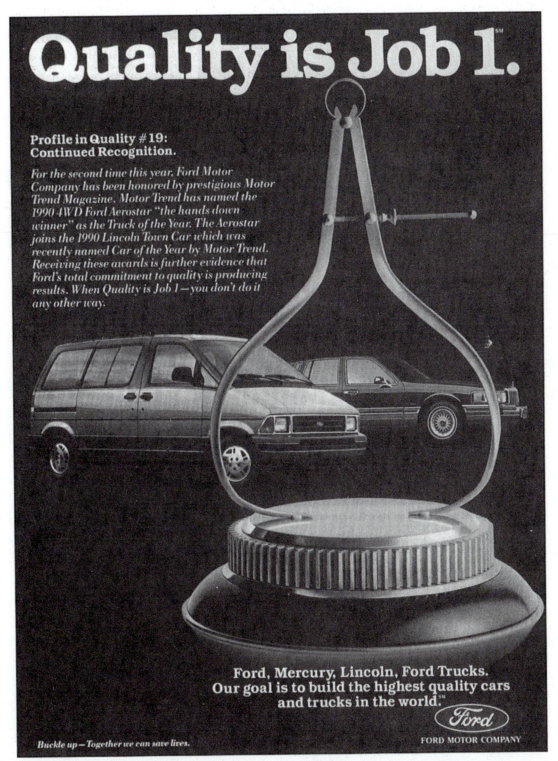

Quality is Job 1.

**Profile in Quality #19:
Continued Recognition.**

*For the second time this year, Ford Motor
Company has been honored by prestigious Motor
Trend Magazine. Motor Trend has named the
1990 4WD Ford Aerostar "the hands down
winner" as the Truck of the Year. The Aerostar
joins the 1990 Lincoln Town Car which was
recently named Car of the Year by Motor Trend.
Receiving these awards is further evidence that
Ford's total commitment to quality is producing
results. When Quality is Job 1—you don't do it
any other way.*

**Ford, Mercury, Lincoln, Ford Trucks.
Our goal is to build the highest quality cars
and trucks in the world.**

Buckle up—Together we can save lives.

FORD MOTOR COMPANY

3. Finally, look at the smaller print. Does this part of the ad reinforce the picture and/or the title?
Does it introduce new ideas?

a. Toyota _____

_____

b. Ford _____

_____

"Sacrée 205,
tu réunis tout ce que j'aime."

Sacrée 205, depuis que tu partages mon existence, nous vivons toi et moi à un train d'enfer. Ton agilité, ta façon de te jouer des obstacles, ta sobriété têtue... Tous ces numéros que tu me fais, je ne m'en lasse pas une seconde ! Et devant

ton tempérament accrocheur, tes attentions délicates à bord et ton look ravageur, je suis sûr d'une chose : toi et moi, nous sommes partis pour une belle aventure ! 205... quel sacré numéro ! 31 versions essence ou diesel, 3 ou 5 portes.

Modèle présenté : 205 GT AM 87. Jantes alliage en option.

Un constructeur sort ses griffes

PEUGEOT 205
Quel sacré numéro!

CHAMPION DU MONDE

3. Both ads suggest that the cars are similar to people. Using your ability to recognize cognates and to guess from context, show how this comparison is developed in each ad.

    a. Renault Supercinq _____

_____

b. Peugeot 205 _____

_____

_____

4. In what ways are the American ads different from the French ads? _____

_____

_____

5. Are these differences generally true or are they true only for the particular set of American

ads reproduced here? _____

_____

_____

É▪C▪R▪I▪V▪O▪N▪S !

PRATIQUE DE LA GRAMMAIRE

In this **étape,** you have studied the present, the immediate future, and the imperative of pronominal verbs. To verify that you have learned these structures, take **Test 12** below. You will find the answers and scoring instructions on page 373. A perfect score is 12. If your score is less than 10, or if you wish additional practice, do the self-correcting exercises for **Chapitre 4, Étape 3,** in the **Pratique de la grammaire** at the back of this Workbook.

TEST 12
▼ ▼ ▼ ▼ ▼

First, complete each sentence with the appropriate form of the verb in parentheses.

1. (se lever) À quelle heure est-ce que tu _____ d'habitude?

2. (se lever) Je _____ vers 7h.

3. (se coucher) À quelle heure est-ce que vous _____ le samedi

soir?

4. (se coucher) Nous _____ généralement vers minuit.

5. (ne pas se téléphoner) Pourquoi est-ce que Maman et Tante Véronique

_____ l'après-midi?

6. (se reposer) C'est parce que tante Véronique _____ tous les

jours entre 1h et 4h de l'après-midi.

Now, write sentences using the elements provided.

7. à quelle heure / tu / se lever / demain matin / ?

_____

8. vous / avoir l'intention de / se coucher avant minuit / ?

_____

9. je / ne pas vouloir / s'acheter de cassettes

_____

Finally, write the indicated commands.

10. Dites à votre petite sœur de se dépêcher.

_____

11. Dites à vos invités de s'asseoir.

_____

12. Dites à votre ami de ne pas s'inquiéter.

_____

▼ NOTE FOR CORRECTION: one point for each correct form; *total: 12*

✻ **III. Les vacances.** Complete the following letters written by people either on vacation or getting ready for vacation. Use the appropriate forms of the verbs suggested. The same verb may be used more than once. Be sure to distinguish between pronominal and nonpronominal verbs. **Verbs: aller, s'amuser, se coucher, faire, se lever, prendre, se préparer, se promener, se reposer, se retrouver, visiter**

1. Jean-Jacques is writing his parents about life at his summer camp (**camp d'adolescents**).

Chers Maman et Papa,

Tout va bien! Il fait un temps splendide! On passe toute la journée à faire du sport et on mange très bien. Le seul inconvénient, c'est que nous _____ de très bonne heure (6h30 du matin) et que nous _____ assez tôt aussi (9h du soir). À part ça, c'est vraiment très sympa ici et je _____ bien.

Grosses bises,
Jean-Jacques

2. Mireille, who is spending her vacation at the family summer home, is writing her school friend.

◆ ◆

Salut, Annick.

    Comment vont les vacances? Tu _____ bien, j'espère?

    La vie ici n'est pas très gaie. Il n'y a pas grand-chose à faire. Je ne _____ pas avant 10h30 ou 11h du matin. Puis je _____ quelque chose à manger. Je passe l'après-midi dans le jardin où je regarde les plantes et les fleurs. Après le dîner, je _____ avec mes parents et mes grands-parents. Nous _____ un petit tour du village, puis nous rentrons à la maison et regardons la télé. On _____ vers 10h30. C'est vraiment ennuyeux!

                À bientôt,
                Mireille

3. Henri has just arrived in Florence, Italy, after a long drive. He is writing to his best friend.

✤ ✤

Eric,

    Nous venons d'arriver à Florence. Nous sommes tous très fatigués. Il est 11h30 du soir. Je vais _____ bientôt. Demain on ne va pas faire grand-chose. Nous voulons _____ un peu. Mardi nous allons _____ la ville et mercredi nous allons repartir pour Rome.

    Toi et ta famille, vous _____ à partir pour le Maroc, non? Amusez-vous bien!

                À bientôt,
                Henri

Nom .... Cours ....

4. Catherine is writing her aunt about her family's vacation plans.

> **Ma chère Tante Caroline,**
>
> **Nous partons bientôt pour Biarritz. Papa et Jean-Louis, ils y**
> _____ **en voiture demain. Ils aiment**
> _____ **en auto! Maman et moi, nous**
> **allons** _____ **le train vendredi. Nous**
> **allons** _____ **à Biarritz le 3 juillet.**
> **On te téléphonera la semaine prochaine.**
>
> **Grosses bises,**
> **Catherine**

✱ **IV. On vous a laissé un mot.** (*There's a message for you.*) You and your foreign student dorm mates rarely see each other during the day. Consequently, you leave each other written messages on the bulletin board in the hall. Use the suggested expressions to complete your response to each of the following messages. Expressions: **assieds-toi! (asseyez-vous!), amuse-toi bien! (amusez-vous bien!), dépêche-toi (dépêchez-vous), ne te dépêche pas (ne vous dépêchez pas), ne t'énerve pas (ne vous énervez pas), ne t'inquiète pas (ne vous inquiétez pas)**

1

Jacqueline et moi, nous allons voir le nouveau film de Depardieu ce soir. Tu veux venir avec nous?

Anne-Marie

Je voudrais bien, mais je dois travailler. On dit que c'est un très bon film . . .

Chapitre quatre **111**

Copyright by Heinle & Heinle Publishers

2

Nous avons rendez-vous avec Alain et ses parents ce soir. J'ai cours jusqu'à 4h.30, puis j'ai des courses à faire en ville. Je vais faire un effort pour rentrer avant 7h.

Gérard

. . . Nous avons beaucoup de temps. Alain a téléphoné. Ses parents arrivent à 8h.

3

Quelle catastrophe! Je dois retrouver Bénédicte et sa cousine en ville ce soir, mais je n'ai pas ma voiture et le dernier autobus est à 9h. Qu'est-ce que je vais faire? Comment est-ce que je vais y aller?

Daniel

. . . Tu peux prendre ma voiture à moi. J'ai beaucoup de devoirs à faire ce soir. Je vais à la biblio-thèque, mais je peux y aller à pied.

✱ **V. Les Berthier.** Using the verbs suggested, describe what is going on in the lives of the Berthiers. Then answer the questions about your own life.

Modèle: Antoine / ne pas vouloir, avoir envie de
Antoine ne veut pas se coucher à 10h. Il a envie de regarder la télé.

Et vous, est-ce que vous vous couchez souvent à 10h?
Non, moi, je me couche d'habitude vers 12h ou 1h.

Couche-toi, mon petit. Il est déjà 10h.

Mais Papa, il y a un très bon film à la télé.

1. Sophie / se lever, rester au lit

_____

_____

Et vous, le matin, est-ce que vous vous levez tout de suite ou est-ce que vous préférez rester

au lit un peu? _____

_____

2. Jacques, Philippe / se retrouver, faire des courses

_____

_____

Et vous, où est-ce que vous retrouvez vos ami(e)s? _____

_____

3. Pascale, Vincent / ne pas se dépêcher, rentrer

_____

_____

Et vous, quand est-ce que vous vous dépêchez? _____

_____

4. Alain, Chantal, Michel / s'amuser à (+ infinitif), se promener

_____

_____

Et vous, qu'est-ce que vous préférez? _____

_____

5. Jeanne, Madeleine / acheter, s'acheter

_____

_____

Et vous, qu'est-ce que vous voudriez vous acheter? _____

_____

✱**VI. Tu vas arriver à l'aéroport Charles de Gaulle.** Georges Martin is writing to his French-Canadian friend, Louise Villandré, to explain how she should get to his apartment when she arrives in Paris. Complete the letter with the appropriate forms of the suggested verbs. Verbs: **s'arrêter** (_to stop_), **arriver, descendre, prendre**

✱✱

> *Chère Louise,*
>
> *J'attends avec impatience le jour de ton arrivée. Tu vas*
> _____ *à l'aéroport Charles de Gaulle. Pour aller*
> *à Paris, tu* _____ *le car Air France. Il*
> _____ *deux fois—le premier arrêt, c'est à*
> *l'avenue des Ternes; le second arrêt, c'est à la place Charles de*
> *Gaulle-Étoile (près de l'arc de Triomphe).*
>
> *Tu* _____ *à la place Charles de Gaulle-Étoile.*
> *Là, il y a deux possibilités. Si tu* _____ *un taxi, tu*
> *vas payer 20 ou 25 francs. Si tu* _____ *l'autobus*
> *22, tu vas payer 5 francs, mais tu vas* _____ *six*
> *fois. Tu* _____ *à la place Possoz et mon adresse,*
> *c'est 54, avenue Paul Doumer.*
>
> *À bientôt,*
Georges

VII. Pour aller chez moi, tu . . . Imagine that a French friend is coming to visit you. She will arrive at an airport, a train station, or a bus station (**une gare routière**) in your town. You will be unable to meet her. Therefore, write a letter explaining how she can use some form (or forms) of public transportation to get to where you live. Use a separate sheet of paper.

VOCABULARY: City; means of transportation

PHRASES: Advising; reassuring; giving directions

▼ QUATRIÈME ÉTAPE ▼

(Text pp. 158–163)

É▾C▾O▾U▾T▾O▾N▾S !

✻ **I. Pourquoi est-ce qu'ils vont en ville?** Listen to the four conversations. Then write the number of each conversation under the appropriate drawing.

_____

_____

_____

_____

✻ **II. Comment est-ce qu'ils vont en ville?** Listen to the four conversations. Then match the number of each conversation with the appropriate form of transportation.

_____ en taxi

_____ en métro

_____ en autobus

_____ à vélo

Nom .... Cours ....

4

4e Étape

✳ **III. Les verbes pronominaux**

A. Tell whether each thing said is a question, a statement, or a command.

1. ? . !
2. ? . !
3. ? . !
4. ? . !
5. ? . !
6. ? . !
7. ? . !
8. ? . !

B. Now, tell whether each of the following is in the present (**présent**) or the future (**futur**).

1. présent   futur
2. présent   futur
3. présent   futur
4. présent   futur
5. présent   futur
6. présent   futur

✳ **IV. Les nombres**

A. Combien? Quel numéro? Write the number you hear in each of the following statements.

Modèle: You hear: *Marie-Louise habite quarante et un, rue de Fleurus.*

You write: ___*41*___

1. _____   4. _____
2. _____   5. _____
3. _____   6. _____

B. C'est combien? Write the final amount involved in each transaction you hear.

Modèle: You hear: *C'est combien, ce livre?*
                  Vingt-deux francs cinquante.
                  Vingt-deux francs cinquante? C'est pas cher.

You write: à la librairie _____*22,50 (22F50)*_____

1. dans un taxi _____   4. au café _____
2. au guichet _____   5. au bureau de tabac _____
3. au bureau de poste _____

✻ **V. Vous voulez prendre un message?** You are alone in the home of some French friends. The parents (**M. et Mme Roche**) and the children (**Christine et Mathieu**) are all out for the evening. When the phone rings, you answer and take messages for the absent family members. Fill in the message slips with the vital information. You may write in French or in English; the important thing is to get the basic message.

MESSAGE IMPORTANT 📞

_____ a appelé

pour _____

Message: _____

MESSAGE IMPORTANT 📞

_____ a appelé

pour _____

Message: _____

✻ **VI. Samedi soir à Paris.** Listen to the following conversation between Claire, who is French, and her American friend, David. Then answer the questions by circling the letter of the correct response.

1. Ce soir Claire et David vont . . .

   a. dîner au restaurant.

   b. aller au cinéma.

   c. visiter la place de l'Étoile.

   d. chercher des amis au club des Américains.

4

2. Qui prend les billets de métro?

   a. Claire a un carnet; elle a un billet pour David.

   b. David prend deux billets.

   c. Claire prend deux billets.

   d. David prend son billet, mais Claire a déjà son billet.

3. Quel est l'itinéraire de David et de Claire?

   a. Wagram / Opéra / église de Pantin

   b. Mairie d'Issy / Galliéni / Wagram

   c. Wagram / Opéra / Monge

   d. Opéra / Mairie d'Issy / Monge

4. À qui est-ce que Claire et David parlent?

   a. à un ami de Claire qui veut parler à un Américain

   b. à un Allemand qui aime beaucoup les films italiens

   c. à un ami de Claire qui va prendre le métro au Châtelet

   d. à un Allemand qui veut aller à la place de l'Étoile

R·É·D·I·G·E·O·N·S !

Une lettre à un(e) ami(e). You and a friend (or relative) have made plans to go downtown one week from today. Write a letter to a French friend, inviting him/her to join the two of you. Begin the letter with **Cher (Chère)** ... and end with **Bien à toi.** Use a separate sheet of paper. Include the following ideas:

1. Mention what day it is today and tell what your plans are for the same day next week.

2. Invite your friend to join you and the other person.

3. Explain what means of transportation you will use and why.

4. Mention one or two things you hope and/or intend to do in town.

5. Tell your friend to call you **(Téléphone-moi).** Specify two times (such as Monday evening) when you are likely to be home.

VOCABULARY: Days of the week; means of transportation; store; arts

PHRASES: Inviting; writing a letter

TRAVAIL DE FIN DE CHAPITRE
▼ ▼ ▼ ▼ ▼

✱ I. **Le métro de Paris.** In this chapter, you are going to learn about the Paris subway system. Part of using that system is recognizing the many station names. To familiarize yourself with some of the most frequently used proper names, listen to the short conversations between people talking about using the metro. In each conversation, two stations will be mentioned by name; find each station in the list on page 120 and put the number of the conversation next to it.

_____ Chapelle (Porte de la)   _____ Nation

_____ Châtelet   _____ Neuilly (Pont de)

_____ Châtillon-Montrouge   _____ Orléans (Porte d')

_____ Clignancourt (Porte de)   _____ Pantin (Église de)

_____ Concorde   _____ République

_____ Italie (Place d')   _____ St-Denis-Basilique

_____ Montparnasse-Bienvenüe   _____ Sèvres (Pont de)

_____ Montreuil (Mairie de)   _____ Vincennes (Château de)

✳ **II. Samedi soir.**

   A. Listen to three friends discussing their plans for Saturday evening. Then answer the following questions by circling the letter of the correct response.

      1. Où est-ce qu'ils vont?

         a. à un concert   **b.** au cinéma   **c.** au musée   **c.** à une discothèque

      2. Comment est-ce qu'ils y vont?

         a. en taxi   **b.** en voiture   **c.** en autobus   **d.** en métro

      3. Combien de personnes y vont?

         a. 1   **b.** 2   **c.** 3

   B. Listen again to the conversation among the three friends (Laurent, Élisabeth, Hélène), and answer the questions.

      1. Qui ne va pas aller au concert? Pourquoi pas? _____

         _____

      2. Qui propose d'aller au cinéma? Pourquoi est-ce qu'ils ne vont pas tous les trois au cinéma?

         _____

         _____

      3. Pourquoi les deux qui vont au concert décident-ils de prendre le métro? _____

         _____

      4. Où est-ce qu'ils vont se retrouver? _____

         _____

✳ **III. Jeu de mots.** Unscramble the five sets of letters to form the names of means of transportation. Then reassemble the circled letters to form the name of a frequently used **direction** of the Paris metro system.

BUTUSOA   _ _ _◯ _ _◯

LOVE   _◯◯ _

ROTEM   _ _ _◯◯

IDAEP   _◯ _ _◯

TENRINA   ◯ _ ◯◯◯ _◯

Direction   _ _ _ _ _ _ ' _ _ _ _

Nom .... Cours ....

CHAPITRE 5 Amusons-nous!

5

1ère Étape

▼ PREMIÈRE ÉTAPE ▼

Quel temps fait-il? *(Text pp. 174–184)*

L▾I▾S▾O▾N▾S !

✻ **I. Prélecture.** Skim the weather sections from an American and a French newspaper.

THE WEATHER

FORECASTS

TODAY
Partly cloudy in the Twin Cities with a 40 percent chance of thundestorms. High in the lower 90s. South wind at 10 to 20 mph. Tonight's low, mid-60s.

WEDNESDAY
Partly cloudy with a high in the lower 80s.

EXTENDED
Cooling Thursday through Saturday with a chance of thunderstorms Friday. Highs from the upper 80s Thursday, cooling into the upper 80s Saturday.

MINNESOTA Partly cloudy with a chance of showers and thunderstorms. Highs in the lower 70s north to the lower 90s south.

WISCONSIN Partly sunny and warmer with a chance of thunderstorms north. Highs from the upper 70s north to near 90 south.

THE DAKOTAS Partly to mostly sunny with highs in the upper 70s to lower 90s. Partly cloudy tonight with lows in the mid-50s to mid-60s.

TUESDAY ALMANAC
SUNRISE is at 6:38 a.m.
SUNSET is at 7:46 p.m.
DAYLIGHT — 13 hours, 8 minutes on Sept. 4, the 247th day of 1990.

PHASES OF THE MOON
First qtr. Sept. 27 **Full** Sept. 5
Last qtr. Sept. 11 **New** Sept. 19

THE REGION

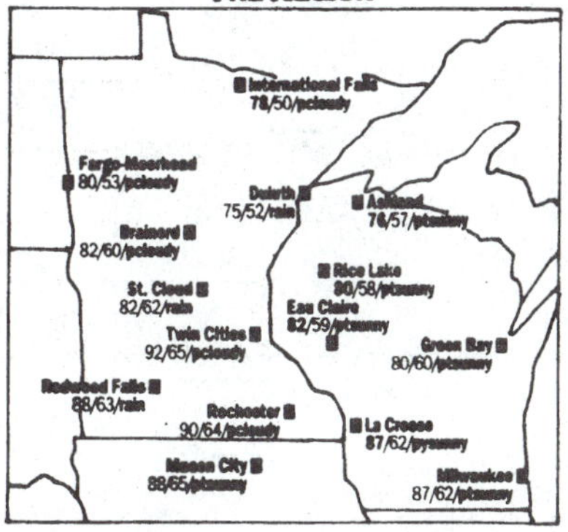

THE NATION

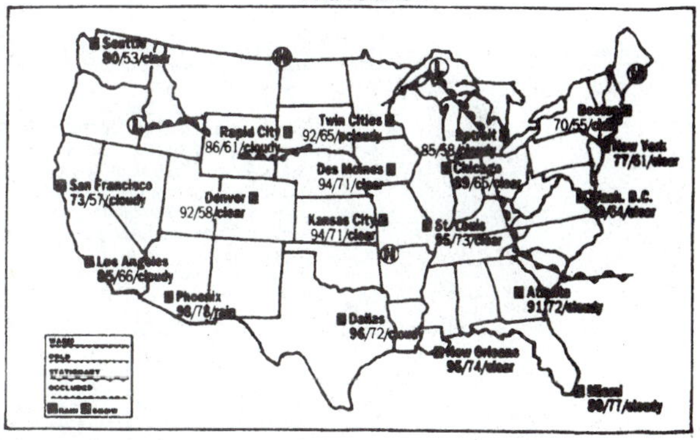

FOR THE RECORD

MONDAY		Normal	1989	Record/Year
Low temperatures	64	55	57	32 in 1974
High temperatures	83	75	73	97 in 1925

TWIN CITIES HOURLY TEMPERATURE AND HUMIDITY

Hour	T	H	Hour	T	H	Hour	T	H
Midnight	68	76	8 a.m.	65	93	4 p.m.	82	65
1 a.m.	66	84	9 a.m.	65	100	5 p.m.	83	63
2 a.m.	66	84	10 a.m.	68	93	6 p.m.	82	67
3 a.m.	65	87	11 a.m.	69	90	7 p.m.	81	69
4 a.m.	66	87	Noon	72	87	8 p.m.	78	76
5 a.m.	66	87	1 p.m.	74	74	9 p.m.	77	76
6 a.m.	66	87	2 p.m.	77	69	10 p.m.	76	82
7 a.m.	67	81	3 p.m.	79	67			

PRECIPITATION	Monday	Month to date	Year to date
Total	.42	.42	28.70
Normal		.20	20.15
Departure		+.22	+8.55

POLLEN AND MOLD
Counts are not available.

FOUR-STATE TEMPERATURES AND PRECIPITATION

Minnesota	H	L	Pcp.	Wisconsin	H	L	Pcp.
Alexandria	80	62	.33	Eau Claire	77	59	T
Duluth	63	54	.05	Green Bay	75	57	T
Hibbing	67	50	.02	La Crosse	80	61	NA
Internat'l Falls	79	53		Madison	78	54	
Redwood Falls	83	64		Milwaukee	75	64	T
Rochester	80	61	.78	Wausau	70	55	.03
St. Cloud	80	62	.38	**South Dakota**			
Twin Cities	83	64	.42	Aberdeen	94	69	1.49
North Dakota				Huron	97	72	.17
Bismarck	93	68		Sioux Falls	93	72	
Grand Forks	87	70					

Figures are as of 7 p.m. Monday.

COOLING DEGREE DAYS	Sunday	Year ago	Normal year
Total for day	7	0	2
Season total	632	730	628

September normals and extremes

▼ Precipitation
Normal monthly total: 2.50"
Wettest on record: 7.77" (1903)
Driest on record: 0.41" (1940)
Greatest in 24 hours: 4.96" 9/12/03

▼ Temperature
Normal mean monthly: 60.6
Warmest mean monthly: 68.6 (1931)
Coldest mean monthly: 52.8 (1965)
Normal daily high: 71.0
Normal daily low: 50.2
Highest on record: 104
Lowest on record: 26

▼ Normal # of days with..
Maximum of 90 or higher: 1
Minimum of 32 or lower: 1
Heating degree days: 160
Cooling degree days: 28
Precip... 0.01 or more: 9
Precip... 0.1 or more: 5
Precip... 0.5 or more: 1
Thunderstorms: 4
Snowfall: 0
Clear: 10
Partly cloudy: 9
Cloudy: 11

▼ Miscellaneous averages
Prevailing wind: South 9.9 mph
Sunshine: 61% of possible

A LOOK AT THE NATION

Wet weather dampened Labor Day activities Monday across parts of the South and the upper Midwest, and the desert Southwest was threatened with heavy rain.

In the Upper Midwest, showers and thunderstorms spread across parts of western Wisconsin, central Minnesota, southeastern North Dakota, and eastern South Dakota.

Rain was light but welcome at Kodiak, Alaska. Only 0.01 of an inch of rain had fallen at Kodiak from Aug. 17 until Monday morning, when 0.09 of an inch of rain fell.

Cape Hatteras, N.C., warmed to a record-tying 90 degrees.

The high in the nation Monday was 110 at Borrego Springs, Calif.; the low was 29 at Truckee, Calif.

Associated Press

UNITED STATES

	Monday			Forecast Tuesday			Forecast Wednesday		
City	H	L	Pcp.	H	L	Sky	H	L	Sky
Albuquerque	87	65	—	85	64	rain85	66		cloudy
Anchorage	57	53	10	58	49	cloudy	62	46	cloudy
Atlanta	94	73	—	91	72	cloudy	90	69	clear
Atlantic City	80	66	—	77	62	clear	78	65	cloudy
Austin	96	72	01	93	72	cloudy	94	74	cloudy
Baltimore	84	70	—	79	58	clear	83	59	cloudy
Billings	90	60	07	85	60	rain	88	57	clear
Bismarck	93	68	—	81	60	cloudy	82	54	cloudy
Boise	88	54	—	90	56	clear	92	58	clear
Boston	71	63	01	70	55	clear	79	59	cloudy
Brownsville	92	75	—	92	75	cloudy	93	76	cloudy
Buffalo	71	57	—	77	52	cloudy	78	62	cloudy
Charleston, S.C.	93	77	2 42	88	72	clear	88	70	clear
Charlotte, N.C.	93	75	—	85	67	clear	87	64	cloudy
Cheyenne	86	56	11	84	55	cloudy	84	55	cloudy
Chicago	82	59	—	89	65	clear	88	70	rain
Cincinnati	82	67	01	87	61	cloudy	90	66	cloudy
Cleveland	75	65	—	82	60	cloudy	83	65	cloudy
Dallas-Ft. Worth	96	73	—	96	72	cloudy	97	72	cloudy
Denver	93	58	—	92	58	clear	88	59	cloudy
Des Moines	87	67	—	94	71	clear	90	71	clear
Detroit	78	60	—	85	58	cloudy	85	67	cloudy
El Paso	86	64	—	83	62	cloudy	85	63	cloudy
Fairbanks	56	48	07	55	48	rain	59	42	rain
Honolulu	92	73	—	90	73	clear	90	73	clear
Houston	87	73	03	93	73	cloudy	94	74	cloudy
Indianapolis	83	64	—	87	63	clear	88	68	clear
Jacksonville	94	68	—	90	70	cloudy	90	70	cloudy
Juneau	53	51	—	57	50	rain	57	50	rain
Kansas City	96	68	—	94	71	clear	94	72	clear
Las Vegas	92	76	—	95	76	rain	97	75	rain
Los Angeles	86	64	—	85	66	cloudy	85	66	cloudy
Louisville	90	72	—	90	65	clear	92	68	clear
Memphis	100	77	—	99	76	cloudy	98	77	cloudy
Miami Beach	87	79	01	89	77	cloudy	89	77	cloudy
Nashville	96	73	—	97	74	cloudy	97	74	cloudy
New Orleans	93	72	—	95	74	clear	91	75	cloudy
New York City	79	68	—	77	61	clear	82	63	cloudy
Norfolk, Va.	83	74	—	80	69	clear	83	68	clear
Omaha	93	71	—	95	69	clear	91	68	clear
Orlando	92	74	—	92	74	cloudy	91	75	cloudy
Philadelphia	84	68	—	80	60	clear	85	61	cloudy
Phoenix	104	84	—	98	78	rain	98	78	rain
Pittsburgh	78	60	—	83	51	cloudy	84	61	cloudy
Portland, Ore.	83	54	—	86	54	clear	87	56	clear
Rapid City	97	62	—	86	61	cloudy	87	58	cloudy
Reno	87	48	—	86	48	clear	87	50	cloudy
St. Louis	94	73	-	95	73	clear	94	73	clear
Salt Lake City	93	67	—	90	64	cloudy	91	65	cloudy
San Diego	76	67	—	76	66	clear	76	66	clear
San Francisco	72	58	—	73	57	cloudy	75	57	cloudy
San Juan, P.R.	90	77	10	88	78	rain	90	77	cloudy
San taFe	84	60	—	82	60	rain	81	61	cloudy
Seattle	74	55	—	80	53	clear	79	53	clear
Tampa-St. Ptrsbg	93	73	01	91	74	cloudy	90	74	cloudy
Tucson	93	71	49	91	68	rain	91	68	rain
Washington, D.C.	84	72	—	80	64	clear	84	65	cloudy

CANADA

	Monday		
	H	L	Sky
Calgary	65	49	clear
Edmonton	65	48	clear
Montreal	70	51	clear
Ottawa	68	51	clear
Regina	77	58	clear
Toronto	67	49	clear
Vancouver	68	52	clear
Winnipeg	91	70	cloudy

WORLDWIDE

	Sunday		
	H	L	Sky
Amsterdam	72	55	cloudy
Athens	96	68	cloudy
Auckland	—	—	—
Bangkok	91	81	clear
Beijing	84	66	cloudy
Beirut	84	73	clear
Belgrade	73	59	clear
Berlin	68	57	clear
Bermuda	82	73	clear
Brisbane	—	—	—
Brussels	77	46	clear
Buenos Aires	57	39	clear
Cairo	91	72	clear
Copenhagen	68	50	cloudy
Dublin	66	55	cloudy
Frankfurt	70	59	rain
Geneva	68	50	clear
Havana	91	78	cloudy
Helsinki	59	41	cloudy
Hong Kong	88	77	clear
Istanbul	84	64	clear
Jerusalem	90	64	clear
Johannesburg	64	45	cloudy
Lisbon	82	64	clear
London	73	61	cloudy
Madrid	93	61	clear
Manila	86	75	cloudy
Mexico City	72	59	cloudy
Moscow	—	—	—
Nassau	91	77	clear
New Delhi	99	83	clear
Oslo	70	56	rain
Paris	79	55	clear
Rio de Janeiro	90	66	cloudy
Rome	88	63	clear
Santiago	61	48	cloudy
Seoul	81	68	cloudy
Singapore	88	72	cloudy
Stockholm	66	56	clear
Sydney	—	—	—
Taipei	91	79	rain
Tel Aviv	86	73	clear
Tokyo	88	76	cloudy
Vienna	70	55	cloudy
Warsaw	68	54	cloudy

St. Paul Pioneer Press

Remember! An asterisk (✻) preceding an exercise number indicates that the exercise is self-correcting. You will find the answers at the back of this **Cahier,** beginning on page 374.

Aujourd'hui. · Région parisienne les nuages laissent passer quelques rayons de soleil ce matin mais peu à peu le ciel va se couvrir. Après-midi plus gris et temporairement humide. Les températures matinales sont autour de 9°C et cet après-midi il ne fera pas plus de 14°.

Ailleurs. – Sur la Bretagne, la Normandie, la journée s'annonce nuageuse avec des pluies intermittentes. Sur le Nord, la Picardie et les Ardennes, après une matinée grise et humide, quelques éclaircies se développeront. De la région parisienne à la Champagne et aux Vosges, le ciel est mitigé ce matin. Les nuages seront de plus en plus nombreux et menaçants cet après-midi.

De la Vendée et des Charentes aux régions du Centre, à la Bourgogne, au Jura et à l'Alsace, le soleil brille généreusement ce matin mais le ciel se voilera au fil des heures et cet après-midi il y a des risques d'ondées sporadiques.

L'Aquitaine et le Pays basque débutent la journée dans la grisaille et par des bruines locales mais les éclaircies reviendront.

Sur toutes les autres contrées de la moitié sud, belle journée printanière et bien ensoleillée. Le mistral et la tramontane souffleront en rafales près de la Méditerranée. Les températures matinales restent de saison : 7°C à 11°C sur la plupart des régions. Cet après-midi.

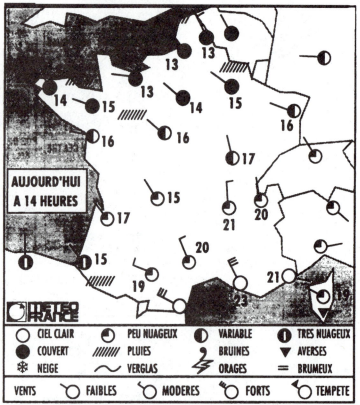

CIEL CLAIR	PEU NUAGEUX	VARIABLE	TRES NUAGEUX
COUVERT	PLUIES	BRUINES	AVERSES
NEIGE	VERGLAS	ORAGES	BRUMEUX

VENTS   FAIBLES   MODERES   FORTS   TEMPETE

Demain

Les nuages vont gagner les Pyrénées, le Massif central, les Alpes et persister sur le Jura. Ils donneront des averses et quelques chutes de neige au-dessus de 1.800 m Près de la Méditerranée, alternance de nuages et d'éclaircies. mistral et tramontane souffleront plus fort Sur les régions au nord-

est de la Seine, le temps mitigé sera souvent incertain, donnant des ondées locales. Sur la moitié ouest, succession de petits passages nuageux et de soleil. Les températures matinales seront en baisse. Il fera entre 5°C et 10°C du nord au sud.

L'après-midi, au mieux, de 12°C à 21°C de la Manche à la Méditerranée.

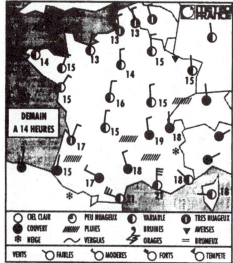

CIEL CLAIR	PEU NUAGEUX	VARIABLE	TRES NUAGEUX
COUVERT	PLUIES	BRUINES	AVERSES
NEIGE	VERGLAS	ORAGES	BRUMEUX

VENTS   FAIBLES   MODERES   FORTS   TEMPETE

Pression atmosphérique à Paris, le 13 mai à 14 heures 769,6 millimètres de mercure, soit 1 026,1 hectopascals.

Renseignements astronomiques pour le 14 mai (exprimés en heure légale française, base d'observation Paris)

Soleil. – Lever : 6 h 11 ; passage au méridien : 13 h 47 ; coucher : 21 h 24 ; durée du jour : 15 h 13.

Lune (nouvelle lune) : Lever : 5 h 48 ; passage au méridien : 14 h 1 ; coucher : 22 h 26.

CLIMAT POUR VOS VOYAGES

● **Première colonne :** temps à 14 heures (heure de Paris), le 13 mai. (S : soleil ; N : nuageux ; C : couvert ; P : pluie ; A : averse ; O : orage ; B : brouillard ; * : neige.)
● **Deuxième colonne :** température à 8 heures (heure de Paris), le 13 mai.
● **Troisième colonne :** température à 14 heures (heure de Paris), le 13 mai.

Étant donné l'important décalage horaire entre Paris et certaines stations étrangères (celles d'Extrême-Orient en particulier), les températures qui y sont relevées à 8 heures (heure de Paris) peuvent être parfois supérieures à celles relevées à 14 heures (heure de Paris).

FRANCE

Ajaccio	S	11	19
Biarritz	P	13	12
Bordeaux	N	11	17
Brest	N	10	15
Cherbourg	C	10	13
Clermont-F	S	8	17
Dijon	N	8	18
Dinard	C	10	12
Embrun	N	5	18
Grenoble	N	7	16
La Rochelle	N	10	16
Lille	C	8	16
Limoges	N	10	15
Lorient	N	10	15
Lyon	S	9	17
Marseille	S	12	21
Nancy	S	7	16
Nantes	C	11	13
Nice	S	13	18
Paris	S	8	18
Pau	P	10	12
Perpignan	S	15	20
Rennes	N	10	14
Rouen	B	7	12
St-Etienne	S	6	15
Strasbourg	S	7	17
Toulouse	N	12	18
Tours	N	7	16

EUROPE

ILES BRITANNIQUES

Brighton	B	10	14
Edinbourg	B	9	9
Londres	C	10	17
Cork	C	11	14
Dublin	B	12	14

ALLEMAGNE AUTRICHE

Berlin	C	9	15
Bonn	C	5	16
Hambourg	P	8	13
Munich	N	7	13
Vienne	P	11	14

BENELUX

Luxembourg	N	10	17
Bruxelles	P	8	15
Amsterdam	P	10	12

ESPAGNE · PORTUGAL

Barcelone	S	16	19
Las Palmas	S	16	22
Madrid	C	11	20
Marbella	S	11	22
Palma de Maj.	S	12	20
Séville	S	11	25
Lisbonne	–	13	22
Madère	–	15	19
Porto	–	14	22

ITALIE

Florence	C	10	20
Milan	S	11	18
Naples	S	11	21
Othle	–	13	–
Palerme	S	15	17
Reggio Cal.	N	13	21
Rimini	–	9	16
Rome	S	12	18

GRECE · TURQUIE

Athènes	N	18	22
Corfou	S	14	21
Patras	S	15	21
Rhodes	B	15	19
Salonique	S	17	24
Ankara	N	14	23
Istanbul	S	15	18

PAYS NORDIQUES

Copenhague	C	9	12
Helsinki	S	11	15
Oslo	C	9	17
Stockholm	N	10	17

SUISSE

Bâle	N	7	17
Berne	S	7	14
Genève	S	6	15

URSS

Leningrad	–	10	19
Moscou	–	10	10
Odessa	–	12	14

YOUGOSLAVIE

| Belgrade | P | 11 | 11 |
| Dubrovnik | S | 15 | 20 |

RESTE DU MONDE

AFRIQUE DU NORD

Agadir	S	11	20
Alger	C	9	20
Casablanca	S	14	22
Djerba	S	17	17
Marrakech	S	13	25
Tunis	C	14	19

AFRIQUE

Abidjan	N	27	30
Dakar	N	18	22
Le Cap	–	6	20

PROCHE-ORIENT

Beyrouth	–	–	–
Eilat	N	24	30
Le Caire	N	20	30

ETATS-UNIS · CANADA

Boston	S	21	17
Chicago	S	18	19
Houston	S	25	25
Los Angeles	S	13	13
Miami	S	24	25
New York	S	22	23
Nouv.-Orléans	S	25	22
San Francisco	C	11	11
Montréal	S	16	15

CARAIBES

Ft-d-France	C	24	27
Pte-à-Pitre	C	24	26
San Juan	C	24	26

EXTREME ORIENT

Bangkok	N	30	31
Hongkong	–	25	22
Pékin	P	24	22
Singapour	O	30	29
Tokyo	B	23	19

AMER. CENTRE ET SUD

Acapulco	–	27	25
Buenos Aires	–	15	–
Cancun	–	23	21
Lima	S	18	15
Mexico	–	–	–
Rio de Jan.	–	–	–
Santiago	–	–	–

PACIFIQUE

| Papeete | S | 25 | 24 |

Le Figaro

1. Circle those parts of the weather sections that are similar in both newspapers and label the French ones with the English names of the corresponding sections.

2. What types of information are provided in the American newspaper but not in the French one?

   _____

3. What types of information are provided in the French newspaper but not in the American one?

   _____

4. What explanation(s) can you propose for these differences? _____

   _____

   _____

   _____

✷ II. **Quel temps fait-il?** Scan the weather section of the French newspaper *Le Figaro* and do the following exercises.

   A. Indicate the next day's predicted weather for each of the following regions.

   1. Paris _____

      _____

   2. northern France _____

      _____

   3. southeastern France _____

      _____

   4. southwestern France _____

      _____

   5. the Mediterranean region _____

      _____

   B. Use information provided in the weather section to respond to each of the following inquiries.

   1. Will today in Paris be warmer or cooler than yesterday? _____

      _____

   2. What will the weather be like tomorrow in Strasbourg? _____

      _____

   3. Where was the warmest spot in France yesterday? And the coldest?_____

      _____

   4. My aunt and uncle are leaving for Spain tomorrow. What's the weather like there at this

      time of year? _____

      _____

É▾C▾R▾I▾V▾O▾N▾S !

PRATIQUE DE LA GRAMMAIRE

In this **étape,** you have studied months, dates, and seasons as well as the **passé composé** with **avoir.** To verify that you have learned these structures, take *Test 13* below. You will find the answers and scoring instructions on page 374. A perfect score is 16. If your score is less than 13, or if you wish additional practice, do the self-correcting exercises for **Chapitre 5, Étape 1,** in the *Pratique de la grammaire* at the back of this Workbook.

TEST 13
▼ ▼ ▼ ▼ ▼

First, write out the following dates.

1. 22.08

_____

2. 03.03

_____

3. 16.01

_____

4. 01.07

_____

5. 15.04

_____

6. 20.06

_____

7. 09.02

_____

8. 30.12

_____

Now, complete each sentence with the appropriate form of the **passé composé** of the indicated verb.

9. (regarder) Elle _____ la télévision.

10. (prendre) Nous _____ le train.

11. (parler) Est-ce que tu _____ à Jeanne?

12. (faire) Qu'est-ce que vous _____?

13. (ne pas manger) Je _____ ce matin.

14. (téléphoner) Est-ce que les Martin _____ ?

15. (pleuvoir) Il _____ pendant deux heures.

16. (quitter) À quelle heure est-ce qu'elles _____ la maison?

▼ NOTE FOR CORRECTION: Items 1–8 — one point for each correct date; *total: 8;* items 9–16 — one point for each correct verb form, no partial credit; *total: 8*

✳ **III. Quel temps fait-il en France?** Study the following chart, which gives an overview of the winter and summer weather in some major French cities. Then answer the questions on page 126.

Quel temps fait-il en France?

	l'hiver	l'été	la pluie	les vents
Paris	l'hiver peut être assez froid, avec quelques gelées	les mois d'été sont en général, chauds et orageux	il pleut 160 jours par an, en petites ondées	changeants N O E S
Brest	il fait doux, les gelées sont rares	l'été est souvent frais et humide	elle tombe 2 jours sur 3, le temps est souvent couvert	les vents d'ouest dominants amènent une petite pluie fine : le crachin
Strasbourg	durs hivers avec une centaine de jours de gelées	étés chauds, parfois très chauds, et lourds	la pluie tombe 190 jours par brusques averses	bise du Nord ou du Sud
Grenoble	longue saison froide, avec 80 jours de gelées ; l'hiver est très doux	l'été est plutôt court et assez frais	pluies et chutes de neige record (140 jours par an)	locaux et tournants parfois violents
Bordeaux	hivers doux et brumeux, comme à Brest	étés chauds	pluies fréquentes (un jour sur deux)	vents d'ouest et de nord-ouest
Perpignan	il ne fait jamais bien froid, l'air reste sec	le temps reste au "beau fixe" comme à Nice	pluies rares mais fortes (un jour sur quatre)	tramontane marin
Nice	il gèle rarement	long, souvent très chaud	même genre de pluies qu'à Perpignan	mistral marin
En somme, il ne fait jamais ni très chaud ni très froid... grâce aux vents de l'Atlantique, qui entrent profondément à l'intérieur des terres (sauf en Alsace et en montagne)... il pleut un peu partout mais ni trop, ni trop peu. ☆196				

1. Dans quelle ville est-ce qu'il pleut le plus souvent (*the most often*)? _____

2. Si (*if*) on cherche le beau temps en hiver, quelles villes est-ce qu'on va visiter? _____

3. Quel temps fait-il à Paris en été? _____

4. Quel temps fait-il à Grenoble en hiver? _____

5. Dans quelles villes est-ce qu'il pleut rarement, mais quand il pleut, il pleut à torrents?

6. Quelles villes ont l'été le plus long et l'hiver le plus court (*shortest*)? _____

IV. **Dans la région où j'habite . . .** Write a short paragraph about weather conditions in your area during each of the following months or seasons.

Modèle: au mois de septembre

Dans la région où j'habite, il fait très beau au mois de septembre. Il ne pleut pas beaucoup. J'aime le mois de septembre parce que j'adore le football américain.

1. en été

2. au mois de décembre

3. en avril

Nom .... Cours ....

5

2e Étape

✳ **V. Une boum.** (*A party.*) Think about the last party you went to and answer the questions about what you and your friends did. If the question is asked with **vous,** answer with **nous.** If the question is asked with **tu,** answer with **je.** Answer all other questions with **ils** or **elles.**

1. Est-ce que vous avez dansé? _____

_____

2. Est-ce que tu as pris des boissons alcoolisées? _____

_____

3. Est-ce que tes amis et toi, vous avez regardé une vidéo? _____

_____

4. Est-ce que vous avez écouté de la musique? _____

_____

5. Est-ce que tes ami(e)s ont fumé? _____

_____

6. Est-ce que tu as parlé avec beaucoup de gens (*people*)? _____

_____

7. Est-ce que tu as mangé beaucoup de choses sucrées (*sweets*)? _____

_____

8. À quelle heure est-ce que tu es rentré(e)? _____

VI. Ce que j'ai fait hier. (*What I did yesterday.*) Write a short paragraph about what you did yesterday. Remember to use the **passé composé.** Use a separate sheet of paper.

▼ DEUXIÈME ÉTAPE ▼

Tu veux voir le nouveau film au Gaumont les Halles? *(Text pp. 185–195)*

L▾I▾S▾O▾N▾S !

In addition to providing movie listings and capsule movie descriptions, weekly entertainment magazines such as **Pariscope** *and* **L'Officiel du spectacle** *offer reviews of new films. Much more extensive than the short summaries you have already read, these texts will be more difficult for you to understand. However, using the reading skills you have developed so far, you should be able to get enough information from a review to decide whether or not you might like to see a particular film.*

✳ **I. Prélecture.** The following are things you might find in a movie review. Tell whether each tends to occur always (A), usually (U), sometimes (S), rarely (R), or never (N).

_____ **a.** summary of the plot

_____ **b.** reviewer's recommendation about whether or not to go see the film

_____ **c.** comments about the main actors

_____ **d.** comments about the director

_____ **e.** comments about technical aspects of the film (special effects, lighting, makeup, etc.)

_____ **f.** mention of other films by the same director or with the same actors

_____ **g.** comparison with films by other directors or with other actors

_____ **h.** overview of the year's films

✳ **II. Le porteur de serviette.** Skim the review of **Le porteur de serviette** that appeared in *Pariscope*, then do the exercises that follow.

FICHE TECHNIQUE

LE PORTEUR DE SERVIETTE

Coproduction franco-italienne
Réalisateur :
Daniele LUCHETTI
Sujet original :
Franco BERNINI, Angelo PASQUINI
Daniele LUCHETTI
Scénario :
Sandro PETRAGLIA,
Stéphano RULLI,
avec la collaboration
de Daniele LUCHETTI
Image : Alessandro PESCI
Décor : Giancarlo BASILI
Léonarda SCARPA
Montage : Mirco GARRONE
Musique : Dario LUCANTONI
Produit par Nanni MORETTI
Angelo BARBAGALLO
(Sacher film),
Nella BANFI (Banfilm),
Francis BOESPFLUG
(Pyramide Production)
Distribution : PYRAMIDE
couleurs
Sortie : 15 mai 1991
Durée : 1h30

Les interprètes : Silvio Orlandi (Luciano Sandulli), Nanni Moretti (Cesare Botero), Guilio Brogi (Francesco Sanna), Anne Roussel (Juliette), Angela Finochiaro (Irène).

Le réalisateur : Daniele Luchetti a d'abord été l'assistant réalisateur de deux films de Nanni Moretti : « Bianca » (1984) et « La messe est finie » (1985) Moretti a pu voir à qui il a faire et lui produit son premier long métrage « Domani, domani », en 1989 Le film se fait remarquer partout et l'on attend avec impatience son second film. En 1990, il réalise « La settimana della sfinge », inédit en France. Moretti produit et interprète son film suivant « Le porteur de serviette », un film qui aurait pu réaliser lui-même, et qui fait de Luchetti l'égal de son « maître ». Avec ses deux là le cinéma italien n'est plus tout à fait moribond.

Le film : Professeur de lettres dans une petite ville de province, Luciano, écrivain en mal d'éditeur, est le nègre d'un obscur romancier. Luciano a une belle plume qui, un jour, lui est bel et bien achetée par Cesare Botero, un jeune ministre de l'Industrie, magouilleux et combinard, pour ne pas dire véreux. Il est engagé pour écrire les discours de cette canaille intégrale. Et commence pour Luciano la corruption et l'esclavage - ne demandant pour lui que celle qu'il aime, qui enseigne à 700 kms, soit nommée à Rome, et une pension de vieillesse pour un poète pauvrissime qu'il vénère.

Notre avis : Enfin, un bon, un excellent film italien ! D'une impertinence jubilatoire, « Le porteur de serviette » renoue avec la tradition de la comédie satirique italienne. L'attaque est précise, insolente, d'une virulence et d'un cynisme à la Wilder. La caricature du ministre a le trait un peu forcé comme toute satire, certes. Mais si pour nous la charge peut paraître outrée, pour les Italiens tout est vraisemblable. En Italie, où le film fait un tabac, les élus socialistes ne rient même pas jaune ; ils voient rouge.   **José Maria BESCOS**

Nom .... Cours ....

5

3ᵉ Étape

A. In each brochure, find at least five French-English cognates.

1. Stages de tennis _____

   _____

2. Ski de fond _____

   _____

3. Rafting _____

   _____

4. Canoë/kayak _____

   _____

1

STAGES DE TENNIS

Jeunes
Adultes

Vacances

CACEL Vallon des Fleurs
164, avenue Henry Dunant
06100 NICE – Tél. : 93.13.13.06

STAGE MINI TENNIS
• 5 heures

4 / 7 ans : 350 F
1 h de cours pendant 5 jours

STAGE INITIATION
• 10 heures

8 / 12 ans : 450 F
1 h 30 de cours + 1/2 h tennis libre

STAGE PERFECTIONNEMENT
• 10 ou 20 heures

12 / 18 ans :
560 F ou 1000 F
2 h ou 4 h par jour

STAGE COMPETITION
• 30 heures

Jeunes / Adultes : **1300 F**
Footing + 2 h 30 de tennis + 1/2 h tennis libre
Participation à 1 ou 2 tournois FFT

STAGE ADULTE
• 10 heures

600 F
2 h tous les soirs

• Nos stages auront lieu du lundi au vendredi.
• Leçons individuelles • Cafétéria sur place

2

SKI DE FOND

dans un ESPACE de LIBERTE

une occasion de "faire le plein"
d'air pur, de lumière,
de sous-bois
à

L'orée du Mercantour
ANNOT

65 Kms de PISTES
ENTRETENUES et BALISEES

des SENTIERS RAQUETTES BALISES

"GAREZ VOTRE VOITURE A NICE ET LAISSEZ-NOUS VOUS CONDUIRE"
SKI DE FOND - RANDONNEE A RAQUETTES

INDIVIDUEL   OU   EN GROUPE

A Nice. PARKING gratuit à droite de la Gare des Chemins de Fer de la Provence.
(renseignements auprès du Chef de Gare)
DEPART: Tous les jours de la Gare des CHEMINS DE FER DE LA PROVENCE à NICE -
33 av. Malaussena à 6h20 ou à 8h35 - Arrivée Gare d'Annot à 8h09 ou 10h22.
RETOUR: Tous les jours de la Gare d'Annot à 15h07 ou à 18h51.
Arrivée en Gare de Nice à 16h55 ou à 20h35.
A Annot, transport assuré de la Gare au départ des pistes (chalet).

FORFAIT D'UNE JOURNEE
AUCUNE RESERVATION-BILLETS DELIVRES AU MOMENT DU DEPART

TRANSPORT NICE- Pistes d'ANNOT		De 10 à 20	De 20 à 50 personnes
train+navette minibus-aller et retour	95 F	93 F	92 F
LOCATION DE MATERIEL (ski ou raquettes)	42 F	37 F	32 F

FORFAIT POUR 2 JOURS(n'importe quels jours)
(inscriptions voir au verso)

TRANSPORT NICE- Pistes d'ANNOT		De 10 à 20	De 20 à 50 personnes
train + navette minibus-aller et retour + CHALET 3 repas+1 petit déj. nordique	334 F	300 F	270 F
LOCATION DE MATERIEL	75 F	68 F	60 F

FORFAIT SEJOUR DE 6 JOURS (inscriptions voir au verso)

TRANSPORT NICE- Pistes d'ANNOT		De 10 à 20	De 20 à 50 personnes
aller et retour + CHALET: 6 repas de midi + 5 diners + 5 nuitées + 5 petits déj.			
hors vacances scolaires	950 F	840 F	800 F
pendant vacances scolaires	1100 F	990 F	950 F
LOCATION DE MATERIEL	220 F	200 F	175 F

ET TOUTE LA SAISON STAGES EN PENSION COMPLETE AVEC ENCADREMENT
A PARTIR DE 1410 F (TRANSPORT ALLER RETOUR COMPRIS)
Les hébergements proposés se font au chalet auberge de Roncharel, situé sur les pistes de ski de
fond, en chambre de 4 avec salle de bain. D'autres possibilités d'hébergement existent au village:
hôtels, gîtes ruraux, gîte d'étape, caravaneige, village de vacances...

NOUVEAU !

• 14 pistes pour tous les niveaux
• 65 Km effectifs damés quotidienne-
ment pour le skating (3m plan lisse) +
trace classique
• Enneigement de début et de fin de
saison assuré sur le haut plateau
(1700 - 1850 m)
• itinéraires de randonnée nordique -
télémark et randonnées raquettes
• piste de luge

**OU SE RENSEIGNER ET
OU ACHETER LES FORFAITS ?**
A la Gare des Chemins de Fer de la Provence
33 Av. Malaussena - NICE
Au stand d'information dans le hall
Heures d'ouverture:
M,M,J et V de 8h à 12h30 et de 14h à 18h
le Samedi de 8h à 12h30
Téléphone: INFO-FORFAITS-SKIS:
93 88 28 56
POUR LES FORFAITS 2 ET 6 JOURS,
inscriptions obligatoires 48h à l'avance.

3

rafting

RAFTING
CANYONING

Découvrez le monde secret des gorges du Verdon, en raft sur un spectaculaire parcours de randonnée aquatique, ou en canyoning dans les clues chaudes des Alpes du sud.

AVRIL A OCTOBRE

DESCENTES

RAFT
Castellane à Chasteuil

CANYONING
Descente d'initiation

PRIX 160 F

PRIX 200 F

JOURNEES

INTEGRALES RAFT
VERDON : Castellane au Point Sublime, 1ère partie du Grand-Canyon
HAUT-VAR : Gorges de Daluis
PRIX (déjeuner inclus)

350 F

DESCENTE DE CANYONS
Exploration engagée des clues particulièrement profondes des affluents du Verdon : Festival de cascades, plongeons et spéléo à ciel ouvert
PRIX (déjeuner inclus)
1 jour randonnée aquatique
1 jour canyoning (techniques de rappels)

300 F
400 F

Guides, équipements de sécurité, combinaisons isothermiques, transferts en bus, inclus.

RESERVATIONS

AN RAFTING
Le Moulin de la Salaou (Route des gorges) · 04120 CASTELLANE
Tél. saison : 92 83 70 83. Toute l'année 92 81 54 90

PLAN D'ACCES

DIGNE
SENEZ
DIGNE
CASTELLANE
AN RAFTING
NICE

92 83 70 83
rafting ☆ RC DIGNE 88 B 79

VERDON
HAUT VAR
AN
rafting ☆

4

CANOE
KAYAK

NOUVEAU !!!

1989 : PLAN D'EAU DU SAVE

Ouverture pour la saison 1989 d'un plan d'eau d'un hectare en bordure du Var à 1 km de Puget-Théniers.

Sur le site vous trouverez :

- Location de bateaux

- Moniteurs pour l'initiation en eau calme et en eau vive.

- Accueil, Animations, Aire de picnic et de détente. Jeux pour enfants.

à PUGET-THENIERS

TEL : **93 05 02 81**
93 05 04 55

Village de
PUGET-THENIERS

Plan d'eau
du Savé

1 km

Chemin de
Fer de Provence

RN 202

NICE

Depuis plusieurs années Puget-Théniers est un des seuls lieux des Alpes-Maritimes à proposer une initiation au Canoë Kayak.

Le Var se prête en effet merveilleusement à cette initiation de la Citadelle d'Entrevaux au village perché de Touët/Var.

Cette année, nous complétons cette initiation aux joies de l'eau vive par un plan d'eau aménagé pour répondre aux aspirations de tout ceux qui préfèrent la sérénité des eaux dormantes.

TARIFS 1989

- Location : Bateau + Matériel sur plan d'eau : 10 F/heure

- Leçons : sur plan d'eau

30 F/heure

- Descente en eau vive : ½ journée : moniteur + matériel.

90 F

- Stage : 1 semaine : - leçons sur plan d'eau + descente de rivière Moniteur + Matériel

400 F

Hébergement en pension complète au Gîte de Puget-Théniers. Tout compris = 1 000 F Réduction pour les groupes et les familles.

- Tarif Groupes et Collectivités : (8 personnes Minimum) Descente : 60 F/personne ½ journée

HEBERGEMENT :

- Gîte de Puget-Théniers :

30 places. 40 F/personne/ nuit. Tarif groupes.

Repas sur place

Tel : 93 05 04 55 ou 93 05 07 39

- Camping caravaning de Puget-Théniers :

Tel : 93 05 04 11

S.I. de la moyenne Vallée du Var
B.P. 7 PUGET-THENIERS 06 260

93 05 02 81
93 05 04 55

B. The following words are **faux amis** (*false cognates*). Study the contexts in which they appear and try to guess their meaning.

1. stage _____

2. affluent _____

3. forfait _____

4. location _____

5. pension _____

6. moniteur _____

If you have trouble guessing from context, see if any of the following meanings make sense: *bonus, clinic, instructor, lodging, package price, payment, rental, room and board, tributary.*

✳ **II. Du temps libre.** (*Some free time.*) You and your traveling companions have some free time in Nice. Skim the brochures above and suggest a possible activity for each person. Be as precise as possible in describing the activity, the amount of time, the price, and where one must go to do the activity.

1. John and Cliff are avid tennis players.

_____

_____

_____

_____

2. Mary Ellen likes to live dangerously.

_____

_____

_____

3. Bob and Helen love winter sports.

_____

_____

_____

_____

4. Jack, Nancy, and Susan have always wanted to go canoeing.

_____

_____

_____

_____

É·C·R·I·V·O·N·S !

PRATIQUE DE LA GRAMMAIRE

In this **étape,** you have studied the **passé composé** of pronominal verbs. To verify that you have learned this structure, take *Test 15* below. You will find the answers and scoring instructions on page 375. A perfect score is 8. If your score is less than 7, or if you wish additional practice, do the self-correcting exercises for **Chapitre 5, Étape 3,** in the *Pratique de la grammaire* at the back of this Workbook.

TEST 15
▼ ▼ ▼ ▼ ▼

Complete each sentence with the appropriate form of the **passé composé** of the indicated verb.

1. (se disputer) Est-ce que Jean-Pierre _____ avec ses parents?

2. (se réconcilier) Oui, mais ils _____.

3. (se coucher) Anne-Marie, est-ce que tu _____ après le déjeuner?

4. (se reposer) Non, mais je _____ un peu avant de sortir.

5. (se retrouver) Est-ce que Jeanne et Chantal _____ hier à midi pour le déjeuner?

6. (se tromper) Non, Chantal _____ de jour.

7. (s'amuser) Éric, toi et ton frère, vous _____ à la soirée?

8. (ne pas s'amuser) Non, nous _____.

▼ NOTE FOR CORRECTION: one point for each correct verb form; ½ point off for each missed agreement of past participle; *total: 8*

III. Qu'est-ce qu'ils aiment faire? Write a short paragraph describing the favorite outdoor activity of each of the following people.

Modèle: votre père

Mon père adore jouer au golf. Il joue au golf tous les samedis en été. Il joue à Rolling Hills avec ses amis Doug et Lew.

1. votre père (ou votre oncle)

_____

_____

2. votre mère (ou votre tante)

_____

_____

3. votre ami

_____

_____

4. votre amie

_____

_____

5. vous

_____

_____

✳ IV. Un week-end au bord de la mer. (*A weekend at the shore.*) Marie-Laure spent last weekend at the shore with her parents and her brother Didier. From the drawings, describe Marie-Laure's and Didier's activities. When appropriate, use connecting words such as **d'abord, puis, ensuite,** and **enfin.**

Marie-Laure

1. Samedi matin

Marie-Laure s'est levée à 8 heures. D'abord, elle est allée à la plage (beach) *où . . .* _____

_____

_____

_____

Marie-Laure
sa mère

2. Samedi après-midi

_____

_____

_____

Didier

Marie-Laure

Didier

3. Samedi soir

_____

_____

_____

Didier

Marie-Laure

4. Dimanche matin

_____

_____

_____

Compréhension des détails

Répondez, en français ou en anglais, aux questions suivantes:

1. Qui veut aller en Normandie? Pourquoi?_____

_____

2. Pourquoi est-ce que les jeunes ne veulent pas aller à Aix?_____

_____

3. Quel est le sport préféré de Sophie? Et de Luc?_____

_____

4. Qui a choisi (*Who chose*) les vacances pour cette année? _____

_____

Rédigeons!/
📼 Travail de
fin de chapitre

R·É·D·I·G·E·O·N·S !

Mon journal. You have been keeping a diary in which you record your daily activities. You don't want any of your friends to understand it, so you write in French. Create entries for any two days in the last week or so. Choose days that are not similar (for example, a weekday and a Saturday or Sunday). Use a separate sheet of paper.

Modèle: le vendredi 17 octobre

> *Il a fait très beau aujourd'hui. Je me suis levé(e) à 9h. (D'habitude, je me lève à 8h.) Je n'ai pas pris le petit déjeuner. Je me suis dépêché(e) pour aller à mon cours d'anglais. Ensuite j'ai retrouvé mon amie Caroline . . .*

VOCABULARY: Months; time of day; leisure

PHRASES: Describing weather; sequencing events

GRAMMAR: Compound past tense

TRAVAIL DE FIN DE CHAPITRE
▼ ▼ ▼ ▼ ▼

CHAPITRE 5
SEGMENT 3

✳ **I. La météo**

A. You will hear four short conversations in which people talk about the weather as predicted by the reports on the radio. Based on what you hear, decide what clothing you'll bring on your vacation. Match the number of the report (1, 2, 3, 4) with the clothing description. (You will not understand everything in the reports in detail; listen for the gist of each conversation.)

_____ I'm going to take light clothing: a bathing suit, shorts, sandals, T-shirts.

_____ I've got to take some warmer clothing, a raincoat, and a light jacket.

_____ I had better bring my ski jacket, a hat, a pair of gloves, and some boots.

_____ It's hard to know what to bring. To be sure, I'll take some warm clothing, but I'll also want a pair of shorts, some sandals, and my bathing suit.

B. Listen again to the weather reports and answer the following questions. Each of the four weather reports gives the general conditions as well as more detailed information. Listen carefully to the details and write them down.

1. Temperature: _____

   Roads: _____

   Mountains: _____

2. Temperature: _____

   Weather in the South: _____

   Weather in the rest of the country: _____

3. Temperature: _____

   Roads: _____

   Precipitation: _____

4. Temperature: _____

   Night temperature: _____

   Roads: _____

   Morning: _____

✶ **II. Les amis.**

A. Listen to some friends trying to make plans together. Then answer the questions.

1. How many people are involved in the conversation?

   a. 2   **b.** 3   **c.** 4   **d.** more than 4

2. What are they organizing?

   a. a business trip   **b.** a party   **c.** a weekend   **d.** a vacation

3. Which of the following activities are they *not* going to do?

   a. visit an art exhibit   **b.** play tennis   **c.** go to the movies   **d.** go free-falling

B. Listen again to the conversation among friends, and answer the questions.

1. Pourquoi Jean-Michel ne veut-il pas faire de la chute libre? _____

   _____

2. Pourquoi Laurent ne veut-il pas aller au cinéma? _____

   _____

3. Pourquoi Jean-Michel veut-il faire du tennis? _____

   _____

4. Qu'est-ce que Mireille préfère? _____

   _____

5. Quelle décision prennent-ils finalement? _____

   _____

CHAPITRE 6   Allons faire des courses!

1ère Étape

▼ PREMIÈRE ÉTAPE ▼

À la boulangerie-pâtisserie *(Text pp. 212–221)*

L•I•S•O•N•S !

When reading longer texts, particularly if they're literary, you'll often find many unfamiliar words. The first rule of thumb is not to stop reading when you get to a word you don't know. Instead, continue reading and try to figure out the general meaning of the text. If you do this, you will find that you can get the gist of texts that are rather sophisticated.

I. Prélecture. Answer the following questions on the subject of bread.

1. Do you know someone who bakes bread at home? _____

_____

2. What kinds of bread can you buy in the United States? _____

_____

3. If you're particularly health conscious, what kinds of bread are you likely to buy? _____

_____

4. On what occasions do Americans tend to eat bread? _____

_____

_____

5. Is there any special symbolism attached to bread in the United States?_____

_____

_____

✱ **II. Lecture: Du travail et du pain, du pain et du travail . . .**

In this excerpt from her novel *Une soupe aux herbes sauvages*, Émilie Carles recalls the role that bread and bread baking played in her childhood. As you read the text, focus on the main ideas of when and how Émilie's community made bread and in what order they did things. The verb tense used throughout most of the text is the imperfect, which indicates what the community *used to do* and how things *used to be*. You already know the present and the **passé composé** of many of these verbs (**avait** comes from **avoir, étaient** comes from **être, faisaient** comes from **faire,** etc.).

Du travail et du pain, du pain et du travail, il n'y avait rien de plus important. À la fin de l'été, . . . les paysans[1] cuisaient[2] le pain. Ils le faisaient pour six mois, après ce n'était plus possible, la coutume voulant[3] que le pain soit cuit collectivement dans un four[4] communal[5] et, passé novembre, le froid, la neige et le mauvais temps interdisaient[6] ce genre d'activités.

REMEMBER! An asterisk (✱) preceding an exercise number indicates that the exercise is self-correcting. You will find the answers at the back of this **Cahier,** beginning on page 376.

Ces fours communaux étaient de taille[7] respectable, il y en avait plusieurs dans la commune ... Le jour de la Toussaint[8] les paysans apportaient leur bois,[9] chaque famille venait[10] avec sa charrette et sa cargaison[11] et ce bois était mis en commun et réparti en tas[12] ... La difficulté était de porter le four à la bonne température ... Quand il était chaud c'était facile, il suffisait[13] de l'entretenir, mais celui qui cuisait son pain en premier prenait le risque d'avoir un four insuffisamment chaud. C'est la raison pour laquelle, lorsque les tas de bois étaient prêts, pour éviter les discussions et les injustices, les paysans procédaient à un tirage au sort.[14] Chacun tirait un numéro, c'était une loterie toute simple, des bouts de papier pliés[15] dans un chapeau[16] et le sort en était jeté:[17] «Toi tu as le numéro un, toi le deux, toi le trois», et ainsi de suite[18] jusqu'au dernier tas de bois. Celui qui tirait le numéro un était de corvée.[19] C'est lui qui devait allumer[20] le four et le chauffer.[21] C'était un travail extrêmement pénible ...

La tradition voulait que le numéro un, le «pas de chance»[22], ait l'initiative du démarrage.[23] C'est lui qui annonçait le jour et l'heure de la mise en route du four et, le lendemain ou le surlendemain, comme il avait été dit, il cuisait son pain. Les autres venaient après. Ces journées étaient tout à fait exceptionnelles, presque des jours de fête, tout au moins pour nous les enfants ... Les femmes profitaient du four pour confectionner des gâteaux, des tartes et des tourtes au chou ...

Ce pain, qui devait durer tout l'hiver, nous le portions au grenier,[24] nous l'étalions[25] sur d'immenses tréteaux[26] suspendus et c'est là que nous allions le chercher au fur et à mesure de[27] nos besoins. Évidemment il était aussi dur[28] que du bois, pour le ramollir[29] on en suspendait à l'avance quelques miches[30] dans la bergerie,[31] juste au-dessus des moutons. La chaleur et l'humidité l'attendrissaient[32] un peu, mais ce n'était pas du pain frais, ... et, du début à la fin de l'hiver, nous mangions du pain rassis.[33] Pour le couper,[34] nous avions un couteau[35] spécial tellement il était dur, il éclatait en morceaux[36] qui s'en allaient aux quatre coins de la cuisine. Mais c'était bon ... Ce pain avait une odeur extraordinaire, et un goût! Mes sœurs et moi nous nous disputions les croûtons,[37] nous le sucions[38] avec délice comme si ç'avait été du gâteau. Ce pain trempé[39] dans du café au lait était un vrai régal.[40]

Après le pain, c'était l'hiver.

Émilie Carles. *Une soupe aux herbes sauvages.* pp. 22–24

Vocabulaire: 1. peasants 2. baked 3. requiring 4. oven 5. community 6. made impossible 7. size 8. All Saints' Day 9. wood 10. came 11. cargo 12. divided into piles 13. it was sufficient 14. lottery 15. folded 16. hat 17. the die was cast 18. and so on 19. had the hardest job 20. to light 21. to heat it up 22. unlucky one 23. start-up 24. attic 25. spread it out 26. boards 27. according to 28. hard 29. to soften it 30. loaves 31. sheep pen 32. softened it 33. stale 34. to cut it 35. knife 36. flew into pieces 37. ends 38. sucked on it 39. dunked 40. feast

A. La chronologie des événements. Reread the text and put the following main ideas into chronological order by numbering them from 1 to 9. When you've completed this task, read the statements again in the right order to arrive at the general meaning of the text.

_____ The loaves of bread were suspended above the sheep in the sheep pen.

_____ The wood was divided into piles.

_____ Everyone in the community made their bread in November.

_____ The loaves were put on boards in the attic.

_____ They held a lottery.

_____ The peasants brought their wood on All Saints' Day.

_____ The women baked cakes and pies.

_____ The person who was "number one" announced the day and time when the oven would be started up.

_____ The loaves were cut with a special knife.

6

3ᵉ Étape

VOCABULARY: Food; meals; cheeses; fish; meat

PHRASES: Expressing an opinion; comparing & contrasting

DICTIONARY: prendre, préférer

SYSTÈME-D

▼ TROISIÈME ÉTAPE ▼

Au centre commercial (Text pp. 234–242)

L▪I▪S▪O▪N▪S !

I. Prélecture. In preparation for the reading, answer the following questions.

1. What kinds of credit cards do many Americans have and what advantages do credit card companies offer their clientele? _____

_____

_____

_____

_____

2. Do you have any membership cards for clubs or special stores? What are they? What kinds of services can you get because you're a member of particular associations or stores? _____

_____

_____

_____

✳ II. Lecture: Être adhérent Fnac

The following is part of a brochure from the chain of stores called **Fnac.** As you read the advertisement, pay particular attention to the promises made by the company to its customers. You can probably guess the meanings of some unfamiliar words by relating them to a word family that you already know.

READING STRATEGY

Les mots de la même famille
One reading strategy you can use to better understand a text is to guess the meanings of words that belong to the same families as words you already know. For example:

If you know	You can guess
arriver	l'arrivée
la boulangerie	le/la boulanger(-ère)
la fleur	le/la fleuriste
le lait	laitier

L'adhésion : des privilèges et avantages ouverts à tous

Décidément, la Fnac n'en finit pas de nous étonner. Elle réinvente sans relâche depuis 1954 un commerce qui la place délibérément du côté du consommateur.

Sa puissance d'achat lui permet de vous offrir le meilleur prix sur l'ensemble des produits de culture et de loisir. Sa volonté de ne vendre que des produits de qualité la conduit à tester impitoyablement le plus grand nombre de matériels dans son laboratoire d'Essais. Sa détermination à voir tomber les frontières culturelles en fait un centre d'animation où se mêlent technologies nouvelles et expressions multiples.

Les avantages de la Fnac sont ouverts à tous. Mais en devenant adhérent Fnac, vous devenez membre d'un club de 400 000 personnes qui bénéficient de remises importantes, de conditions spéciales d'utilisation des services Fnac et de véritables privilèges.

■ Des remises importantes et immédiates le premier jour

Le jour de votre adhésion à la Fnac ou de son renouvellement, vous bénéficiez de remises exceptionnelles. Une façon de vous accueillir dont vous vous souviendrez longtemps.

Les produits techniques tels que appareils et travaux photo, vidéo, son, bureautique... vous coûtent 6 % moins cher. Il en est de même pour les produits proposés par les magasins Fnac Service et Fnac Autoradio. Pour les disques et les cassettes audio et vidéo enregistrées, la réduction est de 10 %.

Seuls sont exclus de cette liste les produits pour lesquels la remise serait légalement prohibée (vente à perte), les disques et cassettes étiquetés "nouveautés", dont le prix fait déjà apparaître une réduction de 20 %, et les articles faisant déjà l'objet d'une remise immédiate.

■ Des remises de fidélité

Dès que le cumul de vos achats de produits techniques, de disques et de livres atteint 15 000 F, vous avez droit à une nouvelle journée d'achats aux conditions du premier jour de votre adhésion, avec 6 % et 10 % de remise. La Fnac se charge de vous prévenir par courrier. Vous disposez alors de 2 mois pour venir chercher vos coupons de réduction au comptoir adhésion de votre magasin Fnac. Le cumul d'achats n'est pas limité dans le temps. En cas de renouvellement de l'adhésion, ce cumul est automatiquement reporté sur la nouvelle période. Une seule condition : que le renouvellement ait lieu dans les six mois qui suivent la date d'expiration de l'adhésion précédente.

■ Le bénéfice exclusif de remises exceptionnelles

Des offres spéciales et des remises immédiates sur des articles sélectionnés par la Fnac sont réservées exclusivement aux adhérents. Elles vous sont proposées régulièrement par l'intermédiaire de la revue Contact.

■ Des remises et avantages dans les magasins agréés Fnac

La Fnac a sélectionné et agréé plus de 300 magasins qui commercialisent des produits aussi divers que de la literie, du matériel de bricolage, de la parfumerie. Ils réservent aux adhérents Fnac des remises immédiates, prix de gros ou autres avantages. Leur liste, qui est disponible au comptoir adhésion des magasins Fnac, indique les conditions consenties aux adhérents Fnac par chaque magasin agréé.

Attention : les achats dans les magasins agréés Fnac ne font l'objet d'aucun cumul pour bénéficier des remises dans les magasins Fnac.

■ Un abonnement gratuit au mensuel Contact

Organe de liaison de la Fnac avec ses adhérents, Contact est une revue à la fois culturelle et d'informations pratiques. Des articles de journalistes et commentateurs réputés y côtoient la présentation des spectacles dont la Fnac assure la billetterie et les annonces d'offres spéciales et autres privilèges réservés aux adhérents.

■ La formation aux technologies nouvelles

Découvrez les techniques audiovisuelles (photo, son, vidéo) et les synthétiseurs au cours des stages organisés par la Fnac ! En tant qu'adhérent Fnac, vous bénéficiez d'une priorité d'entrée aux stages gratuits d'initiation et de réductions sur les prix des stages de perfectionnement.

■ L'inscription prioritaire aux activités Fnac Voyages

Fnac Voyages organise des circuits, séjours et croisières touristiques et culturels. Certains sont réservés exclusivement aux adhérents Fnac. Pour les autres, les adhérents s'inscrivent en priorité.

■ La possibilité d'un crédit permanent

La carte d'adhérent peut – sur demande et après acceptation du dossier – être investie d'une fonction supplémentaire de carte de crédit permanent qui permet un paiement échelonné de vos achats.

■ Une réduction de 5 % sur le coût du crédit

Si vous ouvrez un dossier de crédit pour financer un achat à la Fnac, votre qualité d'adhérent vous garantit un barème préférentiel. Pour plus de détails, renseignez-vous au service "crédit" de votre magasin Fnac.

Comment devenir adhérent de la Fnac

En échange de la perception d'un droit d'adhésion, la Fnac délivre pour une durée de 3 ans une carte magnétique personnalisée destinée à l'enregistrement des achats et à l'obtention des privilèges aux adhérents.

Coût de l'adhésion : 150 F

Renouvellement : 100 F.

Carte Fnac jeune (14 à 25 ans) : 100 F

Renouvellement : 100 F.

Une pièce d'identité sera demandée.

Ce document décrit les avantages et tarifs de l'adhésion à la date du 1er décembre 1991. Il n'a pas un caractère contractuel.

Nom .... Cours ....

7

2e Étape

En période d'examens, on mange en étudiant.

Vocabulaire:

syndicats: unions
polycopiés: copies of class notes
papeterie: class materials (notebooks, etc.)
bourses: scholarships
mutuelles: insurance companies
couverture: coverage
gèrent: manage

dispensaires: health centers
coup de cafard: depression
courrier: mail
ne vous fiez pas: *here:* don't worry about
UFR (unité de formation et de recherche): academic department
Qu'on se le dise!: Let it be known!

Qui fait quoi? For each problem, decide which administrator or organization a French student would consult. Choose one of the following: **association d'étudiants, syndicat étudiants, assistante sociale, mutuelle étudiante, président de l'université, secrétaire de l'UFR.**

1. Jocelyne has a terrible toothache. She has very little money. _____

_____

2. Philippe is very angry because he can't get accurate information from any of the offices he's

consulted. _____

_____

3. Monique hasn't found a room in town yet. _____

4. Bernard wants to find out more about the requirements for his major. _____

_____

5. Janine was sick and had to skip several lectures. She needs some lecture notes. _____

_____

6. Michel thinks that the administration is ignoring students' rights. _____

_____

7. Sylvie needs a scholarship to help pay for textbooks. _____

_____

8. Éric has just received the results of his exams. Since he didn't do too well, he's feeling very

depressed. _____

_____

É▾C▾R▾I▾V▾O▾N▾S !

PRATIQUE DE LA GRAMMAIRE

In this **étape,** you have studied the comparative. To verify that you have learned this structure, take *Test 20* below. You will find the answers and scoring instructions on page 378. A perfect score is 8. If your score is less than 7, or if you wish additional practice, do the self-correcting exercises for **Chapitre 7, Étape 2,** in the *Pratique de la grammaire* at the back of this Workbook.

TEST 20
▼ ▼ ▼ ▼ ▼

In each item, compare the first person or thing mentioned to the second.

1. Tu n'as pas beaucoup d'argent. Éric a beaucoup d'argent.

   _____

   _____

2. Jacques est très ambitieux. Sa sœur est très ambitieuse aussi.

   _____

   _____

3. Élisabeth est très intelligente. Son frère n'est pas très intelligent.

   _____

   _____

4. Chantal joue très bien du piano. Je ne joue pas très bien du piano.

   _____

   _____

5. Je ne parle pas très rapidement. Mes parents parlent très rapidement.

   _____

   _____

6. Ces fraises-ci ne sont pas bonnes. Ces fraises-là sont très bonnes.

   _____

   _____

7. Marc a trois frères et trois sœurs. Xavier a trois frères et trois sœurs aussi.

   _____

   _____

8. J'ai des bons professeurs. Tu n'as pas de bons professeurs.

   _____

   _____

▼ NOTE FOR CORRECTION: one point for each correct comparative form, including **que**; *total: 8*

III. **Mes deux profs.** Choose two profs, one male and one female. Begin by naming them and describing them physically.

Mon professeur de _____

Description physique: _Il_____

_____

_____

_____

Mon professeur de _____

Description physique: _Elle_____

_____

_____

_____

Now tell to what degree each of the following adjectives applies to your two profs. Use some expressions of comparison (**plus, moins, aussi . . . que**).

Modèle: patient
> *M. Sanchez et Mme Kline sont tous les deux* (both) *très patients.* or *M. Sanchez est assez patient, mais je pense que Mme Kline est plus patiente que M. Sanchez.*

1. sportif _____

_____

2. optimiste ou pessimiste _____

_____

3. intellectuel _____

_____

4. généreux _____

_____

5. intelligent _____

_____

IV. **Je suis comme je suis.** You've bought a ticket for an educational cruise along the Atlantic coast of France. The cruise ship company now wants you to write a statement about yourself so that it can select a compatible cabin mate for you. Write a couple of paragraphs that give an accurate description of your personality, likes, and dislikes. Be sure to mention whether you're a woman or a man! Use a separate sheet of paper.

VOCABULARY: Personality; leisure; sports; studies; courses

PHRASES: Describing people

GRAMMAR: Adjective agreement; adjective position

V. **Quelle catastrophe!** You've now returned from your cruise. You've learned a great deal and, in general, enjoyed the experience. However, the cruise ship company made a serious mistake in the cabin mate they selected for you. Write a letter to a friend in France, comparing yourself and your cabin mate. For each of your traits, say that the other person was the opposite. Use a separate sheet of paper.

SYSTÈME-D

VOCABULARY: Personality	
PHRASES: Comparing & contrasting; describing people; disapproving	
GRAMMAR: Comparison; negation	

▼ TROISIÈME ÉTAPE ▼

Les cours *(Text pp. 279–288)*

L▾I▾S▾O▾N▾S !

I. Prélecture. In preparation for this final part of the *Phosphore* article, answer the following questions.

1. What is the best way to make contact with your professors so that they get to know you?

_____

_____

2. How can a new student in your school get to meet people and make friends? _____

_____

3. Is it common to have study groups in your school? Do you participate in such groups? Why or why not? In your opinion, what are the advantages and disadvantages of studying in groups?

_____

_____

_____

_____

✳ **II. Lecture**

ÉTONNEZ VOS PROFS

Par rapport au lycée, raconte Nathalie, en deuxième année d'Administration économique et sociale (AES), on a le sentiment de ne pas avoir beaucoup de contraintes : moins d'heures de cours, moins de devoirs, moins de contrôles. On se laisse aller, on sèche un peu les cours ennuyeux. De toute façon, les profs ne disent jamais rien. Arrivent les premiers partiels, et là, on plonge. » Résister à la tentation permanente de la paresse n'est pas facile.

A l'université, il faut apprendre à vivre seul. « *Personne n'est derrière vous à vous pousser* », poursuit Nathalie. « *A la limite, il faut pousser les* profs. Si vous ne travaillez pas, ils se disent que vous allez décrocher et que leur TD sera un peu moins bondé. »

Presque tous les étudiants de première année jugent les professeurs compétents mais trop distants. « *C'est le règne de l'anonymat. Les profs ne cherchent même pas à retenir nos noms. On est des numéros. Qu'on progresse ou qu'on décroche, ils s'en foutent. Ils ne s'intéressent pas à nos études* », critique sévèrement Joël, étudiant en première année à Poitiers.

A l'inverse, lorsque le contact s'établit, de nombreuses difficultés s'aplanissent : « *Lors des inscriptions en fac, on a tous eu droit à un entretien individuel avec un prof. J'hési-* tais entre droit et AES. On a discuté un bon moment et la prof m'a donné des informations utiles. Finalement, j'ai pris le droit qui ouvre davantage de débouchés. Je suis contente de mon choix et je passe en deuxième année* », témoigne Françoise. Dans de nombreux départements, des permanences sont assurées par les enseignants le mois de la rentrée. Profitez-en pour prendre rendez-vous et pour y puiser toutes les informations nécéssaires.

Pendant les heures de TD (travaux dirigés) aussi, toutes les occasions sont bonnes pour établir le contact avec l'enseignant.

TRAVAILLEZ A PLUSIEURS

Je ne savais pas comment utiliser la bibliographie, explique Philippe, étudiant en histoire. *Fallait-il juste lire les trois bouquins importants qu'il signalait en particulier? Fallait-il avaler les quinze titres? On a donc posé la question à plusieurs. Il nous a expliqué où trouver les livres, quelles étaient les librairies accordant des réductions aux étudiants et à quelles bibliothèques on avait accès.* » Ne perdez pas de vue que les enseignants, même s'ils sont submergés par le nombre des étudiants, sont là pour vous aider. En ce qui concerne les cours en amphi, les nouveaux arrivés à la fac se demandent souvent s'ils doivent vraiment y assister. Pourtant, la présence en cours apporte plus que la simple lecture du polycopié. Parfois, les profs y donnent des informations sur le déroulement de l'année, le contrôle continu ou la méthodologie. En s'organisant très vite en début d'année pour travailler à plusieurs, on peut s'arranger pour rattraper ce qu'on a manqué si l'on n'a pas assisté au cours. Mais attention, en première année, il est hasardeux de sécher les cours et de se fier aux notes prises par un camarade : c'est la source d'innombrables malentendus.

Cela dit, le travail à plusieurs est bénéfique à plus d'un titre. Tout d'abord, il aide à lutter contre le sentiment de solitude qui est ressenti si durement par les étudiants de première année. « *Il m'a fallu toute l'année pour connaître des gens* », regrette Jean-Manuel, qui termine sa première année de biologie. « *On n'a pas les mêmes horaires de cours ou de TD; à la cafeteria, personne ne se parle.* » Et puis, s'arranger pour aller ensemble à la bibliothèque ou pour réviser un partiel est bien plus stimulant que d'affronter le travail seul. En plus, un petit café en commun n'a jamais fait de mal au moral...

Vocabulaire:

les premiers partiels: the first midterm exams
on plonge: one falls down
la paresse: laziness
vivre seul : to live alone
décrocher: to fail
bondé: full
ils s'en foutent: they don't give a damn
s'aplanissent: get smoothed out
un entretien: an appointment

débouchés: jobs
permanences: office hours
enseignant : teacher
bouquins: books (*slang*)
avaler: to swallow (to read)
en amphi (amphithéâtre): in a lecture hall
le contrôle continu: tests and homework
se fier aux: to trust
d'affronter: to confront

A. Des mots utiles. Now that you've read the three parts of the **Phosphore** article, go back through all three and find the words that are particularly useful in talking about one's academic experience. Find at least ten words.

Modèle: unités de valeur

1. _____   6. _____
2. _____   7. _____
3. _____   8. _____
4. _____   9. _____
5. _____   10. _____

B. Compréhension du texte. To isolate the main ideas of the reading, answer the following questions.

1. What are some of the main differences between college and secondary school? _____

_____

_____

_____

2. What is the main criticism of university professors? _____

_____

_____

_____

3. How does the author advise making contact with professors? _____

_____

_____

_____

4. According to this article, why is it helpful to study in groups? Give several reasons. _____

_____

_____

_____

_____

_____

É▾C▾R▾I▾V▾O▾N▾S !

PRATIQUE DE LA GRAMMAIRE

In this **étape,** you have studied **-ir** verbs and the use of inversion to ask questions. To verify that you have learned these structures, take **Test 21** below. You will find the answers and scoring instructions on page 379. A perfect score is 12. If your score is less than 10, or if you wish additional practice, do the self-correcting exercises for **Chapitre 7, Étape 3,** in the **Pratique de la grammaire** at the back of this Workbook.

TEST 21
▼ ▼ ▼ ▼ ▼

First, complete each sentence with the appropriate form of the present tense of the suggested verb.

1. (obéir) Tu _____ à tes parents, n'est-ce pas?

2. (réussir) Il ne _____ jamais aux examens de chimie.

3. (grossir) Ils _____ à vue d'œil.

4. (finir) Je _____ toujours avant les autres étudiants.

5. (réfléchir) Vous ne _____ pas assez avant de parler.

Now, complete each sentence with the appropriate form of the **passé composé**.

6. (finir) Est-ce que tu _____?

7. (maigrir) Ils _____.

Finally, use the expressions in parentheses to ask a *follow-up* question *with inversion* to the statements below.

8. Il ne va pas faire beau demain. (quel temps)

_____

9. Je n'ai pas de compact discs. (des cassettes)

_____

10. Elle n'habite pas à Paris. (où)

_____

11. Nous ne sommes pas allés en France. (en Angleterre)

_____

12. Ils n'ont pas d'amis. (pourquoi)

_____

▼ NOTE FOR CORRECTION: items 1–7 — one point for each correct form; *total: 7;* items 8–12 — one point for each correct question; *total: 5*

III. **Mon emploi du temps.** Complete the form by writing your schedule for this term.

| Nom _____ | Semestre (Trimestre)_____ | | | |
| Spécialisation _____ | | | | |
	L	M	M	J	V
h					
h					
h					
h					
h					
h					
h					
h					

IV. **Une interview.** You're studying in France and are preparing a report on student reactions to the national competitive exams. To gather information, you plan to interview a number of French students. Prepare your questions in advance, based on the cues below. Use a mixture of inversion and **est-ce que** to form your questions. Use a separate piece of paper.

You want to find out . . .

1. if the person usually chooses easy or difficult classes.

2. if the person gains or loses weight when studying for exams.

3. if the person generally passes exams.

4. if the person generally obeys professors.

5. if the person studies with other students.

6. if the person is very nervous when taking exams.

V. **Deux étudiants.** Choose two students whom you know whose majors are in very different fields and describe their programs and schedules. Use a separate sheet of paper.

    Modèle: *Paul est étudiant en sciences humaines. Il n'a pas un emploi du temps très chargé. Il prend trois cours—un cours de sociologie et deux cours de sciences économiques. Il a tous ses cours le mardi et le jeudi. Mais il a aussi deux heures de laboratoire où il travaille sur ordinateur. Etc.*

VOCABULARY: Studies, courses; professions; university

PHRASES: Comparing & contrasting; linking ideas

VI. **Petit guide des cours.** One of your French friends has asked you to write descriptions of five courses to help him decide what to take next semester. Prepare the information he desires.

1. Nom du cours: _____

   Unités de valeur: _____

   Nombre d'étudiants: _____

   Nombre d'examens: _____

   Description: _____

   _____

   _____

   _____

   _____

2. Nom du cours: _____

   Unités de valeur: _____

   Nombre d'étudiants: _____

   Nombre d'examens: _____

   Description: _____

   _____

   _____

   _____

   _____

Nom .... Cours ....

7

4ᵉ Étape

3. Nom du cours: _____

Unités de valeur: _____

Nombre d'étudiants: _____

Nombre d'examens: _____

Description: _____

_____

_____

_____

_____

4. Nom du cours: _____

Unités de valeur: _____

Nombre d'étudiants: _____

Nombre d'examens: _____

Description: _____

_____

_____

_____

5. Nom du cours: _____

Unités de valeur: _____

Nombre d'étudiants: _____

Nombre d'examens: _____

Description: _____

_____

_____

_____

_____

▼ QUATRIÈME ÉTAPE ▼
(Text pp. 289–295)

É·C·O·U·T·O·N·S !

CHAPITRE 7
SEGMENT 2

✳ **I. De quoi est-ce qu'ils parlent?** You're listening to a series of commercials on the radio. Look at the drawings and put a check below the item or place talked about in each commercial.

Modèle: You see:

You hear: Noir et blanc portable avec écran de 31 cm. Livré avec antenne. Le prix avantageux de 899F. Idéal pour les enfants et comme télé secondaire.

You check:

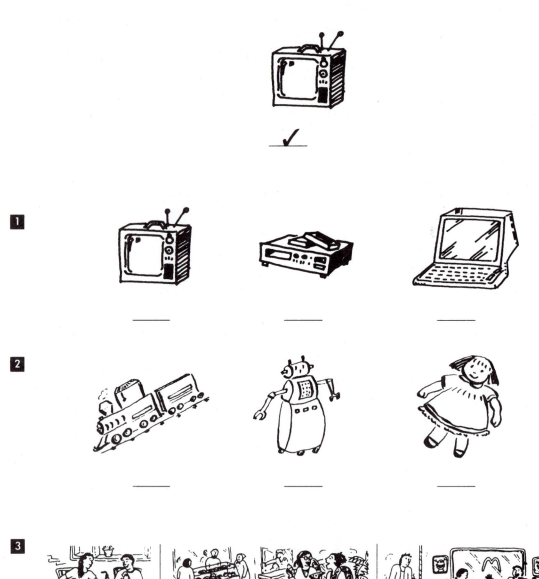

4

_____   _____   _____

5

_____   _____   _____

✳ **II. De qui est-ce que tu parles?** Your friends give descriptions of some people whose names they've forgotten. Listen to each description, look at the drawings, and identify the person you think is being described.

     Modèle: You see:

       M. Grandier   _M. Lecasier_

     You hear: Cet homme est assez âgé. Il est petit et costaud. Il a un grand nez et une barbe et il a très peu de cheveux. Qui est-ce?
     You circle: M. Lecasier

1

       Sylvie Becque   _Berthe Danon_

2

Hervé Olivier

Jean Michaud

3

Mme Perriot

Mme Sentier

4

M. Hugot

M. Berlioz

✳ **III. Féminin ou masculin?** Listen to each statement and indicate whether the adjective you hear is feminine or masculine.

Modèle: You hear: C'est un jeune homme très naïf.

You circle: *féminin* (*masculin*)

1. féminin masculin

2. féminin masculin

3. féminin masculin

4. féminin masculin

5. féminin masculin

6. féminin masculin

7. féminin masculin

8. féminin masculin

9. féminin masculin

10. féminin masculin

· ✻ **IV. Philippe et Martine.** Claire is telling about her two friends, Philippe and Martine. Listen to the description and decide which of the following adjectives apply to Philippe and which to Martine. Some adjectives may apply to both friends; others, to neither. Circle the appropriate adjectives in each list.

Philippe: actif / ambitieux / dynamique / frivole / grand / heureux / jeune / intellectuel / beau / optimiste / pessimiste / riche / sérieux / sportif / triste / vieux

Martine: active / ambitieuse / dynamique / frivole / grande / heureuse / jeune / intellectuelle / belle / optimiste / pessimiste / riche / sérieuse / sportive / triste / vieille

✻ **V. Mini-dictée: Des rêves.** You will hear a series of people tell what they would like to have or be or do. Complete their statements by writing the missing words that you hear. Each sentence will be read three times.

1. Nicole: Je voudrais habiter dans _____

2. Gérard: Je voudrais avoir _____

3. Suzanne: Je voudrais être _____

4. Denis: Je voudrais visiter _____

5. Émilie: Je voudrais descendre dans _____

6. Sacha: Je voudrais acheter _____

✻ **VI. Qui est le coupable?** You're at the airport, listening to your radio while waiting for a plane. You hear a report about a crime that has just been committed. A witness describes the criminal. You see a person in the airport who looks like the accused. Look at the drawing and put a check next to the person who looks like the criminal. Then write your own description of the person.

_____

_____

_____

_____

_____

_____

✻ VII. L'argot des étudiants. French students, like students of all nations, use slang **(argot)** to talk about school and university life. Listen to the following conversation between two French university students and try to pick out the slang expressions listed below. Following the conversation, the expressions will be explained. Write each term's equivalent in "standard" French in the space provided.

1. du boulot _____

2. des bouquins _____

3. vachement dur _____

4. bosser _____

5. le restau U _____

6. bouffer _____

7. taper _____

R▾É▾D▾I▾G▾E▾O▾N▾S !

Faisons de la publicité. You have been invited to write a blurb about your university for a brochure being sent to prospective students from French-speaking countries. Comment on location (and attractions of that part of the country), size and type of university, programs, living accommodations, student life, etc. Use a separate sheet of paper.

VOCABULARY: University; studies, courses; arts; leisure

PHRASES: Persuading; welcoming; writing a news item

GRAMMAR: Adjective agreement; adjective position

TRAVAIL DE FIN DE CHAPITRE
▼ ▼ ▼ ▼ ▼

CHAPITRE 7
SEGMENT 3

✻ I. Quatre étudiants

A. You will hear French students talk about their studies and their lives as students in France. Listen to the tape, then indicate (1) whether each student goes to school in Paris or in a regional university and (2) whether (in American terms) each student specializes in fine arts, humanities, natural sciences, or social sciences.

1. _____

2. _____

3. _____

4. _____

Nom .... Cours ....

7

B. Listen again to the four presentations. Then write the following information about each student: **université, spécialisation, cours, logement, projets d'avenir.** There may not be information in every category for each student.

Étudiante 1: _____

_____

_____

Étudiant 2: _____

_____

_____

Étudiante 3: _____

_____

Étudiante 4: _____

_____

_____

Par région

LES GUIDES REGIONAUX : actuellement au nombre de 4, ils présentent et analysent les villes universitaires des régions Rhône-Alpes, Provence, Languedoc-Roussillon, Nord-Pas-de-Calais, en trois parties : vie quotidienne, loisirs et culture, études et débouchés.

BON DE COMMANDE P. XV DE VOTRE CATALOGUE

LES GUIDES REGIONAUX

ETRE ETUDIANT A LILLE
Réf. : 9001. Tarif : 40,00 F

ETRE ETUDIANT A MARSEILLE
Réf. : 9002. Tarif : 40,00 F

ETRE ETUDIANT A MONTPELLIER
Réf. : 9003. Tarif : 40,00 F

ETRE ETUDIANT A LYON ET GRENOBLE
Réf. : 9004. Tarif : 40,00 F

A PARAÎTRE : Etre étudiant à Strasbourg Toulouse Bordeaux Rennes

SUPER LES AVANTAGES !

l'Etudiant

LA CARTE "PRIVILEGES ESPACE" DE L'ETUDIANT

AVEC VOTRE CARTE "PRIVILEGES ESPACE"

- 5 %
Pour toute commande

❋ II. Jeu: Trouvons les mots! Circle all the adjectives that you can find in the following puzzle. The adjectives may be read horizontally, vertically, or diagonally, either from left to right or from right to left.

P	S	E	N	S	A	T	I	O	N	N	E	L	L	E
M	A	B	O	C	D	E	R	F	A	G	H	O	I	L
I	J	K	U	E	L	M	V	I	E	I	L	U	N	E
N	E	U	V	E	N	O	V	P	S	Q	R	R	S	G
C	T	U	E	V	W	E	X	E	Y	T	Z	D	A	A
E	B	C	A	D	E	F	R	G	H	I	E	E	J	N
K	L	J	U	M	N	I	O	G	T	P	Q	R	O	T
B	B	O	N	N	E	S	R	I	I	T	U	I	V	V
L	W	L	X	U	Y	O	T	Z	A	Q	R	B	E	C
E	D	I	X	E	S	E	F	G	H	I	U	R	J	K
U	L	E	I	M	P	A	T	I	E	N	T	E	M	N

Adjectives to be found:

sensationnelle	bonne	lourde
nouveau	vieil	vert
énergique	gros	bleu
triste	impatiente	naïve
petit	élégant	jolie
sérieux	noir	

One adjective in the puzzle is not listed here. Can you find it?_____

Nom .... Cours ....

8

1ᵉʳᵉ Étape

CHAPITRE 8 Soignons-nous!

▼ PREMIÈRE ÉTAPE ▼

Ça va? Ça ne va pas? *(Text pp. 300–308)*

L▾I▾S▾O▾N▾S !

I. Prélecture. Every year thousands of Americans are killed in automobile accidents. List what you think are the five major causes of accidents in which people are killed.

_____

_____

_____

✱ **II. Lecture: Les accidents de la route.** Read the excerpts from an article about traffic accidents in France. Then do the exercises that follow.

La vitesse tue

Principales causes d'accidents corporels
sur les routes

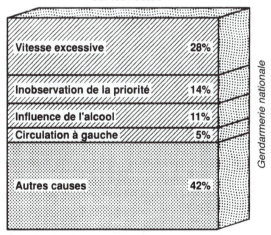

- ❖ La proportion d'accidents mortels reste plus élevée en France que dans les autres grands pays occidentaux. Parmi les pays industrialisés, la France est l'un de ceux où l'on meurt le plus sur la route: 410 conducteurs ou passagers tués par million de voitures en circulation.

- ❖ Près de 40% des accidents mortels sont imputables à l'alcool.

- ❖ Contrairement à une idée répandue, les accidents ne sont pas systématiquement dus à la rencontre de deux véhicules. La moitié des accidents mortels ne mettent en cause qu'un seul véhicule. Le danger, ce n'est pas toujours les autres.

REMEMBER! An asterisk (✱) preceding an exercise number indicates that the exercise is self-correcting. You will find the answers at the back of this **Cahier,** beginning on page 379.

❖ Les erreurs humaines sont beaucoup plus nombreuses que les défaillances mécaniques. 2% seulement des accidents seraient dus à des défaillances mécaniques, mais on estime que 40% des véhicules sont en mauvais état.

❖ 10 millions de Français voient mal au volant: 11% d'entre eux ne portent pas de lunettes, 35% de ceux qui en portent ont une correction mal adaptée.

A. Les nouveaux mots. Although there are numerous words in this text that you have not seen before, by using some of the strategies already discussed, you should be able to figure out their meaning.

1. Find at least 12 cognates in the passage. _____

_____

_____

_____

2. Find at least one false cognate in the passage. _____

_____

3. Based on the content, guess the meaning of each term in boldface.

a. Principales causes d'accidents **sur route** _____

b. **Circulation** à gauche _____

c. La proportion d'accidents mortels reste élevée: 4,4 **tués** pour 100 millions de kilomètres parcourus en France. _____

_____

d. Près de 40% des accidents mortels sont **imputables** à l'alcool. _____

_____

e. 2% seulement des accidents sont dus à des **défaillances** mécaniques. _____

_____

f. 10 millions de Français **voient mal** au volant: 11% d'entre eux ne portent pas de lunettes, 35% de ceux qui en portent ont une correction mal adaptée. _____

B. La vitesse tue. Based on what you read in the article, answer the following questions.

1. What are the four main causes of automobile accidents in France? _____

_____

_____

2. Do you think the causes are similar for the United States? If not, how and why do they differ? _____

_____

_____

3. Based on the article, do you agree or disagree with each of the following statements? If you disagree, tell why.

a. Alcohol causes a lot of minor traffic accidents. _____

_____

8

✴ **II. En vacances.** You and your family are spending a few days on the Riviera in Nice. Various problems and emergencies arise. Solve them by using the reading skills you've developed thus far.

    A. Où aller? À qui téléphoner? When the following situations develop, you read the public service notices that appeared in a holiday morning edition of the Nice newspaper. Skim and scan the notices. Then tell where to go or whom to call in each case. In some instances, there may be more than one possible response.

Police secours : 17.
Sapeurs-pompiers : 18.
Taxis (toutes stations) : 93.52.32.32.
   S.O.S. amitié : 93.26.26.26.
   S.O.S. jeunes (le matin de 9 à 12 heures) : 93.24.83.95.
   S.O.S. troisième âge : 93.53.53.53.
   Alcooliques anonymes : 93.87.47.45.
   S.O.S. parents - enfants : 93.62.26.37.
   S.O.S. drogue : 93.85.01.01.
   « Le Patriarche ». – Toxicomanie, cures, postcures, tél. 93.98.73.98.

HAVAS
À VOTRE SERVICE
(13, place Masséna, à Nice)
  – Publicité : 93.62.37.37.
  – Voyages : 93.62.09.09.
SERVICE MÉDICAL
  En cas de difficultés, appeler la permanence de police, 1, rue Maréchal-Foch, Nice, tél. 17.

DENTISTE
  S.O.S. dentaire. – Tél. 93.88.06.03.
MÉDECINS
  S.O.S. Médecins (24 heures sur 24). – Tél. 93.85.01.01.
  Association médecins généralistes (24 h sur 24). – Tél. 93.53.03.03.

LABORATOIRE
  Laboratoire de garde (24 heures sur 24). – Tél. 93.88.39.08.

NICE

Appels urgents

SAGE-FEMME
  De ce soir 22 heures à demain 6 heures : Mᵐᵉ Menella, 1, rue Apollinaire, tél. 93.85.56.64 ; Mᵐᵉ Alberti, 55, avenue Colombo, villa « Médicis », tél. 93.81.41.91.
INFIRMIERS
  Infirmiers libéraux (jour et nuit). – Tél. 93.44.36.44.
VÉTÉRINAIRES DE GARDE
  S.O.S. vétérinaires (la nuit, dimanche et jour fériés), tél. 93.83.46.64.
    AMBULANCES
  – A.T.S.U. 06: tél. 93.85.51.15.

    PHARMACIES
  Service d'urgence : aujourd'hui, de 12h15 à 14h30 :
  – Pharmacie « Le Papeete », angle Canavèse - Cyrille-Besset.
  La nuit. — Pharmacie de nuit, 7, rue Masséna (ouverte de 19h30 au lendemain 8h30).
  Aujourd'hui, de 8h30 à 12h15 et de 14h30 à 19h30 :
  – Pharmacie du Pont-Magnan, 2, avenue de la Californie.
  – Pharmacie Le Papeete, angle 35, avenue Canavèse et 150, avenue C.-Besset.
  – Pharmacie Thouvenot-Juffe, 122, avenue des Arènes.
  – Pharmacie Rey-Gritti, 98, boulevard Virgile-Barel (ex-Saint-Roch).
  –Pharmacie du Port, 17, rue Cassini.
  –Pharmacie Laborieux, 23, rue de Belgique.

---

1. Your sister has a bad toothache. _____

2. You observe a crime being committed. _____

3. Your grandfather has run out of medicine, and he has to take his next dose before 5 P.M.

   _____

4. Your little brother has a terrible pain in his side. You're afraid it might be appendicitis.

   _____

5. You notice a building on fire. _____

6. Your mother wakes up in the middle of the night with a terrible headache. She needs some

   aspirin right away. _____

B. À la pharmacie. When visiting a pharmacy, you try to read the information on four packages. Skim and scan the packages. Then answer the questions.

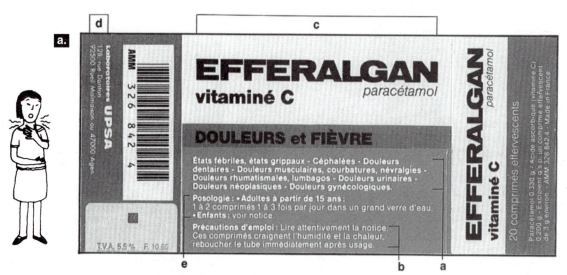

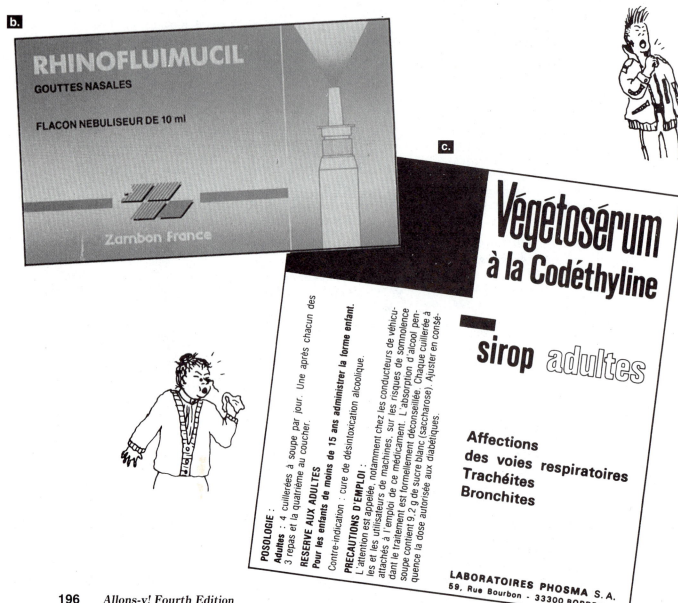

✳ **VI. Le début d'une histoire.** Here are the first few lines of a story that someone is planning to tell you. Redo each sentence, putting all the verbs in the imperfect.

C'est une nuit de décembre. Il fait froid. Il neige. Nous sommes deux dans la voiture—ma sœur Lucienne et moi. Mais la voiture ne marche pas. Nous n'avons plus d'essence (*gas*). Au bord de la route il y a une vieille femme. Elle a les cheveux blancs et son cou est très long. Elle promène un chien et elle chante très fort. Ma sœur et moi la trouvons un peu bizarre.

_____

_____

_____

_____

_____

_____

_____

_____

_____

VII. Le début de votre histoire. Think of a time when something strange or interesting happened to you or to a member of your family. Imagine that you are going to tell the story in a letter you are writing to some friends from Quebec. Write the paragraph in which you prepare to tell the story by establishing the basic situation: who? where? when? what was going on?, etc. In other words, use the imperfect to describe the setting, the situation, and the characters. Use a separate sheet of paper.

▼ TROISIÈME ÉTAPE ▼
Santé passe richesse *(Text pp. 319–329)*

L ▾I▾S▾O▾N▾S !

Physical fitness has become the rage, not only in the United States, but in France as well. Since body care and physical fitness activities have their origins in numerous countries around the world, the vocabulary tends to be international and is therefore easily recognizable from one language to another. In this étape, you are going to read some texts associated with physical fitness opportunities in France.

I. Prélecture. Some people like to work out on their own with little or no equipment; however, others prefer sophisticated equipment and some sort of organized activity. Based on your own experience as well as that of your friends and family members, answer the following questions.

1. Where do Americans go when they want to work on their physical fitness? Name some places in the town or city where you live. _____

_____

_____

_____

2. What kinds of facilities do these places offer? _____

_____

_____

3. What kinds of organized activities do they provide? _____

_____

_____

✳ II. *Pariscope.* In addition to movie and theater listings, weekly entertainment magazines such as *Pariscope* also list places where people can work out, take dance lessons, and the like. Read the following listings. Then do the exercise that follows.

centres sportifs et de danse

ALESIA CLUB, 143, rue d'Alésia. 45.42.91.05. Culture physique, brunissage, UVA. Danse «aérobic».

CENTRE AQUABUILDING, 6, rue St-Paul (4ᵉ). 42.71.66.69. Gyms aquatiques, danse classique, kinégyne, stretching, musculation, sauna, hammam, piscine.

CENTRE DE DANSE DU MARAIS, 41, rue du Temple (4ᵉ). 42.77.58.19 et Ouv. tte l'année 7 jours/7. Danse classique, jazz, moderne, afro, rock, claquettes, espagnole, tonic-dance. Adultes, enfants, amateurs et professionnels.

CENTRE SIVANANDA DE YOGA, 123, bd de Sébastopol (2ᵉ). 40.26.77.49. Yoga, pour débutants et adeptes. 1ʳᵉ leçon gratuite.

ESPACE VIT'HALLES, Place Beaubourg, 48, rue Rambuteau. 42.77.21.71. Ouvert 7 jours sur 7. Gym aquatique, harmonic, afro-brésilien, samba, modern jazz, danses contemporaines, jazz débutant, aérobic, jogging, stretching, relaxation, gymnastique, cours musculation collectifs, programme individuel, 50 appareils, UVA hte pression, sauna, hammam, jacuzzi, boutique, restaurant diététique, piscine, stages divers.

GARDEN GYM MOLITOR, 12, avenue de la Porte Molitor (16ᵉ). 46.51.99.88. Gym, musculation, danse, golf, piscine.

GEORGES ZSIGA, 4ᵉ dan, à l'Eglise américaine, 65, quai d'Orsay. 43.38.12.76. Mᵒ Invalides. Karaté spécialisé enseigné par un ex-champion de France (équipe). Accessible à tous. Hommes et femmes.

RIVOLI CLUB, 140, rue de Rivoli. 40.26.39.69. Ouv. t.l.j., tte l'année. Culture physique, gym tonic, sauna, bronzage U.V.A., bains à remous, hammam, aérobic, musculation, club naturiste.

ROCK N' ROLL DANCE CENTER, 6, impasse Levis, 75017 (niveau 20, rue Levis). Mᵒ Villiers. 43.80.90.23. Cours de rock au sol, acrobatique et compétition pour adultes et enfants par professeurs agréés AFDA. Gym, jonglage, trampoline, trapèze.

THERMES DU ROYAL MONCEAU, 39, avenue Hoche (8ᵉ). 42.25.06.66. Du Lun au Ven de 8h à 22h; Sam et Dim. Sur R.V. Musculation, gymnastique, piscine, yoga, U.V., Hammam, sauna, bains bouillonnants, restaurant diététique.

1. Many of the terms in these listings will be familiar to you because they are cognates. List at least 10 French terms for activities that are easy to recognize because of their similarity to

terms used in English. _____

_____

_____

2. Which of the activities listed are you unable to figure out? _____

_____

✳ **III. La forme à la française.** (*Fitness, French-style.*) While vacationing with your French friends at Hossegor (on the Atlantic coast, to the north of Biarritz), you are given two brochures, one for **le Mercédès, une salle californienne,** and a second advertising a **salle fitness forme.** Skim and scan these two ads and then answer the questions.

1. Explain to your American friends what each of the following activities involves.

  a. musculation _____

  b. sauna _____

  c. hammam _____

  d. formostar _____

  e. bains-remous _____

  f. aérobic _____

  g. U.V.A. _____

2. What differences (if any) do you notice between these establishments and American health

  clubs? _____

  _____

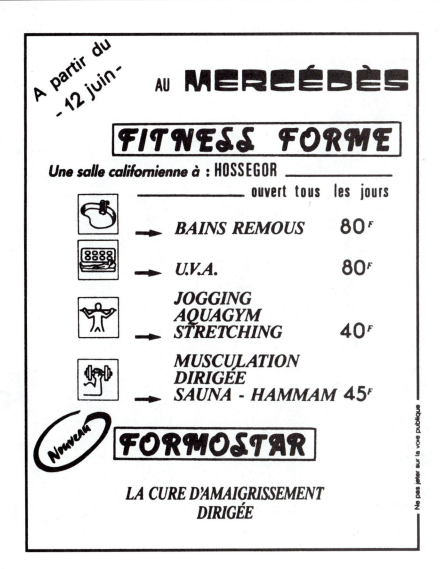

SALLE FITNESS FORME

MUSCULATION

SAUNA

La chaleur sèche qui élimine les toxines et qui détend.

BAINS-REMOUS

Une des plus belles
inventions !!!
Un vrai calin,
dans les algues.

HAMMAM

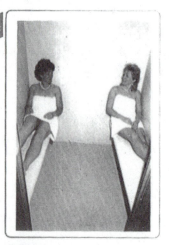

La volupté
orientale des bains
turcs parfumés
à l'eucalyptus.

AEROBIC

Un temps pour la forme !

FORMOSTAR

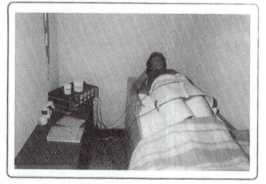

Une cure d'amincissement sérieuse et efficace. 10 séances.

U.V.A.

Pour être hâlé ... en revenant, quoiqu'il arrive.

É•C•R•I•V•O•N•S !

PRATIQUE DE LA GRAMMAIRE

In this **étape,** you have studied the verb **savoir** and the expression **depuis**. To verify that you have learned these structures, take *Test 24* below. You will find the answers and scoring instructions on page 381. A perfect score is 14. If your score is less than 12, or if you wish additional practice, do the self-correcting exercises for **Chapitre 8, Étape 3,** in the *Pratique de la grammaire* at the back of this Workbook.

TEST 24
▼ ▼ ▼ ▼ ▼

D'abord, complétez chaque phrase avec la forme convenable du *présent* de **savoir**.

1. Est-ce que vous _____ pourquoi Pascale n'est pas là?

2. Tu _____, elle est vraiment très gentille.

3. Est-ce qu'elle _____ jouer du violon?

4. Je ne _____ pas, moi.

5. Nous ne _____ pas son adresse.

6. Mais Yvette et sa sœur _____ son numéro de téléphone.

Maintenant, donnez l'équivalent français des phrases suivantes.

7. We've been living in Bordeaux for three years.

   _____

8. —How long have you had a cold?
   —Three or four days.

   _____

   _____

9. —Since when has she been working at McDonald's?
   —Since last Month.

   _____

   _____

▼ NOTE FOR CORRECTION: items 1–6 — one point for each correct form of **savoir;** *total: 6;* items 7–9 — one point for each correct use of **depuis (depuis combien de temps, depuis quand),** one point for each verb in the present tense; *total: 8*

IV. Les calories, tout un menu! With the help of the chart on p. 322 of the textbook as well as the short article about calories reproduced below, evaluate your food intake on a recent day. Use a separate sheet of paper. (**Suggestion: Avez-vous mangé des aliments des cinq groupes? Avez-vous dépassé** (*gone beyond*) **la quantité de calories recommandés?**) (100 grammes = approximately 3.5 ounces.)

Modèle: *Hier j'ai mangé des aliments du groupe 1 . . . J'ai mangé des fruits à basses calories . . . Etc.*

Les calories, tout un menu!

En période normale, les besoins caloriques pour la journée sont de 2200 calories. A vous d'équilibrer vos repas afin de ne manquer d'aucun aliment sans dépasser la quantité de calories suffisantes.

• **Viandes, poissons**
Pour 100 gr, les aliments champions des basses calories
Sole : 75 cal.
Truite : 100 cal.
Crabe : 100 cal.
Poulet : 120 cal.
Filet de bœuf : 140 cal.
Côte de veau : 165 cal.
Filet de porc : 170 cal.

• **Fruits et légumes**
Pour 100 gr, les aliments champions des basses calories
Concombre : 12 cal.
Tomates : 22 cal.
Fraises : 20 à 30 cal.
Melon, orange, pamplemousse : 30 à 40 cal.
Pêche, ananas : 40 à 50 cal.
Cerise, poire, pomme, raisin : 60 à 70 cal.

• **Halte ! danger !**
Voici une petite liste non exhaustive des aliments à fuir absolument. Et s'ils vous mettent l'eau à la bouche, pensez à leur teneur en calories, l'appétit vous passera.
1 petit avocat : 425 cal.
1 croque-monsieur : 400 cal.
100 gr de frites : 400 cal.
100 gr de mousse au chocolat : 400 cal.
1 sandwich saucisson, gruyère... : 500 cal.

V. Tu devrais te mettre au régime. (*You should go on a diet.*) Explain to each person pictured what he or she should eat to improve his or her physical condition. Use expressions such as **être bon (mauvais) pour la santé, faire grossir,** and **faire maigrir.**

> *Modèle:* *Tu es trop maigre. Tu devrais grossir. Mange du fromage, de la viande, du pain. Ces aliments sont bons pour la santé et font grossir. Ne mange pas de yaourt.*

1. _____
_____
_____
_____

2. _____
_____
_____
_____

✱ **VI. Moi, je . . .** Use the cues and **depuis** to talk about yourself and your family.

> *Modèle:* ma famille / habiter
> *Ma famille habite à New Richmond depuis 40 ans.*

1. ma famille / habiter

_____

2. mon père (ma mère) / travailler

_____

3. je / faire mes études à

_____

4. je / apprendre le français

_____

5. je / avoir (*a car or computer or other prized possession*)

_____

6. je / faire cet exercice

_____

Now choose three things that you, a friend, and/or a family member have *not* done for a while and explain how long it has been.

Modèle: *Mon frère n'a pas travaillé depuis six mois.*

7. _____

8. _____

9. _____

VII. Ne mange pas trop de fast-foods. Your French "mother" has written you a letter in which she warns against eating too many fast foods, watching too much TV, etc. Using some of the expressions and ideas found in this ad for a special offer at **Quick** restaurants, try to persuade her that your life-style is really quite healthy. Use a separate sheet of paper.

LES SECRETS DE QUICK POUR GARDER LA FORME

• Mangez équilibré. D'abord, prenez le temps de "petit-déjeuner" le matin, avec un jus d'orange, des tartines, des céréales. Ensuite, veillez à manger "un peu de tout" chaque jour.

Il y a quatre grands groupes d'aliments :
– les fruits et légumes, crus ou cuits,
– la viande, le poisson, les œufs,
– le lait, et tous les produits laitiers,
– le pain, les pommes de terre, les pâtes. C'est facile, les repas de la journée doivent nous apporter des aliments de chaque catégorie. Et puis, c'est plus varié !

• Buvez, buvez. Des jus de fruits, de l'eau, au moins un litre par jour.

• Marchez et... dormez. Une idée : au moins une fois par semaine, débranchez le télé-phone à 22 heures, et dodo. Rien de tel pour avoir la pêche !

RESPIREZ !

• Ne dormez pas dans une pièce trop chauffée. L'idéal : la fenêtre entrouverte et une bonne couette, comme les pionniers du Far West.

• Tous les matins, étirez-vous. Sur la pointe des pieds, tendez les bras en l'air, et tirez, tirez encore...

• De temps en temps, dans la journée, rentrez le ventre et respirez très profondément, en fermant les yeux.

Idéal contre le stress et la fatigue. Essayez...

JUSQU'AU 23 FÉVRIER
LE MENU QUICK TONIC

Une crudité,   Un grand jus d'orange,   Un BIG.

PRIX SPÉCIAL TONIC : 25^F

DE L'ÉNERGIE, DES VITAMINES, ET C'EST BON !

Quick

Copyright by Heinle & Heinle Publishers

8

VOCABULARY: Meals; vegetables; drinks; body

PHRASES: Describing health

DICTIONARY: **depuis**

4ᵉ Étape

▼ QUATRIÈME ÉTAPE ▼

(Text pp. 330–337)

É·C·O·U·T·O·N·S !

Chapitre 8
Segment 2

✳ **I. Un accident.** Listen to the story of Michel's accident. Then circle the drawing that best represents what happened.

✳ II. **Quel verbe?** Listen for the verb *that is conjugated* in each of the sentences. Then identify it by writing its infinitive.

> *Modèle:* You hear: Est-ce que tu vas sortir ce soir?
> You write: *aller*

1. _____   7. _____

2. _____   8. _____

3. _____   9. _____

4. _____   10. _____

5. _____   11. _____

6. _____   12. _____

✳ III. **Pouvez-vous les identifier?** You will hear physical descriptions of six people. As you listen to each description, write the person's initials under the appropriate drawing.

> Names: **Sophie Delpoux / Ahmed Fazoul / François Gélin /**
> **Roger Grignet / Juliette Marchand / Marcelle Waggonner**

_____   _____   _____

_____   _____   _____

*IV. **Dictée: Discussion à table.** The Cazenave family is eating dinner when they notice that the youngest child, Bernard, is not acting like his usual self. Write their conversation. The conversation will be read once at normal speed. Then each sentence will be read twice.

JANINE: ______________________________

____

MME CAZENAVE: ______________________________

____

____

____

BERNARD: ______________________________

____

____

MME CAZENAVE: ______________________________

____

____

____

M. CAZENAVE: ______________________________

____

____

MME CAZENAVE: ______________________________

____

____

M. CAZENAVE: ______________________________

____

____

MME CAZENAVE: ______________________________

____

JANINE: ______________________________

____

____

✻ **V. Que dit le médecin?** You are traveling in France with your brother and sister when they become ill. Because they don't speak French, you have explained their symptoms to the doctor. As you listen to the doctor's advice and instructions, take notes *in English.* You will probably not understand every word; the important thing is to get the gist of the information.

1. *About your sister:* _____

_____

_____

_____

_____

_____

_____

_____

2. *About your brother:* _____

_____

_____

_____

_____

_____

_____

_____

✻ **VI. Vous êtes témoin d'un accident.** You are one of four witnesses (**témoins**) to an accident. When the police arrive, the three other witnesses, who are native speakers of French, explain what happened; however, their versions do not agree. Compare the three stories with the picture and circle the number of the most accurate description. Although there will be words you do not recognize, you should be able to tell the police which witness to rely on.

Qui a raison? 1 2 3

8

R▾É▾D▾I▾G▾E▾O▾N▾S !

Quand j'étais petit(e) . . . Write a paragraph telling what usually happened when you were sick as a child. For example, were you sick often or rarely? When you were sick, what did you usually have—a cold, the flu? What were your symptoms? Did you usually go to the doctor? Who went to the drugstore? What did that person usually get for you? Did you like taking medicine? Remember to use the imperfect tense to talk about what usually happened.

Rédigeons!/
 Travail de fin de chapitre

VOCABULARY: Body; medicine; sickness

PHRASES: Describing health

GRAMMAR: Past imperfect

TRAVAIL DE FIN DE CHAPITRE
▼ ▼ ▼ ▼ ▼

CHAPITRE 8
SEGMENT 3

✳ I. Deux conversations

A. You will first hear a conversation about health. Three people are involved, directly or indirectly—Catherine, Michèle, and Catherine's brother. Indicate which person matches each of the following descriptions.

1. an accident victim _____

2. a very healthy person _____

3. a person not in great shape _____

B. Now listen to the second conversation, which takes place in a pharmacy. Tell where the customer's main medical problem is situated.

a. her head   **c.** her respiratory system

b. her digestive tract   **d.** her circulatory system

C. Listen again to the conversations. Then do the following exercises.

1. Answer these questions about the first conversation.

a. Comment savez-vous que Michèle n'est pas en bonne santé?_____

_____

_____

b. Que fait Catherine pour être en bonne santé? _____

_____

c. Quel type d'accident est-ce que le frère de Catherine a eu?_____

_____

d. Où est-ce qu'il a été blessé? C'était grave? _____

_____

_____

2. Now answer these questions about the second conversation.

    a. Quels sont les symptômes de la jeune femme? _____

_____

    b. Quelles sont les deux explications proposées dans la conversation? _____

_____

    c. Mentionnez au moins trois recommandations faites par le pharmacien. _____

_____

✳ **II. Jeu.** Can you find in this **crucigram** 20 (or more) French words relating to health, exercise, and the body? The words may be read forward, up, down, or diagonally. Accents do not matter.

```
M  E  D  I  C  A  M  E  N  T
A  S  B  D  H  O  Y  B  E  E
L  T  E  K  E  C  G  R  Z  T
D  O  S  I  V  I  S  A  G  E
E  M  L  S  E  L  P  S  R  A
M  A  I  N  U  R  N  W  I  T
E  C  E  G  X  Q  T  H  P  F
R  Z  O  U  L  F  J  N  P  I
Y  M  E  E  C  O  U  D  E  E
O  Y  B  O  U  C  H  E  M  V
G  E  N  O  U  R  O  D  A  R
A  I  C  H  E  V  I  L  L  E
```

Nom .... Cours ....

9

1ᵉʳᵉ Étape

CHAPITRE 9 **Faisons des études à l'étranger!**

▼ PREMIÈRE ÉTAPE ▼

Un programme d'échange *(Text pp. 346–356)*

L ▾I▾S▾O▾N▾S !

I. Prélecture. In preparation for the reading, answer the questions to determine what type of study-abroad program would most interest you.

1. If you couldn't go to Paris, which part of France would you like to visit? _____

2. What kinds of courses would you like to take? _____

_____

_____

3. Would you prefer to live in a dorm or with a family? _____

4. Besides taking courses, what else would you like to do during your stay in France? _____

_____

_____

5. Have you thought seriously about participating in an education-abroad program? If yes, why?

If no, why not? Which French-speaking country would you prefer to visit? _____

_____

_____

_____

II. Lecture: Des programmes d'échange

A. Oui! Skim the five ads on pages 216 and 217 quickly and identify the programs that best match your answers to the **Prélecture** exercise. Based on general information, such as location and your general needs, explain why you selected each program.

_____

_____

_____

_____

_____

_____

_____

REMEMBER! An asterisk (✳) preceding an exercise number indicates that the exercise is self-correcting. You will find the answers at the back of this **Cahier,** beginning on page 382.

CENTRE INTERNATIONAL D'ÉTUDES FRANÇAISES

UNIVERSITÉ DE BOURGOGNE

Paris sera toujours Paris mais...

VENEZ DONC APPRENDRE LE FRANÇAIS EN BOURGOGNE

- Cours Internationaux d'Eté
  (tous niveaux)

- Cours Semestriels
  (tous niveaux)

- Stage de Perfectionnement
  pour Professeurs

Centre International
d'Études Françaises
de l'Université de Bourgogne
36, rue Chabot-Charny
F-2100 Dijon
Tél : 80.30.50.20
Telex : 350 602 F Publi Dijon

été à Montpellier

juin · juillet · août · septembre

Cours de langue, littérature et civilisation françaises
pour jeunes, étudiants et adultes étrangers

Français intensif : cours et groupes pédagogiques.
Pratique dynamique de la langue : rencontres,
visites et expériences sur le terrain.
La vie quotidienne en France.
Activités culturelles, loisirs, distractions.
Hébergement en chambre individuelle.
Demi-pension 7 jours sur 7.
Stage de perfectionnement pour professeurs de français
Mini-séjours en familles pour groupes de jeunes

11, Av. du Professeur Grasset ■ BP 6039
34030 MONTPELLIER Cedex 1 (FRANCE)
Institut Montpelliérain d'Études Françaises

au COEUR de LYON
Ville internationale

l'Institut
de Langue
et de Culture
Françaises
Université Catholique de Lyon

ILCF

COURS DE FRANÇAIS POUR ETUDIANTS ETRANGERS
TOUS NIVEAUX

Programme annuel (octobre à juin)
Programme intensif d'été (juillet-septembre)
Programme spéciaux à la demande pour groupes

FORMATIONS SPECIALISEES :
Français commercial
Français scientifique et technique
Français médical

DIPLOMES INTERNES ET DIPLOMES NATIONAUX
DIPLOMES DE LA CHAMBRE DE COMMERCE DE PARIS

INSTITUT DE LANGUE ET DE CULTURE FRANÇAISES
Université Catholique - 25, rue du Plat - 69288 LYON Cedex 02

COURS INTENSIFS DE FRANÇAIS

dans un CHATEAU du VAL DE LOIRE
4 - 8 - 16 semaines

2 Niveaux: Débutant et Intermédiaire

FF 6.400	4 semaines
FF 11.000	8 semaines
FF 20.500	16 semaines

Hébergement: Nourriture et 24 hrs d'enseignement compris

Information et Réservation:
C.I.E.F.T.
Château Bois Minhy
41700 Chemery-Contres, FRANCE
Tel. 54.79.51.01

UNIVERSITÉ STENDHAL-GRENOBLE III
CENTRE UNIVERSITAIRE D'ÉTUDES FRANÇAISES

Depuis 1896, Grenoble accueille des professeurs et des étudiants étrangers. Pendant l'été (juillet, août, septembre) et l'année universitaire, le CUEF organise les cours suivants:

- Cours intensifs audio-visuels de langue française
- Cours de langue, littérature et civilisation françaises
- Cours intensifs de français spécialisé en Droit, Economie, Gestion et Sciences
- Programme de formation et perfectionnement pour enseignants de français langue étrangère

Pour l'obtenir, écrire à:
CUEF
Université Stendhal-Grenoble III
BP 25X
38040 Grenoble Cedex FRANCE
Tél. 76.42.48.37/76.44.82.18

ADCUEFE

CENTRES
UNIVERSITAIRES
DE
FRANCAIS
LANGUE ETRANGERE

B. Pourquoi? Now scan all the ads you selected in Exercise A for details. Then select *one* program and explain why you would like to participate in it. Depending on what information the ad provides, talk about location, available courses, extracurricular activities, lodging, length of stay, etc.

_____

_____

_____

_____

_____

_____

É·C·R·I·V·O·N·S !

PRATIQUE DE LA GRAMMAIRE

In this **étape,** you have studied the superlative and official time. To verify that you have learned these structures, take *Test 25* below. You will find the answers and scoring instructions on page 382. A perfect score is 18. If your score is less than 15, or if you wish additional practice, do the self-correcting exercises for **Chapitre 9, Étape 1,** in the *Pratique de la grammaire* at the back of this Workbook.

TEST 25
▼ ▼ ▼ ▼ ▼

D'abord, complétez chaque phrase en utilisant la forme superlative indiquée.

1. Jean-Jacques est un bon joueur de tennis. En effet, c'est . . . (+ / son école)

_____

2. Nous avons une vieille maison. En effet, notre maison est . . . (+ / la ville)

_____

3. Françoise est une étudiante très intelligente. En effet, c'est . . . (+ / la classe)

_____

4. René et Marco travaillent très rapidement. En effet, ils travaillent (+ / l'usine)

_____

5. Il y a une très bonne charcuterie dans notre rue. En effet, c'est . . . (+ / la ville)

_____

6. La sociologie et la psychologie ne sont pas des cours très difficiles. En effet, ce sont . . . (– / le programme)

_____

Maintenant, donnez l'équivalent anglais des heures suivantes.

7. 10h30 _____

8. 13h45 _____

9. 17h05 _____

10. 19h20 _____

11. 21h15 _____

12. 23h40 _____

▼ NOTE FOR CORRECTION: items 1–6 — one point for each correct superlative form, one point for each correct agreement and use of **de;** *total: 12;* items 7–12 — one point for each correct time, including A.M. or P.M.; *total: 6*

III. Un programme d'échange. Fill in the form below to apply to an exchange program in France.

DEMANDE D'ADMISSION AU PROGRAMME D'ÉCHANGE

Nom .... Prénom ....

Date de naissance ....

Lieu et pays de naissance ....

Établissement scolaire ....

Adresse permanente ....

Adresse actuelle ....

Téléphone (domicile) .... Téléphone (travail) ....

État civil (marié, célibataire) ....

Personne à prévenir en cas d'accident:

    Nom ....

    Adresse ....

    Téléphone (domicile) .... Téléphone (travail) ....

Séjours à l'étranger:

    Vous avez déjà habité à l'étranger?   oui ......   non ......

    Vous avez déjà visité l'étranger?   oui ......   non ......

    Pays: Durée du séjour:

    ....

    ....

Vous préférez habiter

    .... avec une famille

    .... dans une résidence universitaire

Si vous avez moins de 18 ans

Nom des parents ou du représentant légal

....

Adresse ....

....

Téléphone (domicile) ....

Téléphone (travail) ....

IV. Des dédicaces. It's the last week of your last semester at the university and all of the seniors in your French class have brought their yearbooks to class. As your friends ask you to write something in their yearbooks, use an appropriate sentence in the superlative to complete the message. Finally, write two complete messages (again using at least one superlative) for two of your friends.

Cher (ère) _____,
Tu es _____
J'espère que tu vas passer un été formidable. Bonne chance à l'université !
_____

Pour mon ami _____,
_____
Mes meilleurs vœux pour l'avenir !
_____

À mon amie _____,
_____
J'apprécie l'aide que tu m'as apportée avec mes devoirs de français. Bonne chance !
_____

À mon (ma) camarade de classe _____,
_____
Je vais penser à toi si je continue mes études de français. Écris-moi !
_____

À _____,
_____
Je te souhaite beaucoup de bonheur dans la vie. N'oublie pas tes amis de la classe de français !

✷ **V. À quelle heure?** Americans are not used to reading times on the 24-hour clock. Answer your friends' questions by translating the times in the announcements here and on page 222, into conversational time.

TF 1

10.35 TF 1 VISION PLUS
11.00 INTERNATIONAUX
DE TENNIS
1/8 finale simple messieurs à Roland-Garros.
12.00 H.F. 12
12.30 ATOUT CŒUR
Emission proposée et présentée par Patrick Sabatier.
Avec: William Sheller; Gilles Dorleac; Frank Fernandel.
13.00 TF 1 ACTUALITÉS
14.00 INTERNATIONAUX
DE TENNIS
1/4 finale simple dames.
18.25 LE VILLAGE
DANS LES NUAGES
18.50 HISTOIRE D'EN RIRE
Avec: Jean-Marie Proslier.

19.05 MÉTÉO PREMIÈRE
19.15 ACTUALITÉS RÉGIONALES
19.40 LES UNS
POUR LES AUTRES
Jeu animé pas Anne-Marie Peysson.
Avec: Jeane Manson.
20.00 TF 1 ACTUALITÉS
20.35 L'AVENIR DU FUTUR:
PANIQUE DANS LA RUE
Film d'Elia Kazan. Scénario: Richard Murphy. Adaptation: Daniel Fuchs. Musique: Alfred Newman.

22.05 DÉBAT:
ALERTE: DES NOUVEAUX MICROBES ATTAQUENT

23.10 INTERNATIONAUX
DE TENNIS
Résumé.
23.35 TF 1 ACTUALITÉS

1. At what times can we watch the tennis tournament on TV? _____

2. At what time is there a weather report? _____

3. When is the last news broadcast (**actualités**)? _____

accueil de Bretagne

QUIBERON
Morbihan

Office Municipal de Tourisme

Rue de Verdun
56170 Quiberon

Télex: 950 538

Téléphone (97) 50.07.84
(97) 50.15.92 (réservation hôtelière)

Heures d'ouverture

SAISON
Tous les jours de 9 h à 19 h

HORS SAISON
Tous les jours de 9 h à 12 h 30
et de 14 h à 18 h 30
sauf le dimanche

CONCERTS

ÉGLISE SAINT-GERMAIN-DES-PRÉS (296.93.56). – 21 h: « Jugement » de Marie-Noël. Avec Emmanuelle Riva (Dominique Probst).

OPÉRA-COMIQUE (296.12.20). – 18 h 30: Concert Mozart. Avec Pierre Doukan, violon solo. 20 h 30: Récital Pascal Devoyon, piano (Mozart, Franck). 22 h 30: Musique traditionnelle d'Amérique Indienne. Avec Luzmila Carpo.

SALLE CORTOT (763.80.16). – 20 h 30: Le Sextuor de clarinettes français, S. Tuxen-Bang, B. Collinet et J. Sandres (Yvonne Desportes, Bernard Fleurent).

SALLE GAVEAU (563.20.30). – 21 h: Quatuor Arcana (Milhaud, Mihalovici).

SALLE PLEYEL (563.07.96). – 20 h 30: Chœur de l'Orchestre de Paris. Avec Rafael Kubelik, Mira Zakai (Mahler).

THÉÂTRE DES CHAMPS-ELYSÉES (723.47.77). – 20 h 30: Ch. Eschenbach et J. Frantz, piano à quatre mains (Brahms, Schubert).

THÉÂTRE DE LA VILLE (274.22.77). – 18 h 30: Orchestre de chambre Franz-Liszt de Budapest (Mendelssohn, Dvorak).

---

4. During what hours is the Brittany tourist office in Quiberon open during the summer season?

_____

5. When is it open during the off-season? _____

6. At what time does the Mozart concert begin? _____

7. At what time does the piano concert at the Champs-Élysées Theater begin? _____

8. When can you hear the chorus of the Paris Orchestra? _____

VI. Pourquoi je veux étudier en France. The application form that you filled out in Exercise III requires that you write a short composition explaining why you want to study in France. Talk about your French studies in the United States, your interests, and why you want to spend some time in France. Use a separate sheet of paper.

1. Give your name, age, and nationality.

2. Talk about your studies in the United States.

3. Describe yourself and your interests.

VOCABULARY: Nationality; studies, courses; personality; leisure; arts; sports

PHRASES: Describing people; expressing an opinion; persuading

GRAMMAR: Adjective agreement; adjective position; comparison

Nom .... Cours ....

9

▼ DEUXIÈME ÉTAPE ▼

Quelques jours à l'hôtel *(Text pp. 356–367)*

2ᵉ Étape

L▾I▾S▾O▾N▾S !

I. Prélecture. You're making arrangements for a trip to a city in the United States. As part of your preparation, you need to decide in which hotel you're going to stay. First, select the city you'll visit. Then consult a travel guide (such as an American Automobile Association publication) and pick a hotel. Explain why you selected this particular hotel and give as much information about it as possible. Do this exercise in English on a separate sheet of paper.

✳ **II. Lecture: Nous descendons à l'hôtel.**

A. L'hôtel Saint-Germain. Read the hotel's brochure and price card. Then choose the answer that best completes each statement.

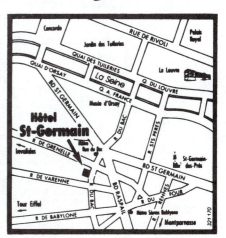

Si vous désirez résider au centre de Paris, dans l'un de ses quartiers les plus privilégiés et les plus pittoresques, l'Hôtel Saint-Germain met à votre disposition ses 29 chambres entièrement rénovées. Cet ancien hôtel particulier bénéficie d'une situation exceptionnelle au cœur de Saint-Germain-des-Prés, quartier "rive gauche", symbole d'une réalité artistique, culturelle et historique de Paris. Laissez la voiture au parking et partez à pied à la découverte des boutiques de mode, des antiquaires, des galeries d'art, des musées (Louvre, Orsay, Rodin, Invalides, Tuileries).

Hôtel Saint Germain

HOTEL SAINT-GERMAIN ★★ ⁿⁿ
88, rue du Bac - 75007 PARIS
Tél. : 548-62-92 - 548-94-17

Madame

En réponse à votre demande nous avons l'avantage de vous communiquer nos prix par jour, Taxe et Service compris :

Chambre grand lit, douche, WC privés 308- 360
Chambre 2 lits, salle de bains, WC privés. 420

Nous vous serions reconnaissants pour confirmer votre réservation de nous envoyer un dépôt de 1ᵉʳ nuit F.
Dans cette attente nous vous prions d'agréer nos salutations distinguées.

1. The Hotel Saint Germain is
   a. on the outskirts of Paris.
   b. in the center of Paris.
   c. in a picturesque village near Paris.

2. The rooms in the hotel
   a. have been recently renovated.
   b. each represent an artistic period in French history.
   c. are neither of the above.

3. If you're in this hotel and want to visit some of the museums, you should
   a. take your car.
   b. take the subway.
   c. go on foot because the museums are nearby.

4. According to the brochure, the **rive gauche** is
   a. a major cultural center of Paris.
   b. the center of the Parisian fashion world.
   c. the furniture district of Paris.

5. If you want to go to the **rive droite,** when leaving the hotel, you should
   a. go straight ahead.
   b. turn left.
   c. turn right.

6. The price of the hotel room
   a. does not include tax and tip.
   b. includes the tax but not the tip.
   c. includes both the tax and the tip.

7. A room with double bed, shower, and toilet costs
   a. 420 francs a night.
   b. 308 to 360 francs a night.
   c. 219 francs a night.

8. If you want to stay in the hotel,
   a. you must send a reservation letter but no deposit.
   b. it is best to call, but you don't have to send a deposit.
   c. you must send a deposit.

B. **Quel hôtel choisir?** You and your friends are planning a vacation in the city of Biarritz. Look at the hotel descriptions in the *Guide Michelin* and answer your friends' questions. A key to the symbols can be found on p. 357 of your textbook.

1. Which hotels have restaurants? _____

   _____

2. Which hotel costs the least? _____

3. Which hotel costs the most? _____

4. Which hotels have television in the rooms? _____

   _____

5. We want a hotel with a swimming pool. Which hotels have one? _____

C. Notre réservation est confirmée. You've just received a letter from the **Grand Hôtel des Balcons** confirming your reservation. In English, answer the questions about the letter.

Grand Hôtel des Balcons

Au cœur
de St-Germain des Prés
et du Quartier Latin

Le 12 mai 1987

Métro : Odéon
ou Luxembourg

Cher Monsieur,

Nous avons le plaisir de vous accuser réception de votre lettre du 1e mai 1987 incluant un montant de 530F dont nous vous remercions.

Nous vous confirmons la réservation de deux chambres doubles du 1 au 4 juin 1987 (3 nuits)

Dans l'attente de vous voir, nous vous prions d'agréer, Monsieur l'expression de nos sentiments distingués.

S.A. du Gᵈ HOTEL des BALCONS
3, rue Casimir-Delavigne
75006 PARIS
TEL
542 039 227 00013
APE 670A

Siège Social : 3, rue Casimir Delavigne, 75006 Paris - Tél 634.78.50 +

S A. au Capital de 975.000 f - R.C. 54 B 3922 - SIREN 542.039.227

1. What is the date of the letter you sent them? _____
2. How much money did you send as a deposit? _____
3. How many rooms did you reserve? _____
4. Are these single or double rooms? _____
5. For how many days do you want the rooms? _____
6. At what subway station will you get off to get to the hotel? _____

D. INTER HOTEL. The European chain of hotels called **INTER HOTEL** has its own symbols for the services it provides in each of its branches. Based on the symbols, answer the questions about each hotel.

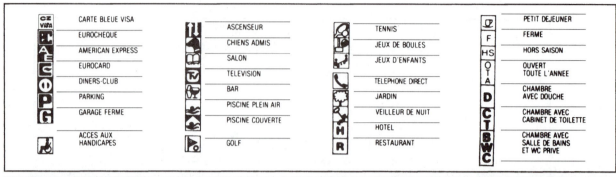

LE HAVRE ●

INTER HOTEL
Astoria ★★★

13, cours République
76600. Tél. 35 25 00 03
Télex 190075
M. TERNISIEN

○ Février à mars
Janvier et décembre

R · OTA · Menu moins de **70,00**
F · Grill · 3 salles de 60 couverts

ENV. · Face à la gare, centre ville

H · OTA · 35 ch · 31 DWC · 4 BWC · mini **180,00** maxi **280,00** · 🛏 **20,00.** Etape commerciale à partir de **230,00 F**

PAU ●

INTER HOTEL
du Commerce ★★

9, rue du Mal. Joffre
64000.
Tél. 59 27 24 40
Télex 540193
M. H. BESIOU

Vend., sam. et dim. des mois de janv., fév., mars, avril, oct., nov., déc.

H · OTA · 51 ch · 30 BWC · 21 DWC · mini **159,00** · maxi **223,00** · 🛏 **18,00** · Minitel · 51 TVC · Vidéo · Séminaire 3 salles · Chambres calmes sur patio · Etape commerciale à partir de **220,00 F.**

R · 0 comme H · Menu moins de **70,00 FF** · F le dim · 2 salles (80 et 40 p.), 1 salon privé (25

p.) · Cadre rustique · Spécialités régionales

ENV. · 🚢 500 m · ✈ 10 km · Plein centre ville. A proximité Château et Boulevard des Pyrénées. Excursions au départ de l'hôtel (saison d'été).

DIJON ●

INTER HOTEL
du Jura ★★★

14 av.
Maréchal Foch 21000
Tél. 80 41 61 12
Télex 350485
M. Gérard GORGES

○ Juillet et août.
Janv. à avril et nov. à déc.

H · OTA · 75 ch · BDWC · mini **150,00** maxi **300,00** · 🛏 **25,00** · Séminaire 2 salles 100 p · Etape commerciale **220,00 F.**

R · Sans mais conseille Restaurant **La Porte Guillaume de l'Hôtel du Nord** Pl. Darcy à Dijon à 250 m. Tél. 80 30 58 58. Menu moins de **70,00 FF** pour groupes. Plats enfants. Caveau

de dégustations. Propr. Fam. FRACHOT.

ENV. · 🚢 150 m · ✈ 5 km · Suivre Direction gare Dijon-ville. Dijon, ancienne capitale des Ducs de Bourgogne. Cathédrale, Palais, Musée. Circuits à la demande

1. According to the symbols, what services are offered by the hotel **INTER HOTEL Astoria** in Le Havre? _____

_____

_____

2. According to the symbols, what services are offered at the INTER HOTEL **du Commerce** in Pau? _____

_____

_____

_____

3. What services does the INTER HOTEL **du Jura** provide?_____

_____

_____

_____

E. La note d'hôtel. In French, answer the questions about the hotel bill.

1. Combien de nuits a-t-elle passées à cet hôtel? _____

2. Dans quelle chambre? _____

3. Combien coûte la chambre la nuit? _____

4. Combien est-ce qu'elle a payé le petit déjeuner? _____

PRATIQUE DE LA GRAMMAIRE

In this **étape,** you have studied ordinal numbers and the verbs **sortir** and **partir**. To verify that you have learned these structures, take **Test 26** below. You will find the answers and scoring instructions on page 382. A perfect score is 21. If your score is less than 17, or if you wish additional practice, do the self-correcting exercises for **Chapitre 9, Étape 2,** in the **Pratique de la grammaire** at the back of this Workbook.

TEST 26
▼ ▼ ▼ ▼ ▼

D'abord, complétez chaque phrase en utilisant un nombre ordinal.

1. Janvier est le _____ mois de l'année.

2. Décembre est le _____ mois de l'année.

3. La chambre 56 se trouve au _____ étage.

4. Nous vivons (*are living*) au _____ siècle.

5. Ce sera bientôt (*it will soon be*) le _____ siècle.

Maintenant, complétez chaque phrase en utilisant le présent, le passé composé ou l'imparfait de **sortir** ou de **partir**.

6. Tu vas à Chicago aujourd'hui? À quelle heure est-ce que tu _____?

7. Vous allez en ville ce soir? Avec qui est-ce que vous _____?

8. Comment! Jacques et sa femme ne sont pas là? Ils _____ vendredi dernier.

9. Elle ne peut pas aller au cinéma avec nous. Elle _____ pour Londres demain.

10. Comment! Anne-Marie _____ avec Georges Moulin le week-end dernier.

11. Allez! Je _____ tout de suite (*right away*)! Ciao! À bientôt!

12. Quand nous étions petits, nous ne _____ pas le samedi soir; nous restions à la maison.

13. D'habitude, quand ils _____ du cours de français, ils vont directement au restaurant universitaire.

▼ NOTE FOR CORRECTION: items 1–5 — one point for each correct ordinal; *total: 5*; items 6–13 — one point for choosing the correct verb (**sortir** or **partir**), one point for each correct conjugated form; *total: 16*

III. Notre arrivée à Paris. Imagine that you and your friends have made a trip to Paris. While you're there, you write a short note to your French instructor. Based on the cues, describe your arrival, when and how you got a hotel room, and what the hotel room is like. Use a separate sheet of paper.

3h—arriver à Paris / 3h30—aller au service d'accueil / demander une chambre / trouver une chambre à l'hôtel Élysée / 3h45—prendre un taxi pour aller à l'hôtel / 4h—entrer dans l'hôtel / description de la chambre: prix, petit déjeuner, numéro de la chambre, étage, salle de bains, etc.

✱ **IV. Rendez-vous à 9h.** Some travelers are meeting friends in Paris. The people they are to meet are staying in the same hotel and arrive first. The travelers arrive late at night and leave messages at the desk for their friends.

Modèle: Patrice → Bertrand / 11h30 / ch. 35 / 8h30, salle à manger

1

> Bertrand,
> Je suis arrivé à 11h.30. Je suis à la chambre 35, au troisième étage.
> Rendez-vous à 8h.30 dans la salle à manger.
>   Patrice

2

Laura → Aurélie / 11h45 / ch. 14 / 9h, salle à manger

3

Nicolas et Julie → Thomas et Élodie / 12h / ch. 26 / 9h30, réception

✱ **V. Et vous?** Use the verbs **sortir** and **partir** to answer the questions about your activities.

1. Quand est-ce que vous sortez d'habitude avec vos amis? _____
   _____

2. Est-ce que vous êtes sorti(e) hier soir? _____
   _____

3. Où est-ce que vous allez quand vous sortez avec vos amis?_____
   _____

4. À quelle heure est-ce que vous partez de chez vous pour aller à l'université? _____
   _____

5. À quelle heure est-ce que vous êtes parti(e) de chez vous ce matin? _____
   _____

6. À quelle heure est-ce que vous partez de l'université l'après-midi? _____
   _____

VI. Pour réserver une chambre. You and your friends want to stay in the **Grand Hôtel des Balcons** in Paris. Because you're the only one who knows French, it is your task to write to reserve the rooms. Using the model below, write your letter (see p. 225 for the hotel's address). Make sure to get enough rooms for all of you. Use a separate sheet of paper.

```
                                        St. Paul, MN
                                        le 9 juillet 19____

L'hôtel des Roches Blanches
Route Port-Miou
13260 Cassis, France


   Messieurs,
   Je voudrais réserver une chambre pour une personne, avec salle de bains.
Je dois arriver à Cassis le 10 septembre et rester jusqu'au 18.
   En attendant la confirmation de ma réservation, je vous prie de croire,
Messieurs, à mes sentiments distingués.

                                        Alexander Rice
                                        530 Jefferson Street
                                        St. Paul, MN 55103, USA
```

Nom .... Cours ....

9

▼ TROISIÈME ÉTAPE ▼

Chez les Baptizet *(Text pp. 368–380)*

L▾I▾S▾O▾N▾S !

I. **Prélecture.** In your opinion, what are the advantages of staying with a family when you

participate in an education-abroad program? Are there possible disadvantages? _____

_____

_____

_____

_____

_____

✳ II. **Lecture: Les auberges de jeunesse**

The following text deals with youth hostels, an alternative form of lodging for young people traveling in Europe and other parts of the world. After you've read the text, you'll be asked to do an exercise that requires you to guess the meaning of certain words from the context in which they are used. Guessing from context is a very important reading strategy that you should practice whenever you encounter a word that is not familiar to you.

Quand vous voyagez en France ou dans d'autres pays, vous désirez peut-être prendre une chambre dans un hôtel à une, deux ou trois étoiles, ou même dans un hôtel à quatre étoiles si vous avez beaucoup d'argent. Ces hôtels sont confortables, les chambres ont souvent une salle de bains ou au moins un lavabo et le service y est presque toujours impeccable. Pourtant, l'hôtel ne peut pas toujours offrir l'occasion de sympathiser avec d'autres voyageurs et on se trouve souvent isolé dans sa chambre.

Pour les jeunes, une autre possibilité de logement se présente: les auberges de jeunesse. Il y a environ 90 auberges de jeunesse qui accueillent les jeunes en France. Elles ont l'avantage de ne pas être très chères (de 40F à 90F la nuit), elles ont souvent une cuisine où l'on peut préparer ses repas et, surtout, elles donnent aux touristes la possibilité de rencontrer des jeunes de tous les pays du monde. L'ambiance y est communale: on échange les impressions de voyage, on peut manger ensemble ou préparer les repas ensemble, on parle toutes les langues et on apprend beaucoup de choses.

Certaines auberges de jeunesse ont des chambres individuelles, d'autres ont le style dortoir. La salle de bains se trouve au bout du couloir. Si l'auberge offre la pension complète, le prix des repas est très raisonnable (de 38F à 80F pour le dîner et le petit déjeuner).

Si vous voulez être logé dans une auberge de jeunesse, il faut avoir une carte d'adhésion qui coûte 70F en France (100F pour les plus de 26 ans). Pour l'obtenir, écrivez à la Ligue Française pour les Auberges de Jeunesse, 38 Bd Raspail, 75007 Paris.

Les auberges de jeunesse sont une très bonne solution pour les jeunes qui désirent voyager mais qui n'ont pas beaucoup d'argent. Ce ne sont pas des logements de luxe, mais elles sont confortables et propres. Et surtout, des jeunes de toutes les nationalités établissent des liens qui facilitent la communication entre des cultures diverses.

A. **Devinez!** Using the context of the reading and the other examples provided, guess the meanings of the words in boldface.

1. «Il y a environ 90 auberges de jeunesse qui **accueillent** les jeunes en France.» «Dans les aéroports il y a des affiches qui **accueillent** les visiteurs: Bienvenue aux Canadiens! Bienvenue aux Américains!» «Le président des États-Unis **a accueilli** le premier ministre français devant la Maison Blanche.»

   accueillir = _____

2. «Certaines auberges de jeunesse ont des chambres individuelles, d'autres ont le style **dortoir.**» «Dans les écoles secondaires en France il y a souvent des **dortoirs** avec plusieurs lits pour les élèves qui n'habitent pas à la maison.»

   un dortoir = _____

3. «Si vous voulez être logé dans une auberge de jeunesse, il faut avoir une **carte d'adhésion.**»

   une carte d'adhésion = _____

4. «Des jeunes de toutes les nationalités établissent des **liens** qui facilitent la communication entre des cultures diverses.» «Vous et votre frère avez des **liens** de parenté, vous et vos amis avez des **liens** d'amitié.»

   des liens = _____

B. **Les précisions.** Answer the following questions about the passage. It's not necessary to write complete sentences.

   1. Les auberges de jeunesse sont pour qui généralement?_____

   2. Quel est le prix normal d'une chambre dans une auberge? _____

   3. Combien coûtent les repas? _____

   4. Si vous passez trois nuits dans une auberge de jeunesse et que vous prenez les repas, combien allez-vous payer? (N'oubliez pas qu'il faut être membre de la LFJF.)

   _____

É▾C▾R▾I▾V▾O▾N▾S !

PRATIQUE DE LA GRAMMAIRE

In this **étape**, you have studied the differences between the imperfect and the **passé composé**. To verify that you have learned these structures, take **Test 27** below. You will find the answers and scoring instructions on page 383. A perfect score is 48. If your score is less than 39, or if you wish additional practice, do the self-correcting exercises for **Chapitre 9, Étape 3**, in the **Pratique de la grammaire** at the back of this Workbook.

TEST 27
▼ ▼ ▼ ▼ ▼

Complétez les phrases en mettant les verbes entre parenthèses au passé composé ou à l'imparfait.

La première fois que je _____ (aller) en France,

j'_____ (avoir) quinze ans. J'_____ (passer)

un mois chez mon oncle Christian et ma tante Josette. Mes parents

_____ (vouloir) que j'apprenne le français. Christian et Josette m' _____ (apprendre) beaucoup de choses. Nous

_____ (visiter) des monuments, nous _____

(faire) des excursions en voiture et j' _____ (manger) beaucoup des

bonnes choses.

Un jour Christian _____ (décider) que nous allions passer la journée à

Versailles. Nous _____ (faire) le voyage par le train et nous

_____ (s'amuser bien). Le château de Versailles

_____ (être) très impressionnant. Je _____

_____ (ne pas très bien comprendre) le guide. Il

_____ (parler) du roi Louis XIV. On l'_____

(appeler) le Roi Soleil et son règne _____ (durer: *to last*) 72 ans,

de 1643 à 1715. À mon avis, ce roi _____ (avoir) des habitudes assez

bizarres. Il _____ (faire) sa toilette devant tout le monde et la personne

qui _____ (pouvoir) l'habiller _____

(être) très estimée des autres. Chaque jour, certains aristocrates _____

(participer) donc à la cérémonie du lever et du coucher du roi.

Maintenant que j'_____ (finir) mes études de français, je sais que mes

idées sur Louis XIV _____ (être) très simplistes. Les idées et les actions

de Louis XIV _____ (beaucoup influencer) le

développement politique de la France.

▼ NOTE FOR CORRECTION: one point for each correct choice of tense; one point for each correct form — i.e., if the form is correct but the tense is wrong, one point is still given for the form; *total: 48*

✱ **III. Une histoire d'amour.** Use the following cues and the **passé composé** and the imperfect to tell the story of Roland and Albertine. Write on a separate sheet of paper.

Begin your story with *Roland et Albertine se sont rencontrés chez Paul.*

Roland et Albertine / se rencontrer / chez Paul. Tout le monde / danser et manger. Ils / ne pas avoir envie de danser. Ils / sortir de la maison. Ils / aller se promener. Le lendemain / ils / se retrouver / sur les quais de la Seine. Il / faire beau. Le soleil / briller. La Seine / être belle. Des amoureux / se promener sur les quais. Roland et Albertine / s'embrasser tendrement. Quelques semaines plus tard / ils / se fiancer. Au mois de juin / ils / se marier. Leurs parents / être très contents. Au mariage / tout le monde / s'amuser. Roland et Albertine / être très heureux.

IV. Une interview. The editor of a small French newspaper has asked you to interview one of your classmates about his/her childhood. Before you meet with the person, write at least eight questions you want to ask. Then interview the person and, finally, report the person's answers. Be sure to distinguish between the **passé composé** and the imperfect when you write your questions and your report. Use a separate sheet of paper.

✳ V. Une lettre de remerciements. Complete the following thank-you letter by filling in the blanks with appropriate words. For many of the blanks there is more than one answer. Note: **remercier** = *to thank*.

Grenoble, le 15 septembre 19____

_____ Annie,

Me voilà rentrée à Grenoble et le travail _____. Je te

_____ mille fois de ta gentillesse et je _____

aussi remercier _____ mari. J'ai _____ un mois

_____ agréable et j'_____ que tu

_____ accepter mon invitation à passer Noël chez moi.

Quand je t'ai _____, je suis d'abord passée par Paris avant de

_____ à Grenoble. J'ai rendu _____ à des

_____ américains qui _____ pour IBM. J'ai

passé trois jours chez eux et je suis enfin _____ à Grenoble il y a

trois jours. Aujourd'hui j'ai repris mes _____ et je suis très

_____ de retrouver mes élèves. J'ai trois cours d'anglais et deux

cours d'_____ européenne. C'est _____ de

travail, mais j'aime bien.

J'espère que tout va _____ chez toi. Embrasse les enfants

pour moi et écris-moi pour confirmer nos _____ pour les

vacances d'hiver.

_____ encore une fois.

Grosses bises,

Laura

9

4ᵉ Étape

VI. Encore une lettre de remerciements. You've just spent a month in Paris with French friends. Now that you're back, write a letter to thank your friends for everything they did for you. Use the letter in Exercise V as a guide. You might also want to talk about the highlights of your trip or what you're doing now. Use a separate sheet of paper.

1. Open the letter.

2. Thank your friends for everything.

3. Say what you did after you left them.

4. Tell them what you're doing now.

5. Close the letter.

VOCABULARY: Traveling; arts; leisure

PHRASES: Writing a letter; thanking; sequencing events; describing weather

GRAMMAR: Compound past tense; past imperfect

▼ QUATRIÈME ÉTAPE ▼

(Text pp. 381–387)

É•C•O•U•T•O•N•S !

✳ **I. Bienvenue aux États-Unis!** Christine Lemond is a French exchange student who has just arrived at the local high school. She doesn't speak English very well, so you are helping her prepare a biographical data form for her advisor. As you listen to her, fill in the appropriate information.

Biographical Data Form

Last name..

First name ....

Address ...., av. Pascal, Orléans, France

Telephone ....

Birthdate ....

Father's first name ....

Mother's first name ....

Number of brothers........... sisters...........

Languages studied ...., ...,

....,..................................,.................................

Reasons for coming to the United States

1. ....

2. ....

Additional information ....

....

....

PHOTO

✳ II. Dans quel hôtel descendre? Your friends want to know which hotels they should go to. As they tell you what they're looking for, look at the choices and select the hotel that is most appropriate.

Modèle: You read:

```
🏨  Bellecôte ⚲, (d) ☎ 79 08 10 19, Télex 980421, Fax 79 08 17 16, ≤ vallée, 🌡, ƒ₅, 🔲 – 🖾
    📺 ☎ 🅿 – 🏛 40. ᴀᴇ ɢʙ, ✸ rest
    17 déc.-17 avril – Repas 350 – ☲ 100 – 56 ch 1250/1750 – ½ P 1150/1650.

🏨  Carlina Ⓜ ⚲, (a) ☎ 79 08 00 30,
    Fax 79 08 04 03, ≤, 🌡, ƒ₅, 🔲 – 🖾 📺
    ☎ ⇦ 🅿 – 🏛 25 à 60. ᴀᴇ ⓞ ɢʙ.
    ✸ rest
    mi-déc.-mi-avril – Repas 250 (déj.)/350 –
    ☲ 95 – 57 ch (½ pens. seul.). 5 appart –
    ½ P 1300/1720.
```

You hear: Nous voulons passer les vacances d'hiver à Courchevel, en Savoie. Nous cherchons un hôtel de grand standing, mais nous ne voulons pas payer plus de 1 200F la nuit. Est-ce qu'il faut descendre à l'hôtel Carlina ou à l'hôtel Bellecôte?

You see and check: l'hôtel Carlina   _____

l'hôtel Bellecôte   __✓__

1
```
🏨  Terminus-Bristol, 7 pl. Gare ☎ 89 23 59 59, Télex 880248, Fax 89 23 92 26 – 🖾 📺 ☎ –
    🏛 25. ᴀᴇ ⓞ ɢʙ                                                                    AZ  g
    voir rest. Rendez-vous de Chasse ci-après - L'Auberge : Repas 60/130 ♣, enf. 45 – ☲ 49 –
    70 ch 400/750. 10 appart – ½ P 410/450.

🏨  St Martin sans rest, 38 Gd'rue ☎ 89 24 11 51, Fax 89 23 47 78 – 🖾 📺 ☎. ᴀᴇ ⓞ
    ɢʙ                                                                               BY  e
    fermé 15 déc. au 1ᵉʳ mars – ☲ 48 – 24 ch 350/750.
```

l'hôtel Terminus-Bristol   _____

l'hôtel St Martin   _____

2
```
🏨  France et rest. Royal Poitou, 215 rte de Paris ☎ 49 01 74 74, Télex 790526,
    Fax 49 01 74 73, 🌡 – 🖾 📺 ☎ ♿ 🅿 – 🏛 25 à 50. ᴀᴇ ⓞ ɢʙ ᴊᴄʙ               BV  a
    Repas 100/260, enf. 60 – ☲ 45 – 58 ch 395/465.

🏨  Ibis Beaulieu Ⓜ, quartier Beaulieu ☎ 49 61 11 02, Fax 49 01 72 76 – ⇥ ch 📺 ☎ ♿ 🅿 –
    🏛 40. ᴀᴇ ⓞ ɢʙ ᴊᴄʙ                                                             BX  t
    Repas (fermé dim. midi) 97/150 ♣, enf. 40 – ☲ 35 – 47 ch 270/310.
```

l'hôtel France   _____

l'hôtel Ibis   _____

3
```
🏨  Lion d'Or, 39 av. P. Sémard ☎ 68 32 06 92, Fax 68 65 51 13 – ☎. ᴀᴇ ⓞ ɢʙ        BX  k
    Pâques-30 sept. et fermé dim. hors sais. – Repas 85/160, enf. 45 – ☲ 30 – 27 ch 170/220 –
    ½ P 230.

🏨  Regent ⚲ sans rest, 15 r. Suffren ☎ 68 32 02 41, Fax 68 65 50 43 – 📺 ☎. ᴀᴇ ɢʙ BY  d
    ☲ 27 – 15 ch 140/250.
```

l'hôtel Lion d'Or   _____

l'hôtel Regent   _____

4

> **Beach Plaza** M, av. Princesse Grace, à la plage du Larvotto ✆ 93 30 98 80, Télex 479617, Fax 93 50 23 14, ≤, 🍴, « Bel ensemble balnéaire, piscines, plage aménagée » – 🛗 ⚡ ch 🖥 📺 ☎ ⚹ 🚗 – 🚗 50 à 300. AE ⑩ GB JCB ⚜ rest   BU **b**
> **La Terrasse : Repas** 185/285, enf. 100 – 🍽 115 – **304 ch** 1750/2350, 9 appart.
>
> **Mirabeau** M, 1 av. Princesse Grace ✆ 92 16 65 65, Télex 479413, Fax 93 50 84 85, ≤, 🏊
> – 🛗 🖥 📺 ☎ 🚗 – 🚗 25 à 100. AE ⑩ GB JCB ⚜ rest   DX **n**
> voir rest. **La Coupole** ci-après – 🍽 140 – **99 ch** 1300/2000, 4 appart.

l'hôtel Beach Plaza _____

l'hôtel Mirabeau   _____

5

> **Legris et Parc** 🐾, 36 r. Paul Séramy ✆ (1) 64 22 24 24, Fax (1) 64 22 22 05, 🍴, 🌳 – 📺
> ☎ – 🚗 25 à 70. AE ⑩ GB   BZ **e**
> fermé vacances de fév. – **Repas** (fermé dim. soir) 100/170, enf. 60 – 🍽 45 – **31 ch** 405/610.
>
> **Ibis** M, 18 r. Ferrare ✆ (1) 64 23 45 25, Télex 692240, Fax (1) 64 23 42 22, 🍴 – 🛗 ⚡ ch
> 📺 ⚹ 🚗 – 🚗 60. AE ⑩ GB   AZ **e**
> **Repas** 97 bc/120 bc, enf. 40 – 🍽 37 – **81 ch** 350.

l'hôtel Legris et Parc _____

l'hôtel Ibis   _____

✳ **III. À quelle heure . . . ?** Your friends give you a list of events that they're interested in attending. Since they don't understand French very well, they ask you to call and find out at what time each event will begin. As you listen to the recorded messages, jot down (in English) the time when each event starts.

Modèle: You see: le film

           You hear: Ce soir, la séance commence à 18h.

           You write: *6:00 P.M.*

1. le concert _____

2. le récital _____

3. le film _____

4. le dîner _____

5. le match de tennis _____

6. le spectacle _____

✱ **IV. À quel étage sont-ils?** You're at the information desk in the lobby of a large office-apartment building. As the receptionist tells you where particular offices or people are located, label the appropriate floor of the drawing (on page 238). Remember that the **rez-de-chaussée** is equivalent to the first floor in the United States.

> *Modèle:* You hear: Les bureaux (*offices*) d'Air France? Ils sont au 4ᵉ étage.
>
> You write in the space provided next to the airline office (on the fifth floor of the building) the number *4*.

✱ **V. Une expérience désagréable.** Annick is talking about her last visit to the doctor. As you listen to her monologue, complete the paragraph by filling in the verbs. Be sure to distinguish between the **passé composé** and the imperfect. Note that a woman is talking, so you need to make the correct past-participle agreements. The text will be read three times.

Je ne me _____ pas très bien depuis quelques jours quand j'_____

enfin _____ de consulter un médecin. J'_____ donc

_____ rendez-vous avec le docteur Buvard pour 10h. Je

_____ un peu en avance et j'_____ une dizaine de

malades qui _____ déjà là. Je n'_____ vraiment pas

en forme. J'_____ de la fièvre et j'_____ morte de

fatigue. Vers 11h30, je_____ enfin _____ dans le

cabinet du docteur Buvard où je _____ jusqu'à midi. Quand le docteur

_____, il _____ si pressé que la consultation

n'_____ que cinq minutes. Il ne s'_____ pas du tout à

mes symptômes et il m'_____ de prendre des aspirines et de me coucher.

Pour ça j'_____ vingt-cinq dollars! Si tu as besoin d'un médecin, ne va

surtout pas chez le docteur Buvard!

✱ **VI. Deux hôtels parisiens.** Listen to the discussion about two Paris hotels. Then fill in the information requested for each hotel.

	le Sheraton	**l'hôtel Chomel**
1. où il se trouve	_____	_____
	_____	_____
	_____	_____
2. le nombre d'étages	_____	_____
3. le nombre de chambres	_____	_____
4. le prix d'une chambre pour deux	_____	_____
5. où on prend le petit déjeuner	_____	_____
	_____	_____
6. les avantages	_____	_____
	_____	_____
	_____	_____
7. les clients	_____	_____
	_____	_____

Des cartes postales. While you're in France, you write postcards to a variety of people.

1. The first postcard is to a person who doesn't know where you are and what you're doing.

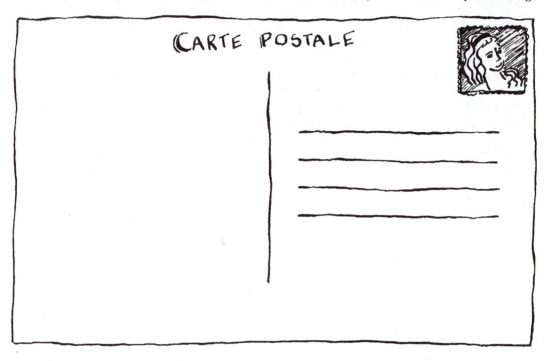

2. The second postcard is to your French instructor. Talk about your arrival in France and at the hotel. Say something about the hotel and your room.

9

3. The third postcard is to a friend from your French class. Talk about the family you're staying with in France.

CARTE POSTALE

TRAVAIL DE FIN DE CHAPITRE
▼ ▼ ▼ ▼ ▼

✳ I. Quelle chambre?

A. You will hear descriptions of three different types of rooms at the Hôtel Rabelais in Grenoble. Decide which room you're going to take according to your requirements: You want a room with a telephone and a television. You're going to have breakfast in the hotel, but you plan to go out for dinner. The price of the room is not important.

Room number _____

B. Listen again to the descriptions of the three rooms. Write down the information about each room as you hear it. Then decide which room you'll take. You will not necessarily understand everything that is being said. Listen for key words and try to get some details about each room.

Chambre numéro 1

Étage _____   Avec ou sans téléphone _____

Prix/nuit _____   Petit déjeuner compris (oui ou non) _____

Pour combien de personnes _____   Ascenseur (oui ou non) _____

Avec ou sans salle de bains _____   Restaurant (oui ou non) _____

Chambre numéro 2

Étage _____

Prix/nuit _____

Pour combien de personnes _____

Avec ou sans salle de bains _____

Avec ou sans téléphone _____

Petit déjeuner compris (oui ou non) _____

Ascenseur (oui ou non) _____

Restaurant (oui ou non) _____

Chambre numéro 3

Étage _____

Prix/nuit _____

Pour combien de personnes _____

Avec ou sans salle de bains _____

Avec ou sans téléphone _____

Petit déjeuner compris (oui ou non) _____

Ascenseur (oui ou non) _____

Restaurant (oui ou non) _____

Je vais prendre la chambre numéro _____ parce que_____

_____

✱ **II. Jeu: Comment s'appellent ces villes?** Use the clues to find the names of the French cities. If necessary, consult an encyclopedia or a map of France.

1. [image] + D U N

2. 3

3. [image]

4. [image] + B L + [image]

5. L + [image]

6. [image]   T + [image] + D U N

CHAPITRE 10   Installons-nous!

▼ PREMIÈRE ÉTAPE ▼

On cherche un appartement (Text pp. 390–397)

L•I•S•O•N•S !

In France, advertisements for housing tend to come in a variety of forms. Most ads appear in the classified section of the newspaper. But both newspapers and magazines carry large ads for housing in various parts of the country. **Le Figaro Magazine,** *for example, always has several pages of ads promoting such highly desirable locations as the Riviera and Paris. As you read the following ads, try to discover how the promoters try to appeal to potential customers.*

I. Prélecture. If you were looking for a house or apartment, what features would be most important? For example, would you insist on a certain number of rooms, on a fireplace, on a garage? Define your preferences in detail. _____

_____

_____

_____

_____

_____

✽ **II. Lecture: Des maisons et des appartements**

Compréhension. Based on the information in the ads, answer the questions on pages 244–245.

REMEMBER! An asterisk (✽) preceding an exercise number indicates that the exercise is self-correcting. You will find the answers at the back of this **Cahier,** beginning on page 383.

1. What parts of France are covered by the ads? _____

_____

2. What different kinds of apartments are advertised? _____

_____

_____

Une réalisation aux appartements grand standing du studio au 5 pièces duplex. De superbes balcons ou terrasses ouvrent sur un jardin intérieur paysager.

BORDS DE MER

CÔTE D'AZUR

240.000 F
2 pièces · cuisine équipée
terrasse · piscine

A GRASSE, capitale des parfums et station climatique, au milieu des palmiers et des orangers, une résidence calme et ensoleillée, dans un parc avec piscine, bénéficiant d'une vue exceptionnelle sur la campagne et la mer.

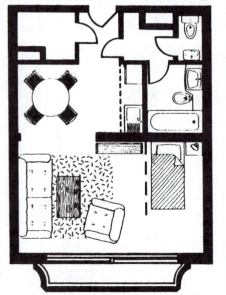

CET APPARTEMENT-STUDIO AU COEUR DE PARIS A 398.000 F*

Le 26 RUE DE PARADIS bénéficie d'un environnement exceptionnel : central, bien desservi, tout proche des Gares du Nord et de l'Est, des Grands Magasins, de l'Opéra et de Beaubourg.

La rue de Paradis, jalonnée de somptueuses vitrines, est, de longue tradition, le domaine de la Porcelaine et de la Cristallerie, connu de la France entière.

Studios et 2 pièces ont des surfaces qui permettent de les aménager comme de vrais appartements et les prestations sont à la hauteur : vidéophone, parking.

Cet immeuble construit en 1975, est la propriété des caisses de retraite de Imperial Chemical Industries PLC, qui en ont confié la commercialisation par appartement à COGEDIM Vente.

Exemple d'aménagement d'un appartement-studio de 38 m².

Copyright by Heinle & Heinle Publishers

3. Of the two ads that offer apartments on the Mediterranean, which one seems to be the better deal? Give reasons for your choice. _____

_____

_____

_____

4. What are the advantages and disadvantages of the three types of apartments offered in the Paris region?

Le Square Chaumont: _____

_____

_____

_____

Villa St Fargeau: _____

_____

_____

_____

Appartement–Studio à Paris: _____

_____

_____

_____

5. Of all the apartments listed, which one would you prefer to buy and why? _____

_____

_____

_____

_____

É•C•R•I•V•O•N•S !

PRATIQUE DE LA GRAMMAIRE

In this **étape,** you have studied the verbs **connaître** and **mettre**. To verify that you have learned these structures, take *Test 28* below. You will find the answers and scoring instructions on page 384. A perfect score is 14. If your score is less than 12, or if you wish additional practice, do the self-correcting exercises for **Chapitre 10, Étape 1,** in the *Pratique de la grammaire* at the back of this Workbook.

TEST 28

▼ ▼ ▼ ▼ ▼

D'abord, complétez chaque phrase avec la forme convenable du présent de **connaître**.

1. Alors, Gérard, Isabelle, vous vous _____?

2. Oui, oui. Nous nous _____ bien.

3. Tu _____ la Bretagne?

4. Oui, un peu, mais je _____ mieux l'Alsace.

5. Est-ce que Michel _____ Édouard Leroux?

6. Non, ils ne se _____ pas.

Maintenant, complétez chaque phrase en utilisant le temps indiqué du verbe **mettre**.

7. Où est-ce que je _____ mes affaires? (présent)

8. Qui _____ la table? (passé composé)

9. Qu'est-ce qu'on _____ sur les assiettes? (présent)

10. Où est-ce que vous _____ ma valise? (passé composé)

11. Est-ce que les enfants _____ d'habitude un anorak? (présent)

12. Où est-ce que nous _____ les boissons? (présent)

13. _____ ton pullover; il va faire froid. (impératif)

14. Si vous préférez, _____ votre argent à la banque. (impératif)

▼ NOTE FOR CORRECTION: one point for each correct verb form; *total: 14*

✳ **III. Qu'est-ce que ça veut dire?** (*What does that mean?*) The following abbreviations are commonly used in apartment descriptions in French classified ads. Write the word that corresponds to each abbreviation.

1. banl. _____

2. arrdt. _____

3. balc. _____

4. cft. _____

5. P. _____

6. séj. _____

7. dche. _____

8. chbre. _____

9. gar. _____

10. s. de bns _____

11. ét. _____

12. ch. _____

13. cuis. _____

14. s. à manger _____

✳ **IV. L'appartement de M. Abdiba.** Regardez bien le plan de l'appartement du pharmacien Abdiba. Ensuite complétez la description.

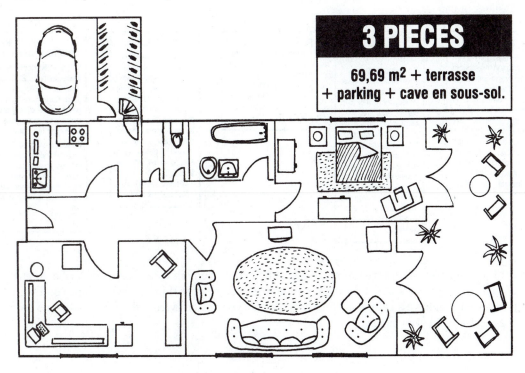

L'appartement de M. Abdiba est assez grand et très pratique. À l'entrée, à droite, il y a une

_____ que M. Abdiba utilise comme bureau. Il y met ses livres, son

ordinateur et son fichier (*filing cabinet*). Du bureau, on traverse un petit _____

pour arriver à la porte de la _____. À côté de la cuisine il y a le

_____ et juste à côté se trouve la _____ avec une

_____, un _____ et un _____.

La salle de_____ est spacieuse avec une porte qui mène sur la

_____. Enfin, la _____ a aussi une porte qui donne

sur (*leads to*) la terrasse.

    M. Abdiba est très content de son appartement. C'est un peu cher, mais il a un

_____ pour sa voiture. Il y a aussi une _____ (qui ne

figure pas sur le plan) en sous-sol qui lui permet de garder quelques bonnes bouteilles de vin.

V. Les petites annonces. Briefly describe in French each house or apartment in the following ads. Don't worry about including everything. Simply use the words you've learned. Use a separate sheet of paper.

1.
BY OWNER

Super quality living can be yours in this custom built home-Smithfield St. Spacious master bdrm suite, + 3 lg bdrms, LR w/fireplace, huge kitchen, 2½ baths, 2400 sq. ft. + 500 sq. ft. finished bsmt, deck & patio, view of Mt. Nittany, near park. $149,500. Principal only. 238-5572

2.
615 Townhouses

2 BDRM TOWNHOUSE

5 min from campus, 10 from Nittany Mall. Near bus line, shopping, in Woodycrest. Incl 2 lg bdrms, 1½ baths, attic, bsmt, microwave, dishwasher, Jennaire grilling range, refrig., w/d hookups. Whole-house fan, sundeck & greenhouse window. Sewer & water paid. Kids, pets ok. $470+ deposit, lease. 238-0229 after 10:30 am to see. Avail Jan 1

3.
LG 2 Bdrm apt in SC w/personal entrance. Kitchen & appliances, dining room, 1½ baths & balcony. New carpet. No pets. Sublet to 9 '88. $390/mo. Call 238-0573

4.
IMMACULATE

This spacious well-built 3-4 bdrm home features a family room w/fireplace, living room, formal dining room, eat-in kitchen, 2½ baths, 2-car garage & much more. Pleasantly situated in a Park Forest cul-de-sac. Priced to sell at $139,000.

Phone 234-3310
No Realtors please

5.
OPEN HOUSE
SUNDAY, APRIL 12 From 12-6

Large 3 bedroom Cape Cod beautifully landscaped on 2.35 acres just 5 miles from State College in Walnut Grove Estates. Large country-style kitchen, 2 full baths, large dining room, large living room and extra large 2-car garage w/storage loft above.

(Follow the signs) Through Houserville on Houserville Road to Rock Road, turn left and go approx. ½ mi. to Big Hollow Road. Turn left again and go approx ¾ mi. to Walnut Grove Drive. Turn right and our house is the second house on the left.

505

VI. Ma maison/mon appartement. In a letter to your friend in Quebec, you describe your house or apartment. You talk about how many rooms you have, what they are, what floor you live on, whether you have a garage and/or yard, how far your place is from the university, and so on. Use a separate sheet of paper.

▼ DEUXIÈME ÉTAPE ▼

On s'installe *(Text pp. 398–405)*

L▾I▾S▾O▾N▾S !

I. Prélecture. Each student has his or her particular study space. If you could create the ideal room for studying, what would it look like? What would you have in it? How would it be decorated?

_____

_____

_____

_____

_____

✳ **II. Lecture: Pour les juniors: Des meubles pleins d'astuces!** Ads often contain words that we don't know. However, because the words are typically accompanied by pictures, we can usually guess what they're all about.

Compréhension. Read the ad for young people's furniture. Then answer the questions that follow.

1. In French, list all the furniture and other objects you see in the ad._____

_____

_____

_____

10

2e Étape

2. If this were your room, what other items would you add? _____

_____

_____

3. What is the English equivalent of the expression **boîtes de rangement?** _____

_____

4. What does the ad say about the **boîtes de rangement?**_____

_____

5. In what colors is the desk available? _____

_____

6. What is the English equivalent of **tablettes range-disques?**_____

_____

7. The verb **ranger** is the root of the expressions **boîtes de rangement** and **range-disques.** What do you think the verb **ranger** means in English? _____

8. Write a logical sentence using the verb **ranger.** _____

_____

_____

É▾C▾R▾I▾V▾O▾N▾S !

PRATIQUE DE LA GRAMMAIRE

In this **étape,** you have studied the interrogative pronouns used to ask questions about people and the verb **venir.** To verify that you have learned these structures, take **Test 29** below. You will find the answers and scoring instructions on page 384. A perfect score is 14. If your score is less than 12, or if you wish additional practice, do the self-correcting exercises for **Chapitre 10, Étape 2,** in the **Pratique de la grammaire** at the back of this Workbook.

TEST 29
▼ ▼ ▼ ▼ ▼

D'abord, posez une question logique en utilisant les mots entre parenthèses.

1. Mon père fait la cuisine chez moi. (faire la cuisine chez toi)

_____

2. Nous sommes allés au match avec Jean-Pierre. (vous / aller au match)

_____

3. J'ai rencontré Liliane au bal. (vous / rencontrer au bal)

_____

4. Jacques va téléphoner à ses grands-parents. (tu / téléphoner)

_____

5. Jeannette veut inviter Pierre Rance. (tu / vouloir inviter)

_____

6. La mère de Catherine a préparé les hors-d'œuvre. (préparer le dessert)

_____

Maintenant, complétez chaque phrase en utilisant le verbe et le temps indiqués.

7. (se souvenir) Tu te _____ de mon cousin Philippe? (présent)

8. (devenir) Qu'est-ce que Michel Grenelle _____? (présent)

9. (venir) Moi, je suis belge. Je _____ de Bruxelles. (présent)

10. (ne pas venir) Pourquoi est-ce que Chantal _____ avec vous? (passé composé)

11. (venir) Vous _____ souvent au musée? (présent)

12. (revenir) Jean-Alex? Il _____ tout de suite. (présent)

13. (venir) Mes cousins _____ pour le week-end. (passé composé)

14. (venir) Quand elle était toujours en vie, ma grand-mère _____ chez nous tous les dimanches. (imparfait)

▼ NOTE FOR CORRECTION: items 1–6 — one point for each correct interrogative form: _total: 6;_ items 7–14 — one point for each correct verb form; _total: 8_

✱ **III. Voilà nos meubles.** Label each piece of furniture in the following drawings.

1. <u>un canapé</u>   2. _____   3. _____

4. _____   5. _____   6. _____

7. _____   8. _____   9. _____

10. _____   11. _____

IV. Et dans la chambre . . . You and your family are moving. Before the moving van arrives, you make lists of all the furniture, classified by the room in which each item should be placed. Using the following categories, create your lists on a separate piece of paper.

À mettre dans la salle à manger

À mettre dans la cuisine

À mettre dans la chambre au premier étage

À mettre dans la chambre au rez-de-chaussée

À mettre dans le bureau

À mettre dans la salle de séjour

V. Une semaine de vacances. Your friend is about to go on vacation and you'd like to know her plans. In particular, you want to know with whom she's going to spend her vacation. Use **où, qu'est-ce que, quand,** and the appropriate forms of **qui** to ask your questions.

Modèle: aller

> *Où est-ce que tu vas?* ou *Avec qui est-ce que tu vas . . . ?* ou
> *Quand est-ce que tu y vas?*

1. partir _____

2. aller avec _____

3. faire _____

4. descendre chez _____

5. voir _____

6. s'occuper des billets _____

7. téléphoner à _____

8. rentrer _____

VI. Nous avons déménagé. You're writing a letter in which you tell a French friend about moving. Using the drawings, write the part of the letter that tells about the move.

_____

_____

_____

_____

_____

_____

_____

_____

_____

_____

_____

_____

_____

_____

_____

_____

_____

_____

_____
_____
_____
_____
_____

_____
_____
_____
_____
_____

_____
_____
_____
_____
_____

_____
_____
_____
_____
_____

▼ TROISIÈME ÉTAPE ▼

On pend la crémaillère *(Text pp. 406–414)*

L▾I▾S▾O▾N▾S !

I. Prélecture. Based on your experiences (present or past) in finding housing in your town, answer the following questions. If you haven't looked for housing yourself, tell about the experiences of someone you know.

1. What steps do you have to take to find housing in your area? _____

_____

_____

2. Does your college or university have services to help students find housing? What are they?

_____

_____

3. What are the contractual conditions for renting a university dorm room or apartment? What deposits must you make? _____

_____

_____

4. What problems arise between landlords (rental agencies) and students? _____

_____

_____

✳ **II. Lecture: La chambre en ville: rare!**

*In France, it's often difficult for students to find housing. Even if a university is organized as a campus (which is not always the case), dorms fill up very quickly, and special, non-university, student residences (**des foyers**) can accommodate only a small number of people. Students are therefore always looking for individual rooms to rent in town. Read the following article from the magazine* **Phosphore** *and then do the comprehension exercise.*

Pas de place en foyer ou en résidence universitaire . . . Il va falloir *se loger en ville.* Pas facile, mais ce n'est pas une raison pour partir battu: des organismes sont là pour vous orienter, des mutuelles pour vous aider et des H.L.M. (*high-rise apartment buildings*) ouvrent leurs portes. Bref, vous n'êtes pas tout seul.

Première étape, le C.R.I.J. (Centre régional d'information jeunesse) où Mme B . . . vous reçoit chaleureusement. En cas d'urgence elle connaît des hôtels pas trop chers et des centres d'hébergement. Elle a dans sa manche des adresses de foyers, d'agences immobilières qui peuvent dépanner, et même un organisme H.L.M. Mais si vous êtes étudiant elle vous orientera vers le C.R.O.U.S. (Centre régional des œuvres universitaires et scolaires) qui dispose aussi d'un service de logement en ville. Le fichier des offres est à la disposition des étudiants dès la fin juin.

Le C.R.O.U.S. fait tout pour tranquilliser les propriétaires: conseils juridiques gratuits, contrat type de location, assurance obligatoire pour les étudiants contre les risques d'incendie et dégâts des eaux. Mais il essaie surtout d'aplanir les difficultés entre les étudiants et leurs logeurs. *«Les propriétaires se plaignent que les étudiants font trop de bruit ou tardent à payer leur loyer,* explique M.P . . . , *alors j'essaie de leur faire comprendre que ce n'est pas de leur faute s'ils touchent leur bourse avec plusieurs mois de retard.»* Il a dressé une liste impressionnante des exigences que les propriétaires tentent d'imposer à leurs locataires: pas de visites, pas d'appareils électriques, la chambre doit être libérée durant les week-ends . . . «*et hier encore,* ajoute-t-il, *je discutais avec un propriétaire qui se plaignait que son locataire avait invité sa petite amie*».

Une autre solution pour faire baisser les prix du mètre carré est de partager un appartement. Marie-Odile a tenté l'expérience l'année dernière en louant un deux-pièces avec une amie. Elle en est un peu revenue: «*Il faut vraiment bien s'entendre, avoir les mêmes goûts, les mêmes horaires car nous avons finalement été très dépendantes l'une de l'autre.*» Tous les témoignages confirment que ce type de cohabitation est en général de courte durée. Mais on devient amis pour la vie si l'on ne se brouille pas (*if you don't split up because of fights*)!

Et si, dans vos recherches, la chance vous boude, vous pouvez toujours vous inspirer de la solution adoptée par Annick et Brigitte. Elles habitent chez leurs parents, bien que leur domicile soit à plus de 30 km de la fac.

Plutôt que d'investir dans un logement, elles se sont acheté une voiture en commun. Même écho chez Sylvie qui résume bien la situation: «*Je ne vois pas l'intérêt d'avoir une chambre indépendante. Bien sûr, mes parents râlent un peu, mais finalement je fais ce que je veux!*»

A. Compréhension du texte. This article was written to give students some ideas about how they might go about getting housing. To understand the article, it's therefore important to isolate the main ideas. List four solutions that are proposed in the article.

1. _____

2. _____

3. _____

4. _____

B. Analyse du texte. You can learn a great deal about student life in France from an article such as this one. Answer the questions based on your interpretation of the text.

1. How easy or difficult is it for French students to find housing, compared to what American students have to do? _____

_____

_____

_____

_____

2. What kinds of student behavior do building owners complain about? Do they have the same complaints here in the United States? _____

_____

_____

3. According to M. P. . . from the C.R.O.U.S., what kinds of rules do building owners try to impose on students? Is this more or less strict than the rules found in this country? What kinds of rules might an American student have when renting a room in someone's house?

_____

_____

_____

_____

_____

_____

4. What attitude do French students have toward sharing an apartment with another student? Is this a common practice in France? Why or why not? _____

_____

_____

_____

_____

É▾C▾R▾I▾V▾O▾N▾S !

PRATIQUE DE LA GRAMMAIRE

In this **étape**, you have studied the interrogative pronouns used to ask questions about things and the expression **venir de**. To verify that you have learned these structures, take *Test 30* below. You will find the answers and scoring instructions on page 384. A perfect score is 9. If your score is less than 7, or if you wish additional practice, do the self-correcting exercises for **Chapitre 10, Étape 3**, in the *Pratique de la grammaire* at the back of this Workbook.

TEST 30
▼ ▼ ▼ ▼ ▼

D'abord, posez une question logique en utilisant les mots entre parenthèses.

1. Elle veut une bière. (vous / vouloir)

_____

2. Il y a eu un accident terrible. (se passer)

_____

3. Moi, je n'ai pas peur des hauteurs (*heights*). (tu / avoir peur)

_____

4. Marc ne s'intéresse pas du tout aux maths. (il / s'intéresser)

_____

5. Mes parents sont allés à un magasin de jouets. (ils / acheter)

_____

Maintenant, donnez l'équivalent français des phrases suivantes.

6. She just left.

_____

7. We had just gone to bed when you called.

_____

> ▼ NOTE FOR CORRECTION: items 1–5 — one point for each correct question form, ignore rest of sentence; *total: 5;* items 6–7 — one point for each use of **venir de** + infinitive, one point for correct tense; *total: 4*

✳ **III. Deux invitations.** Read the two invitations. Then answer the questions that follow.

INVITATION

À un dîner dansant

en l'honneur de

l'anniversaire de Martine Brenier

chez M. et Mme Gérard Brenier

19, av des Îles

Annecy

à   20h

le   17 mai

Chère Angèle,
Mon mari et moi, nous organisons une petite soirée pour fêter l'anniversaire de Francine. On va se retrouver chez nous le samedi 16 septembre à 21 h. J'espère vivement que tu pourras nous rejoindre.
Cordialement,
Anne-Louise Verdier

1. What do the two parties have in common? _____

_____

2. In what way(s) do the parties differ? _____

_____

_____

3. One invitation is much more formal than the other. Point out as many signs of this difference

in formality as you can. _____

_____

_____

IV. Invitons nos amis! You're the social secretary for a wealthy family. It's your job to send out the invitations for a variety of events. Use the form below and the directions for each invitation.

1. The invitation is for a birthday party. It's the eighteenth birthday of the daughter of the house, Élodie de Vincennes.

2. This invitation is for a party given by the teenage son Clément for his friends. It should be rather informal.

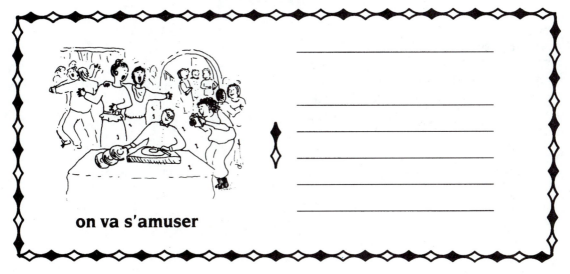

3. This invitation is for a dinner party given by M. and Mme de Vincennes.

INVITATION

_____

en l'honneur de

_____

chez _____

_____

_____

à _____

le _____

V. Une interview. You have just won a contest. As a result, you will be able to spend a day with any famous person you choose (a singer, an actor or actress, a political figure, a sports personality, etc.). There are lots of things you would like to find out from this person. However, because you know that you will be nervous, you write out some questions in advance. Identify the celebrity you'd like to meet. Then, using the appropriate forms of the interrogative pronouns **qui, que,** and **quoi,** prepare at least eight questions about both people and things. Write on a separate sheet of paper.

VI. Un message. You and a friend have organized a party at your house. The day of the party, you leave a message for your friend, confirming the time and place of the party and reminding him/her of what you, he/she, and a third friend will each do in final preparation. Use a separate sheet of paper.

▼ QUATRIÈME ÉTAPE ▼

(Text pp. 415–420)

✶ **I. Les meubles.** First, look at the drawing of the kitchen. When you hear an item mentioned, circle **oui** if that item is in the drawing or **non** if it is not.

1. oui non	**5.** oui non
2. oui non	**6.** oui non
3. oui non	**7.** oui non
4. oui non	**8.** oui non

Nom .... Cours ....

10

4ᵉ Étape

Now look at the drawings of the two bedrooms. When an item is mentioned, write **g** if it is in the **grande chambre** or **p** if it is in the **petite chambre**.

9. _____   13. _____

10. _____   14. _____

11. _____   15. _____

12. _____   16. _____

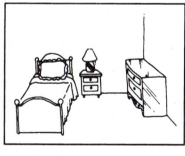

Finally, listen to the description of the **salle de séjour** and fill in the blank floor plan. The description will be read twice.

✳ II. Dictée. Your French friend Simone, who has just moved, gives you a detailed description of her new house. As you listen to her, complete the description by filling in the blanks. You'll hear the description twice.

Notre maison est assez _____. Il y a quatre _____,

une _____, deux _____,

une _____ avec un _____ et

une _____. Nous avons aussi un _____

pour nos deux voitures.

    Les _____ que je préfère sont la cuisine, la salle de séjour et ma

chambre. La cuisine est tout_____: il y a un _____, un

_____ à micro-ondes et un _____. Il y a aussi une

grande table où j'aime faire mes devoirs. Dans la salle de séjour, nous avons un grand

_____ confortable et des _____. Nous y avons aussi

la _____ et le _____. Avec son _____

et ses _____ au mur, c'est la pièce que je préfère.

✳ III. Nous cherchons un appartement. You and your friends are looking for an apartment to share. Your friends ask specific questions as you scan the ads. Circle the number or numbers of the apartments that correspond to the questions they're asking. You will hear each question twice.

Modèle: You hear: Est-ce qu'il y a un appartement avec un interphone?
You say: *Pardon?*

You hear: Est-ce qu'il y a un appartement avec un interphone?

You circle: 1 ② 3 4 5

locations non meublées offres		
1. AV. DE VERDUN, dans très bel imm. ancien, 7ᵉ ét., asc 3 P., tt cft. Parfait état. 4 000 F + ch. Tél. le matin, 60-54-33-12 **2.** RÉGION PARISIENNE, dans une très agréable rés., à prox. gare, cft moderne, 3 P., 4ᵉ ét., asc., interphone, balc., gar. sous-sol. 3 500 F + ch. Tél. 59-28-76-14	**3.** LUXEMBOURG, Studio tt cft, 2ᵉ ét., asc., imm. pierre, salle dche, kitchenette, cab. toil., cave, piscine, park. 2 900 F + ch. Tél. 67-89-15-75 **4.** 7e ARRDT., 2 P., séj. + chbre, cuis, équip., RdC., petite rés., ch. comp. 2 100 F. Tél. 65-31-74-49	**5.** BANLIEUE PARISIENNE, 4 P. dans rés. calme, près tts commodités, clair, ensoleilleé, comprenant: entrée, gde cuis., séjour av. balc., 3 chbres, w.-c., s. de bns., nombreux placards, park, jard., sous-sol. 5 500 F. Tél. 22-46-81-39

1. 1 2 3 4 5   **5.** 1 2 3 4 5

2. 1 2 3 4 5   **6.** 1 2 3 4 5

3. 1 2 3 4 5   **7.** 1 2 3 4 5

4. 1 2 3 4 5   **8.** 1 2 3 4 5

✳ **IV. Trois appartements.** You call a real estate agent to get some information about available apartments. The office is closed, but you get a recorded message describing three of the apartments currently available. As you listen to the messages, jot down the key information about each apartment. You will hear each message twice.

Appartement numéro 1

Arrondissement? _____

Nombre de pièces? _____

Nombre de chambres à coucher? _____

Prix par mois? _____

Charges comprises? _____

Appartement numéro 2

Quelle sorte d'appartement? _____

Vieux ou moderne? _____

Quelles pièces? _____

_____

Prix par mois? _____

Chauffage compris? _____

Appartement numéro 3

Nombre de chambres? _____

Quelles autres pièces? _____

_____

Étage? _____

Ascenseur? _____

Interphone? _____

Prix par mois? _____

Charges comprises? _____

✳ **V. Quel appartement?** Listen to the radio announcements for apartments for rent. Then write the number of the apartment that best fits each set of requirements.

◆ **Requirements:** You and your friends are looking for a large apartment not far from the university. You want at least two bedrooms, a living room, and preferably a dining room. You need a large bathroom. Since you don't have any furniture, you need a furnished apartment that has a fully equipped kitchen. If the utilities are included, you can pay as much as 5 000 francs per month.

Appartement numéro: _____

◆ **Requirements:** A family you know is looking for an unfurnished apartment in the suburbs. They don't want to pay more than 7 500 francs a month. The apartment should have three bedrooms, a large bathroom, a living room, and a modern kitchen.

Appartement numéro: _____

◆ **Requirements:** Your parents are going to spend a year in France. They're interested in an apartment that has at least two bedrooms and are willing to live in the suburbs. They would like a living room, but they don't care about a dining room. They're hoping to pay 5 500 francs or less per month.

Appartement numéro: _____

R▾É▾D▾I▾G▾E▾O▾N▾S !

Maison à vendre. You've decided to sell your house in France, but you don't want to use a real estate agency. That means you have to create your own flyer advertising the house. Using the ads in the textbook and the workbook as models, create a fairly elaborate ad that highlights all the amenities. Remember: You're trying to *sell* the house, so be sure to include all of its positive features (rooms? garage? yard? neighborhood? close to schools? close to shopping?, etc.). Use a separate sheet of paper.

TRAVAIL DE FIN DE CHAPITRE
▼ ▼ ▼ ▼ ▼

✳ **I. Descriptions d'appartements**

A. You will hear descriptions of four different apartments. Decide which apartments (1, 2, 3, 4) meet the following requirements.

1. Which apartments have parking? _____

2. Which apartment is likely to be the least expensive? _____

3. Which apartment seems the safest? _____

4. Which apartments are centrally located? _____

5. Which is the smallest apartment? _____

B. Listen again to the apartment descriptions and answer the following questions.

Description Number 1

1. What four requirements does the person have for an apartment? _____

_____

2. What is the description of the apartment?

Location: _____

Number of rooms: _____

Other features: _____

Description Number 2

3. Why is this apartment ideal for entertaining? _____

_____

_____

Description Number 3

4. Why is this apartment ideal for a single person who doesn't have much money? _____

_____

Description Number 4

5. Besides the rent, what is the renter responsible for? _____

_____

6. What makes this a secure apartment building? _____

_____

✳ **II. Jeu: Mots croisés.** Fill in the crossword puzzle. Be careful: one number may require more than one word.

Horizontalement
 I. balcon (abréviation); on y met la nourriture
 III. les enfants aiment jouer _____ boules; après le dîner, on fait la _____
 V. quand on met la table, il faut mettre des _____
 VI. meubles pour les livres
 VIII. il est 12 heures et le soleil brille; meuble pour les vêtements
 IX. on y fait des tartes
 X. la capitale de l'Italie (en italien)
 XI. un sujet à l'école
 XII. "still"

XIII. _____ va?

XIV. un bâtiment

XV. le lycée Montaigne et le lycée Pascal sont des _____

XVI. l'endroit où l'on prépare les repas

XVII. le ciel est couvert, il y a des _____

XVIII. le contraire de sortir; 12 mois; un meuble confortable

Verticalement

1. il se trouve dans la salle de bains; elle est nécessaire pour manger

3. j'ai parlé _____ élèves; une salle de_____; mot entendu à l'aéroport

4. rouge pâle

5. il le faut pour couper la viande; partie de la négation

6. on l'utilise pour monter au dixième étage

7. une chaise très confortable

8. étage (abréviation); ce qu'il faut faire quand on est fatigué

9. une carte de crédit

10. adjectif possessif

11. on les utilise pour faire du toast; et cetera (abréviation)

13. contraire de sucré; l'homme qui est marié; avec ou sans salle de _____?

15. _____ à manger

16. _____ compris

17. la chambre ou la salle de séjour; je vais (infinitif)

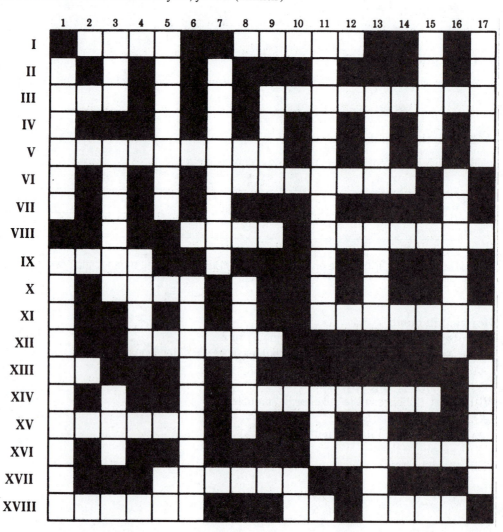

1ère Étape

CHAPITRE 11 Habillons-nous!

▼ PREMIÈRE ÉTAPE ▼

La mode de printemps et d'été *(Text pp. 428–441)*

L ▾I▾S▾O▾N▾S !

Every two years, a book called **Francoscopie** *by Gérard Mermet is published in France. The book is a type of almanac that examines some of the major issues affecting the French and their way of life. In addition to providing some interesting statistics, the author includes his own thoughts and interpretations. In the section called* **"Apparence,"** *he discusses trends in clothing and the amount of money the French spend on their appearance. As you read the selection, focus on the trends the author describes.*

I. Prélecture. Give your thoughts on the importance of clothing and appearance in the United States.

1. In your opinion, how important is clothing in determining how others judge you? _____

_____

_____

2. Do you think that it's possible to guess people's personality traits by the way they dress?

Give an example of someone you know. _____

_____

_____

_____

_____

3. What factors seem to determine fashion trends in the United States? Do you try to keep up

with fashion trends? Why or why not? _____

_____

_____

_____

_____

_____

4. How important is appearance to you? How do you tend to appraise people? _____

_____

_____

_____

_____

_____

REMEMBER! An asterisk (✱) preceding an exercise number indicates that the exercise is self-correcting. You will find the answers at the back of this **Cahier,** beginning on page 386.

✳ II. Lecture: Apparence

> **Budget habillement en baisse, mais fortes différences sociales**
> ■ **Les adultes moins intéressés par la mode, les enfants davantage**
> ■ **Nouveaux lieux d'achat**
> ■ **Les mots changent, les gestes demeurent**

L'habit fait l'individu

Au vieux proverbe français qui prétend que «l'habit ne fait pas le moine», un proverbe allemand répond au contraire que «les vêtements font les gens». C'est ce dernier qui semble le mieux adapté à la *société des apparences* caractéristique de cette fin de siècle. La mode fut (*was*) pendant longtemps un phénomène de masse; l'heure est aujourd'hui à la personnalisation. Le vêtement est l'un des moyens de communiquer aux autres (et à soi-même) une certaine image de soi (*of oneself*).

> *La part des dépenses d'habillement diminue régulièrement:*
> ■ *12% du budget des ménages en 1870;*
> ■ *9,6% en 1970;*
> ■ *6% en 1993.*

Aux yeux de beaucoup d'étrangers, la France continue d'être le pays du bon goût et des beaux habits. De fait, la haute couture française se situe toujours au premier rang mondial. Pourtant, les Français consacrent de moins en moins d'argent à leur habillement. Un phénomène particulièrement sensible depuis 1983, date à laquelle les dépenses ont commencé à diminuer en volume à prix constants (c'est-à-dire indépendamment des évolutions de prix). L'ensemble des catégories sociales est concerné, même si les dépenses restent très inégales.

> ■ *La dépense vestimentaire annuelle est d'environ 3 800 F par personne.*
> ■ *Les femmes dépensent 30% de plus que les hommes,*
> *les filles 30% de plus que les garçons.*

Au début des années 50, la situation était inversée: les hommes dépensaient 30% de plus que les femmes pour s'habiller; les dépenses concernant les filles étaient nettement inférieures à celles faites pour les garçons. Durant la période de forte expansion économique, entre 1953 et 1972, les dépenses vestimentaires des femmes ont progressé nettement plus vite que la moyenne (*the average*). Celles des enfants ont triplé pendant que celles des adultes doublaient. Les dépenses des filles ont augmenté davantage que celles des garçons.

> ■ *Les enfants et adolescents sont de plus en*
> *plus sensibles aux signes de reconnaissance.*

Si la mode joue un moindre rôle dans les achats des adultes, elle se manifeste dès l'école primaire chez l'enfant et prend une importance considérable à l'entrée au collège. Tout ce qui peut permettre une identification du vêtement ou de l'accessoire a une importance: inscriptions, formes, matériaux et surtout marques. Vêtements *Creeks, Compagnie de Californie, Naf-Naf,* blousons *Chevignon, Perfecto* ou *Liberto,* chaussettes *Burlington,* chaussures *Reebok,* sacs *Hervé Chapelier,* etc.

> ■ *La recherche de prix moins élevés se généralise.*

Si les Français dépensent moins pour leurs vêtements, c'est surtout parce qu'ils les payent moins cher, en utilisant de façon plus systématique les diverses possibilités qui s'offrent à eux: périodes de soldes, dépôts-vente (*wholesalers*), magasins d'usines (*factory outlets*), «discounters», etc.

Cette évolution des dépenses s'accompagne de nouvelles attitudes devant le vêtement. Celui-ci n'est plus depuis longtemps considéré comme un produit de première nécessité. Le souci de confort et de la durée, la recherche de l'originalité sont des critères qui pèsent de plus en plus sur les achats.

S▸ 58 % des Français sont très ou assez attentifs à la mode, 41 % peu ou pas du tout attentifs. Mais 85 % font selon leur humeur pour se sentir bien, même si cela ne correspond pas forcément à la mode (11 % suivent la mode).
S▸ 63 % des hommes préfèrent les jupes courtes, 46 % des femmes préfèrent les longues. 10 % des hommes considèrent que cela dépend...
S▸ 76 % des femmes dorment avec une chemise de nuit et 47 % des hommes un pyjama. Ils sont 56 % parmi les 18–24 ans, 38 % des 25–34 ans, 63 % des 35–44 ans, 66 % des 45–59 ans, 82 % des 60 ans et plus.
S▸ 45 % des ménages ont jeté des vêtements au cours des trois derniers mois. 35 % en ont donné. 2 % en ont vendu (9 % des cadres).
E▸ Les Français ont acheté environ 30 millions de jeans en 1990, dont 11 pour des enfants.
E▸ 60 % des vêtements achetés par les hommes sont fabriqués dans des pays en voie de développement.

A. Compréhension. Based on your understanding of the reading, answer the following questions.

1. What are two of the major trends in clothing that the author mentions? _____

_____

_____

2. What English proverb is equivalent to **"L'habit ne fait pas le moine"?** _____

_____

3. Which segment of the French population tends to spend the most on clothing? _____

_____

4. What factors have influenced the French to spend less money on clothing? _____

_____

_____

5. What seems to be important to French young people when they buy clothing? Do you

   think this is also true in the United States? Why or why not? _____

_____

_____

_____

6. Which statistics did you find most interesting about clothing in France? Why? _____

_____

_____

B. Et maintenant à vous! How do you spend your money? Fill in the survey by indicating what percentage of your money you tend to spend on each item.

Mes dépenses (en pourcentages)			
1. Sorties ciné, restau	_____%	7. Nourriture	_____%
2. Petites choses	_____%	8. Cadeaux	_____%
3. Disques, vidéos	_____%	9. Transports	_____%
4. Essence	_____%	10. Produits de beauté	_____%
5. Vêtements	_____%	11. Pour l'avenir (à la banque)	_____%
6. Livres, magazines	_____%	12. Aider ma famille	_____%

Now create a self-portrait based on how you spend your money. For example, if you spend a great deal of money on presents for others, you're probably a very generous person. Show how your expenditures reflect your personality. Use a separate sheet of paper and write in French.

É▾C▾R▾I▾V▾O▾N▾S !

PRATIQUE DE LA GRAMMAIRE

In this **étape,** you have studied the use of the subjunctive and the infinitive to express necessity. To verify that you have learned these structures, take **Test 31** below. You will find the answers and scoring instructions on page 386. A perfect score is 21. If your score is less than 17, or if you wish additional practice, do the self-correcting exercises for **Chapitre 11, Étape 1,** in the **Pratique de la grammaire** at the back of this Workbook.

TEST 31
▼▼▼▼▼

Complétez chaque phrase en utilisant l'infinitif ou la forme convenable du présent du subjonctif du verbe donné.

1. (finir) Il faut que vous _____ avant midi.

2. (écouter) Il vaut mieux que nous _____ le professeur.

3. (sortir) Il est préférable que tu _____ avec tes cousins.

4. (parler) Il ne faut pas _____ pendant que le professeur parle.

5. (prendre) Il vaut mieux qu'elle _____ l'autobus.

6. (être) Il est important qu'ils _____ à l'heure.

7. (téléphoner) Il n'est pas nécessaire de _____ avant de venir.

8. (faire) Il est important qu'ils _____ le voyage tout seuls.

9. (aller) Il faut que j' _____ à la banque cet après-midi.

10. (avoir) Il est essentiel que tu _____ de la patience.

11. (savoir) Il faut que vous _____ conjuguer les verbes.

12. (faire) Il est important de _____ attention en classe.

▼ NOTE FOR CORRECTION: one point for each correct choice of infinitive or conjugated verb; *total: 12*; one point for each correct form of the subjunctive; *total: 9*

III. **Ce qu'ils portent.** In French, describe the clothing that two of your friends (one female, one male) wear on different occasions. Be precise: identify items of clothing as well as materials and colors. Use a separate sheet of paper.

Modèle: *Mon amie Jackie est toujours à la mode. Pour aller en classe elle porte d'habitude __ en coton et __ . Quand nous sortons le soir, elle porte __ . À la maison elle met __ . Elle a __ bleu qu'elle porte très souvent parce qu'elle aime le bleu. Etc.*

IV. **La mode et vous.** You've recently applied for a position as an apprentice clothing designer in a fashion house. While your application is being considered, you receive a letter asking about your preferences in clothes. Read the paragraph from the letter and respond with a letter of your own. Use a separate piece of paper.

. . . En particulier, nous voudrions connaître vos préférences en ce qui concerne l'habillement pour hommes et pour femmes. Quels habits est-ce que vous préférez porter? Quels tissus préférez-vous et pourquoi? Quelles couleurs préférez-vous? Quelles sortes de vêtements est-ce que vous aimeriez créer? Qu'est-ce qui est important pour vous dans la mode?

L'ART D'ÉCRIRE   L'expansion de la phrase

You've been doing a great deal of writing in the **Écrivons!** *sections of Chapters 1 through 10. Now that you've built up your vocabulary and grammar, this new section,* **L'art d'écrire,** *is designed to take a more systematic approach to writing. In each of these sections, a particular aspect of writing will be treated, beginning with the sentence and moving to the paragraph and multiple paragraphs. As you progress, you will learn to refine your writing skills while you slowly build a style of your own. You will learn to communicate more accurately and you should develop greater ease in expressing your ideas.*

Each of these sections provides some basic writing principles and examples that will guide you in subsequent exercises.

Much of the writing you've done thus far has consisted of the basic sentence structure that includes nouns, pronouns, verbs, objects, and time and place indicators. Now you need to learn how to add some variety to your sentences to make your writing more interesting and precise.

L'expansion de la phrase: Les adjectifs

One easy way to expand a sentence is to add adjectives and descriptive expressions that provide details about a noun. When adding such details, remember that an adjective agrees in gender and number with the noun it modifies. Study the following models to see how adjectives can make a sentence more precise and informative:

Too vague:　　Ce garçon est élève à l'école de Toulouse. (*How old is the boy? Is he a good student? What level of school does he attend?*)

More precise:　Ce **petit** garçon est un élève **exceptionnel** à l'école **primaire** de Toulouse.

Too vague:　　J'ai acheté un pull et un pantalon. (*What do the sweater and pants look like?*)

More precise: J'ai acheté un pull **bleu marine** et un pantalon **gris en laine.**

L'expansion de la phrase: Les adverbes

You may also expand a sentence by using adverbs to give more information about a verb, an adjective, another adverb, or an entire clause. Adverbs tend to express time, place, manner (how something is done), and degree (how much). In French, regular adverbs are created by adding **-ment** to the feminine form of an adjective (**général → générale → généralement**). Note how adverbs add information to the following sentences:

Too vague:　　J'aime ce film. (*How much do you like it?*)

More precise: J'aime **bien** ce film.
　　　　　　　　J'aime **beaucoup** ce film.
　　　　　　　　J'aime **énormément** ce film.

Too vague:　　Elle parle français. (*How well does she speak French?*)

More precise: Elle parle **assez bien** français.
　　　　　　　　Elle parle **bien** français.
　　　　　　　　Elle parle **couramment** français.

Too vague:　　Il fait attention en classe. (*Is this always true?*)

More precise: Généralement il fait attention en classe.

Some useful adverbs:

absolument	absolutely
constamment	constantly
couramment	fluently
extrêmement	extremely
franchement	frankly
généralement (en général)	generally
heureusement	fortunately
immédiatement	immediately
malheureusement	unfortunately
probablement	probably
rarement	rarely

✻ **V. Add an adverb to each sentence.**

Modèle: Si tu vas au Louvre, il faut voir les antiquités égyptiennes.
Si tu vas au Louvre, il faut absolument voir les antiquités égyptiennes.

1. Il porte un chapeau. _____

2. Les voleurs sont sortis de la banque. _____

3. Je fais mes devoirs. _____

4. Mes parents sortent. _____

5. Il ne s'est pas fait mal. _____

6. Elles ne sont pas d'accord avec moi. _____

7. Nous allons au théâtre. _____

8. Ils n'ont pas pu venir. _____

9. Elle est en France. _____

VI. Des manchettes de journaux. (*Newspaper headlines.*) Create sentences using the following newspaper headlines. Invent details by adding adjectives, descriptive expressions, and/or adverbs. Don't forget the verbs!

Modèle: Tempête dans le Jura

Pendant la nuit, une tempête de neige très sévère a créé des difficultés énormes sur les routes du Jura. ou Hier, la première tempête de neige de la saison a surpris les automobilistes du Jura.

1. Chat trouvé

_____

_____

2. Accident sur l'autoroute

_____

_____

3. Touristes arrivent en France

_____

_____

4. Couturier s'installe chez Lanvin

_____

_____

5. Adolescents français aux États-Unis

_____

_____

6. Nouveau restaurant

_____

_____

7. Réunion des pays francophones

_____

_____

▼ DEUXIÈME ÉTAPE ▼

La mode d'automne et d'hiver (Text pp. 442–456)

L ▾I▾S▾O▾N▾S !

I. Prélecture. Name some people who have a great deal of influence on American society and represent our culture. Are these people athletes, actors and actresses, political figures, musicians, scientists, writers, teachers? Are any fashion designers among them? Tell why each person is important to our understanding of American culture. Use a separate sheet of paper.

✳ **II. Lecture: Claude Montana: star malgré lui**

Avec un style très personnel, Claude Montana, qui dit _«je crée pour une femme parfaite, idéale, qui m'inspire»_, est un transfuge du prêt-à-porter (_ready-to-wear_). Cette star malgré lui, personnage énigmatique, avare de sourires et peu soucieux de signes extérieurs de richesse, est passé chez Lanvin en 1989. Après une période d'adaptation dans cette maison plus que centenaire, il triomphe en juillet 1990 avec son premier Dé d'or (_golden thimble_) obtenu haut la main. Né en 1949 à Paris, issu d'une famille catalane par son père et allemande par sa mère, fils de grands bourgeois protestants, Claude Montana eut une jeunesse remuante. Figurant (_extra_) à l'Opéra, créateur de bijoux en papier mâché, il entre ensuite chez le champion du vêtement de cuir Mac Douglas. En 1973, il présente sa première collection sous son propre nom, avec des modèles spectaculaires et des femmes aux épaules massives et dès 1979, il est le plus applaudi des créateurs lors des défilés de prêt-à-porter dans la Cour du Louvre.

France-Amérique, 9–15 février 1991

A. Exercice de compréhension. Based on your understanding of the reading, answer the following questions.

1. Whom does Claude Montana have in mind when he creates his clothing? _____

_____

2. What kind of personality does he seem to have? _____

_____

_____

3. For whom does he work and what line of clothing does he create? _____

_____

_____

4. What is his family background? _____

_____

_____

5. What did he do before he became a fashion designer? _____

_____

Lecture: Valéry Cornille et Dominique Léotard

C'est dans un petit appartement, rue Saint-Honoré, que Valérie Cornille et Dominique Léotard se sont lancées dans la mode. Et ça a marché. Succès oblige, elles se sont installées ensuite dans un ancien atelier d'architecte au fond d'une cour. Une maison-boutique où elles accueillent leurs clientes et amies, pour la plupart des femmes qui travaillent et cherchent à concilier la mode avec leur emploi du temps. C'est pour elles qu'elles ont créé une collection où les prix sont bien étudiés, la coupe de qualité et les tissus couture et où les ensembles se dépareillent à volonté.

Points forts: les jupes déclinées en plusieurs modèles, taille haute légèrement tulipe, longues à plis ou drapées d'esprit paréo, en tweed, grain de poudre et crêpe (à partir de 850 F), et les vestes simples et élégantes: vedette de la saison, le spencer, très court, uni ou gansé de velours (1 800 F à 2 000 F). Un grand bravo aussi au sept-huitième en laine et cachemire assorti à une jupe droite, 3 000 F et 900 F, et aux tee-shirts en jersey gansé de satin, 800 F. Les coloris de l'hiver, safran, chaudron, gris, sont adoucis par des tons pastel.

B. Exercice de compréhension. Answer the following questions about Valéry Cornille and Dominique Léotard.

1. Where did Cornille and Léotard get started in the fashion business? _____

_____

2. For whom do they design clothes? _____

_____

3. What are the key characteristics of the customers who go to Cornille and Léotard? _____

_____

_____

4. What kinds of clothes do Cornille and Léotard design? What is their price range? _____

_____

_____

_____

C. **Et maintenant à vous!** Use your imagination to describe the clothes you would create if you were a fashion designer. Specify whom you would design for and the types of clothes you would design (for men, women, children; formal wear, casual wear, etc.). If you know how to draw, sketch a sample of one of your designs. Use a separate sheet of paper.

É▾C▾R▾I▾V▾O▾N▾S !

PRATIQUE DE LA GRAMMAIRE

In this **étape,** you have studied the object pronouns **me, te, nous,** and **vous** and **-re** verbs. To verify that you have learned these structures, take *Test 32* below. You will find the answers and scoring instructions on page 386. A perfect score is 24. If your score is less than 20, or if you wish additional practice, do the self-correcting exercises for **Chapitre 11, Étape 2,** in the *Pratique de la grammaire* at the back of this Workbook.

TEST 32
▼ ▼ ▼ ▼ ▼

D'abord, répondez aux questions selon les indications.

1. Tu nous cherches depuis longtemps? (oui)

_____

2. Vous m'attendez depuis longtemps? (oui)

_____

3. Tu me comprends? (non)

_____

4. Elle va t'accompagner? (oui)

_____

5. Tu m'as téléphoné? (non)

_____

6. Tu nous as acheté quelque chose? (oui . . . un cadeau)

_____

7. Je te téléphone? (oui, *impératif*)

_____

8. Je vous attends? (non, *impératif*)

_____

Maintenant, complétez chaque phrase en utilisant le temps indiqué du verbe entre parenthèses.

9. (attendre) Qu'est-ce que tu _____? (présent)

10. (entendre) J' _____ un bruit. (passé composé)

11. (descendre) Où est-ce que nous _____? (présent)

12. (descendre) Il faut que vous _____ à la station Cité. (présent du subjonctif)

13. (répondre) Michèle et Annick _____ à toutes les questions. (présent)

14. (perdre) Quand j'étais petit, je _____ toujours mes jouets. (imparfait)

15. (vendre) Comment? Ils _____ leur maison? (passé composé)

16. (vendre) Comment? Elle _____ sa maison? (présent)

▼ NOTE FOR CORRECTION: items 1–8 — some items have two possible answers; one point for each correct pronoun, one point for each correct placement of the pronoun; *total: 16;* items 9–16 — one point for each correct verb form: *total: 8*

✳ **III. Qu'est-ce qu'ils ont acheté?** Look at the drawings and tell what clothes your friends bought during their shopping trip.

1. _____	10. _____
2. _____	11. _____
3. _____	12. _____
4. _____	13. _____
5. _____	14. _____
6. _____	15. _____
7. _____	16. _____
8. _____	17. _____
9. _____	18. _____

IV. Qu'est-ce qu'il faut que j'apporte? It's winter vacation and you're about to visit a friend in Quebec City. Write a letter to your friend to find out what the weather is like and what kinds of clothing you should bring. Use specific clothing terminology to ask your questions. For example: **J'aime faire du jogging. Est-ce que c'est possible en hiver au Québec? Si oui, je vais apporter un sweat.** Use a separate piece of paper.

V. Ce que je porte d'habitude. Make a list of the clothes you usually wear during each season.

Au printemps	En été	En automne	En hiver
_____	_____	_____	_____
_____	_____	_____	_____
_____	_____	_____	_____
_____	_____	_____	_____
_____	_____	_____	_____
_____	_____	_____	_____

VI. Il faut apporter . . . Jacques, a Swiss exchange student, is coming to your university. Write him a letter telling what the weather is like during each season in your region and specifying what clothes he should bring to accommodate each season. Whenever possible, use some expressions of necessity with either the subjunctive or the infinitive. Use a separate sheet of paper.

L'ART D'ÉCRIRE   La ponctuation

When you're writing, it's very important to use proper punctuation. Punctuation marks tell the reader how your writing should be read. They therefore contribute significantly to the meaning of a text. In general, punctuation in French is used in the same way as in English.

● The *period* (**le point**) indicates that a sentence is finished:

Les «Punk» aiment la provocation et critiquent tout ce qui est conventionnel.

● The *question mark* (**le point d'interrogation**) is used to show that a sentence or phrase is meant to pose a question:

Où est-ce que tu vas cet été**?**

- The *exclamation mark* (**le point d'exclamation**) is used to give a command or to express strong feeling:

N'oublie pas d'apporter un pantalon de ski!

Quelle surprise!

- The *semicolon* (**le point-virgule**) signals a pause between two sentences that are closely related in meaning. Both sentences are complete and could stand by themselves, but the semicolon indicates that they should be read as one unit of meaning:

Jean et Michel sont entrés dans le bureau du professeur; ils étaient tous les deux très nerveux.

- The *colon* (**le deux-points**) is used to announce a quote or to introduce an enumeration:

Marie-Claire a dit: . . .

Son sac-à-dos est toujours plein: cahiers, livres, stylos, crayons, calculatrice, règle, papiers de toutes sortes.

Two punctuation marks, the comma and quotation marks, have uses that are both similar and slightly different from English.

- The *comma* (**la virgule**) signals a slight pause between two words in a sentence. The comma has three basic uses:

   1. A comma separates the words in a series:

   J'ai acheté un anorak, des gants, une   I bought a ski jacket, gloves, a scarf,
   écharpe et des chaussettes.   and socks.

   In the preceding example, note that commas are placed after the first two elements in both the French and the English sentences (**anorak**—*ski jacket*, **gants**—*gloves*). There is a difference, however, in the punctuation of the last two elements of the series. In French, no comma is placed before **et (. . . une écharpe et des chaussettes)**, but in English, there is often a comma before *and (. . . a scarf, and socks)*.

   2. Two commas are used to separate an appositive from the rest of a sentence. An appositive is a short explanation of another word within the sentence. It is put between two commas and placed directly next to the word being explained:

   Jean, le frère de ma mère, habite en France.

   In this sentence, **le frère de ma mère** explains who **Jean** is.

   3. A comma is often used to separate elements at the beginning or end of a sentence. In this case, the comma usually adds emphasis:

   Et toi, comment vas-tu?
   Écoute, Pierre!
   Et le nouveau sac, combien est-ce que tu l'as payé?
   Hervé et moi, nous allons faire du ski cet hiver.

- The first thing to note about *quotation marks* (**les guillemets**) in French is that they are written differently: English = " . . . "; French = «. . .».

   1. The most frequent use of quotation marks is to indicate that someone is speaking. Note that the quotation marks are placed at the beginning and end of a conversation:

   «Qu'est-ce que tu vas faire demain?
   —Je pensais aller au centre commercial, et toi?
   —Il faut que j'achète quelque chose pour ma mère; c'est son anniversaire.
   —Alors, pourquoi ne pas venir avec moi? Il y a des boutiques très chic au centre commercial.»

2. Another use of quotation marks is to show that you're quoting someone else:

Marie-Claire a dit: «Qu'est-ce que vous faites ici?»
Sophie a répondu: «Nous venons t'aider avec les préparatifs.»

3. Finally, quotation marks are put around words that are foreign, highly technical, invented, slangy or vulgar; are used in a special sense; or are titles of songs, poems, or articles.

En français, «bagnole» est un terme familier pour le mot «voiture».
Dans les «high schools» américains, les élèves ont l'occasion de pratiquer beaucoup de sports.
Jacques Prévert a écrit le poème «Familiale».

✳ **VII. La ponctuation.** Add correct punctuation to the following sentences.

1. Nous avons vu Janine Marc François et Sylvie

2. Quand tu vas au centre commercial achète-moi du parfum

3. À quelle heure est-ce que tu reviens toi

4. Et ce pantalon combien coûte-t-il

5. Les Français conscients de la mode apprécient les beaux vêtements

6. Et vous pourquoi n'avez-vous pas réussi à l'examen

7. C'est super Quel magasin extraordinaire

8. Samedi dernier je me suis levée à 9h j'ai pris le petit déjeuner j'ai retrouvé mes amis aux Galeries Lafayette et nous avons passé la journée à faire des courses. Qu'est-ce que tu as fait toi

9. Sa mère lui a demandé Est-ce que tu veux de la soupe

10. Ils ont eu une mauvaise note à l'examen il faut qu'ils parlent au professeur

11. J'ai rangé ma chambre cassettes dans le tiroir vêtements dans la commode raquette de tennis dans le placard chaussures sous le lit

✳ **VIII. Enzo Ferrari.** The following is an article about Enzo Ferrari, the "grandfather" of the Formula 1 car. All the punctuation has been removed from the article and it's up to you to put it back in. Note that larger spaces between words indicate that some kind of punctuation is needed. Don't forget to make new sentences begin with a capital letter.

Étroitement lié à l'un des sports les plus populaires de notre siècle   l'automobilisme   son nom est l'un de ceux qui   désormais   ont fait époque   nous parlons naturellement de **Enzo Ferrari**   fondateur de la célèbre maison de Maranello en Italie   ses voitures de course ont remporté tout ce qu'il était possible de remporter   des dizaines de pilotes téméraires ont conduit   les uns après les autres   les bolides rouges   obtenant ainsi célébrité et richesse   dans le bureau privé de Ferrari sont passés les plus grands personnages   le Shah d'Iran   Herbert Von Karajan   Tony Curtis   Paul Newman   Clint Eastwood   et beaucoup d'autres encore   pour choisir en personne la berline ou la   spider   de leur goût   mais qui est ce   grand-père   de la formule 1

Enzo Ferrari naît à Modène le 18 février 1898   après la première guerre mondiale et un début difficile   il devient pilote chez Alfa Roméo où il reste plusieurs années   puis Ferrari travaille comme technicien pour la grande firme italienne   de 1929 à 1938 il est à Modène où il fonde sa propre   écurie   il retourne chez Alfa Roméo comme directeur mais un an après   il présente sa première création à la Mille Miles   dès lors   le mythe de la Ferrari n'a jamais cessé de fasciner les foules de passionnés d'automobilisme   en Italie comme à l'étranger

Nom .... Cours ....

11

3ᵉ Étape

▼ TROISIÈME ÉTAPE ▼

Au rayon des chaussures *(Text pp. 457–468)*

L ▪I ▪S ▪O ▪N ▪S !

I. Prélecture. Besides clothing, what other aspects of appearance contribute to a person's individuality? In other words, what can a person do to express personality through appearance?

_____

_____

_____

_____

_____

_____

✻ **II. Lecture: Chaussures, coiffure, accessoires: la mode au pluriel**

Les années 70 avaient été celles de la chaussure utilisée à « contre-emploi ». Les tennis, baskets et autres chaussures de sport servaient plus au bureau, à l'école ou au marché que sur les courts ou dans les stades.

La chaussure est aujourd'hui moins le symbole de la décontraction que celui de la personnalisation. Ce qui n'exclut pas l'influence des modes lancées par les fabricants, en particulier à destination des jeunes. Les adolescents sont les plus sensibles aux marques et aux modèles « de l'année ».

Les champions de la pantoufle

En 1988, chaque Français a acheté en moyenne 2,4 paires de chaussures de cuir, 1,0 en textile, 0,9 paire en matière synthétique et... 1,4 paire de pantoufles. Nos compatriotes consomment trois fois plus de pantoufles ou chaussons que les Allemands, quatre fois plus que les Danois, sept fois plus que les Italiens, cent vingt fois plus que les Portugais ! La « charentaise » reste le symbole d'une France frileuse, avide de confort et très attachée à son logement. Si le foyer est le cocon de la vie des Français, la pantoufle est celui du pied.

Les Français vont chez le coiffeur en moyenne 7,5 fois par an. 10 % n'y vont jamais.

Les jeunes ont souvent voulu affirmer par des coiffures délibérément outrancières leur refus de s'intégrer totalement au monde des adultes (Beatles, Punks, Skinheads, etc.). Aujourd'hui, un certain classicisme domine, mais on constate un certain regain d'intérêt pour la mode, surtout de la part des femmes et des jeunes.

Les accessoires vestimentaires jouent un rôle essentiel.

Leur fonction est à la fois psychologique et économique. Ils permettent de modifier à peu de frais l'apparence d'un vêtement éventuellement ancien et de lui donner une touche plus personnelle : montre de gousset, boucle d'oreille, nœud papillon, pour les hommes ; écharpes, ceintures, sac, colliers pour les femmes. Même la chaussette, longtemps austère et neutre, ne se cache plus. Seuls les compléments plus traditionnels du vêtement (chapeau, gants, etc.) sont en voie de disparition, malgré quelques tentatives périodiques de réhabilitation.

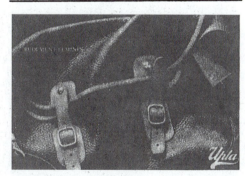

L'accessoire devient essentiel

Le tatouage, que l'on peut considérer comme un accessoire très particulier, concerne des catégories spécifiques de la population, attachées à sa signification symbolique (virilité, marginalité, appartenance à un groupe ou à un individu). Les femmes sont plus nombreuses que par le passé à y recourir.

A. Compréhension du texte. What does this selection from **Francoscopie** tell you about the French? Answer the questions.

1. Other than the statistics, what are some of the facts you learned about shoe preferences in France? _____

_____

_____

_____

_____

_____

2. What tends to be the preference in hairstyles today? _____

_____

_____

_____

_____

_____

3. How do the French complement their clothing? What kinds of accessories are mentioned in the article? _____

_____

_____

_____

_____

_____

4. What unusual "accessory" is mentioned in the article? What symbolic significance does it have?

_____

_____

_____

_____

_____

B. Analyse du texte. What similarities and differences can you identify between American and French customs related to appearance? Use some of the facts from the article to make your comparisons. Use a separate sheet of paper. You may write in English.

282   *Allons-y! Fourth Edition*

É·C·R·I·V·O·N·S !

PRATIQUE DE LA GRAMMAIRE

In this **étape,** you have studied the use of the direct-object pronouns **le, la, l',** and **les** and the verb **voir.** To verify that you have learned these structures, take *Test 33* below. You will find the answers and scoring instructions on page 387. A perfect score is 14. If your score is less than 12 or if you wish additional practice, do the self-correcting exercises for **Chapitre 10, Étape 3,** in the *Pratique de la grammaire* at the back of this Workbook.

TEST 33
▼ ▼ ▼ ▼ ▼

D'abord, répondez à chaque question en utilisant un pronom et les mots indiqués.

1. Où est la banque? (voilà)

   _____

2. Tu connais Jean-Pierre Richard? (non)

   _____

3. Tu as vu les Duvalier récemment? (non)

   _____

4. Elle va écouter mon compact disc? (oui . . . ce soir ou demain)

   _____

Maintenant, complétez chaque phrase en utilisant le temps et la forme indiqués du verbe **voir.**

5. Tu _____ souvent tes cousins? (présent)

6. Oui, je les _____ de temps en temps. (présent)

7. Mes parents les _____ plus souvent que moi. (présent)

8. Mais quand nous étions petits, on se _____ presque tous les week-ends. (imparfait)

9. Vous _____ le nouveau film de Gérard Depardieu? (passé composé)

10. Non? Il faut que vous le _____. (présent du subjonctif)

▼ NOTE FOR CORRECTION: items 1–4 — one point for each correct pronoun, one point for each correct pronoun placement; *total: 8;* items 5–10 — one point for each correct verb form; *total: 6*

✲ **III. Tu chausses du . . .** Your friends want to know which French shoe sizes correspond to their American sizes. Give the French equivalents. Use the information on page 458 of your textbook.

Modèle: homme / pointure américaine: 6
   Tu chausses du 39.

1. femme / pointure américaine: 5

_____

2. homme / pointure américaine: 10

_____

3. homme / pointure américaine: 7½

_____

4. femme / pointure américaine: 6½

_____

5. femme / pointure américaine: 9

_____

6. homme / pointure américaine: 9½

_____

IV. Quelles chaussures? Tell what style of shoe you wear for each of the following occasions.

Modèle: pour aller en classe
   Pour aller en classe, je mets des tennis.

1. pour sortir avec mon ami(e)

_____

2. quand il neige

_____

3. pour aller à la plage

_____

4. pour aller à une soirée

_____

5. pour faire les courses

_____

6. pour faire du jogging

_____

V. Commentaires d'un(e) couturier(-ère). Imagine that you will be the guest commentator at a fashion show and must describe the clothes a male and female model are going to wear. To prepare yourself for your presentation, write out what you're going to say. Give a complete description of the outfit that each model will wear, including the fabrics, the colors, and the shoes. For help, you may cut out pictures from magazines. Use a separate sheet of paper.

Modèle: *Et voilà Jacqueline. Elle porte un tailleur très chic avec un chemisier à manches longues en coton imprimé, une veste . . .*

L'ART D'ÉCRIRE   **Lettre adressée à des amis ou à des parents**

In French, specific conventional expressions are used to begin and end letters. When people write to friends, their letters are generally informal, although they still follow a prescribed format, as shown below.

****

Paris, le 3 juillet 19__ (*Place and date*)

Chère amie, (*Salutation in middle of page*)

J'ai bien reçu ta lettre du 15 juin . . . (*Indent first line of paragraph*)

(*Body of letter, with each new paragraph indented*)

Amitiés, (*Closing*)

(*Signature*)

****

Salutations for friends
Chère amie, / Cher ami,
Chère Marie, / Cher Pierre,
Ma chère Sylvie, / Mon cher Hervé,
Bonjour,

Salutations for relatives
Chers parents,
Cher Père, / Cher Papa,
Chère Mère, / Chère Maman,
Cher Oncle, / Chère Tante,
Ma chère cousine, / Mon cher cousin,
Ma chère Isabelle,

The first sentence
J'ai bien reçu ta lettre du . . .
Je réponds à ta lettre du . . .
Merci de ta lettre du . . .
Je te remercie de ta lettre du . . .
Je suis désolé(e) d'apprendre que . . .
Je suis heureux(-se) de savoir que . . .
Merci de m'avoir écrit pour . . .
Ta lettre du __ m'est bien arrivée.

Closings for friends
Amicalement,
Amitiés,
Cordialement,
Je t'embrasse (bien fort), (*Love,*)
À bientôt,
Salut,

Closings for relatives
Bons baisers, (*Love and kisses,*)
Bons baisers à toute la famille,
Je vous (t')embrasse affectueusement,
Embrasse(z) tout le monde pour moi,
Bises, (*Love,*)

✳ **VI. Des lettres.** Decide how you would begin and end a letter to each of the following people.

   1. votre meilleur(e) ami(e) en France

   _____

   _____

   2. votre tante Yvette au Québec

   _____

   _____

   3. votre mère

   _____

   _____

   4. votre père

   _____

   _____

   5. votre neveu Charles

   _____

   _____

   6. votre ami(e) au Cameroun

   _____

   _____

VII. Lettre à un(e) ami(e). You've been corresponding regularly with a person of your own age in France. Write him/her a letter using the appropriate conventional expressions. Invent the details of the letter. Use a separate sheet of paper.

▼ QUATRIÈME ÉTAPE ▼

(Text pp. 469–475)

É▾C▾O▾U▾T▾O▾N▾S !

✻ **I. Aux Galeries Lafayette.** You will hear a conversation in which Janine tells her mother what she and her two friends, Paul and Monique, did at Galeries Lafayette. As you listen, write each person's initials next to the departments he or she visited. Use: **J** for Janine, **P** for Paul, and **M** for Monique.

1. rayon des parfums _____

2. rayon des vêtements pour hommes ___

3. rayon des vêtements pour femmes ___

4. rayon photos _____

5. rayon alimentation _____

6. rayon des sports _____

7. salon de coiffure _____

✻ **II. De quoi est-ce qu'il s'agit?** Listen carefully to each conversation. Then decide which of the two drawings best represents one of the details of the conversation.

Modèle: You see: C'est quelle pointure?

39   **36**

_____   _____

You hear: —Bonjour, Madame. Je peux vous aider?
—Oui, il me faut des escarpins.
—Et quelle est votre pointure?
—Je chausse du 36.
—Et la couleur?
—Des escarpins bleu marine, s'il vous plaît.
—Voilà, Madame. Essayons ces escarpins-ci.
—Oui. Ils me vont très bien. Je les prends.

You check:

39   **36**

_____   ___✓___

1. C'est quelle pointure?

45   38

_____   _____

2. C'est quel magasin?

_____   _____

3. C'est quelle taille?

48   44

_____   _____

4. C'est quelle robe?

_____   _____

✳ **III. Mini-dictée.** Listen to the conversation between Alice and her mother and fill in the blanks with the appropriate forms of the verbs you hear. You will hear the conversation twice.

MAMAN: Alors, Alice, tu es prête?

ALICE: Oh là là. Je ne _____ pas quoi _____. De toute façon, je ne _____ pas _____ chez les Mirot.

MAMAN: Tu n'_____ pas raisonnable. C'_____ le baptême de leur neveu et il faut absolument que nous y _____.

ALICE: Bon, alors. Qu'est-ce qu'il faut _____ pour aller à un baptême?

MAMAN: _____ ta jolie robe rose. Elle te _____ très bien. Il est important que tu _____ quelque chose d'élégant.

ALICE: Et avec ça? Je _____ quelles chaussures?

MAMAN: Eh bien, pourquoi pas les escarpins blancs?

ALICE: Et quel sac? Le rose ou le blanc?

MAMAN: Mais _____, tu ne _____ vraiment pas d'effort! Il vaut mieux que tu _____ le sac blanc. Il va parfaitement avec les chaussures.

ALICE: Est-ce qu'il faut vraiment que j'_____ avec toi?

MAMAN: Pas de discussion! Il est essentiel que tu _____ à la fête aujourd'hui. Et d'ailleurs, il est préférable que tu _____ de bonne humeur et que tu _____ de la patience pendant que nous y sommes!

ALICE: Bon. D'accord. Alors, on y va? Tu es prête? Il faut que nous _____

tout de suite! Il est essentiel que je _____ parler à Marc
avant la cérémonie. Viens!

MAMAN: Ah bon. Quand il s'agit de garçons, tu es pressée tout d'un coup! Quelle fille! J'arrive, j'arrive!

✳ **IV. Dans les grands magasins.** Listen as Yves and Christine discuss their shopping trip. Then supply the required information about each of them.

    1. Christine est allée au rayon des _____ et au rayon des _____

    _____. Elle a acheté _____.

    Elle n'a pas trouvé _____.

    2. Yves a fait ses achats au rayon des _____. Il a acheté _____

    _____. Il n'a pas acheté _____.

✳ **V. Où sont-ils?** Listen to the three conversations. Then match the number of each conversation to the store in which it takes place.

    _____ Monoprix

    _____ Galeries Lafayette

    _____ Boutique Dior

*✳ **VI. Qui est-ce?** Listen to the four descriptions. Then match the number of each description to the appropriate drawing.

Nom .... Cours ....

11

R•É•D•I•G•E•O•N•S !

On va visiter les États-Unis. You receive the following letter from a French friend who is planning a trip to the United States. Before answering the letter, outline the main ideas you want to include. Then write your letter using the appropriate format. Use a separate sheet of paper.

◆ ◆

> Toulouse, le 5 avril, 19—
>
> Cher (Chère) —————,
>
> Bonne nouvelle ! Ma famille et moi, nous allons visiter les États-Unis ! Ma fille Jacqueline ne peut pas faire le voyage parce qu'elle prépare ses examens. Mais mon fils Henri, mon mari, mon père et moi (bien sûr), nous allons prendre l'avion à Paris et nous espérons être à New York le 25 juin. Nous voulons visiter la ville de New York et ensuite nous avons l'intention de traverser les États-Unis en voiture. On nous a dit qu'on peut louer une voiture très bon marché et que les autoroutes américaines sont excellentes.
>
> Quel temps va-t-il faire chez toi en juillet ? Quelles sortes de vêtements faut-il apporter ? Est-ce que les chambres d'hôtel sont très chères ? Est-il nécessaire de réserver les chambres à l'avance ? Peut-on trouver de bons restaurants ? Quels endroits faut-il visiter ? Qu'est-ce que tu nous recommandes ?
>
> Comme tu le vois, j'ai beaucoup de questions. J'attends ta lettre avec impatience. À bientôt.
>
> Amicalement,
> Chantal

TRAVAIL DE FIN DE CHAPITRE
▼ ▼ ▼ ▼ ▼

CHAPITRE 11
SEGMENT 3

✳ **I. Au rayon des vêtements**

A. You will hear three conversations that take place in the clothing section of a department store. As you listen, tell what the weather is like when each one takes place.

Conversation 1

Le temps: _____

Conversation 2

Le temps: _____

Conversation 3

Le temps: _____

B. Listen again to the three conversations on the Student Tape and list the articles of clothing mentioned in each conversation.

1. _____

   _____

2. _____

   _____

3. _____

   _____

II. Jeu: Êtes-vous poète? Sometimes the simplest words become poetic when combined with other words. By following the guidelines below, create poems that use some of the vocabulary about clothing from this chapter. As a follow-up project, one student may collect all the poems written by the class and create an anthology that can be duplicated for all class members. Use a separate sheet of paper.

Poem format:　1 noun
　　　　　　　　2 adjectives
　　　　　　　　3 verbs
　　　　　　　　1 noun

Modèle: *foulard*
　　　　　léger, magique
　　　　　cache, révèle, enveloppe
　　　　　mystère

12

CHAPITRE 12   Cherchons du travail!

1ère Étape

▼ PREMIÈRE ÉTAPE ▼

Les petites annonces (Text pp. 490–504)

L ▪I ▪S ▪O ▪N ▪S !

I. Prélecture. Ads for businesses can be found in a variety of places (phone books, magazines, newspapers, flyers). Although formats and content may differ according to the type of business being advertised, all ads use a variety of visual techniques (color, drawings, photos, typefaces) to catch a customer's attention. Find three printed American business advertisements and answer the following questions about each. Use a separate sheet of paper and attach your advertisements to it.

1. What technique(s) does the advertiser use to catch the reader's attention?

2. Which words seem to be the most important in the ad and why?

3. In your opinion, is this a successful ad that would make consumers want to buy the service or product? Why or why not?

REMEMBER! An asterisk (✳) preceding an exercise number indicates that the exercise is self-correcting. You will find the answers at the back of this **Cahier**, beginning on page 388.

RESTAURANT
SPECIALITES AFRICAINES
Ouvert tous les soirs

mayombe

Tél. : (61) 59.50.50

26, rue de la République 31300 Toulouse
Fermé dimanche et lundi

CABARET - SPECTACLE

*L*e MISSISSIPI QUEEN

et son équipage vous invitent dans un cadre
raffiné à découvrir un spectacle "SHOWBOAT",
ambiance NEW ORLEANS qui vous mènera
jusqu'à l'aube...

18, bd Griffoul Dorval - Tel : 61.34.99.88

Le Cactus
- Bar de 7h à 2h du matin
- Pub musical de 21h à 2h du matin

13 bd Lascrosses (face au Palais des Sports)
Tél. : 61.21.68.81. Ouvert 7 jours/7

AUBUISSON PUB
Au coeur de Toulouse

l'ambiance feutrée d'un pub anglais
Grand choix de cocktails et d'alcools

Le jeudi soirées avec groupes musicaux

Tous les soirs de 22h à l'aube
11. rue d'Aubuisson - Tél. : 61.62.14.69

Ne vous laissez pas
envahir par le doute.

Madame De Savigny Parapsychologie
Télépathie . Parapsychologie . Voyance directe
sur photo

24, rue Alsace-Lorraine
TOULOUSE
61 22 99 56

✳ **II. Lecture: Des publicités**

Compréhension. Based on the information from the ads, answer the questions.

1. The nine ads represent five different types of places or services. What are they? _____
   _____
   _____

2. What do all the restaurant ads have in common? _____
   _____

3. Name one attention-getter for each ad. _____
   _____
   _____
   _____
   _____
   _____
   _____

4. Which of the ads do you find most effective? Least effective? Why? _____
   _____
   _____
   _____
   _____
   _____

É·C·R·I·V·O·N·S !

PRATIQUE DE LA GRAMMAIRE

In this **étape,** you have studied negative expressions. To verify that you have learned these structures, take *Test 34* below. You will find the answers and scoring instructions on page 388. A perfect score is 16. If your score is less than 13 or if you wish additional practice, do the self-correcting exercises for **Chapitre 12, Étape 1,** in the *Pratique de la grammaire* at the back of this Workbook.

TEST 34
▼ ▼ ▼ ▼ ▼

Répondez à chaque question en utilisant une expression négative.

1. Qu'est-ce que tu veux?

_____

2. Qui est-ce que tu attends?

_____

3. Tu aimes toujours ton cours de maths?

_____

4. Qui veut manger du poisson?

_____

5. Qu'est-ce que tu as acheté au centre commercial?

_____

6. À qui est-ce que tu as téléphoné hier soir?

_____

7. Tu as déjà fait tes devoirs?

_____

8. De quoi est-ce que tu as besoin?

_____

▼ NOTE FOR CORRECTION: one point for each correct negative expression, one point for each correct placement of the expression; *total: 16*

✱ III. Le curriculum vitæ de François Maillet. Read the sample résumé and answer the questions.

CURRICULUM VITÆ

Nom:	Maillet
Prénom:	François
Date Et Lieu De Naissance:	le 17 juillet 1962 à Avignon
Domicile:	160, av. de Fronton, 31200 Toulouse
Téléphone:	61.48.02.09
Expérience:	Commercial chez Philon Pharmaceutique (Toulouse), 1983–1988
	Chef des ventes (Philon), 1989 au présent
Études:	Étudiant en licence de sciences économiques (gestion) à Paris I, 1980–81
	Étudiant en marketing à Pennsylvania State University (U.S.A.), 1981–1983
	Étudiant de langue à l'université de Marburg (Allemagne), juillet et août 1983
Diplômes:	Bac B 1978 (à l'âge de 16 ans)
	DEUG de Gestion 1980 à Paris I
	MBA 1983 à Pennsylvania State University
Stages:	1 mois au service des ventes chez Caussinus Constructions (Toulouse), juillet 1981
Langues:	Anglais (lu, écrit, parlé couramment)
	Allemand (lu, parlé)
Divers:	Connaissance de la culture américaine
	Excellent contact humain, bonne présentation
Références:	Le professeur Michaud à Paris I
	Le professeur Bayard à Paris I
	Le professeur Mark à Pennsylvania State University
	Le chef des ventes à Caussinus Constructions
	Le directeur des ventes à Philon

1. In what two fields of study did François specialize? _____

_____

2. In your opinion, how has François's education prepared him for a career in business? _____

_____

_____

_____

3. Given François's education and work experience, what types of jobs do you think he's best

suited for? _____

_____

_____

4. What are the differences between a typical American résumé and a French résumé? _____

_____

_____

_____

IV. Votre curriculum vitæ. You're applying for jobs in a French-speaking country. On a separate
piece of paper, use the French résumé format to create your own résumé in French. If you are at
the beginning of your studies, invent the details based on your educational and career plans.

L'ART D'ÉCRIRE   **Le développement d'une idée**

As you learn to write in French, it's important to progress from a single sentence to two or more
connected sentences. One way of expanding what you write is to give proof for what you're
saying. That is, you provide arguments that extend and illustrate your basic ideas. For example:

> **Idée:**   Pour un long voyage, le bateau est moins agréable que l'avion.
>
> **Argument:** L'avion est plus rapide; on arrive plus tôt à sa destination.

Many times you can also develop the idea in an opposing manner:

> **Idée:**   Pour un long voyage, le bateau est plus agréable que l'avion.
>
> **Argument:** On peut se reposer et s'amuser pendant le voyage; on est moins fatigué quand
> on arrive à sa destination.

This technique is not limited to general ideas. You can also develop very practical statements:

> **Idée:**   Ma mère n'aime pas voyager.
>
> **Argument:** Elle doit tout organiser, elle doit faire tous les préparatifs et elle trouve que
> c'est beaucoup de travail.

V. Develop the following ideas by adding one or two arguments. When appropriate, adopt the point
of view of your choice.

1. Pendant les vacances, je préfère voyager en voiture (en avion, par le train, en autocar, etc.).

_____

_____

2. Les Américains prennent plus souvent l'avion que le train. _____

_____

_____

3. Le calendrier scolaire américain me semble mieux que le calendrier français. _____

_____

_____

4. De nombreux Américains visitent la France tous les ans. _____

_____

_____

5. Il est difficile de travailler dans le monde des affaires internationales. _____

_____

_____

6. Il est important d'étudier une ou deux langues étrangères si l'on veut réussir dans le monde des affaires. _____

_____

_____

7. Il est important de faire des études à l'étranger. _____

_____

_____

▼ DEUXIÈME ÉTAPE ▼

Une lettre de candidature *(Text pp. 505–514)*

L▾I▾S▾O▾N▾S !

I. Prélecture. List (in English) the types of information you would include in the following business letters.

1. a job-application letter

_____

_____

2. a letter of reference for someone

_____

_____

3. a letter inviting someone to come for a job interview

_____

_____

4. a letter written by a salesperson who wants to make an appointment with a potential customer

_____

_____

5. a letter to get more information about an exchange program

_____

_____

✳ **II. Lecture: Des lettres officielles.** Read the following letters. Then answer the questions.

    A. La lettre d'accompagnement (*cover letter*)

Jeanne Lasalle
19, avenue Fontenac
45000 Rennes

Rennes, le 14 juin 19___

Monsieur le Directeur
Service de Recrutement
Éditions Araignée
6, rue Pascal
54087 Limoges

Monsieur le Directeur,

    Suite à votre annonce parue dans LE FIGARO du 13 juin, je me permets de poser ma candidature pour le poste de représentante de la région nord-ouest.

Comme vous le montrera mon curriculum vitæ ci-joint, je viens de terminer mes études à l'université de Rennes où j'ai obtenu une maîtrise en langues étrangères avec spécialisation en anglais. J'ai de plus fait un stage chez le libraire Laffont à Rennes et j'ai passé trois mois en Allemagne pour perfectionner mon allemand.

Votre offre d'emploi m'intéresse beaucoup et j'ose espérer que vous prendrez ma demande en considération.

Dans l'attente d'une réponse favorable de votre part, je vous prie d'agréer, Monsieur le Directeur, l'expression de mes salutations les plus distinguées.

Jeanne Lasalle

p.j. : 1

1. What kind of a job is Jeanne Lasalle applying for? _____

_____

2. What are her qualifications? _____

_____

3. What other types of information could Jeanne have included in her letter? _____

_____

_____

_____

B. La lettre de demande de renseignements

Philippe Royer
Lycée Anselme
45, avenue Belfort
69007 Lyon, France

Lyon, le 20 octobre 19___

Madame Elaine Leary
Heinle and Heinle Publishers, Inc.
20 Park Plaza
Boston, MA 02116, USA

Madame,

Je vous prie de bien vouloir m'adresser votre dernier catalogue concernant les ouvrages édités par votre maison à l'intention de l'enseignement de l'anglais langue étrangère. Je vous serais également obligé de me faire parvenir le nom de votre représentant en France.

Une réponse rapide de votre part nous permettrait d'immédiatement passer commande des manuels dont nous avons besoin.

Veuillez agréer, Madame, l'expression de mes salutations distinguées.

Philippe Royer

4. What information does Philippe Royer need? _____

_____

_____

5. What is likely to happen once he receives the information? _____

_____

C. La lettre de commande

Michèle Bernat
67, rue Gibert
97200 Bordeaux

Bordeaux, le 14 août 19__

La Redoute
59081 Roubaix

Monsieur,

Je vous serais obligée de bien vouloir m'expédier le blouson en cuir marron (tour de poitrine: 80/84 cm) figurant dans votre catalogue sous le numéro 849 (page 73).

Afin d'éviter toute confusion, je vous rappelle qu'il s'agit d'un blouson pour homme, doublé, col fermé par patte et boucle et aux manches raglan.

La livraison pourra en être effectuée à mon domicile dans les meilleurs délais. Le paiement sera réalisé par carte de crédit numéro 346 887 9003.

Veuillez accepter, Monsieur, l'expression de mes sentiments les meilleurs.

Michèle Bernat

6. What is Michèle Bernat ordering and what specific information does she supply? _____

_____

_____

7. Where should the item be delivered and how will the payment be made? _____

_____

General question

8. How does the format of the three French business letters differ from the format of an

American business letter? _____

_____

_____

_____

Lettre adressée à une personne que vous ne connaissez pas

You've already learned how to write letters to friends, family, and people you know. These letters, although they have a specific format, are generally informal in language and tone. When writing to people you don't know, however, you need to compose more formal letters (**lettres officielles**).

Name and address
of sender
Pierre Joubert
4, rue Fontainebleau
69001 Lyon

Place and date

Lyon, le 3 mars 19___

Name and address
of recipient
Madame Julie Roland
47, rue Mansard
69001 Lyon

Salutation in middle of page
Madame,

First sentence (indented)
Je vous serais obligée de me faire parvenir le catalogue des vêtements d'hiver offerts par votre maison . . .

Body of letter, with each new paragraph indented.

Closing salutation (indented)
Avec mes remerciements, je vous prie d'agréer, Madame, mes sentiments distingués. *(Long formula for "Sincerely")*

Signature

Pierre Joubert

Salutations for superiors or people you don't know

1. If the person does not have a title, simply put either **Monsieur** or **Madame**. Don't use the person's last name.

2. If the person has a specific title, add it to **Monsieur** or **Madame** (**Monsieur le Directeur, Madame la Directrice, Monsieur le Maire, Madame la Présidente**).

The first sentence

1. When asking for something (such as information):

Veuillez

Veuillez avoir l'obligeance de

Je vous prie de

Je vous serais obligé(e) de

Je vous serais reconnaissant(e) de

Je vous prie de bien vouloir

m'adresser . . .

m'indiquer . . .

me faire parvenir . . .

2. When informing someone of something:

J'ai l'honneur de porter à votre connaissance . . . (formal)

Je vous informe que . . . (neutral)

J'ai le plaisir de vous informer que . . . (positive)

J'ai le regret de vous informer que . . . (negative)

Closings

In English, we close formal letters with "Sincerely" or "Sincerely yours." In French, longer closings are required. Generally, you may select any of the following equivalents of "Sincerely." The words in parentheses indicate variations:

Veuillez accepter (agréer), Monsieur (Madame), mes salutations (mes sentiments) distingué(e)s (les meilleur[e]s).

Je vous prie d'accepter (d'agréer), Monsieur (Madame), mes sentiments respectueux (dévoués/les meilleurs).

Je vous prie de bien vouloir accepter (agréer), Monsieur le Directeur (Madame la Directrice), l'expression de mes sentiments les plus respectueux.

✳ **III. Des lettres.** Decide what conventional expressions you would use to begin and end letters to the following people.

1. le maire de Besançon / demande d'un extrait d'acte de naissance (*birth certificate*)

Salutation: _____

Première phrase: _____

Formule finale: _____

_____

2. le directeur des ventes / demande du catalogue de chaussures

Salutation: _____

Première phrase: _____

Formule finale: _____

_____

3. femme inconnue / demande de renseignements sur les programmes d'échange

Salutation: _____

Première phrase: _____

Formule finale: _____

_____

4. homme inconnu / commande d'un anorak du catalogue «Les 3 Suisses»

Salutation: _____

Première phrase: _____

Formule finale: _____

_____

5. votre employeur / vous ne pouvez plus travailler pour lui en été

Salutation: _____

Première phrase: _____

Formule finale: _____

_____

É·C·R·I·V·O·N·S !

PRATIQUE DE LA GRAMMAIRE

In this **étape,** you have studied the use of the subjunctive and the infinitive to express emotion and volition. To verify that you have learned these structures, take **Test 35** below. You will find the answers and scoring instructions on page 388. A perfect score is 17. If your score is less than 14 or if you wish additional practice, do the self-correcting exercises for **Chapitre 12, Étape 2,** in the **Pratique de la grammaire** at the back of this Workbook.

TEST 35
▼ ▼ ▼ ▼ ▼

Complétez chaque phrase en utilisant l'infinitif ou le présent du subjonctif du verbe indiqué.

1. (rester) Ma mère préfère que nous _____ à la maison.

2. (faire) Je suis très content de _____ votre connaissance.

3. (pouvoir) Nous regrettons vraiment que vous ne _____ pas venir.

4. (prendre) Il ne veut pas que tu _____ sa voiture.

5. (savoir) J'étais très surprise de _____ que Jean-Michel n'a pas réussi à ses examens.

6. (aller) Pourquoi est-ce que vous ne voulez pas _____ en Suisse.

7. (attendre) Mon père exige que j' _____ le week-end pour aller au cinéma.

8. (venir) Elle est très heureuse que vous _____ aussi.

9. (être) Je suis désolé que vous _____ malades.

10. (faire) Il est dommage qu'il ne _____ pas plus chaud.

▼ NOTE FOR CORRECTION: one point for each correct choice of infinitive or conjugated verb; *total: 10;* one point for each correct subjunctive form; *total: 7*

IV. **Je suis content(e) . . .** You've just received a letter from a friend telling you that she got a very good job in a bank in France. Write a letter (using the appropriate informal tone and format) expressing your positive reactions and feelings about the good news. You might also express your regret that you won't be seeing your friend before she leaves the country. In addition, ask her to send you some magazines and cassettes from France. You can use them in your French class. Use a separate sheet of paper.

V. **Une lettre de demande.** You're looking for a summer job in Québec. Write a letter to the owner of a small computer store, applying for the position of salesperson. Begin your letter with the sentence: **En réponse à votre annonce parue dans le journal d'hier, je voudrais poser ma candidature pour le poste de vendeur (vendeuse) dans votre magasin.** Describe your qualifications, previous experience, and appropriate personality traits. You should also mention when you will be ready to begin work. Use a separate sheet of paper.

L·I·S·O·N·S !

I. Prélecture. Even though you're supposed to go to work every day, sometimes you just don't feel like it, and once in a while you even decide not to go.

1. List some excuses you might give when calling your boss to say that you won't be at work today.

_____

_____

2. What might happen if your boss were to find out why you really weren't at work?

_____

_____

_____

✳ **II. Lecture: Un employé pas comme les autres (Georges Courteline)**

Dans cette scène tirée d'une pièce de Georges Courteline, le personnage principal (M. Badin) est fonctionnaire, c'est-à-dire qu'il occupe un emploi dans une administration publique. Depuis quinze jours il n'est pas venu à son travail. Le voilà en train d'expliquer son absence à son directeur.

M. BADIN: Tous les matins, je me raisonne, je me dis: «Va au bureau, Badin; voilà plus de huit jours que tu n'y es pas allé!» Je m'habille alors, et je pars; je me dirige vers le bureau. Mais, ouitche! j'entre à la brasserie;° je prends un bock° . . . deux bocks . . . trois bocks! Je regarde marcher l'horloge,° pensant: «Quand elle marquera l'heure, je me rendrai° à mon ministère.°» Malheureusement, quand elle a marqué l'heure, j'attends qu'elle marque le quart; quand elle a marqué le quart, j'attends qu'elle marque la demie! . . .

LE DIRECTEUR: Quand elle a marqué la demie, vous vous donnez le quart d'heure de grâce . . .

M. BADIN: Parfaitement! Après quoi je me dis: «Il est trop tard. J'aurais l'air° de me moquer de monde. Ce sera pour une autre fois!» Quelle existence! Quelle existence! Moi qui avais un si bon estomac, un si bon sommeil, une si belle gaieté, je ne prends plus plaisir à rien, tout ce que je mange me semble amer comme du fiel°! Si je sors, je longe les murs comme un voleur, l'œil aux aguets,° avec la peur incessante de rencontrer un de mes chefs! [. . .]

LE DIRECTEUR: Une question, M. Badin. Est-ce que vous parlez sérieusement?

M. BADIN: J'ai bien le cœur à la plaisanterie! . . . Mais réfléchissez donc, monsieur le directeur. Les deux cent francs qu'on me donne ici, je n'ai que° cela pour vivre, moi! que deviendrai-je le jour, inévitable, hélas! où on ne me les donnera plus? Car, enfin, je ne me fais aucune illusion: j'ai trente-cinq ans, âge terrible où le malheureux qui a laissé échapper son pain doit renoncer à l'espoir de le retrouver jamais! . . . Oui, ah! ce n'est pas gai, tout cela! Aussi, je me fais un sang!° . . . — Monsieur, j'ai maigri de vingt livres, depuis *que je ne suis jamais* au ministère! [. . .] Avec ça, je tousse la nuit, j'ai des transpirations; je me lève des cinq et six fois pour aller boire au pot à eau! . . . *(Hochant la tête.)* Ah! ça va finir mal, tout cela [. . .]

LE DIRECTEUR, *ému:* Eh bien! mais, venez au bureau, monsieur Badin.

M. BADIN: Impossible, monsieur le directeur.

Nom .... Cours ....

12

3e Étape

LE DIRECTEUR: Pourquoi?

M. BADIN: Je ne peux pas . . . Ça m'embête.°

LE DIRECTEUR: Si tous vos collègues tenaient ce langage . . .

M. BADIN, *un peu sec:* Je vous ferai remarquer,° monsieur le directeur, avec tout le respect que je vous dois, qu'il n'y a pas de comparaison à établir entre moi et mes collègues. Mes collègues ne donnent au bureau que leur zèle, leur activité, leur intelligence et leur temps: moi, c'est ma vie que je lui sacrifie! *(Désespéré.)* Ah! tenez, monsieur, ce n'est plus tenable°!

LE DIRECTEUR, *se levant:* C'est aussi mon avis.

M. BADIN, *se levant également:* N'est-ce pas?

LE DIRECTEUR: Absolument. Remettez-moi votre démission; je la transmettrai au ministre.

M. BADIN, *étonné:* Ma démission? Mais, monsieur, je ne songe° pas à démissionner! je demande seulement une augmentation.

LE DIRECTEUR: Comment, une augmentation!

M. BADIN, *sur le seuil de la porte:* Dame, monsieur, il faut être juste. Je ne peux pourtant pas me tuer° pour deux cents francs par moi.

Georges Courteline, **Monsieur Badin** (1897)
Flammarion, éditeur

Vocabulaire:

brasserie: bar
bock: beer
horloge: clock
me rendrai: will go
ministère: government department
aurais l'air: would look like (I was . . .)
amer comme du fiel: bitter as gall (venom)
aux aguets: on the lookout

n'ai que: have only
Aussi, je me fais un sang: So I worry
m'embête: gets on my nerves
Je vous ferai remarquer: I'll point out to you
tenable: bearable
songe: think
me tuer: kill myself (work myself to death)

A. Vocabulaire. List all of the words in the text that have to do with business and the business world.

_____

_____

_____

B. Compréhension et analyse. Based on this scene, answer the following questions.

1. What explanation(s) does Monsieur Badin offer for his frequent absences?

_____

_____

2. According to Monsieur Badin, what effect are these absences having on him?

_____

_____

3. What is the initial reaction of the director to Monsieur Badin's explanation? Why doesn't Monsieur Badin follow his suggestion?

_____

_____

4. What difference(s) does Monsieur Badin see between himself and his colleagues?

_____

_____

_____

5. How does the scene end?

_____

_____

_____

6. In your opinion, what is the attitude of the playwright toward each of the characters? Justify your answer.

_____

_____

_____

_____

L'ART D'ÉCRIRE   **Le développement d'une idée (suite)**

In the first **étape**, you learned how to expand and support an idea by offering arguments, explanations, and proof. You may also expand an idea by using examples that come from personal experience, observation, or reading.

When you give an example, be sure that it fits your idea. Keep your example short and concise, but give enough details to make its relationship to your main idea obvious. For instance:

Idée:	Pour un long voyage, le bateau est plus agréable que l'avion.
Argument:	On peut se reposer et s'amuser pendant le voyage; on est moins fatigué quand on arrive à sa destination.
Exemple:	Par exemple, la première fois que je suis allé en France, j'ai pris le bateau. Le voyage était assez long (cinq jours), mais il y avait beaucoup de jeunes. Nous avons nagé et joué aux cartes, nous avons dansé et nous avons parlé français avec d'autres passagers.
Idée:	Ma mère n'aime pas voyager.
Argument:	Elle doit tout organiser, elle doit faire tous les préparatifs et elle trouve que c'est beaucoup de travail.
Exemple:	Elle doit acheter les billets et faire les réservations. Puis c'est elle qui fait les valises et qui s'occupe des animaux (deux chiens et un chat). Et en plus, elle prépare quelque chose à manger pour le voyage.

III. Choose three of the ideas that you developed in the first **étape** (Exercise V on page 297). On a separate sheet of paper, recopy the idea and the supporting argument. Then expand further by adding an example.

IV. Develop each of the following ideas by adding one or two supporting arguments and one example.

    1. Les appareils ménagers libèrent la femme. _____

_____

_____

_____

    2. La fusion des entreprises crée des monopoles qui sont désavantageux pour les consommateurs.

_____

_____

_____

_____

    3. Les États-Unis, c'est un pays intéressant à visiter. _____

_____

_____

_____

É▾C▾R▾I▾V▾O▾N▾S !

PRATIQUE DE LA GRAMMAIRE

In this **étape,** you have studied the indirect-object pronouns **lui** and **leur.** To verify that you have learned these structures, take *Test 36* below. You will find the answers and scoring instructions on page 389. A perfect score is 8. If your score is less than 7 or if you wish additional practice, do the self-correcting exercises for **Chapitre 12, Étape 3,** in the *Pratique de la grammaire* at the back of this Workbook.

TEST 36
▼ ▼ ▼ ▼ ▼

Répondez à chaque question en utilisant un pronom et les mots suggérés.

  1. Tu téléphones souvent à tes parents? (oui . . . une ou deux fois par mois)

_____

  2. Tu as parlé à ton grand-père? (oui . . . samedi dernier)

_____

  3. Tu vas acheter un cadeau pour ta sœur? (oui . . . un compact disc)

_____

4. Tes parents ont vu tes photos? (non . . . il faut que je montre mes photos)

_____

▼ NOTE FOR CORRECTION: one point for each correct indirect-object pronoun, one point for each correct placement of pronoun; _total: 8_

❋ **V. M. Badin et son directeur.** Use the direct-object pronouns **le, la, l'**, and **les** and the indirect-object pronouns **lui** and **leur** to complete these sentences about the discussion between M. Badin and his boss.

1. Voilà M. Badin en train de parler à son directeur. Il essaie de _____ expliquer ses absences.

2. M. Badin a des excuses. Mais est-ce que son directeur va _____ accepter?

3. Par exemple, tous les matins M. Badin va au café. Dans ce café il y a une grande horloge.

   Il _____ regarde pendant qu'il boit une, deux, trois bières.

4. Quand M. Badin ne va pas au bureau, il a peur des ses chefs. Il ne veut pas _____ rencontrer dans la rue.

5. Le directeur _____ demande s'il parle sérieusement. M. Badin _____ répond que oui.

6. Le salaire de M. Badin est de deux cents francs. Mais il s'inquiète: «que deviendrai-je le jour

   où on ne me _____ donnera plus, mes deux cents francs?»

7. M. Badin a des collègues au bureau, mais il _____ parle très rarement. Il ne semble

   pas _____ aimer.

8. Le directeur _____ dit de remettre sa démission. Le directeur _____ transmettra au ministre.

9. Mais M. Badin n'est pas venu pour démissionner. Il est venu parler au directeur pour

   _____ demander une augmentation.

10. Pensez-vous que M. Badin _____ aura (_will get_), son augmentation?

VI. On a separate piece of paper, write a short composition on one of the following topics. Be sure to present supporting arguments and examples.

1. La carrière qui m'intéresse le plus

VOCABULARY: Trades, occupation; professions

PHRASES: Writing an essay; linking ideas; expressing an opinion; comparing & contrasting

GRAMMAR: Comparison

SYSTÈME-D

2. La libération des femmes n'est pas encore un fait accompli

PHRASES: Writing an essay; expressing an opinion; linking ideas

SYSTÈME-D

Nom .... Cours ....

12

4ᵉ Étape

▼ QUATRIÈME ÉTAPE ▼

(Text pp. 523–529)

CHAPITRE 12
SEGMENT 1

É·C·O·U·T·O·N·S !

✴ **I. La formation supérieure.** Listen to the statements of four young people who have just completed their secondary education and are explaining their career goals. Match each commentary to the appropriate school ad below.

STAGES PRATIQUES - AIDE EFFECTIVE AU PLACEMENT
ENTREZ DANS LE MONDE DU TOURISME
Une formation professionnelle solide
qui s'harmonise au charme et à la distinction

*PRIORITÉ AUX LANGUES - AUDIO-VISUEL
PRATIQUE DE L'INFORMATIQUE*
DIPLÔMES PROFESSIONNELS ET D'ÉTAT

— • —

ACADÉMIE DES HÔTESSES ET STEWARDS
ENSEIGNEMENT PRIVÉ
53, bd Sébastopol - bureau 32 - 75001 PARIS
☎ 42.96.80.90   MÉTRO/RER : CHATELET

Enseignement supérieur privé et formation continue.

CESCE

**Centre d'Etudes Supérieures
de la Communication d'Entreprise**
Formation intensive
à la Communication multimédias:
écrit, radio, vidéo, télématique.

Communication externe et interne,
relations presse et publiques, communication globale.

SESSION DE 6 MOIS : Septembre-Février / Février-Juillet
Enseignement théorique et pratique. stage
Admission : BAC + 2 ou expérience professionnelle.

LANGUES & AFFAIRES

Premier établissement européen pour l'enseignement à distance des langues du commerce et des affaires.

Préparez un métier d'avenir, dans une perspective internationale : **BTS Commerce International, Action Commerciale, Bureautique et Secrétariat, Traducteur Commercial.**

Enseignements à distance, à votre rythme, adaptés à votre niveau et à votre disponibilité. Inscription toute l'année. Orientation et formation continue.

Langues & Affaires. Service **4626**
35 rue Collange. 92303 PARIS-LEVALLOIS
Tel. 42.70.81.88 - 42.70.73.63

isea
Institut Supérieur
de l'Entreprise et des Affaires

**92, av. Charles-de-Gaulle
92200 Neuilly-sur-Seine
(1) 47 47 06 40 +**

**COMMUNICATION
RELATIONS PUBLIQUES**

ÉCOLE
SUPÉRIEURE
d' ART PRIVÉE
NEUFVILLE

**P·R·É·P·A·R·A·T·O·I·R·E
DESIGN TEXTILE**

**12 rue Martel
75010 - Paris
Tel. 47.70.37.59
Fax 42.46.33.30**

CERAM

**UNE GRANDE ECOLE
DE COMMERCE
AU SEIN DE LA PREMIÈRE
TECHNOPOLE FRANÇAISE
SOPHIA ANTIPOLIS**
avec Digital Equipment, Air France,
l'Ecole des Mines, le CNRS...

*BP 20 - Sophia Antipolis - 06561 Valbonne Cedex
Tél. 93 95 45 95*

✳ II. Le, la, l', les, lui, leur? Circle the object pronoun you hear in each sentence.

1. le la l' les lui leur   5. le la l' les lui leur

2. le la l' les lui leur   6. le la l' les lui leur

3. le la l' les lui leur   7. le la l' les lui leur

4. le la l' les lui leur   8. le la l' les lui leur

✳ III. Les postes disponibles. Listen to the employers' descriptions of the jobs they have available. Then provide the requested information for each description.

1. Poste: _____

   Ville: _____

   Expérience: _____

   Langue(s): _____

   Salaire: _____

2. Poste: _____

   Ville: _____

   Expérience: _____

   Langue(s): _____

   Salaire : _____

3. Poste: _____

   Ville: _____

   Expérience: _____

   Langue(s): _____

   Salaire: _____

4. Poste: _____

   Ville: _____

   Expérience: _____

   Langue(s): _____

   Salaire: _____

ATR

SETTIMIO BIONDI
Vice-President Procurement

Avions de Transport Régional

316, ROUTE DE BAYONNE - BP 3107 - 31026 TOULOUSE CEDEX - FRANCE
PHONE : (33) 61.30.44.74 - TELEX : 533 984 F - FAX : (33) 61.30.07.40

MICHEL MARTUCHOU

INGÉNIEUR EN CHEF
DÉPARTEMENT COOPÉRATION TECHNIQUE

TÉL. : 67.58.23.77
TÉLEX : 480 619 MIDISEL
TÉLÉFAX · 67.58.96.69

COMPAGNIE DES SALINS DU MIDI
ET DES SALINES DE L'EST
68, COURS GAMBETTA
34063 MONTPELLIER CEDEX 2 F

AIR FRANCE

MIREILLE LUFEAUX

ATTACHÉE DES SERVICES COMMERCIAUX

DIRECTION RÉGIONALE
2 BOULEVARD DE STRASBOURG · 31000 TOULOUSE · 62.84.04

Reprinted with permission of the *Journal Français d'Amérique.*

✱ **IV. Mini-dictée: TGV: Le Texas à grande vitesse.** Listen to the news item and fill in the blanks with the words you hear. The text will be read twice.

C'est finalement le TGV qui l'a emporté sur son concurrent _____ FasTrac

pour équiper le Texas d'un _____ à grande vitesse. Les autorités texanes,

dans un _____ unanime, ont confié au _____ mené

par GEC-Alsthom, associé pour l'occasion à la Morrison Knudsen Corporation, grande

_____ américaine de _____ basée à Boise (Idaho), le

soin de relier Houston à Dallas (_____ km) à près de

_____ km/h dès _____.

Le _____ prévoit aussi, en _____, une

_____ Dallas–San Antonio, avec _____ à Austin, la

_____ de l'État, et plus tard, si la _____ existe, une

liaison San Antonio–Houston, ce qui ferait au total un triangle de 1 000 km de voies

_____.

Certes, la _____ du TGV français et dix ans d'_____

ont _____ un rôle dans la prise de décision, mais c'est surtout le montage

financier qui fut l'argument décisif. Car il y a tout de même une _____ pour

que le projet se réalise: c'est que son financement _____ trouvé dans les

deux ans, et surtout qu'il _____ entièrement assuré par des fonds privés,

le Texas ayant déjà à faire face à un déficit _____ de $4,7 milliards pour les

deux prochaines _____.

R▾É▾D▾I▾G▾E▾O▾N▾S !

Mes qualifications. You've been asked to write a self-portrait for a job-placement agency. Include your family background, personal qualities, education, work experience, leisure-time activities and hobbies, the types of work you're interested in, and any other information that you think will help the agency to match you with appropriate job openings. Use a separate sheet of paper.

VOCABULARY: Family members, personality; languages; studies, course; leisure; trades, occupation

PHRASES: Writing an essay; describing people

GRAMMAR: Adjective agreement; adjective position

TRAVAIL DE FIN DE CHAPITRE
▼ ▼ ▼ ▼ ▼

❊ **I. Quatre interviews**

A. You will hear four job interviews. Match the number of each interview with the appropriate job.

_____ camp counselor

_____ salesperson in a clothing store

_____ French teacher in an American high school

_____ traveling salesperson

B. Listen again to the four job interviews. Then answer the following questions.

Interview Number 1

1. What job is the person being interviewed for? _____

_____

2. Where did the person do her studies? _____

_____

3. Has she held a teaching job before? _____

_____

Interview Number 2

4. In what region of France would the person be working? _____

_____

5. How many years of experience does the person have? _____

_____

Nom .... Cours ....

12

Rédigeons!/
🔲 Travail de
fin de chapitre

6. What job has the person held before? _____

_____

7. Is the person interested in traveling? _____

_____

Interview Number 3

8. What qualifies the person for the job? _____

_____

9. What does the person eventually want to do as a career? _____

_____

Interview Number 4

10. What is one of the most important requirements for the job? _____

_____

11. What qualifications does the person have? _____

_____

✳ **II. Jeu: Chaînes de mots.** Each of the following series of words are logically connected (for example, they may be a chronological sequence of events, synonyms, antonyms, or a cause and effect). Find the words that fit between the first and last words. The first letter of each word is provided and cues are given in parentheses.

1. petites annonces

l __ __ __ __ __   (on pose sa candidature)

i __ __ __ __ __ __ __   (on se présente)

o __ __ __ __   (la bonne nouvelle)
premier jour de travail

2. achats

v __ __ __ __ __   (le contraire)

c __ __ __ __ __ __ __ __   (personne qui vend)

c __ __ __ __ __ __   (personnes qui achètent)
chiffre d'affaires

3. compagnie

e __ __ __ __ __ __ __ __   (synonyme)

s __ __ __ __ __ __   (synonyme)

s __ __ __ __ __ __ __ __ __   (d'autres lieux de la même compagnie)
industrie

4. travail

p __ __ __ __ __   (personne qui a des employés)

c __ __ __ __ s __ __ __ __ __ __   (synonyme)

s __ __ __ __ __   (synonyme d'employé)
travail à plein temps

L'Avenir, c'est Aujourd'hui!
PERFORMANCE EUROPEENNE
VOUS CONNAISSEZ?
C'EST AVEC EUX QUE NOUS AVONS FRANCHI AVEC
SUCCÈS NOTRE PREMIER PAS VERS LA VIE ACTIVE.
LE TRAVAIL TEMPORAIRE: C'EST LEUR MÉTIER!
ILS NOUS CONSEILLENT ET NOUS PLACENT AU SEIN D'ENTREPRISES
NATIONALES ET INTERNATIONALES DANS LES DOMAINES
TECHNIQUE ET TERTIAIRE.
ALORS... DIPLÔMÉS OU NIVEAU, TRACEZ LE
CHEMIN DE VOTRE RÉUSSITE AVEC
PERFORMANCE EUROPÉENNE
CONTRAT
DIPLOME
PERFORMANCE
EUROPEENNE
Travail temporaire
6, RUE D'ANTIN 75002 PARIS
M° OPÉRA
(1) 42 60 03 55

CHAPITRE 13   Voyageons!

▼ PREMIÈRE ÉTAPE ▼

On fait un voyage (Text pp. 538–547)

L ▪I▪ ▾S ▾O ▪N ▪S !

Poetry is first of all word play. Poets create their poems out of words, paying attention not only to literal meaning but to sounds, rhythms, and associations. Consequently, when you read a poem, you need to pay close attention to the words themselves. In this **étape,** *you are going to read a short poem by Max Jacob (1876–1944), a poet who was "serious" about the idea of "playing" with words.*

I. **Prélecture.** The poem is about a female acrobat who is taking a train trip. What ideas do you bring to the reading of this poem?

1. What do you associate with an acrobat? What kind of life do you imagine she leads? _____

   _____

   _____

2. What do people do while traveling by train (or plane)? _____

   _____

   _____

3. Locate on the map of France the following cities: **Paris, Nantes, Saumur.**

REMEMBER! An asterisk (✶) preceding an exercise number indicates that the exercise is self-correcting. You will find the answers at the back of this **Cahier,** beginning on page 389.

II. Lecture: La Saltimbanque en wagon de 3ᵐᵉ classe

La saltimbanque! la saltimbanque!
a pris l'express à neuf heures trente,
a pris l'express de Paris-Nantes.
Prends garde garde, ô saltimbanque,
que le train partant ne te manque.
Et voici son cœur qui chante:
oh! sentir dans la nuit clémente
qu'on suit la direction d'un grand fleuve
dans la nuit de l'ouest, dans la nuit veuve!
Mais on ne me laissera donc pas seule
sous mon rêve avec mon saule.
Gens de Saumur! gens de Saumur!
Oh! laissez-moi dans ma saumure.

Abstenez-vous, gens de Saumur,
de monter dans cette voiture.
Elle rêve à son maillot jaune
qui doit si bien aller à sa chevelure
quand elle la rejette loin de sa figure.
Elle rêve à son mari qui est jeune,
plus jeune qu'elle, et à son enfant
qui est visiblement un génie.
La saltimbanque est tcherkesse;
elle sait jouer de la grosse caisse.
Elle est belle et ne fait pas d'épates;
elle a des lèvres comme la tomate.

Vocabulaire:

la saltimbanque: acrobat
Prends garde: Take care
ne te manque: you don't miss
suit: is following
veuve: widowed
seule: alone
saule: willow
saumure: pickling juice
maillot: leotard (also **maillot jaune:** leader's shirt in Tour de France bicycle race)

chevelure: hair
figure: face
tcherkesse: Circassian (inhabitant of Circassia, southern part of former Soviet Union)
grosse caisse: bass drum
ne fait pas d'épates: doesn't show off
lèvres: lips

III. Analyse. Answer the following questions about the poem.

1. Summarize briefly the basic situation: Where is the acrobat? Where is she going? Is this a long trip? Why might she be going there? Why might she be riding in third class? _____

   _____

   _____

   _____

   _____

   _____

2. Most of the poem is presented in the words of the poet-narrator; however, one section presents the words the acrobat says to herself. Identify this section. What is she saying to herself? Why?

   _____

   _____

   _____

   _____

   _____

3. What does the acrobat dream about during the trip? What do her dreams reveal about her? ___

_____

_____

4. Find instances where the poet plays with the sounds of words (for example, **trente** /
Nantes).

_____

_____

_____

Find instances where the word play is on the shape (letters) of the word rather than on the

sound. _____

_____

_____

5. What is strange and humorous about the end of the poem? Does this ending affect the way

you feel about the poem as a whole? _____

_____

_____

_____

É▾C▾R▾I▾V▾O▾N▾S !

PRATIQUE DE LA GRAMMAIRE

In this **étape,** you have studied geographical names and expressions. To verify that you have
learned these structures, take *Test 37* below. You will find the answers and scoring instructions on
page 389. A perfect score is 30. If your score is less than 24 or if you wish additional practice, do the
self-correcting exercises for **Chapitre 13, Étape 1,** in the *Pratique de la grammaire* at the back
of this Workbook.

TEST 37
▼ ▼ ▼ ▼ ▼

Complétez chaque phrase en utilisant une préposition et le nom d'un pays.

1. Paris se trouve _____.

2. Moscou se trouve _____.

3. Béjing se trouve _____.

4. Montréal se trouve _____.

5. Genève se trouve _____.

6. New York se trouve _____.

7. Melbourne et Sidney se trouvent _____.

8. Acapulco et Cuernavace se trouvent _____.

9. Tokyo se trouve _____.

10. Bruxelles se trouve _____.

11. Jorge est espagnol. Il vient _____.

12. Claudia est brésilienne. Elle vient _____.

13. Amina est sénégalaise. Elle vient _____.

14. Florence est anglaise. Elle vient _____.

15. Moisha est israélien. Il vient _____.

▼ NOTE FOR CORRECTION: one point for each correct preposition, one point for each correct country name; *total: 30*

IV. Pourquoi ne pas y aller avec nous? Write a short note to a friend, describing a trip that you are planning and inviting your friend to go with you. Follow the outline given below and use appropriate expressions to begin and end the letter. Use a separate sheet of paper.

    1. Tell where you are planning to go.
    2. Tell who is going with you.
    3. Tell where you are planning to leave from.
    4. Invite your friend to accompany you.

VOCABULARY: Traveling; geography

PHRASES: Inviting; linking ideas; sequencing events

V. Un groupe de lycéens français chez nous. A group of French **lycée** students are touring your part of the United States by bus. They are going to be in your area for four days and will stay with local families. Make up an itinerary for the group that includes meals, activities, and time with the host families. The group will arrive late Thursday afternoon and leave early Tuesday morning. Use a separate sheet of paper.

Modèle: *jeudi (9 avril)*
           5h arrivée à (Charleston)
           6h30 dîner . . . , etc.

L'ART D'ÉCRIRE   L'organisation d'un paragraphe

When you expand your writing to include several connected sentences, the basic unit of organization becomes the paragraph. *While paragraphs may be organized in various ways, they usually follow a pattern that is much like the one discussed in the previous chapter—that is, a main idea supported by arguments and illustrated by examples. Often, the main idea is expressed in the first sentence of the paragraph and then summed up, in different words, at the end of the paragraph:*

Pour un long voyage, le bateau est plus agréable que l'avion. On peut se reposer et s'amuser; on n'est pas fatigué quand on arrive à sa destination. La première fois que je suis allé en France, j'ai pris le bateau. Le voyage était long, mais il y avait beaucoup de jeunes. Nous avons joué au shuffleboard et aux cartes, nous avons dansé et nous avons parlé français avec d'autres voyageurs. **Par conséquent, quand nous sommes arrivés au Havre, nous n'avons pas eu l'impression d'être transportés brusquement d'une culture à une autre.**

Some paragraphs may have only arguments and no examples; others may have examples without arguments. In addition, it is not always necessary to restate the main idea at the end.

✷ **VI. Deux paragraphes.** Analysez les paragraphes suivants en isolant les parties indiquées. Attention: il n'est pas nécessaire qu'un paragraphe ait toutes les parties qu'on a mentionnées.

1. Ma mère n'aime pas voyager. Elle doit tout organiser, elle doit faire tous les préparatifs. Elle achète les billets et fait les réservations. Puis elle fait les valises et s'occupe des animaux (deux chiens et un chat). Et c'est elle qui prépare quelque chose à manger pour le voyage. C'est pourquoi elle trouve que c'est moins fatigant de rester chez nous.

   a. Idée principale: _____

   _____

   _____

   b. Argument(s): _____

   _____

   _____

   c. Exemple(s): _____

   _____

   _____

   d. Idée principale (résumé): _____

   _____

2. Premier carrefour ferroviaire français, Lyon voit le trafic de ses gares augmenter de jour en jour. Plus de 12 millions de voyageurs ont fréquenté les gares lyonnaises en 1980. Le trafic a encore progressé avec la mise en service des TGV en 1981.

   a. Idée principale: _____

   _____

   _____

   b. Argument(s): _____

   _____

   _____

c. Exemple(s): _____

_____

_____

d. Idée principale (résumé): _____

_____

VII. Organisons un paragraphe! En suivant le schéma établi dans l'Exercice VI, notez des idées et des exemples que vous voudriez utiliser pour développer *un* des sujets suivants.

1. Le système ferroviaire américain

2. Les vacances idéales

3. Un moyen de transport oublié—la marche à pied

4. Voyager seul(e) ou voyager en famille?

Idée principale: _____

_____

Arguments: _____

_____

_____

Exemples: _____

_____

_____

_____

_____

VIII. Un paragraphe. Rédigez le paragraphe que vous avez préparé dans l'Exercice VII. Utilisez une autre feuille de papier.

▼ DEUXIÈME ÉTAPE ▼

On prend le train (Text pp. 548–559)

L▾I▾S▾O▾N▾S !

The SNCF offers a great variety of services to its travelers. You are going to read part of a brochure aimed at people who wish to combine train and bike travel.

I. Prélecture. Answer the following general questions about train and bike travel.

1. For what reasons might someone want to combine traveling by train and by bike? _____

_____

_____

2. In what circumstances might someone want to bring along his/her own bike? _____

_____

_____

Nom .... Cours ....

13

2ᵉ Étape

3. In what circumstances might it be preferable to rent a bike upon arrival? _____

_____

✳ **II. Lecture: On va faire du vélo aussi?** Answer the following questions on the basis of information given in the *Guide du train et du vélo.*

Guide du train et du vélo

vous emportez votre vélo:

**EN MÊME TEMPS
QUE VOUS DANS LE TRAIN**

● **en bagage à main, gratuitement.**

Tous les jours, dans plus de 2 000 trains de petit parcours, vous pouvez emporter votre vélo comme un bagage à main. Vous assurez vous-même le chargement dans le fourgon à bagages, la surveillance et le déchargement de votre vélo. Dans certains trains, un fourgon signalé par une affichette est spécialement réservé.

Ces trains sont repérés dans les indicateurs horaires de la SNCF par un pictogramme 🚲 en tête de colonne horaire.

Les services d'accueil et de vente sont en outre, dans les gares, à votre disposition pour vous les indiquer.

En banlieue de Paris, vous pouvez utiliser:

● tous les trains des samedis, dimanches et fêtes,
● les trains des mercredis en dehors des périodes horaires de 6 h 30 à 9 h 30 et de 16 h 30 à 19 h.

Toutefois, certains trains désignés dans les indicateurs de banlieue ne sont jamais accessibles.

● **remis au service bagages SNCF**

Dans certains trains, votre vélo voyagera en même temps que vous (renseignez-vous dans votre gare).

Vous devez l'enregistrer une demi-heure ou une heure avant votre départ, selon les gares. Vous pouvez le retirer une demi-heure environ après votre arrivée.

les prix* par vélo

Droit d'enregistrement:	30 F
Enlèvement à domicile:	25 F
Livraison à domicile:	25 F

* Prix au 30/4/87

vous n'emportez pas votre vélo:

TRAIN + Vélo

La SNCF met à votre disposition dans 287 gares un service de location de vélos.

Il vous suffit de présenter une carte d'identité et de verser une caution de 250 F.

Si vous présentez:
– une Carte Bleue, une Carte Bleue Visa, Eurocard, Master Card, Access,
– une carte d'abonnement à libre circulation, carte demi-tarif, carte Vermeil, carte France Vacances, carte Jeune,

vous ne payez pas cette caution.

1. What is the least expensive way to have a bike ready for you at the end of your train trip? How can you tell if it is possible to do this on the train you are planning to take? _____

_____

_____

_____

2. How much will you pay to check your bike if you bring it to the station with you? On arrival at your destination, how long will you have to wait before you can pick up your bike? _____

_____

_____

3. Imagine that you are planning to rent a bike for five days. How much will you have to pay when you pick the bike up? Why? How much will you have to pay if you have a credit card?

Explain. _____

_____

_____

É▾C▾R▾I▾V▾O▾N▾S !

PRATIQUE DE LA GRAMMAIRE

In this **étape,** you have studied the future tense. To verify that you have learned these structures, take *Test 38* below. You will find the answers and scoring instructions on page 390. A perfect score is 15. If your score is less than 12 or if you wish additional practice, do the self-correcting exercises for **Chapitre 13, Étape 2,** in the *Pratique de la grammaire* at the back of this Workbook.

TEST 38
▼ ▼ ▼ ▼ ▼

Complétez chaque phrase en donnant la forme convenable du futur du verbe entre parenthèses.

1. (arriver) Nous _____ avant vous.

2. (faire) Il _____ de son mieux.

3. (aller) D'abord tu _____ au lac.

4. (pouvoir) Vous _____ nous accompagner, si vous voulez.

5. (voir) On _____ bientôt les résultats.

6. (avoir) Ils n'_____ pas le temps de le faire.

7. (recevoir) Tu _____ une lettre demain ou le jour après.

8. (partir) Elle _____ avant nous.

9. (vouloir) Est-ce qu'il _____ manger avec nous?

10. (envoyer) Je vous _____ une carte postale.

11. (attendre) J' _____ près de l'entrée.

12. (falloir) Il _____ payer pour entrer.

13. (répondre) Je _____ à sa lettre si vous voulez.

14. (savoir) Ils _____ les résultats la semaine prochaine.

15. (être) Dépêchez-vous! Vous _____ en retard.

▼ NOTE FOR CORRECTION: one point for each correct verb form; *total: 15*

III. Si . . . Complétez les phrases suivantes à l'aide d'un verbe au futur. Essayez de varier les verbes autant que possible.

1. Ce soir, si j'ai assez de temps, je _____

   _____

2. Un jour, si vous travaillez beaucoup, vous _____

   _____

3. S'il fait beau ce week-end, nous _____

   _____

4. Si je gagne à la loterie, je _____

   _____

5. Si je (ne) réussis (pas) à l'examen, le professeur _____

   _____

6. Si mes amis organisent une soirée, nous _____

   _____

7. Si je (ne) gagne (pas) beaucoup d'argent cette année, mes parents _____

   _____

   _____

8. Si je vais en Europe, _____

   _____

IV. Dans dix ans. Imaginez la vie future des personnes indiquées. Dans dix ans, où habiteront-elles, quel travail feront-elles, etc? Écrivez au moins trois phrases au sujet de chaque personne. Quelques verbes possibles: **être, avoir, habiter, travailler, aller, pouvoir.**

1. mon (ma) meilleur(e) ami(e)

   _____

   _____

   _____

2. mes parents

   _____

   _____

   _____

3. moi

_____

_____

_____

4. mon professeur de français

_____

_____

_____

L'ART D'ÉCRIRE **L'enchaînement des phrases—liaisons temporelles**

As a paragraph develops, the train of thought is often easier to follow if the connections between sentences are made clear. When you write to friends or family members, you often recount your past activities and future plans. In other words, your paragraphs are organized by _time_.

The most general connecting expressions based on time are those that indicate order—**d'abord** (_first_), **ensuite** and **puis** (_then_), and **enfin** (_finally_). It is also possible to use more specific connecting words that refer to the day, week, month, or year. Some of these expressions are specific to the past, such as **dernier (la semaine dernière, le mois dernier, mardi dernier)**, or to the future, such as **prochain (l'année prochaine, dimanche prochain)**. Others may be used to talk about the past or the future: **le lendemain** (_the next day_), **deux jours après** (_two days later_). In the exercises that follow, concentrate on clarifying the time relationships between the different activities and events.

V. **Deux paragraphes.** Rédigez deux paragraphes en développant les sujets suivants et en faisant attention à l'enchaînement des phrases. Utilisez une autre feuille de papier.

  1. Ce que je fais le matin avant d'aller à l'école (Utilisez **d'abord,** etc.)

  2. Un voyage que j'ai fait (Utilisez des expressions temporelles précises.)

VI. **Des vacances de neige.** Vous serez en France l'année prochaine. Puisque vous aimez les sports d'hiver, vous voudrez faire du ski. Au mois de février, vous irez à Annemasse, dans les Alpes. Racontez _au futur_ les différents moments de votre voyage à Annemasse tels que vous les imaginez en suivant le schéma proposé et en consultant l'horaire des trains (p. 327). Chaque paragraphe doit comprendre plusieurs phrases reliées par des expressions temporelles. Utilisez une autre feuille de papier.

  1. les préparatifs (aller à la gare, acheter des billets de train, faire des réservations)
  2. le départ pour les Alpes (aller à la gare, consulter le tableau des trains, etc.)
  3. la semaine à Annemasse (hôtel, repas, activités)
  4. le voyage de retour (départ d'Annemasse, arrivée à Paris)

PARIS   GENÈVE   ÉVIAN

RESA TGV

[□] [■] Pour connaître le prix correspondant à la couleur de votre RESA TGV,
[□] [■] consultez le tableau "Prix des Relations" p. 10 et 11.
[□] TGV ne circulant pas ce jour-là.

HORAIRES

N° du TGV		🚄 921	🚄 923	913	🚄 925	🚄 927	🚄 929
Restauration		[🍽]	[🍽]	[🍽]		[🍽]	[🍽]
Paris-Gare de Lyon	D	7.35	10.36	10.36	14.32	17.40	19.13
Mâcon-TGV	A	9.15			16.13		
Bourg-en-Bresse	A				16.32		21.09
Culoz	A				17.21		
Bellegarde	A	10.37	13.34	13.34	17.45	20.41	22.15
Genève	A	11.08	14.05		18.15	21.11	22.45
Annemasse	A	a	a	14.16		a	a
Thonon-les-Bains	A	a	a	14.40		a	a
Évian-les-Bains	A	a	a	14.53		a	a

ÉVIAN   GENÈVE   PARIS

RESA TGV

[□] [3] Pour connaître le prix correspondant à la couleur de votre RESA TGV,
[□] [■] consultez le tableau "Prix des Relations" p. 10 et 11.
[□] TGV ne circulant pas ce jour-là.

HORAIRES

N° du TGV		🚄 920	🚄 922	🚄 924	916	🚄 926	🚄 928
Restauration		[🍽]	[🍽]	[🍽]	[🍽]	[🍽]	[🍽]
Évian-les-Bains	D	a	a	a	15.57	a	a
Thonon-les-Bains	D	a	a	a	16.10	a	a
Annemasse	D	a	a	a	16.33	a	a
Genève	D	7.09	10.02	13.01		16.50	19.29
Bellegarde	D	7.35	10.29	13.28	17.19	17.19	19.56
Culoz	D						20.22
Bourg-en-Bresse	D				18.26	18.26	
Mâcon-TGV	D			14.54	18.47	18.47	
Paris-Gare de Lyon	A	10.39	13.34	16.38	20.31	20.31	23.09

A Arrivée   D Départ   a Correspondance à Bellegarde.
Pour les gares de Culoz, Bourg-en-Bresse et Mâcon-TGV voir également le tableau page 37.
[🍽] Service restauration à la place en 1re classe, en réservation.
🚄 EuroCity.

VOCABULARY: City; traveling; geography; direction & distance; means of transportation

PHRASES: Asking for information; linking ideas; sequencing events; requesting something

GRAMMAR: Future tense

SYSTÈME-D

L▪I▪S▪O▪N▪S !

Unfortunately, the proportion of fatal automobile accidents is extremely high in France. You are going to read a news article about governmental reactions to this situation.

I. Les accidents de la route. Answer the following questions about driving in the United States.

1. What period(s) of the year is(are) the most dangerous on American roads and highways? _____

   _____

2. What do you think are the three major causes of automobile fatalities? _____

   _____

3. What measures have cities and states in the United States taken in order to reduce the

   number of fatal automobile accidents? _____

   _____

   _____

✱ **II. Les automobilistes et le permis de conduire.** Read the following news article, then answer both the general and the specific questions.

Un été meurtrier

De nombreux automobilistes perdent leur permis de conduire

Les préfets de police ont reçu, début août, l'ordre de surveiller les petites et moyennes routes de France et de suspendre sur-le-champ les permis de conduire des automobilistes gravement délinquants. Cette consigne du gouvernement est venue à la suite d'un week-end catastrophique (cent trente-cinq morts) à la fin du mois de juillet lors des grands départs en vacances.

L'hécatombe sur les routes de France cet été a, en effet, incité le gouvernement français à prendre des mesures disciplinaires beaucoup plus sévères que d'habitude. Une nouvelle procédure permet maintenant au préfet, à son représentant ou à un membre de la commission administrative de suspendre le permis de conduire et de retirer immédiatement pour une durée maximale de deux mois le permis au conducteur auteur d'une infraction dangereuse au code de la route. L'automobiliste dispose de quinze jours pour faire appel devant la commission ad-ministrative.

Les préfets ont, semble-t-il, fait diligence pour suivre les nouvelles consignes. Dès le premier week-end, ils auraient retiré cent vingt-six permis de conduire. Le second, celui du 15 août s'avérait non moins douloureux pour automobilistes non respectueux du code. Bilan : près de 200 retraits immédiats de permis de conduire, selon les bureaux régionaux de l'Agence France-Presse.

L'excès de vitesse, le premier coupable

« Monsieur le préfet, j'ai besoin de mon permis : je travaille en voiture ». Malgré la supplique que lui adresse cet ouvrier qui roulait à 131 kilomètres-heure au lieu de 90 au volant de sa Golf GTI rouge, le préfet du Tarn-et-Garonne est, comme les préfets des autres régions de France, resté intrait-ble et a frappé sans hésitation le jeune conducteur d'une suspension de permis de conduire de 28 jours.

C'est l'excès de vitesse qui a été le plus souvent sanctionné, nombre d'automobilistes ayant été surpris à rouler à 90 kilomètres-heure dans les agglomérations où la vitesse est limitée à 60 kilomètres-heure et à 130 kilomètres-heure sur les routes de rase campagne où elle était limitée à 90 kilomètres-heure. L'infraction la plus grave a été commise par un conducteur d'une Peugeot 205 GTI roulant à 196 kilomètres-heure sur une portion de voie autorisée à 110.

La Prévention routière affirme que les causes d'accident sont d'abord l'alcool et la vitesse — souvent les deux associés — viennent ensuite l'inattention, la fatigue et le mauvais état du véhicule.

Les nouvelles mesures de sécurité ne touchent pas uniquement les Français puisque des étrangers ont dû acquitter sur-le-champ une amende automatique de 900 F avant de pouvoir reprendre le volant.

General questions

1. What news events led up to the writing of this article? _____

   _____

   _____

   _____

2. What examples does the reporter give to illustrate the main topic of the article? _____

   _____

   _____

   _____

   _____

Specific questions

3. What happens to drivers who are affected by the new policy? _____

   _____

   _____

4. Are exceptions made for drivers with special needs or problems? Explain. _____

   _____

   _____

   _____

   _____

5. What are the major causes of road accidents in France? _____

   _____

   _____

6. Do the new policies apply to foreign as well as French drivers? Explain. _____

   _____

   _____

É·C·O·U·T·O·N·S !

PRATIQUE DE LA GRAMMAIRE

In this **étape,** you have studied the pronouns **y** and **en**. To verify that you have learned these structures, take *Test 39* below. You will find the answers and scoring instructions on page 390. A perfect score is 20. If your score is less than 16 or if you wish additional practice, do the self-correcting exercises for **Chapitre 13, Étape 3,** in the *Pratique de la grammaire* at the back of this Workbook.

TEST 39
▼ ▼ ▼ ▼ ▼

Répondez à chaque question en utilisant **y** ou **en** et les mots suggérés.

1. Depuis combien de temps est-ce que tu habites à Rouen? (depuis 10 ans)

_____

2. Tu veux du fromage? (non)

_____

3. Tu as mangé des légumes? (oui)

_____

4. Comment sont-ils allés en Italie? (par le train)

_____

5. Quand est-ce que vous serez au Sénégal? (le printemps prochain)

_____

6. Combien de frères as-tu? (deux)

_____

7. On va au concert? (oui, allons [*impératif*])

_____

8. Qui va s'occuper du dessert? (Catherine)

_____

9. Tu vas apporter ta calculatrice? (non, je n'ai pas besoin)

_____

10. On va au centre commercial? (oui, il faut que j'achète des vêtements pour mon voyage)

_____

> ▼ NOTE FOR CORRECTION: one point for the correct choice of **y** or **en;** one point for correct placement; *total: 20*

III. Une panne. Vous écrivez une carte postale à un(e) ami(e) français(e). Vous lui racontez un voyage que vous avez fait en voiture. Au cours de ce voyage, vous avez eu un petit ennui (*problem*)—un pneu crevé ou une panne de moteur ou une panne d'essence. Utilisez une autre feuille de papier.

VOCABULARY: Traveling; automobile

PHRASES: Describing objects; reassuring

IV. On va vous rendre visite. Your French friend and his/her family are planning to visit the United States and will stay in a city that is within a day's drive of where you live. You have suggested that they rent a car and come to visit you and your family, and they have accepted your invitation. On a separate sheet of paper, write a note to your friend explaining how to get from the city to your town.

1. Explain where your town is located in relation to other towns and landmarks.
2. Suggest which roads to take.
3. Tell approximately how long the trip will require.
4. Warn your friend not to go too far over the speed limit. (**Ne dépassez pas __ miles à l'heure.**)

VOCABULARY: Geography; direction & distance; time expressions

PHRASES: Giving directions; telling time; advising; warning

L'ART D'ÉCRIRE   **L'enchaînement des phrases—liaisons logiques**

In the previous **étape,** you saw how connecting words may be used to organize a paragraph based on time. Many paragraphs, however, are organized on the basis of *conflicting* or *opposing ideas.* In other words, they reflect the writer's thought processes as he/she considers both sides of an argument.

After you have explored one point of view (for example, the advantages of something), you may use one of the following expressions to introduce the opposite point of view (in this case, the disadvantages): **mais, cependant** (*nevertheless*), **il est vrai que** (*it is true that*):

> En France, les trains sont excellents. Il y en a beaucoup, ils sont toujours à l'heure et ils sont généralement très confortables. **Pourtant,** à certaines époques de l'année (au commencement et à la fin des grandes vacances), il faut réserver sa place longtemps à l'avance et les trains sont souvent bondés (*crowded*).

Once you have presented both sides of the argument, you may wish to conclude in favor of one side or the other. If you choose the second set of arguments (in this case, the disadvantages), you may introduce your conclusion with an expression of *consequence*: **donc** (*therefore*), **par conséquent** (*consequently*), **c'est pourquoi** (*that's why*):

> **C'est pourquoi** je ne prends jamais le train à l'époque des vacances.

On the other hand, if you are convinced by the first set of arguments (here, the advantages), you may introduce your conclusion with expressions such as **malgré cela** (*in spite of that*) or **néanmoins** (*nevertheless*):

> **Malgré cela,** le train est le moyen de transport le plus agréable. Je voyage toujours par le train.

In the exercises that follow, concentrate on clarifying the logical relationship between your arguments.

V. Des arguments. Complétez les paragraphes suivants en utilisant les expressions suggérées et en proposant vos propres arguments.

1. L'avion est le moyen de transport préféré d'un grand nombre de voyageurs. (deux avantages)

_____

_____

_____

Il est vrai que (deux inconvénients) _____

_____

_____

Malgré cela _____

_____

_____

2. Le monde moderne devient de plus en plus petit. (deux raisons) _____

_____

_____

C'est pourquoi (deux conséquences) _____

_____

_____

Cependant (un problème) _____

_____

_____

VI. À mon avis. Rédigez deux paragraphes où vous présentez les avantages et les inconvénients de quelque chose. Dans un des paragraphes, indiquez que les avantages sont plus importants que les inconvénients; dans l'autre, montrez le contraire. Vous pouvez écrire les deux paragraphes sur le même sujet ou, si vous préférez, sur deux sujets différents. Utilisez une autre feuille de papier. Sujets possibles: **Voyager en voiture / Voyager à bicyclette / Visiter un pays étranger / Visiter le pays où on habite / Passer les vacances en famille / Passer les vacances avec des amis.**

▼ QUATRIÈME ÉTAPE ▼
(Text pp. 574–580)

É▾C▾O▾U▾T▾O▾N▾S !

✻ **I. En vacances.** Identify the countries where the following people spent their vacations. Write the letter of the country (as shown on the map of the world on page 333) in the space provided.

1. Henri Dorin _____

2. Françoise Kircher _____

3. Jean-François Dumay _____

4. Janine Chosson _____

5. les Bretesché _____

6. Pierre et Annick Palun _____

7. Marc Brunet _____

8. Lucien Grévisse et famille _____

✳ **II. Passé, présent, futur?** Tell whether the verbs in the sentences you hear refer to the past, the present, or the future.

1. passé présent futur
2. passé présent futur
3. passé présent futur
4. passé présent futur
5. passé présent futur

6. passé présent futur
7. passé présent futur
8. passé présent futur
9. passé présent futur
10. passé présent futur

✳ **III. Les pronoms y et en.** In each short conversation you will hear, the pronoun **y** or **en** will be used once. Write the word or words that the pronoun replaces in each conversation.

Modèles: You hear: —Moi, je dois aller en ville cet après-midi. Tu as le temps de
m'accompagner?
—Oui. Allons-y!
You write: *en ville*

You hear: —Tu as acheté des poires?
—Oh là là. J'ai oublié les poires.
—Mais j'en ai besoin pour ma tarte.
You write: *des poires*

1. _____
2. _____
3. _____
4. _____

5. _____
6. _____
7. _____
8. _____

✳ IV. Mini-dictée: Les optimistes. As you listen to the discussion about optimistic people, fill in the blanks with the appropriate verb forms. The discussion will be read twice.

Les optimistes sont sûrs que tout _____ bien pour eux. Ils

_____ à tout, ils n' _____ jamais de problèmes, ils

_____ toujours heureux. Jean-Claude est optimiste. Quand on lui pose des

questions, il répond ainsi:

— Tu _____ riche un jour?

— Oh, oui. J' _____ un tas d'argent.

— Où _____ -tu?

— Je me _____ construire une maison en Floride et une autre en Europe.

✳ V. Dictée: Nous irons chez des amis. Francine and her family are going to visit friends in Besançon. Write what you hear. The complete text will be read once. Then each sentence will be read twice. You may want to listen to the entire text one more time to verify your work.

_____

_____

_____

_____

_____

_____

_____

_____

_____

_____

_____

_____

_____

_____

_____

_____

✳ VI. En voyage. Listen to parts of four conversations that take place while people are traveling. Based on what you overhear, match the means of transportation with the appropriate conversation.

a. en avion   **b.** par le train   **c.** en voiture   **d.** à vélo

1. _____   **2.** _____   **3.** _____   **4.** _____

Nom .... Cours ....

13

Rédigeons!

✴ **VII. Les haut-parleurs.** Whenever you are in a train station or airport in France, American tourists who don't speak French ask you questions about the train or plane announcements they have heard over the loudspeakers. Based on what you hear, answer their questions.

1. a. What track does the train from Nantes arrive on?

_____

b. When will it be here?

_____

c. Do we have plenty of time to get our luggage onto the train?

_____

2. a. What time does the train leave for Strasbourg?

_____

b. We don't smoke. Where is the nonsmoking section?

_____

c. We have first-class tickets. Where do we sit?

_____

3. a. When is the TGV going to pull out?

_____

b. Are there any stops before we get to Marseille?

_____

4. What did the announcement say about Flight 432 from Pointe-à Pitre?

_____

_____

5. a. Where is Flight 24 going?

_____

b. What gate does it leave from?

_____

R·É·D·I·G·E·O·N·S !

Un voyage inoubliable. (*An unforgettable trip.*) Racontez un voyage que vous avez fait. Quand est-ce que vous avez fait ce voyage? Où? Comment? Avec qui? Pourquoi? Qu'est-ce qui s'est passé pendant le voyage? Gardez-vous un bon ou un mauvais souvenir de ce voyage? Pourquoi? (Utilisez une autre feuille de papier.)

SYSTÈME-D

VOCABULARY: Traveling; means of transportation; city; geography

PHRASES: Linking ideas; sequencing events; describing people, weather; expressing an opinion

GRAMMAR: Compound past tense; past imperfect; locative pronoun *y*

TRAVAIL DE FIN DE CHAPITRE
▼ ▼ ▼ ▼ ▼

✱ **I. Au guichet**

A. Two friends find themselves standing in the same line at a Paris train station. They talk and then each one takes care of his/her business. Listen to the conversation; then answer the following questions.

Voyageur 1: Véronique

1. Où va-t-elle?

   a. à Orléans

   b. à Limoges

   c. à Bordeaux

   d. en Espagne

2. Combien de personnes vont l'accompagner?

   a. une autre personne

   b. deux autres personnes

   c. trois autres personnes

   d. tout un groupe

3. Combien de temps va-t-elle y passer?

   a. un week-end

   b. huit jours

   c. plusieurs semaines

   d. on ne sait pas

Voyageur 2: Jean-Pierre

4. Où va-t-il?

   a. à Orléans

   b. à Limoges

   c. à Bordeaux

   d. en Espagne

5. Combien de personnes vont l'accompagner?

   a. une personne

   b. deux personnes

   c. trois personnes

   d. tout un groupe

6. Combien de temps va-t-il y passer?

   a. un week-end

   b. huit jours

   c. on ne sait pas

   d. un mois

Travail de fin
de Chapitre

B. Listen again to the conversation at the train station. Then answer the following questions.

1. Qui va accompagner Véronique? _____

_____

2. Est-ce qu'elles vont descendre dans un hôtel? Si non, où? _____

_____

3. Quand est-ce qu'elles vont partir? Quand est-ce qu'elles vont rentrer à Paris? _____

_____

4. Quelle sorte de billet Véronique prend-elle? _____

_____

5. Pourquoi réserve-t-elle cette fois? _____

_____

6. Qui va accompagner Jean-Pierre? _____

_____

7. Est-ce qu'ils vont descendre dans un hôtel? Si non, où couchent-ils? _____

_____

8. Quand est-ce qu'ils vont partir? Dans quel train? _____

_____

9. Est-ce qu'ils vont voyager en couchettes ou en wagon-lits? Pourquoi? _____

_____

_____

10. Qui a droit à une réduction de tarif? Pourquoi? _____

_____

_____

Paris ◄►Bruxelles
Brussel ◄►Amsterdam
horaires et guide pratique

À NOUS DE VOUS FAIRE PRÉFÉRER LE TRAIN.

II. Jeu: Es-tu vagabond(e) ou sédentaire? Partez de la case numéro 1. Répondez aux questions en vous déplaçant dans la direction des flèches (*arrows*) qui correspondent à vos réponses. Une fois arrivé(e) à une des sorties A, B, C, D, E ou F, vérifiez les réponses.

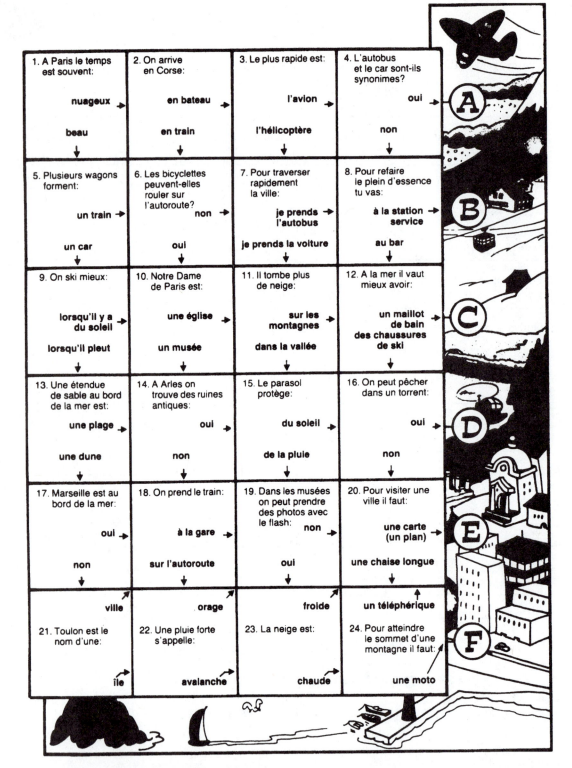

1. A Paris le temps est souvent:
   nuageux →
   beau ↓

2. On arrive en Corse:
   en bateau →
   en train ↓

3. Le plus rapide est:
   l'avion →
   l'hélicoptère ↓

4. L'autobus et le car sont-ils synonimes?
   oui →
   non ↓

A

5. Plusieurs wagons forment:
   un train →
   un car ↓

6. Les bicyclettes peuvent-elles rouler sur l'autoroute?
   non →
   oui ↓

7. Pour traverser rapidement la ville:
   je prends l'autobus →
   je prends la voiture ↓

8. Pour refaire le plein d'essence tu vas:
   à la station service →
   au bar ↓

B

9. On ski mieux:
   lorsqu'il y a du soleil →
   lorsqu'il pleut ↓

10. Notre Dame de Paris est:
   une église →
   un musée ↓

11. Il tombe plus de neige:
   sur les montagnes →
   dans la vallée ↓

12. A la mer il vaut mieux avoir:
   un maillot de bain →
   des chaussures de ski ↓

C

13. Une étendue de sable au bord de la mer est:
   une plage →
   une dune ↓

14. A Arles on trouve des ruines antiques:
   oui →
   non ↓

15. Le parasol protège:
   du soleil →
   de la pluie ↓

16. On peut pêcher dans un torrent:
   oui →
   non ↓

D

17. Marseille est au bord de la mer:
   oui →
   non ↓

18. On prend le train:
   à la gare →
   sur l'autoroute ↓

19. Dans les musées on peut prendre des photos avec le flash:
   non →
   oui ↓

20. Pour visiter une ville il faut:
   une carte (un plan) →
   une chaise longue ↓

E

ville ↗   orage ↗   froide ↗   un téléphérique ↑

21. Toulon est le nom d'une:
   île ↗

22. Une pluie forte s'appelle:
   avalanche ↗

23. La neige est:
   chaude ↗

24. Pour atteindre le sommet d'une montagne il faut:
   une moto

F

SOLUTIONS - **Es tu un vagabond ou un sédentaire?:** 1 . nuageux, 2. en bateau, 3. l'avion, 4. oui, 5. un train, 6. non, 7. je prends l'autobus, 8. à la station service, 9. lorsqu'il fait soleil, 10. une église, 11. sur les montagnes, 12. un maillot de bain, 13. une plage, 14. oui, 15. du soleil, 16. oui, 17. oui, 18. à la gare, 19. non, 20. une carte (un plan), 21. ville, 22. orage, 23. froide, 24. un téléphérique. **Sortie A:** Tu es un vrai «pigeon voyageur», tu ne crains pas les barrières climatiques ou linguistiques... Bon voyage! **Sortie B:** Tu es sans aucun doute fait pour voyager; pendant les vacances peut-être as-tu déjà vu de nombreux pays sinon dès que tu le pourras, prépare tes valises et prends la route! **Sortie C:** Avec une bonne provision de cartes géographiques et de dictionnaires, tu es prêt(e) pour l'aventure.... Commence par ton pays et continue ensuite à l'étranger... **Sortie D:** Bouger un peu ne te ferait pas de mal; tu es préparé(e), mais tu as encore besoin de nombreuses expériences... **Sortie E:** Te déplacer tout seul n'est peut-être pas très prudent pour toi. Essaie de te faire adopter par un groupe de jeunes et essaie de découvrir le goût de l'aventure petit à petit. **Sortie F:** Tu as des affinités avec l'écrivain romancier Salgari qui, sans avoir jamais voyagé, imagina des contrées lointaines et les décrivit merveilleusement. Tu peux, cependant, commencer par acheter un atlas...

CHAPITRE 14 Dînons!

▼ PREMIÈRE ÉTAPE ▼

Allons au restaurant! *(Text pp. 586–596)*

L ▪I▪ S ▪O▪ N ▪S !

The **Michelin Guide rouge,** *in addition to providing information about hotels, also lists restaurants. Its rating system, which uses stars to signify a restaurant's quality, is known the world over. In this* **étape,** *you will be asked to use your reading skills to get information from some selected pages of the* **Guide rouge.**

I. **Prélecture.** When choosing a restaurant, you may consider such factors as atmosphere, type of cuisine, quality of food, price, service, reputation, specialties, and other matters that are unique to you and to the occasion. In each of the following situations, list the primary factors you would consider when selecting a restaurant.

1. You are home from school and are going out with your family for dinner. _____

_____

2. You are home from school and are going out for a meal with some friends. _____

_____

3. You are taking a special friend out to dinner. _____

_____

4. You are celebrating a milestone in your life (graduation, engagement, etc.). _____

_____

🏰	Grand luxe	XXXXX
🏰	Grand confort	XXXX
🏰	Très confortable	XXX
🏠	De bon confort	XX
🏠	Assez confortable	X
🏚	Simple mais convenable	

Les prix

REPAS

enf. 60	Prix du menu pour enfants
←	Établissement proposant un menu simple à **moins de 80 F**

Menus à prix fixe :

Repas 85 (déj.)	85 (déj.) servi au déjeuner uniquement
100/150	minimum 100, maximum 150
100/150	Menu à prix fixe minimum 100 non servi les fins de semaine et jours fériés
bc	Boisson comprise
🍷	vin de table en carafe

Repas à la carte :

Repas carte	Le premier prix correspond à un repas normal
160 à 310	comprenant : hors-d'œuvre, plat garni et dessert. Le 2ᵉ prix concerne un repas plus complet (avec spécialité) comprenant : deux plats, fromage et dessert (boisson non comprise)

CHAMBRES

☕ 35	Prix du petit déjeuner (généralement servi dans la chambre)

REMEMBER! An asterisk (✻) preceding an exercise number indicates that the exercise is self-correcting. You will find the answers at the back of this **Cahier,** beginning on page 391.

La table

LES ÉTOILES

❀❀❀
20 | **Une des meilleures tables, vaut le voyage**
Table merveilleuse, grands vins, service impeccable, cadre élégant... Prix en conséquence.

❀❀
77 | **Table excellente, mérite un détour**
Spécialités et vins de choix... Attendez-vous à une dépense en rapport.

❀
445 | **Une très bonne table dans sa catégorie**
L'étoile marque une bonne étape sur votre itinéraire.
Mais ne comparez pas l'étoile d'un établissement de luxe à prix élevés avec celle d'une petite maison où, à prix raisonnables, on sert également une cuisine de qualité.

REPAS SOIGNÉS A PRIX MODÉRÉS

Vous souhaitez parfois trouver des tables plus simples, à prix modérés ; c'est pourquoi nous avons sélectionné des restaurants proposant, pour un rapport qualité-prix particulièrement favorable, un repas soigné, souvent de type régional. Ces restaurants sont signalés par **Repas**. Ex. **Repas** 100/130.

XXXX ❀❀ **Les Jardins de l'Opéra** -Gd H. de l'Opéra- (Toulousy), 1 pl. Capitole ✆ 61 23 07 76, Fax 61 23 41 04, ❀ – ▤, Æ ⓓ ☒
p. 5 FY **q**
fermé 6 au 29 août, 1ᵉʳ au 4 janv., dim. et fériés – **Repas** 200 bc (déj.), 290/480 et carte 420 à 560
Spéc. Ravioli de foie gras frais au jus de truffes. Filets de rouget en vinaigrette de haricots. Figues rôties au banyuls farcies de glace vanille (mai à nov.).

XXX ❀ **Vanel**, 22 r. M. Fontvieille ✆ 61 21 51 82, Fax 61 23 69 04 – ▤, Æ ☒
p. 5 GY **e**
fermé 1ᵉʳ au 15 août et dim. – **Repas** 200 bc (déj.), 250/500 bc et carte 280 à 380 -
Bistrot Vanel : Repas 98/120
Spéc. Foie gras au torchon. Pigeon rôti aux épices et au miel. Gibier (saison). Vins Cahors, Côtes du Frontonnais.

XX **Orsi "Bouchon Lyonnais"**, 13 r. Industrie ✆ 61 62 97 43, Fax 61 63 00 71 – ▤, Æ ⓓ
☒ ◀▶
p. 5 GY **f**
fermé sam. midi et dim. – **Repas** 149/200 bc.

XX **L'Edelweiss**, 19 r. Castellane ✆ 61 62 34 70 – ▤, Æ ⓓ ☒
p. 5 GY **v**
fermé 1ᵉʳ au 15 août et dim. – **Repas** 100 bc (déj.)/155 ⅃.

XX **Chez Emile**, 13 pl. St-Georges ✆ 61 21 05 56, Fax 61 21 42 26, ❀ – ▤, Æ ⓓ ☒
fermé vacances de Noël, dim. et lundi – **Rez-de-Chaussée** (poissons) **Repas** 220, ⅃ –
1ᵉʳ étage (viandes) **Repas** 195, ⅃.
p. 5 GY **r**

X **La Bascule**, 14 av. M. Hauriou ✆ 61 52 09 51, Fax 61 55 06 32 – ▤, ☒
p. 5 FZ **u**
fermé dim. soir et lundi soir – **Repas** 160 bc/200 bc ⅃.

---

1. What's the difference between a one-star, a two-star, and a three-star restaurant? _____
_____
_____
_____

2. Give as much detailed information as you can about the restaurant Vanel. _____
_____
_____
_____

3. Which restaurant would you choose in the following circumstances? Explain the reasons for your choice in as much detail as possible.

a. You are traveling with your family. _____

_____

_____

b. You are traveling with a friend to whom you would like to offer a special treat. _____

_____

c. You are traveling with several other students. _____

_____

É·C·R·I·V·O·N·S !

PRATIQUE DE LA GRAMMAIRE

In this **étape,** you have studied the uses of the subjunctive and the indicative to express doubt and certainty. To verify that you have learned these structures, take **Test 40** below. You will find the answers and scoring instructions on page 391. A perfect score is 15. If your score is less than 12 or if you wish additional practice, do the self-correcting exercises for **Chapitre 14, Étape 1,** in the **Pratique de la grammaire** at the back of this Workbook.

TEST 40
▼ ▼ ▼ ▼ ▼

Faites un commentaire sur chaque phrase enutilisant l'expression entre parenthèses et en mettant le verbe à la forme convenable du présent de l'indicatif ou du présent du subjonctif.

1. Nous gagnerons le match. (il est possible)

_____

2. Elle finira avant nous. (il est probable)

_____

3. Il sait la réponse. (je suis sûr)

_____

4. Nous allons acheter une Jaguar. (il est impossible)

_____

5. Il y aura une fête ce week-end. (je ne pense pas)

_____

6. Elles seront contentes. (je pense)

_____

7. L'inflation est un grand problème économique. (il est vrai)

_____

8. La guerre est bonne pour l'économie. (il se peut)

_____

9. Georges va téléphoner ce soir. (je doute)

_____

10. Tous les invités viendront. (nous sommes certains)

_____

▼ NOTE FOR CORRECTION: one point for each correct choice of indicative or subjunctive; _total: 10;_ one point for each correct subjunctive form; _total: 5_

❋ **III. Qu'est-ce que c'est?** You are eating in a French restaurant with family members who do not speak French. They are counting on you to explain what each dish is made of.

   Modèle: sole meunière   _fish rolled in flour and cooked in butter_

   1. pâté maison _____

   2. sauté de bœuf bourguignon _____

   3. moules gratinées aux épinards _____

   4. terrine de légumes _____

   5. homard à la crème _____

   6. coquilles St-Jacques à la parisienne _____

   7. haricots verts à la provençale _____

   8. truite à la normande _____

❋ **IV. Un restaurant français au Canada.** In Canada, federal law requires that menus list dishes in both French and English. Using the following list of English terms, complete the menu for the restaurant La Caravelle in Quebec City.

Crab pâté / Dover sole / Frogs' legs with garlic / Grilled or boiled lobster / Grilled steak with butter and herbs / Liver pâté / Onion soup au gratin / Pepper steak / Rack of lamb with garlic / Salmon scaloppine / Seafood soup / Shrimp cocktail / Shrimp with garlic / Shrimp on a skewer, Valencia style / Smoked salmon / Snails, Burgundy style / Veal scaloppine / Today's special soup

Nos hors-d'œuvre

Cocktail de crevettes

_____

Pâté de foie maison

_____

Terrine de crabe

_____

Escargots de Bourgogne

_____

Saumon fumé

_____

Crevettes à l'ail

_____

Nos potages

Soupe à l'oignon gratinée

_____

Soupe du jour

_____

Soupe de fruits de mer

_____

Poissons et crustacés

Escalope de saumon

_____

Nos viandes

Steak au poivre

_____

Sole de Douvres meunière

_____

Entrecôte grillée, maître d'hôtel

_____

Brochette de crevettes,
valenciennes

_____

Carré d'agneau, piqué à l'ail

_____

Homard bouilli ou grillé

_____

Escalope de veau

_____

Cuisses de grenouilles à l'ail

_____

V. Vos réactions. Répondez aux questions suivantes en qualifiant chaque réponse à l'aide d'une des expressions suivantes: **il est possible / il est impossible / il est probable / il est peu probable / il est certain / il est évident / il est vrai / je suis sûr(e) (certain[e]) / je pense / je ne pense pas / je doute.**

Modèle: Vous êtes étudiant(e)?
          Il est évident que je suis étudiant(e)!

1. Vous avez plus de 16 ans, n'est-ce pas? _____

_____

2. Vous allez vous marier un jour? _____

_____

3. Vous allez vous marier avant l'âge de 25 ans? _____

_____

4. Vous allez avoir beaucoup d'enfants? _____

_____

5. Le français est très facile à apprendre, non? _____

_____

6. En général, vos amis réfléchissent avant d'agir (*before they act*), n'est-ce pas? _____

_____

7. En général, les garçons sont plus forts en maths et les filles sont meilleures en littérature, non?

_____

8. Il va faire beau demain, n'est-ce pas? _____

_____

L'ART D'ÉCRIRE   **Comment trouver des mots dans un texte**

In this chapter, you will learn some strategies for developing and using your French vocabulary. One way to develop your vocabulary on a specific subject is to read about that topic in French. While reading, be alert for French equivalents of English expressions related to the subject that interests you.

Les jeunes et la consommation

«Avantages et méfaits de la société de consommation,» c'était, dans les années 70, le grand classique de leurs sujets de dissertation. Facilement contestataires hier, les jeunes sont sans complexes aujourd'hui. Ils consomment comme ils respirent: sans y penser. Voilà tout.

Leur univers quotidien

«Consommer? C'est manger,» répondaient en 1980 les élèves interrogés par le Centre de documentation de la consommation à Marseille. Associant l'idée à celle de la cuisine ou de la salle à manger, plutôt qu'à leur chambre. «Une première coquille,» où, comme le rappellent Jean Boniface et Alain Gaussel, auteurs des *Enfants consommateurs,* «ils consomment pourtant tout ce qui n'est pas nourriture» . . . c'est-à-dire tout le reste. Dans cet espace dont il se sent propriétaire, l'enfant se révèle à 10 ans un amoureux des collections d'objets. Passé la porte de son domaine réservé, le teen-ager utilise à peu près librement appareils ménagers et téléphone de la maisonnée. Un foyer dans lequel près de la moitié des achats se font sous son influence . . . et qui l'abrite dans 70 % des cas jusqu'à ses 25 ans.

      L'école, les magasins du quartier: autant de lieux où la notion de valeur marchande s'apprend bien avant l'âge de raison.

À l'école de la consommation

Les cours de récréation sont des mini-foires où stylos, chewing-gums et autres trésors s'échangent à des cours ignorés des adultes.

Chez les commerçants, les enfants font de plus en plus jeunes l'apprentissage des courses: 96 % des 5–15 ans y suivent leurs mères. De l'épicier du coin à la grande surface, l'initiation aux circuits de distribution est précoce. Seul un tiers des enfants—les plus âgés—participe aux virées familiales dans les hypermarchés. Mais 62 % sont des habitués du petit commerce.

À 4 ou 5 ans, beaucoup s'aventurent seuls pour acheter le lait ou la baguette du matin. Vers 10 ans, les voilà expédiés au petit supermarché. Fait révélateur: parmi les familles interrogées par l'École des parents, 75 % des mères travaillaient à l'extérieur. Moins souvent disponibles, les parents délèguent plus facilement à la jeune progéniture la responsabilité des achats quotidiens. Du paquet de nouilles au kilo d'oranges, les 10–12 ans ont l'œil sur les étiquettes. En mai 1984, la revue *Que Choisir?* le constatait dans un dossier consacré à leur connaissance des prix. Pour tout ce qu'ils achètent habituellement les enfants ont le pied sur terre. Le prix d'une bouteille de Coca? «Avec ou sans consigne?» répondent-ils. Certains sont même capables d'évaluer correctement le budget alimentaire d'une famille. Conscients du coût du panier de la ménagère—surtout dans les milieux défavorisés—, ils repèrent la hausse du 45 tours, sont incollables sur le prix d'un Levi's. Concernés; et pour cause . . .

Devenue monnaie courante, l'attribution précoce d'un mini-pécule favorise la maturité économique des enfants.

Frottés à l'argent

En milieu urbain surtout: «Autant les préparer à vivre le porte-monnaie à la main,» se disent bien des parents. À 5 ans, l'âge de la tirelire, 15 % de petits Français reçoivent de l'argent de poche. Jusqu'à 9–10 ans, on le dépense peu . . . et un peu n'importe comment. Passé ce cap, le teen-ager commence à «gérer» son budget, à se débrouiller pour faire acheter par les autres. «Pour l'adolescent, l'argent n'est plus magique. Les jeunes ont de plus en plus tôt conscience de sa valeur abstraite», constate l'Institut de l'enfant.

Des sollicitations permanentes

Ce qui les pousse à consommer? Leurs parents sont quasi unanimes: la pub, d'abord la pub. Les affiches, la radio, les magazines exposent sans cesse les jeunes à ses messages. La télévision surtout:

Les enfants avaient plus de 1 400 spots par an.

Et, selon un sondage Médiascopie de 1984, 60 % aiment ça! Omniprésente, la publicité alimente leurs conversations comme une culture de clan: 60 % en parlent d'abord à leurs copains.

Pourtant, l'adolescent entretient avec elle des rapports plus complexes qu'on ne l'imagine parfois. Fan du petit film, s'il est bien conçu, mais pas forcément du produit. D'autres références suscitent ses désirs: l'influence de la bande d'amis prolonge celle des médias.

D'un lycée à l'autre, les modes se propagent aussi vite que les mots nouveaux.

À l'ère de l'individualisme

La pub est leur décor. Plongés dès l'enfance dans l'univers des techniques, des produits, des supermarchés, les jeunes ont plaisir à consommer. «Aujourd'hui, constate Gilles Lipotevsky, philosophe et enseignant, ils ne contestent plus la consommation, ils en profitent. Très tôt, ils ont pris l'habitude d'exprimer leurs goûts. À l'ère du choix, l'école elle-même devient un produit de consommation, sujet à critiques.» Individualistes? Comme tout le monde. «Une très forte tendance à se centrer sur la vie personnelle habite nos contemporains. En fait, la société individualiste est fille de la société de consommation.»

Juniorscopie, Welcomme & Willerval, Larousse; p. 207

✳ **VI. Les jeunes Français et la consommation.** In the reading, find the French equivalents of the following English words and expressions.

1. everyday world _____

2. household appliances _____

3. home (*2 possibilities*) _____

4. a large shopping center (*2 possibilities*) _____

   _____

5. take part in family outings _____

6. daily shopping _____

7. advertising _____

8. an individualistic age _____

9. the consumer society _____

✳ **VII. Les jeunes Français et la consommation (suite).** Reread the article, looking for words and expressions that fit the following categories.

1. Find at least five nouns that refer to young people. _____

   _____

   _____

2. Find at least five verbs that describe what young people do. _____

   _____

   _____

3. Find at least five nouns that refer to people or places associated with a consumer society. _____

   _____

   _____

   _____

▼ DEUXIÈME ÉTAPE ▼

Allô! Allô! Vous pouvez venir dîner samedi soir? *(Text pp. 596–608)*

L▾I▾S▾O▾N▾S !

Humor often takes a common, everyday situation as its point of departure. In this **étape,** *you are going to read the text of a vaudeville sketch made famous by the comedian Ferdinand Raynaud. In the sketch, someone tries to make a phone call from a post office in Paris to the town of Asnières, just a few kilometers away.*

I. **Prélecture.** The French phone system is undergoing major modernization. However, in the past (and even today in certain post offices), when you wanted to make a phone call, you would tell the **préposé(e)** (*clerk*) the number you wished to call and when he/she had made the connection,

Nom .... Cours ....

14

2e Étape

you would step into one of the phone booths to hold your conversation. Try to imagine, under

such a system, at least two complications that might arise when trying to place a call._____

_____

_____

_____

II. Lecture: Le 22 à Asnières

FERNAND: Pardon, madame la téléphoniste . . . Oh! madame la téléphoniste . . . madame la postière! Oh!

LA PRÉPOSÉE: Vous ne voyez pas que je suis en train de faire mes totaux, non!

FERNAND: Qu'est-ce que vous faites?

LA PRÉPOSÉE: Je fais mes totaux!

FERNAND: Ah! Ben alors! Mais enfin, dans le bureau de poste, c'est bien à vous qu'il faut s'adresser pour téléphoner? Oui? Bon. Parce que des fois,[1] vous savez, on attend, on attend, on dit non, c'est pas là et puis . . . Oh! madame la téléphoniste!

LA PRÉPOSÉE: Oh! Vous êtes pénible,[2] vous, hein! Qu'est-ce que vous voulez?

FERNAND: J'aurais voulu avoir[3] le 22 à Asnières, s'il vous plaît!

LA PRÉPOSÉE: Vous pouvez pas y aller en vélo, non! . . . Allô! le central! . . .[4] Oui! . . . Comment vas-tu, Christiane? Et ta sœur? Elle est malade? Eh bien tant mieux! Tant mieux! Elle est aux assurances sociales? . . .[5] Eh ben, comme ça, elle pourra aller danser toute la semaine. Dis donc, je me rappelle même plus pourquoi je te téléphone . . . Qu'est-ce que vous voulez, vous là?

FERNAND: Je voudrais le 22 à Asnières!

LA PRÉPOSÉE: Ah, oui! Tu me passes le 22 à Asnières . . . Au revoir, Bouchon . . . Au revoir . . .

FERNAND: Merci, madame! Vous pensez que ça va être long? Parce que j'étais venu avec mon vélo, là, et j'ai crevé[6] en venant.[7] J'dis: «Tiens, je vais donner un coup de fil, comme ça, ça va m'avancer . . . »

(Un Américain arrive en bousculant[8] le premier client.)

L'AMÉRICAIN: Vous pouvez pas faire attention!

FERNAND: Oh! Excusez-moi!

L'AMÉRICAIN: *Well! Please,* mademoiselle! *For San Francisco!* Mademoiselle la téléphoniste! *Yes!* San Francisco n° 6307X7!

LA PRÉPOSÉE: Oui, monsieur, voilà! Je branche.[9] Allô! La cabine internationale! . . . Oui! Bon, passez-moi San Francisco! . . . en Pennsylvanie! . . . Le 6307X7! Oui! Bon! Oui! . . . San Francisco, cabine 6!

FERNAND: Et mon Asnières? J'avais demandé le 22 . . . Le 22 à Asnières! Parce qu'on m'attend pour casser la croûte![10] Alors, il faut que je me magne le bol.[11] Vous savez ce que c'est, si vous arrivez en retard . . .

1. sometimes   2. difficult   3. I would like to have had   4. central switchboard or exchange   5. social security   6. I had a flat   7. while coming   8. jostling   9. am connecting   10. to have a bite to eat   11. I have to hurry

(Un Belge bouscule à son tour le premier client.)

FERNAND: Vous me bousculez tous là! Vous pouvez pas . . .

LE BELGE: Excusez! . . . C'est moi qui m'excuse, mademoiselle! J'aurais voulu avoir une fois à Liège, monsieur Vanderman . . . septante-cinq . . .[12] Non, l'adresse, je ne la connais pas . . . Mais enfin . . . Non, je ne connais pas non plus le numéro de téléphone . . . Mais enfin . . . Je sais qu'il est charcutier. Pensez-vous que ce soit possible de l'avoir? Vous seriez bien gentille,[13] hein! Si vous pouviez me sortir d'embarras,[14] hein!

LA PRÉPOSÉE: Vous savez pas ce que vous voulez, quoi! Un faux Belge! Allô! Passe-moi Liège! Belgium! . . . C'est la cabine internationale? . . . Bon! Eh ben alors, Liège, monsieur Vanderman. On n'a pas le numéro mais on sait qu'il est charcutier . . . Eh ben il doit pas y en avoir 36![15] Bon . . . Ah! Bon! Bon! Liège, cabine 3!

FERNAND: Et mon Asnières? J'avais demandé le 22, deux fois 2 . . . Enfin . . . Pas deux fois deux . . . 2 fois dix plus deux . . . Comme 22 v'là les flics . . .[16]

(Un Allemand bouscule le premier client.)

FERNAND: Mais enfin! Qu'est-ce que vous avez tous à me . . .

L'ALLEMAND: *Fräulein, Bitte, sprechen sie deutsch?*

LA PRÉPOSÉE: *Nicht fill!*

L'ALLEMAND: *Ya! für Berlin Herr Karl Fusstrassen zwei Alexanderplatz.*

LA PRÉPOSÉE: *Ya!*

L'ALLEMAND: *So! telefon vierundzwanzig!*

LA PRÉPOSÉE: Lui, au moins,[17] il sait ce qu'il veut! Allô! Passez-moi Berline! . . . Allô! Berline! Vierundzwanzig! comme deux fois le 12! . . . Berline, cabine 5!

L'ALLEMAND: *Was???*

LA PRÉPOSÉE: Euh . . . Berline . . . Cabine fünf!

L'ALLEMAND: *Danke sehr!*

LA PRÉPOSÉE: *Bitte sehr! Auf wiedersehen!*

FERNAND: Eh ben . . . Et mon Asnières?

LA PRÉPOSÉE: Non, mais dites donc, vous là, vous n'êtes pas tout seul[18] ici, non!

FERNAND: Pardon, mademoiselle . . . Et si je vous demandais New York?

LA PRÉPOSÉE: Faudrait savoir[19] c'que vous voulez!

FERNAND: Je demande New York, c'est pas mon droit,[20] non!

LA PRÉPOSÉE: Si vous voulez New York, j'vais vous donner New York! Allô! . . . Passez-moi New York! Non, non, non . . . New York tout simplement . . . New York, cabine 1!

FERNAND: Allô? . . . Allô, New York! . . . Dites donc, vous ne pourriez pas me passer le 22 à Asnières!

Fernand Raynaud, *Ses grandes histoires,*
Philips Records

12. 75 (in Belgian French)   13. That would be very nice of you.   14. If you could help me out . . . 15. There can't be 36 of them!   16. . . . watch out, here come the cops . . .   17. He, at least . . . 18. You're not the only one . . .   19. Ought to know . . .   20. right

✻ III. L'analyse

A. **L'histoire.** Answer the following questions that outline the basic story of **"Le 22 à Asnières."**

1. Why is Fernand trying to call **le 22 à Asnières?** _____

_____

2. Why does he become impatient? _____

_____

_____

_____

_____

_____

_____

3. How does he finally try to resolve his problem? In your opinion, will he be successful? ____

_____

_____

_____

_____

B. **Le comique.** Two major comic techniques are *repetition* and the introduction of *incongruity* (i.e., things that don't fit their context).

1. In the sketch, find at least three examples of comic repetition. _____

_____

_____

_____

_____

_____

2. Find as many examples as you can of incongruities, of actions or situations that don't fit and that end up being comic (for example, the operator having a conversation with the

central switchboard operator and forgetting the number). _____

_____

_____

_____

_____

_____

_____

_____

_____

_____

PRATIQUE DE LA GRAMMAIRE

In this **étape,** you have studied the conditional tense. To verify that you have learned this structure, take *Test 41* below. You will find the answers and scoring instructions on page 391. A perfect score is 8. If your score is less than 7 or if you wish additional practice, do the self-correcting exercises for **Chapitre 14, Étape 1,** in the *Pratique de la grammaire* at the back of this Workbook.

TEST 41
▼ ▼ ▼ ▼ ▼

Complétez chaque phrase avec la forme convenable du conditionnel du verbe donné.

1. (partir) À ta place, je ne _____ pas tout de suite.

2. (faire) Si nous avions le temps, nous _____ le voyage en voiture.

3. (rester) Si elle avait le choix, elle _____ chez elle.

4. (attendre) À ma place, tu _____ probablement avant d'y aller.

5. (aller) S'ils avaient l'argent, ils _____ en Chine.

6. (vouloir) Qu'est-ce que vous _____ faire?

7. (être) Je _____ très contente de les voir.

8. (pouvoir) Est-ce que tu _____ m'aider?

▼ NOTE FOR CORRECTION: one point for each correct verb form; *total: 8*

IV. Une vie de rêve. Vous imaginez la vie idéale que vous pourriez mener un jour. En vous inspirant des expressions suggérées et en mettant les verbes au conditionnel, écrivez un paragraphe dans lequel vous racontez cette vie. Utilisez une autre feuille de papier. Verbes et expressions: **(ne pas) être marié(e) / habiter / (ne pas) avoir des enfants / travailler / passer le week-end / voyager,** etc.

> **Modèle:** *Ma vie serait facile (difficile, simple, compliquée, pareille à ma vie actuelle, très différente de la vie que je mène actuellement).* Etc.

❋ **V. Une invitation à dîner.** Karen Ludlow passe une année en France. Elle va à l'université d'Angers et elle habite avec la famille de Jacqueline Chartrier. Un jour, Karen reçoit une invitation par la poste.

> Chère Mademoiselle,
>
> À l'occasion du 21ᵉ anniversaire de notre fille Solange, ma famille organise un dîner chez nous, 12, rue Parmentier, le samedi, 17 mai, à 20 h. 30.
>
> Nous serions tous très heureux si vous pouviez être des nôtres.
>
> Auriez-vous la gentillesse de donner réponse aussitôt que possible.
>
> Veuillez agréer, chère Mademoiselle, l'expression de mes sentiments les meilleurs.
>
> Simone Joyale

Relevez dans l'invitation de Mme Joyale l'équivalent français des expressions suivantes.

1. Dear Miss Ludlow _____

2. for Solange's birthday _____

3. to join us _____

4. RSVP _____

5. Very truly yours _____

VI. Trois invitations à écrire. Rédigez les invitations suivantes en utilisant les formules de politesse appropriées. Utilisez une autre feuille de papier.

1. Les parents de Jacqueline Chartrier invitent des amis de Jacqueline à venir dîner chez eux pour fêter l'anniversaire de leur fille.

2. Karen Ludlow invite des amis de Jacqueline à venir passer la soirée chez Jacqueline pour fêter l'anniversaire de sa «sœur» française. (Attention: elle écrit à des gens qu'elle connaît bien.)

3. Vous venez de passer plusieurs mois chez une famille française. Avant de rentrer aux États-Unis, vous voulez remercier votre famille et leurs amis de leur gentillesse à votre égard. Vous décidez donc de leur préparer un repas typiquement américain. Vous les invitez donc pour le 4 juillet, la fête nationale américaine. Écrivez l'invitation.

L'ART D'ÉCRIRE   **Comment trouver des mots dans un dictionnaire**

You can often expand your French vocabulary through careful reading, but sometimes you also need to consult a dictionary. When using a French-English dictionary, you need to pay attention to two potential problems: (1) the large number of possible French equivalents for many English words and (2) the need to distinguish words from expressions.

Suppose that you want to find the French equivalent of *to charge something* (in the sense of *to buy on credit*). The dictionary entry for *charge* lists over 40 words and expressions. To decide which one to use, consider the following:

1. Does the word perform more than one grammatical function? If so, which one do you want? (In the case of *charge,* about two-thirds of the possibilities are nouns, but you are interested in *charge* as a verb.)

2. Does the dictionary limit the meaning of any of the choices? (For example, the possibility **charger de** is followed by the notation [to entrust].)

3. Does the word fit into an expression? (The dictionary gives the expression *to charge to someone's account,* **mettre sur le compte de.** That is the one you want.)

4. If none of the choices seems right, the next step is to cross-check the best possibilities in the French-English part of the dictionary.

An additional complication may arise when you try to find the French equivalent of an English expression—for example, *to be wild about* (in the sense of *to really like*). When dealing with an expression, it is important to recognize that you cannot translate it word for word. Instead, you need to identify the key word in the expression (here, *wild*) and then follow the strategies suggested above.

✳ **VII. Comment dit-on . . . ?** Using a French-English/English-French dictionary, try to find a French equivalent for each of the following words.

1. to spend (in the sense of *to spend money*) _____

2. to save (in the sense of *to save money*) _____

3. allowance (in the sense of *weekly allowance*) _____

4. commercials (in the sense of *commercials on TV*) _____

✳**VIII. Comment dit-on . . . ? (suite)** Using a French-English/English-French dictionary, find a French equivalent for each of the following English expressions.

1. to be wild about (a product) _____

2. to be hooked on (for example, TV) _____

3. spending money (noun) _____

4. bank account _____

Nom .... Cours ....

14

▼ TROISIÈME ÉTAPE ▼

Une recette *(Text pp. 609–620)*

L▾I▾S▾O▾N▾S !

Pariscope and **L'Officiel des spectacles** *offer information not only on entertainment options but also on restaurants. Moreover, in addition to listing restaurants by type of cuisine, they also provide more in-depth reviews of two or three restaurants each month. In this* **étape,** *you are going to read three restaurant reviews from* **Pariscope.** *There will be numerous words and expressions that you have not seen before. However, by using the reading strategies you have been practicing, you should be able to get the gist of each review and also some practical information about each restaurant.*

I. Prélecture. First, read the two short reviews of restaurants located in Boston.

Taste of France

Situated in Boston's majestic Old City Hall, **Maison Robert** offers "Cuisine Française" at its best. From hors d' oeuvres to entrees to desserts, a meal at Maison Robert is comparable to dining on the avenues of Paris - delicious, romantic and memorable.

There are two dining areas to choose from: the elegant Bonhomme Richard room and the outdoor Ben's Café, where we chose to dine. For hors d' oeuvres, we tried the Escargots de Bourgogne, a tasty combination of snails, spinach and garlic butter, and Grilled Smoked Shrimp on a bed of tomato and basil. Both were superb. For the main course, we feasted on a trio of classic French entrees. The Grilled Duck Breast with Blueberry Sauce was tender and pleasingly sweet; the two complimented each other very well. Our Lobster poached in Sauterne and Caviar Butter was also a delicacy, as was the Roast Filet Mignon in Pineau des Charentes sauce. The filet mignon was thick, flavorful and grilled to perfection.

Maison Robert's dessert menu is equally exquisite, featuring such sweet sensations as Crêpes Suzette and Baked Custard. The ultimate happy ending. We left the café expecting to catch a glimpse of the Eiffel Tower, and found it in the form of the Prudential Building. Entrees are priced from $19-35. Open weekdays for lunch and Mon.-Sat. for dinner. 45 School St., 227-3370.

Asian Oasis

Kowloon Café in Copley Place may only be four months old, but the food, atmosphere and reputation of this Chinese eatery is catching on like dragonfire. Many will enjoy Kowloon for its diversity; dishes are prepared Cantonese, Szechuan, Thai or Hong Kong style. Others will revel in the modern, colorful dining areas. Chances are Kowloon will be long-remembered for both.

A day at Kowloon begins with an Express Lunch, offering combination specials, rice and noodles - all under $7. After 4 p.m., the fast-food setting turns into fine dining that features an array of selections. So many, in fact, we asked Manager Eddie Yee to order for us. We began with Kyo Koong and Peking Dumplings as appetizers. The Kyo Koong was shrimp wrapped in wanton skin, and the dumplings were fried and filled with spiced pork. Delicious. Yee then ordered four main courses, all of which were extremely tasty and uniquely different. The Orange Beef was crispy, mildly spicey and sauteed in orange liqueur. Fancy Chicken was served in a shelled pineapple half with cashews, mushrooms and pineapple chunks. Aromatic Crisp Shrimp combined shrimp with peppers and broccoli in a thick, tangy sauce, and the Pad Thai was a rich noodle dish with shrimp, bean sprouts and egg. All of the entrees, and Kowloon itself, earned our high recommendation. Confucius would be proud. Dinners priced $2.75-16.95. Open daily for lunch and dinner. Copley Place, 247-8877.

Now list the types of information provided in the two reviews. _____
_____
_____
_____
_____

La Gourmandière. Après avoir mérité les louanges de la presse gastronomique au « Chalet de Villebon », Jean-Claude Giraud a repris les fourneaux de cette belle auberge de charme, qui jouxte les bois de Verrières. Dans un cadre au charme buccolique, juste à quelques minutes de Paris, ce chef-propriétaire au caractère enjoué et généreux, nous propose sa bonne cuisine, faite d'élégance et de tradition. On peut s'y régaler à peu de frais, en choisissant ce bon menu à 70 francs s.n.c., composé par exemple d'un cocktail d'avocat aux fruits de mer, du « plat gourmand » (ris et langue de veau sauce périgueux), puis de salade, fromages et dessert au choix. À la carte, on trouve aussi une, salade d'écrevisses tièdes aux trois herbes, un superbe foie gras frais à la cuillère, des gambas moscovites, un copieux cassoulet, un rognon de veau beaugé, ou une exquise tarte fine aux pommes. L'addition d'un excellent repas, arrosé d'un Givry enchanteur: environ 280 F t.c. Menus à 70 et 120 F s.n.c.
1, rue Antoine Bièvres, 91-Bièvres. 60.19.20.92 (Autoroute pont de Sévres, sortie Bièvres Nord). Fermé Lundi. Service jusqu'á 22H30. Tennis. Practice de golf.

La chaumière de Chine. Au déjeuner, il est souvent difficile de trouver une table libre, dans ce confortable restaurant, tant les amateurs sont nombreux à venir goûter les recettes originales et parfois insolites, que M. et Mme Yau ont ramené de leur Chine natale. Les soirées, plus calmes, permettent d'y apprécier enfin, un vrai canard laqué à la pékinoise, qu'il n'est pas nécessaire de commander à l'avance, comme c'est si souvent le cas. On en déguste tout d'abord la peau délicieusement croustillante, enroulée dans de petites crêpes de riz, avant de savourer la chair de ce palmipède, sautée aux légumes. Au nombre des plats les moins habituels, on note aussi une fondue chinoise, et des gambas ou du filet de bœuf servi frémissant, sur une plaque de fonte chaude. Les dim sum (délicieux petits plats à la vapeur), les crevettes au sel de cinq parfums, le bœuf sauce d'huîtres ou le poulet aux mangues, sont tout aussi recommandables. L'addition: environ 160 francs tout compris. Menu à 68 F s.c. au déjeuner (sauf Dimanche). 23, avenue Pierre-1er de Serbie (16e). 47.20.85.56. Service jusqu'à 23h.
Jean-Claude MARIANI

Brasserie Lutetia. Après avoir suivi Joël Rebuchon à l'hôtel Nikko en 1978 et dirigé les fourneaux du Nova Park Elysées, Jacky Fréon chef de cuisine de l'Hôtel Lutetia notamment du Paris, est revenu à ses premières amours, ses vrais débuts datant de 1974, aussi dans un hôtel Concorde, au Lafayette. À la brasserie Lutetia, dans une ambiance toujours très parisienne et un nouveau décor très réussi de Slavick, il a été conçu une carte séduisante et bien équilibrée. Des plats de bonne tradition comme le cervelas alsacien en salade, le civet d'oie aux lentilles vertes le chateaubriand et sa sauce béarnaise, le mulet grillé des simples, la sole meunière servie avec des pommes à l'anglaise et pour terminer votre repas en douceur, le domino aux marrons et sauce anglaise au café. Ce panorama gourmand se complète d'un superbe banc d'huîtres dont le généreux plateau à 145 F qui se compose de six claires, 4 praires, ½ tourteau, 2 clams, crevettes grises, bulots et bigorneaux. Env. 180 F, accueil chaleureux du directeur M. Manpu, et service aimable compris. Formule spéciale autour d'un plat: 81 F vin n.c.
23, rue de Sèvres (6e). 45.44.38.10. Service jusqu'à minuit.
Jeanne CHADENIER

✳ **II. Où dîner?** While in Paris, you receive a letter from your parents asking you to look after some of their friends who will be visiting France. When you meet the friends, they ask for help in choosing a place to dine. You consult ***Pariscope*** and answer their questions about the three restaurants featured that week.

1. What are these restaurants like? (food, atmosphere)

   a. _____
   _____

   b. _____
   _____

   c. _____
   _____

2. Which is the least expensive? _____

   Which is the most expensive? _____

354   *Allons-y! Fourth Edition*

3. Your parents' friends are staying at a hotel on the **Rive Droite**, near the **Opéra.** Which restaurant will be the easiest to reach? (You can refer to the map of Paris in your textbook, on page 168.) _____

4. What foods do the reviewers recommend?

a. _____

_____

b. _____

_____

c. _____

_____

5. Your parents' friends invite you to join them for dinner. Which restaurant would you prefer? Why? _____

_____

_____

É▼C▼R▼I▼V▼O▼N▼S !

PRATIQUE DE LA GRAMMAIRE

In this **étape,** you have studied the relative pronouns **qui** and **que.** To verify that you have learned these structures, take **Test 42** below. You will find the answers and scoring instructions on page 392. A perfect score is 8. If your score is less than 7 or if you wish additional practice, do the self-correcting exercises for **Chapitre 14, Étape 1,** in the *Pratique de la grammaire* at the back of this Workbook.

TEST 42
▼ ▼ ▼ ▼ ▼

Complétez chaque phrase en utilisant un pronon relatif et les mots suggérés.

1. J'ai beaucoup aimé le dessert . . . (vous / préparer [passé composé])

_____

2. Comment s'appellent les gens . . . (habiter dans la maison grise au coin [présent])

_____

3. Est-ce que tu as acheté la voiture . . . (je / te montrer [passé composé])

_____

4. Où habitent les gens . . . (vous / aller au cinéma avec [passé composé])

_____

5. Quel est le nom du vieux monsieur . . . (nous / voir au concert [passé composé])

_____

6. S'il te plaît, donne-moi le stylo . . . (être sur le bureau [présent])

_____

7. Vous aimez les ceintures . . . (nous / acheter en Italie [passé composé])

_____

8. Je ne sais pas le nom de la femme . . . (tu / parler à [imparfait])

_____

▼ NOTE FOR CORRECTION: one point for each correct relative pronoun, no points for verbs; *total: 8*

III. À mon avis . . . Vous donnez votre opinion sur des gens de votre choix. Utilisez **qui** dans la première phrase, **que** dans la deuxième et une préposition + **qui** dans la troisième.

Modèle: Les gens qui . . .
Les gens qui me font attendre m'énervent.

Les gens que . . .
Les gens que j'admire sont pour la plupart (mainly) *très intelligents.*

Les gens (à) qui . . .
Les gens à qui j'écris sont généralement des amis d'enfance. ou
Les gens pour qui j'ai beaucoup de respect sont les médecins.

1. Les amis qui _____

_____

_____

Les amis que _____

_____

_____

Les amis (à) qui _____

_____

_____

2. Les hommes qui _____

_____

_____

Les hommes que _____

_____

_____

Les hommes (à) qui _____

_____

_____

3. Les femmes qui _____

_____

_____

Les femmes que _____

_____

_____

Les femmes (à) qui _____

_____

_____

4. Le professeur qui _____

_____

_____

Le professeur que _____

_____

_____

Le professeur (à) qui _____

_____

_____

IV. Pour faire une casserole de poulet et de légumes. Votre jeune cousin(e) a mangé une casserole que vous avez préparée et il (elle) vous demande la recette. Vous décidez de lui faire une explication détaillée en prose en résumant toute la préparation du plat. Étudiez la recette, qui vient d'un livre de cuisine canadien, puis suivez le modèle. Utilisez une autre feuille de papier.

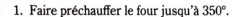

Casserole de Poulet et de Légumes

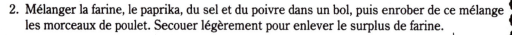

Recette

Pour 6 personnes:

6 morceaux de poulet (poitrines ou cuisses, au choix)
½ tasse de farine
sel
poivre
paprika
2 oignons (émincés)
6 pommes de terre (pelées et coupées en gros cubes)
6 carottes (égratignées et coupées en rondelles)
6 côtes de céléri (épluchées et coupées en morceaux)
½ tasse de beurre
persil

1. Faire préchauffer le four jusqu'à 350°.

2. Mélanger la farine, le paprika, du sel et du poivre dans un bol, puis enrober de ce mélange les morceaux de poulet. Secouer légèrement pour enlever le surplus de farine.

3. Mettre les morceaux avec le beurre dans une casserole à petit feu, couvrir, laisser à mijoter sept minutes.

4. Retirer aussitôt la casserole du feu.

5. Ajouter les légumes, couvrir, mettre au four. (Si vous voulez, ajouter un demi-verre de vin blanc ou d'eau.)

6. Faire cuire une heure ou jusqu'à ce que les légumes soient tendres.

7. Servir la casserole de poulet et de légumes saupoudrée du persil haché.

Bon Appétit!

Modèle: *D'abord, tu vas à la boucherie et tu achètes . . .*

V. Un plat que j'ai préparé. Rédigez un paragraphe dans lequel vous décrivez un plat que vous avez préparé ou que vous avez aidé à préparer. Indiquez ce que vous avez acheté (et où), qui vous a aidé (ou si vous l'avez fait tout[e] seul[e]), ce que vous (et l'autre personne) avez fait, qui a mangé le plat et comment le plat a été reçu. Utilisez une autre feuille de papier.

L'ART D'ÉCRIRE   **Comment écrire des phrases françaises**

Although it takes a long time to write (and speak) French very well, you can begin to sound more authentic by learning how to imitate the French models that you read (and hear). Thus, once you have found words and expressions you wish to use, you can avoid creating sentences that are simply translations from English by observing the basic patterns of French sentences and keeping their structure while replacing their content.

For example, consider the French sentence: **Très tôt, ils ont pris l'habitude d'exprimer leurs goûts.** One way to change the subject (and even the perspective) while maintaining the basic pattern of the sentence is: **Très tard, nous avons pris l'habitude de faire des économies.**

VI. Imitons! Write your own sentences by changing the topics and perspectives (affirmative-negative, past-present-future, you-someone else, etc.) of the following French sentences taken from **"Les jeunes Français et la consommation."** In the first three items, the basic structure is indicated by italics; retain these words in your sentences. In the final three items, you must decide for yourself which words you are going to keep.

1. Consommer, *c'est* manger. _____

2. *Seul* un tiers des enfants—les plus âgés—*participe* aux virées familiales dans les hypermarchés.

   _____

   _____

3. *À quatre ou cinq ans,* beaucoup *s'aventurent seuls pour* acheter le lait ou la baguette du matin.

   _____

   _____

4. Ce qui les pousse à consommer? Leurs parents sont quasi unanimes: la pub, d'abord la pub.

   _____

   _____

5. Plongés dès l'enfance dans l'univers des techniques, des produits, des supermarchés, les jeunes ont plaisir à consommer. _____

   _____

   _____

6. En fait, la société individualiste est fille de la société de consommation. _____

   _____

   _____

▼ QUATRIÈME ÉTAPE ▼

(Text pp. 621–627)

É▾C▾O▾U▾T▾O▾N▾S !

CHAPITRE 14
SEGMENT 1

✳ **I. Le futur ou le conditionnel?** Listen to the sound and context of each sentence. Then write **F** if the main verb is in the future or **C** if it is in the conditional.

1. _____   3. _____   5. _____   7. _____   9. _____

2. _____   4. _____   6. _____   8. _____   10. _____

✳ **II. Au restaurant.** At a restaurant, three friends are discussing what to order. On the menu, circle the items they finally choose.

LA BONNE BOUCHE

Les hors-d'œuvre

Assiette de crudités

Oeufs mayonnaise

Jambon melon

Terrine de crabe

Escargots de Bourgogne

Les potages

Bisque de homard

Soupe à l'oignon gratinée

Consommé au vermicelle

Les poissons

Truite aux amandes

Filet de sole meunière

Langoustines mayonnaise

Moules marinières

Coquilles St-Jacques

Les viandes

Escalope de veau au citron

Steak au poivre

Côte de porc grillée

Bœuf bourguignon

Châteaubriand sauce béarnaise

Les fromages

Camembert, Brie, Roquefort

Les desserts

Glace à la vanille

Mousse au chocolat

Crème caramel

Tartelette aux fruits

Fraises au sucre

Les boissons

Café

Thé

Vin blanc

Vin rouge

Eau minérale

✳ III. Une recette: Les œufs parmentière. In France, recipes are often given on the radio. As you listen to this recipe for a well-known egg dish, circle the ingredients that will be needed.

Now listen as the cook explains step-by-step how to prepare this dish. Number the drawings to show the correct order.

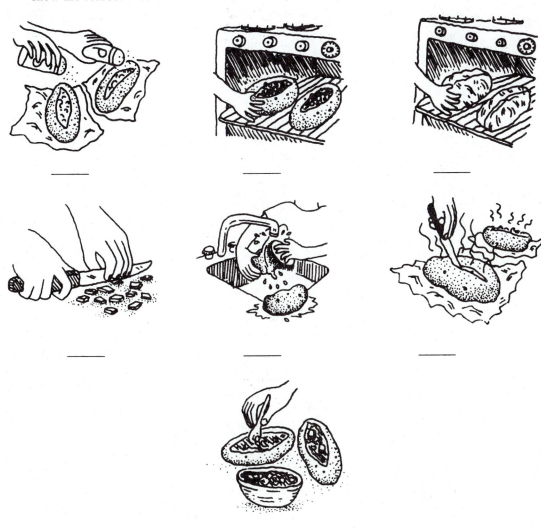

✳ IV. Mini-dictée: Les pessimistes. As you listen to the discussion about pessimists, fill in each blank with the appropriate form of the conditional.

Les pessimistes, eux aussi, ont des rêves, mais ils sont moins sûrs de les réaliser. François est pessimiste. Quand on lui pose des questions, il répond ainsi:

—Tu _____ être riche un jour?

—Oui, mais il _____ avoir beaucoup de chance.

—Si tu avais beaucoup d'argent, que _____-tu?

—Je _____, je _____ construire une maison pour ma

famille. Mes sœurs _____ jouer au tennis. Ma mère ne

_____ pas obligée de travailler. La vie _____

merveilleuse . . . si j'étais riche.

✳ V. Dictée: Les bonnes manières. Listen to the text, which will be read once in its entirety. Then each sentence will be read twice. Write what you hear. If you wish, listen to the entire passage again to verify your work.

_____

_____

_____

_____

_____

_____

_____

_____

_____

_____

_____

_____

_____

_____

_____

_____

_____

_____

14

✳ **VI. Proverbes et expressions.** As you listen to the discussion about food and the French language, complete the proverbs and expressions that are mentioned. Do they all have English equivalents? Write as many of the equivalents as you can. You may wish to listen to the conversation more than once.

1. On a _____ sur la planche.

2. Mon oncle s'est trouvé _____.

3. C'est long comme _____ sans _____.

4. Un repas sans _____ est comme une journée sans _____.

5. Il faut _____ dans son _____.

6. Quand _____ est tiré, il faut le _____.

7. Il vaut mieux aller chez le _____ que chez le _____.

Equivalents

1. _____

2. _____

3. _____

4. _____

5. _____

6. _____

7. _____

R·É·D·I·G·E·O·N·S !

A. **Un dîner inoubliable.** Write a letter to your French "family" describing an unforgettable meal that you had in a restaurant or at someone's home. Give as much information as possible about the context of the meal (Where? When? With whom? Why?) and about the meal itself. Use a separate sheet of paper.

VOCABULARY: Restaurant; meals; meat; vegetables; cheeses; breads; fruits; fish

PHRASES: Comparing & contrasting; describing objects; expressing an opinion; linking ideas

GRAMMAR: Compound past tense; past imperfect

B. **Les jeunes Américains et la consommation.** Write a short essay about American young people and their role in the modern consumer society, comparing them with their French counterparts. Use the suggestions offered in the **L'art d'écrire** sections of this chapter to develop a vocabulary list. Then employ the techniques and strategies presented in Chapters 11, 12, and 13 to organize and write your essay. Use a separate sheet of paper.

TRAVAIL DE FIN DE CHAPITRE
▼ ▼ ▼ ▼ ▼

✻ **I. Où manger?**

A. Listen to two conversations; then circle the letter of the best description of what is happening in each conversation.

1. **a.** One friend is inviting another to have dinner at his home.

   b. One friend is inviting another to a third friend's birthday party.

   c. One friend is inviting another to join him for dinner at a restaurant.

   d. One friend is inviting himself for dinner at another friend's house.

2. **a.** Two women are having a bite to eat at a fast-food restaurant.

   b. Two women are deciding on a good place to eat.

   c. Two women are eating dinner at a very expensive restaurant.

   d. Two women are unable to decide where to eat.

B. Listen again to the two conversations; then answer the following questions.

1. Qu'est-ce que Jean-Michel propose comme restaurant? _____

   _____

2. Qu'est-ce que Laurent a envie de manger? _____

3. Et Jean-Michel? _____

4. Pourquoi Jean-Michel offre-t-il de payer le dîner de Laurent? _____

   _____

5. En entendant l'offre de Jean-Michel, qu'est-ce que Laurent propose? ____

   _____

6. Quelle est la réaction de Jean-Michel? _____

   _____

7. Pourquoi les deux femmes ne vont-elles pas dîner au premier restaurant qu'elles voient? .

   _____

8. Quel restaurant choisissent-elles? Pourquoi? _____

   _____

9. Que va manger et boire la femme qui commande en premier? _____

   _____

10. Et son amie? _____

   _____

ANSWER KEY

Étape préliminaire *(pp. 1–8)*

I. Qu'est-ce que c'est?
1. list of restaurants
2. weather report
3. ad for supermarket (food store)
4. train schedule
5. TV listings
6. movie listings

II. Vous venez d'arriver en France
1. cloudy
2. sports: channel 3, Davis Cup tennis, 1:30 A.M. / film: channel 6, 8:35 P.M. or channel 3, 10:50 P.M.
3. English, Brazilian, Chinese, Belgian
4. (v.o. = original version / v.f. = French version) *Baby Boom* (four possibilities), *Robocop* (two possibilities), *Wall Street* (nine possibilities), Star Trek IV (one possibility)
5. Codec / pizza, vegetables (tomatoes), croissants
6. depart from Paris at 7:41 A.M., arrive in Toulouse at 13:48 (1:48 P.M.)

IV. Cognates
A. *(italicized city names are the same in French and English)*

1. Montréal	11. Alger
2. Québec	12. Copenhague
3. la Nouvelle-Orléans	13. Bruxelles
4. Mexico	14. *Berlin*
5. *Rio de Janeiro*	15. Vienne
6. Londres	16. *Rome*
7. *Paris*	17. le Caire
8. Genève	18. Moscou
9. Madrid	19. Beijing
10. Lisbonne	20. *Tokyo*

B. *garçons:* Alain, Alfred, Christian, Étienne, Jacques, Mathieu, Nicolas, Robert = Jean-Marc / *jeunes filles:* Annick, Émilie, Irène, Laure, Nathalie, Simone, Véronique, Yvonne = Sylviane

Écoutons! *(p. 8)*

Ex. 3. Au café
café-crème (1), express (1), demi (3), thé au lait (1), limonade (1), Vittel (1), menthe à l'eau (1)

▼ CHAPITRE PREMIER ▼

Première étape *(pp. 9–16)*

I. Deux étiquettes françaises
A. *Tonic*
1. Schweppes
2. tonic water
3. (carbonated) beverage made from orange extract and quinine
4. 75 centilitres
5. 104, rue de Miromesnil, Paris 75008

B. *Wine*

1. 1988	4. Cordier
2. Sancerre	5. 12,5 %
3. Domaine de la Poussie	6. 75 centilitres

II. Quelques boissons françaises
1. 2, 5, 8, 9, 10
2. 10, 2
3. 4, 7; 3; 8 = 2 cl or 20 ml less than 5 and 10
4. 3, 6, 9; 3 = pineapple flavor, small individual containers; 6 = orange flavor, twice the size of 9; 9 = apple flavor, alcoholic content
5. 1, 4, 12; different; 1 and 12 are carbonated, 4 is not
6. both beers; Tourtel is non-alcoholic
7. *(Answers will vary.)*
8. *(Answers will vary.)*

TEST 1
(20 points total: one point for each correct subject pronoun, one point for each correct verb form)

1. tu fumes (vous fumez)	6. j'étudie
2. je fume	7. vous habitez
3. vous voyagez	8. nous habitons
4. nous voyageons	9. vous parlez
5. tu étudies (vous étudiez)	10. je parle

III. Le petit déjeuner et le déjeuner
2. un croque-madame et un thé au lait
3. une omelette (au fromage / au jambon) et un verre de (vin) rouge
4. un croissant et un café au lait
5. un sandwich au pâté et un thé (au) citron
6. un croque-monsieur et un Orangina
7. une omelette aux fines herbes et un chocolat

IV. Au café

S'il vous plaît / vous / je voudrais (je vais prendre) / au jambon (au fromage, au pâté) / thé au lait (nature, citron), express, Coca, Orangina, etc. *(any masculine drink)* / toi / vais prendre (voudrais) / au fromage (au pâté, au jambon) / menthe à l'eau (limonade, orange pressée) / Merci / Je vous en prie / *(Answers will vary: choose a beverage and something to eat from a café.)*

V. Martine et Gérard

2. Est-ce que vous parlez français? Oui, nous parlons français.
3. Est-ce que vous étudiez beaucoup? Non, nous étudions très peu. (Non, nous n'étudions pas beaucoup.)
4. Est-ce que tu chantes? Oui, je chante.
5. Est-ce que tu manges beaucoup? Non, je ne mange pas beaucoup. (Non, je mange très peu.)
6. Est-ce que tu parles espagnol? Oui, je parle espagnol.
7. Est-ce que tu parles allemand? Non, je parle anglais. (Non, je ne parle pas allemand.)
8. Est-ce que tu voyages beaucoup? Oui, je voyage beaucoup.
9. Est-ce que tu nages bien? Oui, je nage bien.

Deuxième étape *(pp. 16–22)*

II. Deux autres possibilités

A. La briocherie

choice of one salty item (for example, pizza or **croque-monsieur, croque-madame**) and one sweet item (for example, **brioche** or **croissant**) and one drink for as little as 19 francs

B. Tarte Julie

1. salads, salty pies, pizzas, ice cream, sweet pies, teas and other beverages
2. explain ingredients
3. supplement; something to be added (for example, sauce or whipped cream)
4. a. 14 francs (13F + 1F supplement for lemon)
   b. 22 francs (16F + 6F supplement)
   c. 12 francs
5. *(Answers will vary.)*

TEST 2

*(12 points total: items 1–5—one point for each correct verb form, one point for each correct use of **ne... pas** [total: 7]; items 6–10—one point for each correct definite article [total: 5])*

1. Liliane et Sylvie fument beaucoup.
2. Carole ne mange pas beaucoup.
3. M. et Mme Chartier habitent à Toulouse.
4. On parle français à Genève.
5. Jean-Pierre n'aime pas le vin.
6. la
7. les
8. l'
9. le
10. les

Troisième étape *(pp. 23–33)*

I. Un menu

A. Les mots apparentés

1. oignons, céleri, carottes, radis, tomates, concombres *(cucumbers)*
2. véritable, pur, délicieux, double, fameuses, résister, accompagné, préparée, salade, harmonie, vanille, chocolat, desserts, fruits *(as well as others)*

B. L'image et le contexte

1. poulet
2. œuf
3. poisson
4. chaussons
5. jeux
6. crevettes
7. tranche
8. fraise

II. Un set de table

A. Comprenez-vous?

crossed out: 4, 6, 8, 10, 11

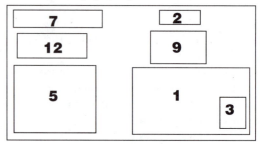

B. La France et les États-Unis

(Answers will vary.)

TEST 3

*(20 points total: one point for each correct form of **être**; one point for each correct noun or adjective)*

1. êtes architecte
2. suis avocate
3. êtes espagnols
4. nous sommes portugais
5. est russe
6. est mexicaine
7. es étudiante
8. suis professeur
9. sont françaises
10. sont canadiennes

III. Un album de photos

1. Jean-Yves est pharmacien. Il est canadien. Il habite à Montréal.
2. Ana et Marta sont médecins. Elles sont mexicaines. Elles habitent à Cuernavaca.
3. Dolores est dentiste. Elle est espagnole. Elle habite à Barcelone.
4. Kathryn est femme d'affaires. Elle est américaine. Elle habite à Seattle.
5. Hugo et Rolf sont avocats. Ils sont allemands. Ils habitent à Francfort.
6. Francesca est journaliste. Elle est italienne. Elle habite à Venise.
7. François est architecte (ouvrier). Il est belge. Il habite à Bruxelles.
8. Jean-Pierre et Catherine sont agriculteurs. Ils sont français. Ils habitent à Lisieux.

IV. Les cartes de débarquement

a) DELTEIL, Jean-Claude / Montréal / canadien / comptable / rue Sainte-Catherine, Montréal, CANADA / New York

b) ABRUZZI, Marcello / Turin / italien / homme d'affaires / via Garibaldi, Turin, ITALIE / New York

c) FRYE, Alan / Bristol / anglais / agriculteur / Dickens Boulevard, Bristol, ANGLETERRE / New York

d) FODEBA, Annie / Lyon / française / médecin / rue Jean Moulin, Lyon, FRANCE / New York

e) KRAMER, Hilda / Munich / allemande / secrétaire / Leopold Strasse, Munich, ALLEMAGNE / New York

f) SORMANI, Helen / Zurich / suisse / professeur / Dietzinger Strasse, Zurich, SUISSE / New York

g) OH, Mata / Sapporo / japonaise / dentiste / Hamamatsucho, Sapporo, JAPON / New York

h) *(Answers will vary.)*

V. Au Quick

mange / pourquoi pas? / les / prends (vas prendre) / Je voudrais (Je vais prendre) / une / toi / vais prendre (voudrais) / des / boisson / et / est / Salut (Bonjour) / ça va (vas-tu) / bien / Ça va bien. / Bonjour (Salut) / es / parles / êtes / sont / suis / sommes / étudiant

Quatrième étape (pp. 33–36)

I. Dans la rue et au café

1. a	4. g
2. b, d	5. f
3. e	6. a, c

II. Distinguez!

A. Un ou une?

1. une	4. un
2. une	5. une
3. un	6. un

B. Le, la ou les?

1. la	6. la
2. le	7. la
3. les	8. les
4. les	9. le
5. la	

C. Il, elle, ils ou elles?

1. elles	6. elle
2. elle	7. il
3. il	8. elles
4. ils	9. ils
5. elles	10. il

D. Masculin ou féminin?

1. m	6. m
2. f	7. f
3. f	8. f
4. f	9. f
5. m	10. m

III. Cette valise est à vous?

1. Yves Martin
2. Chang Li
3. Beverly Smith
4. X
5. Luiza Silveira

IV. Mini-dictée: Deux étudiants étrangers à Paris

et / étudiants / français / ils n'habitent pas / est / Il mange / est / préfère

Travail de fin de chapitre (pp. 36–38)

I. Quatre conversations

A.

a. 3   b. 1   c. 2   d. 4

B.

1. un sandwich au jambon et un Coca, une omelette au fromage et un Orangina
2. 7 (limonade, lait-fraise, diabolo-citron, thé, café, Coca, Orangina)
3. Marc, Suzanne, Hélène
4. un café noir, un thé citron, un café
5. They all go live in the same neighborhood and go to the same school.
6. The food isn't very good and there's no atmosphere.
7. un croque-monsieur et un lait-fraise
8. Florence
9. The woman says: "Bonjour, Florence." Florence introduces Thibeault to the woman.
10. Un cheeseburger et un jus d'orange, un grand Coca et des frites.

II. Jeu: Quelque chose à manger

horizontal: UNE LIMONADE, UN THE AU LAIT, *UNE OMELETTE AU FROMAGE*, UN ORANGINA, UN LAIT-FRAISE

vertical: UNE MENTHE À L'EAU

▼ CHAPITRE DEUX ▼

Première étape (pp. 39–46)

I. Prélecture

1. visuals, varying sizes of type, lines separating from article
2. *(Answers will vary.)*

II. Calculatrices et ordinateurs

SHARP: type of product, brand name, features, price, picture of product; CASIO: type of product, brand name, picture of the product, name and address of manufacturer

III. Calculatrices et ordinateurs (suite)

1. number of functions, price
2. EL531 = calculator, PC1401 = pocket computer (can be programmed in Basic)
3. EL 531 = $20, EL 512 = $52, PC 1401 = $180 / *(Answers will vary.)*
4. PB 80 is similar to the PC 1401; however, it has less memory.
5. Write to the company for a catalogue.
6. *(Answers will vary.)*

TEST 4

*(16 points total: items 1–6—one point for each correct for of **avoir** [total: 6]; items 7–12—in some cases, there are two possible ways to complete the sentence; one point for each correct possessive adjective [total: 10])*

1. avons
2. ont
3. a
4. as
5. ai
6. avez
7. ma, ta
8. nos, vos
9. ton, mon
10. mon
11. mes, tes (tes, mes)
12. votre

IV. Il y a...

Pascale's room: une chaîne stéréo, une chaise, deux lampes, un lit, des livres, un ordinateur, des plantes vertes, des posters, un radioréveil, un sac (à main)
Didier's room: un appareil-photo, des cassettes, un magnétoscope, un sac à dos, un téléviseur, un Walkman

V. Petite conversations

1. il y a / Voilà / est / a
2. Voilà / sont / il y a
3. a / Il y a / est / Voilà

VI. À qui est-ce?

1. mes, ton
2. ta, la, de
3. vos, nos
4. ta, mes
5. ton, mon
6. ton, ma
7. nos, vos

Deuxième étape *(pp. 46–51)*

I. Prélecture

1. picture, short paragraphs
2. name, age, place of birth, occupation (or claim to fame), current or future plans *(other answers possible)*
3. family, childhood, likes and dislikes *(other answers possible)*

II. Trois célébrités

1. pianist
2. one of France's leading tennis players
3. singer (recording artist)

TEST 5

*(11 points total: items 1–6—one point for each correct form of **faire** [total: 6]; items 7–11—one point for each question form used appropriately, no points for other parts of the sentence [total: 5])*

1. faites
2. fait
3. faisons
4. font
5. fais
6. fais
7. Où se trouve Reims? (Où est Reims?)
8. Qu'est-ce que vous mangez?
9. Qui parle chinois?
10. Pourquoi est-ce que tu ne manges pas (vous ne mangez pas)?
11. Où est-ce qu'elle travaille?

IV. Ce qu'on aime faire le week-end

faites / avez / je fais / faire / fais pas / faisons / fais / faire / n'ai pas de / Où est-ce qu' / Il y a

V. Une interview

1. Où est-ce que tu habites (vous habitez) en France?
2. Est-ce que tu habites (vous habitez) dans une maison ou dans un appartement?
3. Est-ce que tu travailles (vous travaillez) ou est-ce que tu es (vous êtes) étudiant(e)?
4. Où est-ce que tu travailles (vous travaillez)? / Qu'est-ce que tu étudies (vous étudiez)?
5. Est-ce que tu préfères (vous préférez) la musique ou le(s) sport(s)?
6. Pourquoi est-ce que tu n'aimes pas (vous n'aimez pas) la bière américaine?
7. Qu'est-ce que tu aimes (vous aimez) faire le week-end?
8. Est-ce que tu fais (vous faites) du ski?

Troisième étape *(pp. 51–57)*

III. Trois portraits de famille

1. Jean-Philippe (17 ans) / Sandrine (13 ans)
2. father's (Grenoble is not too far from Lyon)
3. Strasbourg / 3 (father, mother, sister)
4. the same first name (Bernard)
5. guitar lessons / going out with friends to restaurant or movies / exploring volcanoes
6. Namur (city in southern Belgium)
7. She has two children and is also a grandmother
8. She has married a second time and has stepchildren.

TEST 6

(7 points total: one point for each correct possessive adjective form)

1. sa
2. leurs
3. son
4. leur
5. ses
6. son
7. son

IV. Lequel aimes-tu mieux?

(Answers will vary, but should include one of the forms suggested.)

1. ma chaîne stéréo / sa chaîne stéréo
2. notre maison / leur maison / ma maison
3. mes posters / ses posters
4. notre voiture / votre voiture / ma voiture
5. mon programme / ton programme

Quatrième étape *(pp. 58–61)*

I. L'alphabet

B. Comment s'écrit... ?

Georges FORESTIER. Avenue JAURÈS. ANTIBES.
Madeleine CHARRAT. Boulevard BLAZY. FRÉJUS.

II. Dans mon sac à dos... Dans ma chambre...

1. V	7. V, M	13. V
2. X	8. M	14. M
3. M	9. X	15. V
4. M, V	10. V, M	16. X
5. M, V	11. V, M	17. M
6. M	12. X	18. M

III. Une famille

N.C.   C.C.   H.F.   G.F.

A.C.   F.C.   M.C.   M.T.   A.T.

R.C.   P.C.   S.C.   C.T.   F.T.

IV. *Avoir* ou *être*

1. elle est
2. tu as
3. ils ont
4. il a
5. tu es
6. elles sont

V. Mini-dictée

l'amie / tes frères / n'ai pas de / ont / aiment faire / adore les sports / fait / aime beaucoup / aime mieux / Qu'est-ce que / préfère

VI. Un portrait

1. b
2. b
3. a, b, c
4. d
5. a

Travail de fin de chapitre *(pp. 61–62)*

I. Deux étudiants

1. H
2. X
3. J
4. X
5. J
6. J
7. X
8. H

II. Jeu: Qui gagne à l'ordinateur?

Louise	Londres	0	ingénieur	politique	ordinateur
Peter	New York	1	homme d'affaires	théâtre	motocyclette
Jean	Montréal	2	avocat	football	voiture
Sara	Madrid	3	professeur	cinéma	magnétoscope
Éric	Paris	4	médecin	musique	chaîne stéréo

▼ CHAPITRE TROIS ▼

Première étape *(pp. 63–69)*

I. Prélecture

1. list, words not sentences, numbers *(other answers possible)*
2. locate a category that interests me, then consult the page(s) listed for that category

II. *Flash: L'Hebdo Loisirs*

A.

1. p. 1
2. *(Answers will vary.)*
3. a. pp. 21-29   e. pp. 8-20
   b. pp. 30-44   f. pp. 54-63
   c. pp. 46, 47   g. pp. 19, 20
   d. p. 52

B.

1. 4 / call the galleries (and hope someone speaks English!)
2. at the AU BLUE'S NOTE or at LE MANDALA / blues, Brazilian music / Flamenco
3. yes / L'Église Saint-Exupère / vocal music

TEST 7

(10 points total: one point for each correct verb form and one point for each correct form of à + definite article)

1. allez
2. allons, au
3. va, à la
4. vont, à l'
5. vas
6. vais, au

III. Je suis désolé(e), mais c'est impossible!

1. Moi, je vais au stade et Michel reste à la maison avec son petit frère.
2. ... c'est impossible. Moi, je vais à la cathédrale et Yvette et Jacqueline vont au musée.
3. Je suis désolé(e), mais c'est impossible. Vincent et moi, nous allons au théâtre.

V. Laissez un mot

1. Jacques, je vais au parc. Je vais faire une promenade.
2. Jacques, (Chantal et moi), nous allons en ville. Moi, je vais à la librairie et Chantal va écouter des compact discs.
3. Jacques, je vais chez Henri. Moi, je vais travailler à l'ordinateur; Henri va regarder la télé(vision).

I. Prélecture

history of the city, geography of the city, weather (climate), sites to see, public transportation *(other answers possible)*

II. Deux guides

1. list of major sites of interest, map
2. the Nîmes guidebook includes a brief historical summary as well as a photo of one monument

III. Un intinéraire

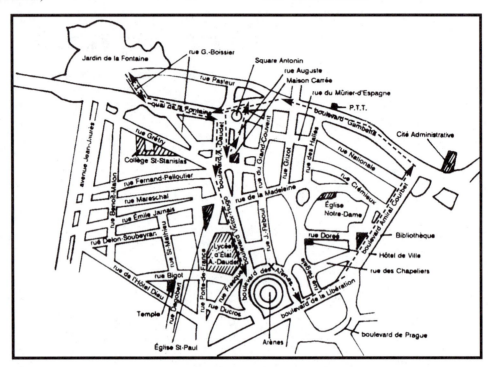

TEST 8

*(10 points total: items 1–5—one point for each correct form of **de** [total: 5]; items 6–10—one point for each correct command [total: 5])*

1. du
2. de l'
3. des
4. de la
5. du

6. Regarde!
7. Ne parlez pas anglais!
8. Chantons!
9. Fais attention!
10. Restez à la maison!

IV. Montréal: La ville souterraine

1. L'hôtel Bonaventure est à côté de (près de) la gare Centrale.
2. Le grand hôtel est à côté de (près de) la tour de la Bourse. / Le grand hôtel est derrière la tour de la Bourse.
3. Le complexe Desjardins est entre la place des Arts et le complexe Guy Favreau.
4. La station de métro Peel est près de (à côté de) la maison Sodercan.
5. La station de métro Victoria est près du Grand Hôtel.
6. La gare Centrale est (assez) loin de la Baie.
7. Le complexe Desjardins est entre la rue Sainte-Catherine et le boulevard Dorchester.

8. La Banque Nationale de Paris est en face des Terrasses.

V. Des ratures

1. allez / tournez / continuez / Tournez / allez (continuez) / traversez
2. à droite dans / jusqu'au / à droite / jusqu'à la / à gauche sur (dans) / tout droit / en face du (près du).

VI. Rendez-vous à ...h devant le...

(Several answers are possible; these are models.)

1. ... l'avenue Jaurès. Vous tournez à droite et vous continuez jusqu'à l'avenue de la République. Vous tournez à gauche dans l'avenue de la République, vous traversez la place de la Révolution et vous continuez jusqu'au boulevard Manet. Vous tournez à gauche. Le cinéma est en face du bureau de poste.
2. 7h30 devant le stade. Vous allez dans la rue de Verdun jusqu'à l'avenue Jaurès où vous tournez à gauche. Vous continuez jusqu'au boulevard Gambetta où vous tournez à droite. Vous traversez la place de la Libération et vous continuez jusqu'au boulevard Manet. Vous tournez à gauche. Le stade est sur votre gauche.

Troisième étape *(pp. 78–84)*

I. Prélecture
list of activities, dates, times, places, prices, where to get information

TEST 9
*(12 points total: items 1–6—one point for each correct form of **prendre** [total: 6]; items 7–12—one point for each correct time [total: 6, no partial credit])*

1. prends
2. prennent
3. prenez
4. comprends
5. apprend
6. prenons

7. 9:00 A.M.
8. 6:45 P.M.
9. 11:30 A.M.
10. 11:40 P.M.
11. 2:15 P.M.
12. 12:05 P.M.

V. Une lycéenne française
suis / ai / prends / étudie (apprends) / apprends (étudie) / est / est / parle / comprends / commencent / continuent (vont) / avons / allons (mangeons)

Quatrième étape *(pp. 84–89)*

II. Les renseignements
1. c
2. b

3. d
4. a

III. À quelle heure?
a. 3
b. 1
c. 4
d. 2

IV. Une journée chargée
10h	rendez-vous avec M. Souchon
11h	rendez-vous avec M. Antoine / Mme Vittel
12h30	déjeuner / restaurant Le St-Mathieu
3h	dentiste
4h	cathédrale
5h	promenade (route du défilé)
7h	café / mari
9h	théâtre

V. Mini-dictée: Le quartier de l'université
loin de / la rue / jusqu'au / tout près de / À côté de la bibliothèque / en face du / dans la rue de / sur le / au cinéma / dans l'avenue

VI. Des messages
1. 8h15 / devant le cinéma / Jean-Jacques
2. 2h / chez Mme Vervaine — 52, avenue Isabelle / Nicole Favert
3. 9h / chez la cousine de Mireille — 43, rue Grimaud (derrière la cathédrale — à gauche dans l'avenue Poincaré, jusqu'au bout, à droite) / Jean-Jacques

VII. Où êtes-vous?
1. au lycée Clemenceau / à la librairie du Nord
2. à la poste
3. le cinéma Vauban

Travail de fin de chapitre *(pp. 90–92)*

I. Dans la rue
A. 1, 2, 3, 4
B.
Conversation 1

Conversation 2

Conversation 3
2

Conversation 4
1. to arrange to go to the movies
2. at her grandparents house
3. 3, rue des Hautes-Feuilles

II. Jeu: Mots croisés
Horizontalement
5. tabac / 8. au / 9. leur / 10. ne / 11. étudie / 12. va / 13. ville / 14. une / 15. lycée / 18. ses 23. avoir / 24. Europe / 26. église / 27. ans / 28. poste
Verticalement
1. banque / 2. rue / 3. hôtel / 5. traverse / 7. café / 16. cinéma / 17. gares / 19. stade / 21. tu / 22. Moi / 23. âge / 25. nos

▼ CHAPITRE QUATRE ▼

Première étape *(pp. 93–98)*

I. Prélecture
the number of the bus route, where it stops, how much it costs, how often it runs, the first and last buses of the day, differences between weekday and weekend schedules *(other answers possible)*

II. Plan et horaires
A.
1. number of the bus line (148), effective date of schedule (Sept. 4, 1989)

2. when and where you can buy tickets, number to call for information
3. bus route including stops and connections
4. bus schedule on this line (including how often the buses run on different days)

B.
1. single bus line (map shows other connecting lines)
2. Gare du Mirail
3. every 7 minutes / every 9-12 minutes
4. *(Answers will vary.)*
5. 10:30 in the evening

Reading Strategy
On these days (Sundays and holidays), the end of the bus line is the **gare Matabiau** rather than **Marengo.**

TEST 10
(13 points total: items 1–6—one point for each correct form of **vouloir** *[total: 6]; days of week—one point for each correct day [total: 7])*
1. veux
2. veulent
3. veux
4. voulez
5. veut
6. voulons lundi / mardi / mercredi / jeudi / vendredi / samedi / dimanche

Deuxième étape *(pp. 99–103)*

I. Prélecture
how often the service runs, the earliest and latest time you can leave the airport for Paris, where you get the bus and/or train, where it lets you off in the city *(other answers possible)*

II. Roissy-Rail
1. near arrival doors 28 and 30 (you're taking the train-bus service, not the Air France bus, which leaves from door 36)
2. 35 F / 35 minutes
3. no / get off at Luxembourg
4. gare de l'Est

TEST 11
(8 points total: one point for each correct verb form; in some cases, more than one possible answer [for example, present or immediate future for items 2 and 3])
1. Je suis chez moi maintenant.
2. Ils vont dîner au restaurant demain soir.
3. Qu'est-ce que tu vas faire cet après-midi?
4. Elle va faire un voyage la semaine prochaine.
5. Moi, j'ai l'intention d'aller en France l'année prochaine.
6. J'espère visiter l'Allemagne aussi.
7. Nous avons l'intention de faire nos devoir ce soir.
8. Nous espérons étudier demain soir aussi.

III. Mais oui
1. Oui, je travaille (vais travailler) à la maison ce matin.
2. Mais oui. Je vais aller à une discothèque jeudi soir.
3. Je vais (aller) en ville cet après-midi.
4. Mais oui. Je vais aller à Londres la semaine prochaine (mardi prochain).
5. Oui. Je vais faire des achats lundi prochain.
6. Oui. Je vais (aller) au cinéma avec mes amis ce soir.
7. Mais oui. Je vais déjeuner avec mes parents dimanche après-midi.
8. Oui. Je vais faire des courses en ville mercredi après-midi.

V. Prenez le métro!
1. Porte de Clignancourt / Châtelet / Pont de Neuilly / Charles-de-Gaulle-Étoile
2. On va aller à la Comédie-Française. Pour prendre le métro, tu vas à la station Pasteur et tu prends la direction Porte de la Chapelle. Tu changes à Concorde, direction Château de Vincennes. Tu descends à la station Palais-Royal. Rendez-vous à (8h) dans la rue Saint-Honoré.
3. On va au Sacré-Cœur (à Montmartre). Pour prendre le métro, vous allez à la station Place d'Italie. Vous prendez la direction la Courneuve 8 mai 1945 (Bobigny-Pablo-Picasso). Vous changez à Stalingrad (la gare de l'Est), direction Porte Dauphine (Porte de Clignancourt). Vous descendez à la station Barbès-Rochechouart. Rendez-vous à (11h) sur le boulevard Rochechouart.

Troisième étape *(pp. 103–116)*

I. Prélecture
1. a. sleek, stylish, sporty *(other answers possible)*
   b. precision, workmanship *(other answers possible)*
2. a. sports
   b. quality
3. a. new ideas: experience, quality, reliability, technical aspects
   b. reinforce the idea of quality

II. La pub en France
1. layout is very similar: car, couple embracing, text at bottom *(other possible answers)*
2. Renault is in the city, Peugeot in the country / Peugeot has symbol of power (steam engine)
3. a. emphasizes the notion of first: first car, first kiss, first love; friends are jealous
   b. emphasizes notion of travel, adventure
4. absence of people in American ads, more direct emphasis on characteristics of the car in American ads
5. *(Answers will vary.)*

TEST 12

(12 points total: one point for each correct form)

1. te lèves
2. me lève
3. vous couchez
4. nous couchons
5. ne se téléphonent pas
6. se repose
7. À quelle heure est-ce que tu vas te lever demain matin?
8. Est-ce que vous avez l'intention de vous coucher avant minuit?
9. Je ne veux pas m'acheter de cassettes.
10. Dépêche-toi!
11. Asseyez-vous!
12. Ne t'inquiète pas!

III. Les vacances

1. nous levons / nous couchons / je m'amuse
2. vas / me lève / prends / me promène / faisons / se couche
3. me coucher / nous reposer / visiter / vous préparez
4. vont / se promener / prendre / nous retrouver

IV. On vous a laissé un mot

1. Amusez-vous bien!
2. Ne te dépêche pas!
3. Ne t'inquiète pas! (Ne t'énerve pas!)

V. Les Berthier

(Answers will vary.)

1. Sophie ne veut pas se lever. Elle a envie de rester au lit jusqu'à 8h30. / Moi, je me lève tout de suite. (Moi, je préfère rester au lit un peu.)
2. Jacques et Philippe vont se retrouver en ville. Ils vont faire des courses. / Moi, je retrouve mes ami(e)s... (Mes ami[e]s et moi, nous nous retrouvons...)
3. Pascale et Vincent ne se dépêchent pas. Ils vont rentrer (à la maison) à pied. / Moi, je me dépêche quand...
4. Alain et Chantal s'amusent à jouer au tennis, mais Michel préfère se promener à vélo. / Moi, je préfère jouer... (me promener...).
5. Jeanne (Madeleine) achète (va acheter) un Walkman pour son frère. Elle va s'acheter un radioréveil. / Moi, je voudrais m'acheter...

VI. Tu vas arriver à l'aéroport Charles de Gaulle

arriver / prends / s'arrête / descends / prends / prends / t'arrêter / descends

Quatrième étape *(pp. 116–119)*

I. Pourquoi est-ce qu'ils vont en ville?

(top) 4, 1 *(bottom)* 2, 3

II. Comment est-ce qu'ils vont en ville?

4 (en taxi), 1 (en métro), 3 (en autobus), 2 (à vélo)

III. Les verbes pronominaux

A.

1. question	5. question
2. command	6. statement
3. statement	7. command
4. command	8. statement

B.

1. futur	4. présent
2. présent	5. présent
3. futur	6. futur

IV. Les nombres

A. Combien? Quel numéro?

1. 24	4. 61
2. 58	5. 27
3. 35	6. 48

B. C'est combien?

1. 70F	4. 45F
2. 65F	5. 30F (– 4F = 26F)
3. 16F50	

V. Vous voulez prendre un message?

1. M. Charvet / M. Roche / changer l'heure du rendez-vous, si possible, demain après-midi, 2h
2. Isabelle / Christine / soirée, samedi soir 8h, 8h30, apporter des cassettes de rock ou de punk / moi = invité(e) aussi

VI. Samedi soir à Paris.

1. b   2. a   3. c   4. d

Travail de fin de chapitre *(pp. 119–120)*

I. Le métro de Paris

4 (Porte de la Chapelle) / 1 (Châtelet) / 1 (Porte de Clignancourt) / 4 (Concorde) / 2 (Montparnasse-Bienvenüe) / 3 (Nation) / 3 (Pont de Neuilly) / 5 (Église de Pantin) / 5 (République) / 2 (St-Denis-Basilique)

II. Samedi soir

A.
1. a
2. d
3. 2

B.
1. Hélène, doesn't like jazz
2. Hélène / Élisabeth really wants to go to the concert
3. less expensive than taxi, simpler than bus
4. métro station Sèvres-Babylone

III. Jeu de mots

autobus / vélo / métro / à pied / en train / Porte d'Orléans

▼ CHAPITRE CINQ ▼

Première étape (pp. 121–127)

I. Prélecture
(other answers possible)
2. regional as well as national weather maps / average temperatures, etc. for this date / extended forecast
3. information about winds
4. size of the United States

II. Quel temps fait-il?
A.
1. variable, high of 14
2. very cloudy, high of 13
3. cloudy, high of 18 or 19
4. cloudy to very cloudy, high of 15 to 17
5. variable, strong winds, high of 18 to 21

B.
1. cooler (today: 14 and cloudy / yesterday: 18 and sunny)
2. variable, high of 15, very light winds
3. warmest: Marseille (21), coldest: Embrun (5)
4. mostly sunny and warm (highs of 19 to 25)

TEST 13
(16 points total: items 1–8—one point for each correct date [total: 8]; items 9–16—one point for each correct verb form, no partial credit [total: 8])

1. le 22 août	9. a regardé
2. le 3 mars	10. avons pris
3. le 16 janvier	11. as parlé
4. le premier juillet	12. avez fait
5. le 15 avril	13. n'ai pas mangé
6. le 20 juin	14. ont téléphoné
7. le 9 février	15. a plu
8. le 30 décembre	16. ont quitté

III. Quel temps fait-il en France?
1. Brest (puis Strasbourg)
2. Nice, Perpignan (Brest)
3. il fait chaud, il y a beaucoup d'orages
4. il gèle, il ne fait pas trop froid
5. Strasbourg et Perpignan
6. Nice, Perpignan (Brest, Bordeaux)

V. Une boum
(Answers will vary, but verbs should correspond to the following answers.)
1. Oui, nous avons dansé. (Non, nous n'avons pas dansé.)
2. Non, je n'ai pas pris de boissons alcoolisées. (Oui, j'ai pris de la bière.)
3. Oui, nous avons regardé une vidéo. (Non, nous n'avons pas regardé de vidéo.)
4. Oui, nous avons écouté de la musique. (Non, nous n'avons pas écouté de musique.)
5. Non, ils (elles) n'ont pas fumé. (Oui, ils [elles] ont fumé.
6. Oui, j'ai parlé avec beaucoup de gens. (Non, j'ai parlé avec très peu de gens. / Non, je n'ai pas parlé avec beaucoup de gens.)
7. Non, je n'ai pas mangé beaucoup de choses sucrées. (Oui, j'ai mangé beaucoup de choses sucrées.)
8. Je suis rentré(e) à (11h30).

Deuxième étape (pp. 127–132)

I. Prélecture
(Answers will vary.)
N = overview of year's films

II. Le porteur de serviette
A.
1. French-Italian coproduction, made in Italy
2. May 15, 1991
3. comedy, satire
4. a. names of actors and actresses
   b. about the director
   c. summary of film
   d. evaluation
5. José Maria Bescos
6. he likes it a lot, thinks its satire is on target

B.
(Answers will vary.)

TEST 14
(16 points total: one point for each correct verb form; $1/2$ point off for each missed past participle agreement; one point for each correct time expression)

1. est arrivé	9. sont sorties
2. hier	10. cet après-midi
3. êtes resté	11. suis allé(e)
4. trois jours	12. mardi dernier
5. est rentrée	13. êtes allé(e)s
6. le mois dernier	14. le week-end dernier
7. es allée	15. sont retournés
8. l'année dernière	16. la semaine dernière

III. Récemment
(Answers will vary, but verb forms should correspond to the following.)

1. j'ai dîné	5. j'ai été
2. j'ai fait	6. je suis resté(e)
3. j'ai visité	7. j'ai téléphoné à
4. je suis allé(e)	8. je suis sorti(e)

IV. Un après-midi en ville
(possible answer) Nous avons quitté la maison, nous avons traversé la rue et nous avons pris l'autobus pour

aller en ville. Nous sommes descendu(e)s à la place du Jardin. J'ai tourné (Paul/Paulette a tourné) à gauche et je suis allé(e) (Paul est allé/Paulette est allée) à la pharmacie. Paul/Paulette a tourné (J'ai tourné) à droite et il est allé/elle est allée (je suis allée) à la librairie où il/elle a (j'ai) acheté un livre. Nous nous sommes retrouvé(e)s au café. Nous avons pris des sandwichs et des boissons. Nous sommes allé(e)s à la cathédrale. Nous sommes entré(e)s dans la cathédrale. Nous avons visité (admiré) la cathédrale. Nous sommes rentré(e)s (à la maison) à pied.

Troisième étape (pp. 132–139)

I. Les «amis» et les faux amis
A. *(additional answers possible)*
1. tennis, adultes, initiation, perfectionnement, compétition, participation, individuelles, cafétéria
2. ski, liberté, air, pur, parking, départ, chalet, complète, possibilités, skating, itinéraires, information, téléphone
3. rafting, canyoning, gorges, spectaculaire, exploration, aquatique, techniques, réservations
4. canoë, kayak, site, initiation, enfants, village, aspirations, sérénité, places, groupes, personne, familles, calme

B.
1. clinic
2. tributary
3. package price
4. rental
5. room and board
6. instructor

II. Du temps libre
1. shortest possible program for adults: 2 hours an evening for 5 evenings / 600F / 164, avenue Henry Dunant, Nice
2. rafting or canyoning — least expensive = rafting (160F), canyoning (200F); if they want a full day (300F–400F) / make reservations / they have to go to Castellane
3. cross country skiing / one day: transportation from Nice (95F), ski rental (42F) / 14 different trails / leave from Gare des Chemins de Fer de la Provence (33, av. Malaussena) either at 6:20 or 8:35 P.M.; return to Nice by 4:55 or 8:35 P.M.
4. canoeing / 10F an hour / go to the village of Puget-Theniers to the northwest of Nice

TEST 15
(8 points total: one point for each correct verb form; ¹/2 point off for each missed agreement of past participle)
1. s'est disputé
2. se sont réconciliés
3. tu t'es couchée
4. me suis reposée
5. se sont retrouvées
6. s'est trompée
7. vous êtes amusés
8. ne nous sommes pas amusés

IV. Un week-end au bord de la mer
(Answers will vary.)
1. ... elle a nagé (s'est baignée), puis elle a déjeuné avec ses parents et enfin elle a fait de la planche à voile.
2. Marie-Laure et sa mère ont fait des courses, puis elles ont mangé quelque chose.
3. Didier a dîné avec la famille, puis il a fait une promenade avec ses parents et sa sœur. Après la promenade, Marie-Laure s'est couchée, mais Didier est sorti. D'abord, il a retrouvé des amis au café, ensuite ils sont allés à une discothèque où ils ont dansé et enfin il est rentré et il s'est couché vers 2h du matin.
4. Didier s'est levé à 7h, il a pris son petit déjeuner et il est allé à la pêche avec son père. Marie-Laure s'est levée à 9h. Elle a joué au tennis avec sa mère et ensuite ils se sont retrouvés au restaurant pour déjeuner.

Quatrième étape (pp. 139–143)

I. Les loisirs
1. c
2. e
3. f
4. a
5. b
6. d

II. Qu'est-ce que vous recommendez comme film?
Pierre — films étrangers: *8 et demi* (ou *Le Testament du docteur Mabuse*) / Ghislaine: films policiers — *Ascenseur pour l'échafaud* / Bertrand: comédies — *Poule et frites* / Christine: films d'épouvante — *Le Testament du docteur Mabuse* / Éric: science-fiction — *Aliens, le retour*

III. Passé? Présent? Futur?
A.
1. présent
2. passé
3. passé
4. présent
5. présent
6. passé
7. présent
8. passé

B.
1. passé
2. futur
3. futur
4. passé
5. passé
6. futur
7. passé
8. futur

C.
1. futur
2. présent
3. passé
4. présent
5. présent
6. passé
7. futur
8. passé

IV. Mini-dictée: Mon voyage en Californie

avons commencé / avons visité / avons quitté / sommes
montés / a / nous sommes reposés / suis allée / ai fait /
avons mangé / sommes allés / ai eu / visiter / ai visité /
a été / avons pris / a fait / a (beaucoup) mangé / ai
acheté / sommes rentrés / suis / ai pris / allons visiter /
allons retourner / allons (aussi) visiter

V. Le samedi de Clotilde

1. élève de lycée à Paris
2. a. elle a pris une douche / elle s'est préparée à
   (pour) aller à l'école / a pris le petit déjeuner (avec
   sa sœur) / a quitté la maison vers 8h / est arrivée à
   l'école vers 9h / a eu cours jusqu'à 11h30
   b. est allée manger au Macdo (avec sa copine
   Pascale) / a fait les boutiques (du lèche-vitrine) / est
   rentrée vers 5h
   c. est sortie (avec Pascale et son frère Didier) / est
   allée au cinéma / ensuite a pris quelque chose à
   boire au café / est rentrée vers 11h / s'est couchée

VI. Des projets de vacances
Compréhension générale
1. d   2. b   3. a
Compréhension des détails
1. Sophie / faire de l'équitation, invitée par une amie
2. on y va toujours, on y est allé pour Noël
3. équitation / ski (nautique)
4. le père

Travail de fin de chapitre (pp. 143–144)

I. La météo
A.
2, 3, 1, 4
B.
1. minus 2 to 3 above / snowy and slippery / snow,
   danger of avalanches
2. 20 to 25 / nice weather, wind / nice everywhere
   except Brittany
3. 9 to 12 / slippery / cloudy with possibility of rain
4. 13 to 20 / 10 / slippery, foggy / cool and cloudy,
   then clearing and warming

II. Les amis
A.
1. b
2. c
3. d and c
B.
1. too dangerous
2. they've gone to the movies the last two weekends
3. weather will be nice on Saturday
4. go to museum
5. tennis on Saturday, museum on Sunday

▼ CHAPITRE SIX ▼

Première étape (pp. 145–150)

II. Lecture: Du travail et du pain, du pain et du travail...
A. La chronologie des événements
8, 3, 1, 7, 4, 2, 6, 5, 9
B. Appréciation du texte
1. a very special memory, a major event from her
   childhood
2. men: bring wood, bake bread; women: bake
   pastries, etc.; children: play
3. as if it were a piece of cake: wonderful smell and
   taste
4. agricultural community, little schooling, women
   took care of house and children, simple houses,
   simple life, routine punctuated by communal events
   (such as the baking of bread)
5. *(Answers will vary.)*

TEST 16
*(15 points total: items 1–4—one point for each correct
demonstrative adjective [total: 4]; expressions of
quantity—one point for each correct expression
including de [total: 11])*
1. cet
2. ce
3. ces
4. cette
5. deux kilos de pommes
6. cent grammes de pâté
7. trois bouteilles d'eau minérale
8. deux litres de vin rouge
9. un demi-kilo de saucisses
10. une douzaine de croissants
11. Combien de
12. beaucoup de
13. (très) peu d'
14. assez de
15. trop de

V. Déchiffrons!
pâté / tranches / saucisson / un demi-kilo /
concombres / personnes / thon

Deuxième étape (pp. 150–155)

I. Prélecture
(multiple answers possible) fancy hors-d'œuvres and
canapés / shrimp, avocados, artichokes / French cheeses /
champagne / white wine / Scotch and other cocktails

II. Lecture: Culture et camembert
A. Les mots apparentés
1. forcibly / She intends to control him.

2. hurrying / He is quick to respond to her call and her orders.
3. obeys / It underlines his subservience.
4. tender and firm / She should show her love but also her authority.
5. pensive (lost in thought) / She is aware of her son's reactions and is trying to understand while also pursuing her goal.

B. Appréciation du texte
1. French culture (as opposed to Cameroonian culture)
2. Western civilization, modern ways
3. sends him to a city school where he doesn't here native dialects, serves him European rather than African food, doesn't allow him to visit his paternal grandparents (who live in the country)
4. so that he will have no trouble adapting to living in Europe or in a European-style society when he grows up
5. she has rejected it
6. *(Answers will vary.)*
7. *(Answers will vary.)*

TEST 17
(10 points total: one point for each correct article)
1. de la
2. de l'
3. de
4. des
5. du
6. du
7. du
8. le
9. des
10. une

III. Qu'est-ce qu'on utilise pour faire?
(Answers may vary.)
1. On utilise des œufs, du fromage, du sel et du poivre.
2. On utilise de la salade, des tomates, des carottes, de l'huile et du vinaigre.
3. On utilise de la farine, du beurre, des fraises et du sucre.
4. On utilise des tomates, des poivrons, des oignons, du sel et du poivre.
5. On utilise du pain, du beurre, du jambon et de la moutarde.
6. On utilise des oranges, des pommes, des fraises, des bananes, etc.
7. On utilise du bœuf, des pommes de terre, des oignons, des carottes, du sel et du poivre.

Troisième étape (pp. 155–161)

II. Lecture: Être adhérent Fnac
A. Les mots de la même famille
1. member
2. a. culture
   b. wish, desire
   c. works (processing, etc.)
   d. accumulation (total amount)
   e. reporters
   f. are found side by side with
   g. ticket sales
   h. entrance
   i. cost
   j. get information

B. Compréhension du texte
1. privileges and benefits of being a member
2. customer-oriented, all sorts of benefits for cardmembers
3. *(Answers will vary.)*
4. *(Answers will vary.)*

TEST 18
*(12 points total: items 1–8—one point for each correct form of **devoir** [total: 8]; items 9–12—one point for each correct form of **quel** [total: 4])*
1. doit
2. doivent
3. a dû
4. dois
5. devez
6. devons
7. avons dû
8. dois
9. quelle
10. Quelles
11. Quel
12. Quels

III. Pourquoi...? Parce que...
1. Parce qu'il doit aller à la Fnac.
2. Parce que je dois faire mes devoirs.
3. Parce qu'ils doivent aller au centre commercial.
4. Parce que nous devons (je dois) aller au supermarché.
5. Parce que tu dois aller à la boulangerie.

Quatrième étape (pp. 161–163)

I. Où?
1. boucherie
2. boulangerie-pâtisserie
3. charcuterie
4. boulangerie-pâtisserie

II. Qu'est-ce qu'ils ont acheté?
1. Fnac / radio-cassette, cassettes vierges, cassette de Sting
2. magasin de jouets / robots
3. magasin de sport / raquette de tennis, balles de tennis

III. Mini-dictée: Les villages de Provence
1. 433
2. 2.640
3. 1.607
4. 1.027
5. 8.439
6. 3.287

IV. Annonces au supermarché
1. 89F
2. 30F
3. 18F
4. 7F50
5. 29F
6. 39F95
7. 54F
8. 62F

V. Mini-dictée: Notre journée au centre commercial

la, au, de, la , une, de, des, un / Quel / Un, de / un, de, les / au, de, un, un, au, de, une, de / au, d' / du

VI. Un cadeau pour mon petit frère

1. 80F
2. jeu vidéo, robot, balle de foot
3. jeu vidéo
4. Les deux peuvent y jouer.
5. Les trains coûtent trop cher.

Travail de fin de chapitre (p. 164)

I. Des achats

A.

2, 1, 4, 3

B.

1. charcuterie / 15 tranches de saucisson, un morceau de pâté / 5 tranches de jambon (de Parme) / pique-nique / 85F
2. épicerie (alimentation générale) / 5 oranges, 3 bananes, une livre de haricots verts, un demi-kilo de tomates / 74F
3. boucherie / 8 côtelettes de porc
4. boulangerie-pâtisserie / une tarte aux fraises, 4 meringues / dessert pour un déjeuner de famille (les meringues sont pour les enfants)

II. Jeu: Comment s'écrit...?

1. brioche
2. tomates
3. lait
4. saucisson
5. abricots
6. courgettes

▼ CHAPITRE SEPT ▼

Première étape (pp. 165–169)

II. Lecture

1. required courses, courses associated with your major (**optionnelles** does not mean *optional,* but rather *associated with your major [option]*, elective courses
2. check out the course offerings for the entire university (not just your **faculté),** think twice before choosing a course that has nothing to do with your main goals
3. too broad a spectrum of courses (such that it is impossible to relate your work for one course to work for any other course); an unbalanced schedule (that leaves too many gaps between classes and doesn't fit your personal needs)
4. *(Answers will vary.)*

TEST 19

(32 points total: one point for each correct adjective form; one point for each adjective correctly positioned)

1. Ils ont une jolie petite maison.
2. Nous avons fait un long voyage ennuyeux.
3. Nous avons vu des grandes cathédrales gothiques.
4. Regarde cette vieille voiture japonaise!
5. Ils ont acheté des bons romans policiers.
6. C'est une jeune femme ambitieuse.
7. Ce semestre j'ai des cours difficiles et intéressants.
8. Elle a des beaux cheveux noirs.

Deuxième étape (pp. 170–174)

II. Lecture: Qui fait quoi?

1. mutuelle étudiante
2. président de l'université (association ou syndicat étudiants)
3. assistante sociale
4. secrétaire de l'UFR
5. association ou syndicat étudiants
6. président de l'université
7. assistante sociale
8. mutuelle étudiante

TEST 20

(8 points total: one point for each correct comparative form, including **que)**

1. Tu as moins d'argent qu'Éric.
2. Jacques est aussi ambitieux que sa sœur.
3. Élisabeth est plus intelligente que son frère.
4. Chantal joue du piano mieux que moi.
5. Je parle moins rapidement que mes parents.
6. Ces fraises-ci sont moins bonnes que ces fraises-là.
7. Marc a autant de frères et de sœurs que Xavier.
8. J'ai des meilleurs professeurs que toi.

Troisième étape (pp. 174–179)

II. Lecture

A. *Des mots utiles*

(Answers will vary.)

B. *Compréhension du texte*

1. university: fewer constraints (fewer class hours, less homework, fewer tests); university: on your own (less contact with professors)
2. too distant, aren't interested enough in students
3. take advantage of office hours during the beginning of the school year, go to the lab or individualized work sessions
4. get notes and information from other group members if you miss class, makes one feel less lonely and isolated, review for tests

TEST 21

(12 points total: items 1–7—one point for each correct form [total: 7]; items 8–12—one point for each correct question [total: 5])

1. obéis
2. réussit
3. grossissent
4. finis
5. réfléchissez
6. as fini
7. ont maigri
8. Quel temps va-t-il faire (demain)?
9. As-tu (Avez-vous) des cassettes?
10. Où habite-t-elle?
11. Où êtes-vous allés?
12. Pourquoi n'ont-ils pas d'amis?

Quatrième étape *(pp. 179–184)*

I. De quoi est-ce qu'ils parlent?
1. VCR
2. robot
3. pizzeria
4. book and stationary store
5. delicatessen

II. De qui est-ce que tu parles?
1. Berthe Danon
2. Hervé Olivier
3. Mme Perriot
4. M. Hugot

III. Féminin ou masculin?
1. f
2. m
3. m
4. f
5. m
6. f
7. f
8. m
9. m
10. f

IV. Philippe et Martine
Philippe: actif (dynamique) / optimiste / sérieux / frivole / sportif / jeune
Martine: ambitieuse / grande / intellectuelle / belle

V. Mini-dictée: Des rêves
1. une jolie petite maison
2. une auto neuve allemande
3. une belle femme indépendante
4. un grand musée moderne
5. un nouvel hôtel français
6. des vieux livres intéressants

VI. Qui est le coupable?
number 1

VII. L'argot des étudiants
1. du travail
2. des livres
3. très difficile
4. travailler beaucoup
5. le restaurant universitaire
6. manger
7. emprunter

Travail de fin de chapitre *(pp. 184–186)*

I. Quatre étudiants
A.
1. Paris / natural sciences
2. Paris / fine arts
3. regional / humanities, literature
4. regional / social sciences

B.
1. Jussieu (Paris) / sciences physiques / optique, thermodynamique, électricité / un studio à Montparnasse / être professeur de physique
2. Conversatoire de Paris / musique / piano, orchestration, solfège / jouer avec l'Orchestre National de Paris
3. Nice / littérature française / Balzac / résidence universitaire / être professeur de français
4. Strasbourg / lettres / histoire, dialectes / famille / étudier toutes les régions en France

II. Jeu: Trouvons les mots!

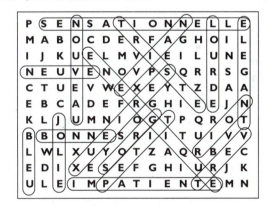

Missing adjective: neuve

▼ CHAPITRE HUIT ▼

Première étape *(pp. 187–193)*

II. Lecture: Les accidents de la route
A. Les nouveaux mots
1. principales / causes / accidents / routes / excessive / priorité / alcool / proportion / élevée / industrialisés / passagers / million / systématiquement / véhicules / danger / erreurs / humaines / mécaniques / estime / correction / adaptée *(other answers possible)*

2. circulation (means *driving* or *traffic*, not circulation) / mortels (means *fatal, leading to death*, not mortals)

3. a. road   d. attributable
   b. driving   e. failures
   c. killed   f. see poorly

B. La vitesse tue

1. speed / failure to observe the priority / alcohol / driving in the wrong lane
2. *(Answers will vary.)*
3. a. disagree / 40% of fatal accidents caused by alcohol
   b. agree / half of accidents involved only one vehicle
   c. disagree / only 2% of accidents due to mechanical failures
   d. *(Answers will vary depending on year.)*

TEST 22
(12 points total: one point for each correct verb form)
1. vous leviez   7. peut
2. allions   8. peux
3. aimaient   9. pouvons
4. étais / faisait   10. peuvent
5. avais   11. peux
6. pouvez

III. Qu'est-ce qu'ils ont?
1. Judith a mal aux dents.
2. Philippe a mal à la jambe.
3. Marie a mal au pied.
4. Yves a mal à la tête.
5. Hélène s'est fait mal au genou.
6. Marc s'est fait mal à la jambe.
7. Yoko s'est fait mal à la main.
8. Thierry s'est fait mal au poignet (au bras).
9. Lucie s'est fait mal au dos.
10. Andrée s'est fait mal au bras.

IV. Où étiez-vous?
A. *Le jour où on a assassiné le Président Kennedy*
1. Elle était à la cuisine. Elle préparait le dîner.
2. Nous étions au lac. Nous faisions de la voile.
3. Il était à New York. Il regardait des tableaux au musée.
4. Elle était en classe. Elle passait un examen (Elle faisait des devoirs.)
5. Elle était à la maison. Elle jouait avec un copain (un ami).

Deuxième étape *(pp. 194–201)*

II. En vacances
A. *Où aller? À qui téléphoner?*
1. S.O.S. dentaire
2. Police-secours

3. one of the Pharmacies
4. S.O.S. Médecins
5. Sapeurs-pompiers
6. Pharmacie de nuit

B. *À la pharmacie*
1. a. type of aspirin (relieves pain and reduces fever)
   b. nose drops
   c. cough syrup
   d. toothpaste
2. a. conditions it can be used for
   b. precautions to take when using it
   c. brand name
   d. company that makes it
   e. dosage
3. a. 1 to 2 pills 1 to 3 times a day
   b. protects gums as well as teeth
   c. spray bottle
   d. be careful when driving (will make you sleepy) / don't use with alcohol

TEST 23
(17 points total: paragraph—one point for each correct imperfect form [total: 12]; items 1–5—one point for each correct verb + infinitive, ignore any other errors [total: 5])
était / étions / faisait / mangeait / il y avait / avait / portait / regardais / s'amusait / trouvais / pouvais / voulait

1. Il doit être ici (là).
2. Nous devons aller au bureau de poste.
3. J'ai dû rester à la maison (chez moi).
4. Elle a dû avoir un problème.
5. Tu devais (Vous deviez) rentrer (à la maison / chez toi / chez vous).

III. Les symptômes
1. Il a le nez qui coule.   4. Elle a mal à la gorge.
2. Il tousse.   5. Il éternue.
3. Elle a des courbatures.   6. Elle a de la fièvre.

VI. Le début d'une histoire
était / faisait / neigeait (extra **e** for pronunciation) / étions / marchait / n'avions plus / y avait / avait / était / promenait / chantait / trouvions

Troisième étape *(pp. 201–209)*

II. *Pariscope*
1. danse classique / stretching / musculation / jazz / rock / yoga / aérobic / jogging / relaxation / gymnastique / golf / karaté / sauna *(and others)*
2. *(Answers will vary.)* hammam / claquettes / UVA hte pression / jonglage

III. La forme à la française

1. a. bodybuilding, weightlifting
   b. sauna (hot steam "bath")
   c. Turkish bath (similar to sauna)
   d. electronic weight-loss program
   e. whirlpool bath
   f. aerobics (exercise dance)
   g. tanning
2. variety of activities / pay for individual activities rather than a membership fee

TEST 24

*(14 points total: items 1–6—one point for each correct form of **savoir** [total: 6]; items 7–9—one point for each correct use of **depuis** (depuis combien de temps, depuis quand), one point for each verb in the present tense [total: 8])*

1. savez
2. sais
3. sait
4. sais
5. savons
6. savent
7. Nous habitons à Bordeaux depuis trois ans.
8. Depuis combien de temps est-ce que tu as un rhume (tu es enrhumé[e])? Depuis trois ou quatre jours.
9. Depuis quand est-ce que tu travailles à Macdo? Depuis le mois dernier.

VI. Moi, je...

*(Answers will vary; be sure to use the present tense in items 1–6 and the **passé composé** in items 1–9)*

Quatrième étape *(pp. 209–213)*

I. Un accident
picture 1 (upper left)

II. Quel verbe?

1. pouvoir	4. savoir	7. devoir	10. vouloir
2. devoir	5. aller	8. savoir	11. pouvoir
3. vouloir	6. vouloir	9. devoir	12. avoir

III. Pouvez-vous les identifier?
M.W. / F.G. / R.G. / S.D. / A.F. / J.M.

IV. Dictée: Discussion à table
— Maman, Bernard ne mange pas.
— Bernard, qu'est-ce qu'il y a? Tu ne te sens pas bien, mon petit?
— Non, Maman. J'ai mal à la gorge. Je vais me coucher.
— C'est bien. Va te coucher. J'arrive tout de suite pour prendre ta température.
— Ce garçon est toujours malade. On téléphone au médecin?
— Non. C'est une petite grippe. Ce n'est pas grave.

— Je vais aller à la pharmacie chercher des pastilles pour la gorge.
— Si tu veux.
— Moi, je me sens très bien, Maman. Je peux manger le dessert de Bernard?

V. Que dit le médecin?
sister: not serious / digestive problem (liver) / she should drink mineral water and avoid eating fats / she'll feel better in 2 or 3 days
brother: has a cold / giving him throat lozenges / he should take an antihistamine, one tablet in the morning and one in the evening

VI. Vous êtes témoin d'un accident?
2

Travail de fin de chapitre *(pp. 213–214)*

I. Deux conversations
A.
1. Catherine's brother   2. Catherine   3. Michèle
B. b
C.
1. a. Elle a mal au dos, mal à la tête, mal au ventre. Elle est toujours fatiguée.
   b. Elle fait un régime, elle fait du sport, elle mange des légumes.
   c. un accident de voiture
   d. à la jambe; oui, il a passé une semaine à l'hôpital
2. a. elle a mal à la tête / elle a le vertige / elle a envie de vomir
   b. une grippe intestinale ou quelque chose qu'elle a mangé
   c. prendre une tisane de tilleul (un thé) / prendre de l'aspirine (pour la tête) / prendre de la vitamine C (pour avoir de l'énergie) / ne pas boire d'alcool, de café ni de lait / boire des jus de fruits

II. Jeu
(across) médicament / dos / visage / main / coude / bouche / genou / cheville
(down) mal de mer / yoga / estomac / cheveux / bras / nez / grippe / tête / fièvre
(backward diagonal) pied / ventre
(forward diagonal) cou

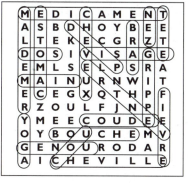

▼ CHAPITRE NEUF ▼

Première étape (pp. 215–222)

TEST 25
*(18 points total: items 1–6—one point for each superlative form, one point for each agreement and use of **de** [total: 12]; items 7–12—one point for each correct time, including A.M. or P.M. [total: 6])*
1. le meilleur (joueur de tennis) de son école.
2. la plus vieille (maison) de la ville.
3. (l'étudiante) la plus intelligente de la classe.
4. le plus rapidement de l'usine.
5. la meilleure (charcuterie) de la ville.
6. (les cours) les moins difficiles du programme.
7. 10:30 A.M.
8. 1:45 P.M.
9. 5:05 P.M.
10. 7:20 P.M.
11. 9:15 P.M.
12. 11:40 P.M.

V. À quelle heure?
1. 11:00 A.M. / 2:00 P.M. / 11:10 P.M.
2. 7:05 P.M.
3. 11:35 P.M.
4. 9 A.M. to 7 P.M.
5. 9 A.M. to 12:30 P.M. / 2 P.M. to 6:30 P.M.
6. 6:30 P.M.
7. 8:30 P.M.
8. 8:30 P.M.

Deuxième étape (pp. 223–230)

II. Lecture: Nous descendons à l'hôtel
A. L'hôtel Saint Germain
1. b   5. b
2. a   6. c
3. c   7. b
4. a   8. c
B. Quel hôtel choisir?
1. all but the Président
2. Windsor
3. Miramar
4. all
5. Régina et Golf, Palais, Miramar
C. Notre réservation est confirmée
1. May 1, 1987
2. 530F
3. two
4. double rooms
5. 3 nights
6. Odéon or Luxembourg
D. INTER HOTEL
1. accepts 5 major credit cards / parking available

outdoors or in a garage / handicap access / elevator / allows pets / TV in the room / bar / golf / night clerk (allows you to come in whenever you wish) / direct telephone line from room
2. accepts 5 major credit cards / parking available / elevator / pets allowed / TV in the room / bar / garden / night clerk / direct telephone line from room
3. accepts 5 major credit cards / parking outdoors or in garage / handicap access / elevator / pets allowed / TV in the room / bar / playground / garden / night clerk

E. La note d'hôtel
1. four
2. 53
3. 240F
4. 21F per day

TEST 26
*(21 points total: items 1–5—one point for each correct ordinal [total: 5]; items 6–13—one point for choosing the correct verb [**sortir** or **partir**], one point for each correct conjugated form [total: 16])*
1. premier   8. sont partis
2. dernier   9. part
3. cinquième   10. est sortie
4. vingtième   11. pars
5. vingt-et-unième   12. sortions
6. pars   13. sortent
7. sortez

IV. Rendez-vous à 9h
2. Aurélie / Je suis arrivée à 11h45. Je suis à la chambre 14, au premier étage. Rendez-vous à 9h dans la salle à manger. / Laura
3. Thomas et Élodie / Nous sommes arrivés à 12h. Nous sommes à la chambre 26, au deuxième étage. Rendez-vous à 9h30 à la réception. / Nicolas et Julie

V. Et vous?
(Answers will vary, but verbs should be as follows.)
1. je sors
2. je (ne) suis (pas) sorti(e)
3. je vais...je sors
4. je pars...chez moi
5. je suis parti(e) de chez moi
6. je pars

Troisième étape (pp. 231–235)

II. Lecture: Les auberges de jeunesse
A. Devinez!
1. to greet   3. membership card
2. a dormitory room   4. ties

B. Les précisions
1. pour les jeunes
2. 40F à 90F
3. 38F à 80 F pour le dîner et le petit déjeuner
4. 148F à 240F

TEST 27

(48 points total: one point for each correct choice of tense; one point for each correct form—i.e., if the form is correct but the tense is wrong, one point is still given for the form

suis allé(e) / avais / ai passé / voulaient / ont appris / avons visité / avons fait / ai mangé / a décidé / avons fait / nous sommes bien amusés / était / n'ai pas très bien compris / parlait / appelait / a duré / avait / faisait / pouvait / était / participaient / ai fini / étaient / ont beaucoup influencé

III. Une histoire d'amour

Roland et Albertine *se sont rencontrés* chez Paul. Tout le monde *dansait* et *mangeait*. Ils *n'avaient pas* envie de danser. Ils *sont sortis* de la maison. Ils *sont allés* se promener. Le lendemain ils *se sont retrouvés* sur les quais de la Seine. Il *faisait* beau. Le soleil *brillait*. La Seine *était* belle. Des amoureux *se promenaient* sur les quais. Roland et Albertine *se sont embrassés* tendrement. Quelques semaines plus tard ils *se sont fiancés*. Au mois de juin ils *se sont mariés*. Leurs parents *étaient* très contents. Au mariage tout le monde *s'est amusé*. Roland et Albertine *étaient* très heureux.

V. Une lettre de remerciements

(95) / Chère (Ma chère) / reprend (recommence) / remercie / voudrais (veux) / ton / passé / très / espère / vas / quittée / rentrer / visite / amis / travaillent / rentrée / cours / heureuse / histoire / beaucoup / bien / projets / Merci

Quatrième étape (pp. 235–241)

I. Bienvenue aux États-Unis!

Lemond / Christine / 95 / 27.53.69.84 / July 19, 1978 / Raymond / Monique / 3 / 2 / German, English / study English, learn about American culture / wants to learn Russian / likes sports (biking, volleyball, skiing) / likes American popular music

II. Dans quel hôtel descendre?
1. Terminus-Bristol
2. France
3. Lion d'Or
4. Mirabeau
5. Legris et Parc

III. À quelle heure?
1. 8:30 P.M.
2. 9 P.M.
3. 7:30 P.M.
4. 8:00 P.M.
5. 4 P.M.
6. 8:20 P.M.

IV. À quel étage sont-ils?
1. 5
2. rez-de-chaussée
3. 1
4. 8
5. 4
6. 7
7. 3
8. 7
9. 5

V. Une expérience désagréable

sentais / ai...décidé / ai...pris / suis arrivée / ai trouvé / étaient / étais / avais / étais / suis...entrée / suis restée / est arrivé / était / a duré / intéressait / a dit /ai payé

VI. Deux hôtels parisiens
1. près de la gare Montparnasse / à St-Germain-des-Prés
2. 15 / 5
3. plus de 500 / 23
4. 760F / 460F
5. La Ruche (coffee shop) / dans la chambre
6. chambres énormes, salles de bains modernes, climatisation, TV couleur / lits confortables, excellent petit déjeuner à la française, hôtel typiquement français
7. millionnaires, touristes riches / les gens qui veulent vraiment visiter Paris

Travail de fin de chapitre (pp. 241–242)

I. Quelle chambre?
A.
chambre 2
B.
Chambre 1: 3ᵉ / 190F / 2 / sans / avec / oui / oui / non
Chambre 2: 5ᵉ / 265F / 1 / oui / oui / oui / oui / non
Chambre 3: 1ᵉʳ / 123F / 2 / sans / sans / non / non / non

II. Jeu: Comment s'appellent ces villes?
1. Verdun (verre)
2. Troyes (trois)
3. Lyon (lion)
4. Fontainebleau (fontaine / eau)
5. Lille (île)
6. Chateaudun (chat / eau)

▼ CHAPITRE DIX ▼

Première étape (pp. 243–248)

II. Lecture: Des maisons et des appartements
1. Paris and the Mediterranean
2. wide range: studio to 5-pièces
3. the one at Grasse: less expensive, basically the same as the one between Bandol and Hyères (unless direct access to the water is worth 54.000F more)

4. *Le Square Chaumont:* luxury apartments ranging from studio to a duplex; balconies and terrasses overlooking an interior courtyard/garden / no prices mentioned
   Villa St. Fargeau: 2 bedrooms, kitchen (small), living area, small balcony, conventional mortgage loan available
   Appartement-Studio à Paris: good location in heart of Paris, relatively modern building, parking available, videophone / expensive: studio is more than half the cost of the 3 pièces
5. *(Answers will vary.)*

TEST 28
(14 points total: one point for each correct verb form)

1. connaissez
2. connaissons
3. connais
4. connais
5. connaît
6. connaissent
7. mets
8. a mis
9. met
10. avez mis
11. mettent
12. mettons
13. Mets
14. mettez

III. Qu'est-ce que ça veut dire?

1. banlieue
2. arrondissement
3. balcon
4. confort
5. Pièces
6. séjour
7. douche
8. chambre
9. garage
10. salle de bains
11. étage
12. chambres
13. cuisine
14. salle à manger

IV. L'appartement de M. Abdiba

pièce / couloir / cuisine / w.-c. / salle de bains / baignoire / lavabo / bidet / séjour / terrasse / chambre / garage / cave

Deuxième étape *(pp. 248–254)*

II. Lecture: Pour les juniors: Des meubles pleins d'astuces!

1. étagère / bureau / chaise / lampe / chaîne stéréo / miroir
2. *(Answers will vary.)*
3. storage boxes
4. six / white with red stripes / functional: inside divider, can be put side by side or one on top of another
5. pine or white
6. record holders
7. to put in order, to store
8. *(Answers will vary.)*

TEST 29
(14 points total: items 1–6—one point for each correct interrogative form [total: 6]; items 7–14—one point for each correct verb form [total: 8])

1. Qui fait la cuisine chez toi?
2. Avec qui est-ce que vous êtes allé(s) au match?
3. Qui est-ce que vous avez rencontré au bal?
4. À qui est-ce que tu vas téléphoner?
5. Qui est-ce que tu veux inviter?
6. Qui a préparé le dessert?
7. souviens
8. devient
9. viens
10. n'est pas venue
11. venez
12. revient
13. sont venus
14. venait

III. Voilà nos meubles

2. un fauteuil
3. une étagère
4. un couvert (une fourchette, un couteau, une cuiller)
5. une chaise
6. une table
7. une commode
8. un bureau
9. un téléviseur
10. un grille-pain
11. des casseroles

Troisième étape *(pp. 254–260)*

II. Lecture: La chambre en ville: rare!

A. Compréhension du texte

1. C.I.R.J. — adresses of real estate agencies + hotels, etc., in case of emergency
2. C.R.O.U.S. — list of landlords + help with relations between landlord and student renter
3. share an apartment
4. live at home

B. Analyse du texte

1. more difficult, less space in dormitories, students are more on their own
2. noise, failure to pay rent on time
3. no electric devices, no use of apartment during the weekend, no visits from boyfriend or girlfriend *(remainder of answer will vary)*
4. not as readily accepted as in U.S. / students are somewhat skeptical about getting along with someone else

TEST 30
*(9 points total: items 1–5—one point for each correct question form, ignore rest of sentence [total: 5]; items 6–7—one point for each use of **venir de** + infinitive, one point for correct tense [total: 4])*

1. Qu'est-ce que vous voulez boire?
2. Qu'est-ce qui s'est passé?
3. De quoi est-ce que tu as peur?
4. À quoi est-ce qu'il s'intéresse?
5. Qu'est-ce qu'ils ont acheté?
6. Elle vient de partir.
7. Nous venions de nous coucher quand vous avez (tu as) téléphoné.

III. Deux invitations
1. birthday parties
2. one = dinner dance; other = less formal, smaller
3. combination of print and handwriting, spaces to fill in, use of M. et Mme

Quatrième étape (pp. 260–264)

I. Les meubles
1. oui
2. non
3. non
4. oui
5. non
6. oui
7. non
8. non
9. p
10. g
11. p
12. g
13. g
14. g
15. p
16. p

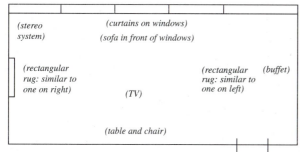

(stereo system)
(curtains on windows)
(sofa in front of windows)
(rectangular rug: similar to one on right)
(TV)
(rectangular rug: similar to one on left)
(buffet)
(table and chair)

II. Dictée
grande / chambres à coucher / cuisine spacieuse / salles de bains / salle de séjour / balcon / salle à manger / garage // pièces / équipée / frigo / four / lave-vaisselle / canapé / fauteuils / télé / magnétoscope / tapis / peintures

III. Nous cherchons un appartement
1. 3
2. 5
3. 4
4. 4
5. 3, 4
6. 5
7. 2
8. 4

IV. Trois appartements
Appartement 1: 5ᵉ / 3 / 2 / 5.600F / oui
Appartement 2: studio / moderne / salle de séjour, kitchenette, salle de bains / 3.200F / non
Appartement 3: 3 / salle de séjour, cuisine, 2 salles de bains / 5ᵉ / oui / oui / 6.700F / non

V. Quel appartement?
2, 3, 1

Travail de fin de chapitre (pp. 264–266)

I. Descriptions d'appartements
A.
1. 2, 4
2. 3
3. 4
4. 1, 3
5. 3
B.
1. moderne, au centre de la ville, 3 chambres à coucher, jardin
2. 16ᵉ arrondissement / 3 / près d'un jardin public, grande cuisine
3. cuisine toute équipée et moderne, de la place pour mettre une table dans la cuisine, très grande salle de séjour
4. petit, ne coûte pas trop cher, au centre de la ville
5. électricité, chauffage, eau
6. interphone

II. Jeu: Mots croisés
Horizontalement
I. balc / frigo
III. aux / vaisselle
V. assiettes
VI. étagères
VIII. midi / armoire
IX. four
X. Roma
XI. science
XII. encore
XIII. ça
XIV. immeuble
XV. écoles
XVI. cuisine
XVII. nuages
XVIII. entrer / an / sofa
Verticalement
1. lavabo / fourchette
3. aux / séjour / vol
4. rose
5. couteau / ne
6. ascenseur
7. fauteuil
8. ét. / dormir
9. Visa
10. sa
11. grille-pain / etc.
13. salé / mari / bains
15. salle
16. service
17. pièce / aller

▼ CHAPITRE ONZE ▼

Première étape (pp. 267–274)

II. Lecture: Apparence
A. *Compréhension*
1. French are spending less on clothing; children and especially adolescents are more interested in clothes and fashions
2. "Clothes don't make the man."
3. women and girls
4. sales, wholesalers and factory outlet stores, discounters + change in attitude: comfort, durability, and originality more important than high fashion
5. signs that make the clothes recognizable—logos, designs, words
6. *(Answers will vary.)*
B. *Et maintenant à vous!*
(Answers will vary.)

TEST 31
(21 points total: one point for each correct choice of infinitive or conjugated verb [total: 12]; one point for each correct form of the subjunctive [total: 9])

1. finissiez	7. téléphoner
2. écoutions	8. fasssent
3. sortes	9. aille
4. parler	10. aies
5. prenne	11. sachiez
6. soient	12. faire

V. Add an adverb to each sentence
(Suggested answers; other adverbs are possible.)
1. Il porte toujours un chapeau.
2. Les voleurs sont sortis rapidement de la banque.
3. Je fais toujours mes devoirs.
4. Mes parents sortent de temps en temps.
5. Il ne s'est pas fait extrêmement mal.
6. Elles ne sont pas complètement d'accord avec moi.
7. Nous allons rarement au théâtre.
8. Ils n'ont pas pu venir immédiatement.
9. Elle est probablement en France.

Deuxième étape (pp. 274–281)

II. Lecture: Claude Montana: star malgré lui
A. *Exercice de compréhension*
1. an ideal woman
2. mysterious, individualistic
3. Lanvin / ready-to-wear, leather
4. born in Paris of a Spanish father and a German mother
5. extra at the Opera, make paper maché jewelry, designed leather clothing

Lecture: Valéry Cornille et Dominique Léotard
B. *Exercice de compréhension*
1. in their apartment
2. clients and friends
3. women who work and who are trying to reconcile their busy schedules with stylish clothing
4. 800F to 3.000F / skirts, jackets, tee-shirts

TEST 32
(24 points total: items 1–8—some items have two possible answers; one point for each correct pronoun, one point for each correct placement of the pronoun [total: 16]; items 9–16—one point for each correct verb form [total: 8])
1. Oui, je vous cherche depuis longtemps.
2. Oui, je vous attends (nous t'attendons) depuis longtemps.
3. Non, je ne te comprends pas.
4. Oui, elle va m'accompagner.
5. Non, je t'ai pas téléphoné.
6. Oui, je vous ai acheté un cadeau.
7. Oui, téléphone-moi!
8. Non, ne m'attends pas (ne m'attendez pas / ne nous attends pas / ne nous attendez pas)!
9. attends
10. ai entendu
11. descendons
12. descendiez
13. répondent
14. perdais
15. ont vendu
16. vend

III. Qu'est-ce qu'ils ont acheté?

1. un chapeau	10. un chandail
2. un chemisier	11. un tee-shirt
3. des gants	12. un sweat
4. un pantalon (un jean)	13. un bermuda
5. une jupe	14. des chaussettes
6. un bikini	15. un pantalon (un jean)
7. une robe	16. une chemise
8. un short	17. un pull-over
9. un tailleur	18. un jogging

VII. La ponctuation
1. Nous avons vu Janine, Marc, François et Sylvie.
2. Quand tu vas au centre commercial, achète-moi du parfum.
3. À quelle heure est-ce que tu reviens, toi?
4. Et ce pantalon, combien coûte-t-il?
5. Les Français, conscients de la mode, apprécient les beaux vêtements.
6. Et vous, pourquoi n'avez-vous pas réussi à l'examen?
7. C'est super! Quel magasin extraordinaire!

8. Samedi dernier je me suis levée à 9h, j'ai pris le petit déjeuner, j'ai retrouvé mes amis aux Galeries Lafayette et nous avons passé la journée à faire des courses. Qu'est-ce que tu as fait, toi?
9. Sa mère lui a demandé: "Est-ce que tu veux de la soupe?"
10. Ils ont eu une mauvaise note; il faut qu'ils parlent au professeur.
11. J'ai rangé ma chambre: cassettes dans le tiroir, vêtements dans la commode, raquette de tennis dans le placard, chaussures sous le lit.

VIII. Enzo Ferrari

Étroitement lié à l'un des sports les plus populaires de notre siècle, l'automobilisme, son nom est l'un de ceux qui, désormais, ont fait époque. Nous parlons naturellement de Enzo Ferrari, fondateur de la célèbre maison de Maranello en Italie. Ses voitures de course ont remporté tout ce qu'il était possible de remporter. Des dizaines de pilotes téméraires ont conduit, les uns après les autres, les bolides rouges, obtenant ainsi célébrité et richesse. Dans le bureau privé de Ferrari sont passés les plus grands personnages—le Shah d'Iran, Herbert Von Karajan, Tony Curtis, Paul Newman, Clint Eastwood, et beaucoup d'autres encore—pour choisir en personne la berline ou la "spider" de leur goût. Mais qui est ce "grand-père" de la formule 1?

Enzo Ferrari naît à Modène le 18 février 1898. Après la première guerre mondiale et un début difficile, il devient pilote chez Alfa Roméo où il reste plusieurs années, puis Ferrari travaille comme technicien pour la grande firme italienne. De 1929 à 1938 il est à Modène où il fonde sa propre "écurie". Il retourne chez Alfa Roméo comme directeur mais un an après, il présente sa première création à la Mille Miles. Dès lors, le mythe de Ferrari n'a jamais cessé de fasciner les foules de passionnées d'automobilisme, en Italie comme à l'étranger.

Troisième étape (pp. 281–286)

II. Lecture: Chaussures, coiffure, accessoires: la mode au pluriel

A. Compréhension du texte

1. In the 1970's, the French liked to wear sneakers and other sports shoes to work, to school, and to the market. Today the emphasis is on personal choice. Adolescents are the most susceptible to changes in shoe fashion. The French like to wear slippers.
2. classical styles with some interest in new fashions; however, deliberately provocative styles are no longer in vogue.
3. Give a personal touch, for relatively little money, to outfits that are old. Examples: pocket watches, ear rings, bow ties (for men); scarves, belts, purses, necklaces (for women). Even socks are shown off.
4. tatoos / manliness, being on the fringes of society, belonging to a group or to an individual

B. Analyse du texte
(Answers will vary.)

TEST 33
(14 points total: items 1–4—one point for each correct pronoun, one point for each correct pronoun placement [total: 8]; items 5–10—one point for each correct verb form [total: 6])

1. La voilà!
2. Non, je ne le connais pas.
3. Non, je les ai pas vus récemment.
4. Oui, elle va l'écouter ce soir ou demain.
5. vois
6. vois
7. voient
8. voyait
9. avez vu
10. voyiez

III. Tu chausses du...

1. Tu chausses du 36.5.
2. Tu chausses du 44.
3. Tu chausses du 41.
4. Tu chausses du 38.
5. Tu chausses du 40.
6. Tu chausses du 44 (ou du 43).

VI. Des lettres
(Answers will vary.)

1. Cher (Chère)... / Cher ami (Chère amie) / Mon cher... (Ma chère...) // Amitiés / Je t'embrasse.
2. Chère Tante (Ma chère tante) // Bons baisers. / Je t'embrasse affectueusement. / Embrasse tout le monde pour moi.
3. Chère Maman (Chère Mère) // Bons baisers. / Bises
4. Cher Papa (Cher Père) / Bons baisers. / Bises. / Je t'embrasse.
5. Mon cher neveu // Bons baisers (à toute la famille). / Embrasse tout le monde pour moi.
6. Chère amie (Ma chère...) // Bises. / Je t'embrasse (bien fort).

Quatrième étape (pp. 287–291)

I. Aux Galeries Lafayette

1. J, M
2. P
3. J
4. J
5. M
6. P, J
7. M

II. De quoi est-ce qu'il s'agit?

1. 45
2. Monoprix
3. 48
4. 340F

III. Mini-dictée

sais / mettre / veux / aller / es / est / soyons / mettre / Mets / va / portes / mets / écoute / fais / prennes / aille / sois / aies / partions / puisse

IV. Dans les grands magasins

1. vêtements pour femmes, chaussures / des escarpins, un foulard, des gants / de jupe
2. vêtements pour hommes / un anorak, une chemise (à rayures), une cravate / de ceinture, de mocassins

V. Où sont-ils?

2, 3, 1

VI. Qui est-ce?

(left) 2, *(top)* 4, *(right)* 3, *(bottom)* 1

Travail de fin de chapitre *(p. 292)*

I. Au rayon des vêtements
A.
Conversation 1: il fait beau, il fait chaud
Conversation 2: il fait froid, il neige
Conversation 3: il pleut, il fait du vent, il fait frais
B.
1. shorts, chemisiers, sandales, maillots de bain, robe
2. ski, anorak, gants, écharpe, bottes, chaussettes chaudes en laine, pantalon en laine
3. imperméable, bottes en caoutchouc, mocassins, veste à manches longues, chandail

▼ CHAPITRE DOUZE ▼

Première étape *(pp. 293–298)*

II. Lecture: Des publicités
1. restaurant-bar-night club, insurance, furniture, parapsychology, health club (weight loss)
2. address and tel. no.
3.–4. *(Answers will vary.)*

TEST 34

(16 points total: one point for each correct negative expression, one point for each correct placement of the expression)
1. Je ne veux rien.
2. Je n'attends personne.
3. Non, je n'aime plus mon cours de maths.
4. Personne ne veut manger de poisson.
5. Je n'ai rien acheté au centre commercial.
6. Je n'ai téléphoné à personne hier soir.
7. Non, je n'ai pas encore fait mes devoirs.
8. Je n'ai besoin de rien.

III. Le curriculum vitæ

1. marketing, management
2. *(Answers will vary; mention education, experience.)*
3. *(Answers will vary.)*
4. American CVs: experience listed before education, don't usually give date of birth, don't necessarily have the equivalent of "Divers"

Deuxième étape *(pp. 298–305)*

II. Lecture: Des lettres officielles
A. La lettre d'accompagnement
1. sales representative
2. studies in foreign languages (including German), internship in a bookstore
3. *(Answers will vary.)* why she would like to work in this job or this region
B. La lettre de demande de renseignements
4. catalog of books dealing with the teaching of English as a foreign language / name of the sales representative in his area
5. will receive the catalog, plus a call from the sales representative
C. La lettre de commande
6. brown leather jacket / size and catalog number / description of the jacket
7. at the address given at head of the letter / credit card
8. placement of date, name of sender, name of recipient, position and content of salutation, style of closing

III. Des lettres
(Answers will vary.)
1. Monsieur le Maire / Veuillez (avoir l'obligeance de) me faire parvenir / Je vous prie de bien vouloir accepter, Monsieur le Maire, l'expression de mes sentiments les plus respectueux.
2. Monsieur le Directeur / Je vous serais obligé(e) de me faire parvenir... / Je vous prie d'agréer, Monsieur le Directueur, l'expression de mes sentiments les plus respectueux.
3. Madame / Je vous prie de bien vouloir m'adresser... / Je vous prie d'accepter, Madame, mes sentiments les meilleurs.
4. Monsieur / Je vous prie de me faire parvenir... / Je vous prie d'accepter, Monsieur, mes sentiments les meilleurs.
5. Monsieur / J'ai le regret de vous informer que... / Veuillez accepter, Monsieur, mes sentiments dévoués.

TEST 35

(17 points total: one point for each correct choice of infinitive or conjugated verb [total: 10]; one point for each correct subjunctive form [total: 7])

1. restions
2. faire
3. puissiez
4. prennes
5. savoir

6. aller
7. attende
8. veniez
9. soyez
10. fasse

Troisième étape (pp. 306–310)

II. Lecture: Un employé pas commes les autres

A. Vocabulaire

bureau, directeur, ministère, chefs, collègues,
démission, ministre, augmentation

B. Compréhension et analyse

(Answers will vary.)

1. He gets stuck in a bar. Then he thinks that he would seem to be making fun of everyone if he arrived at work too late.
2. Inability to eat, to sleep, to enjoy life. Fear of meeting his superiors.
3. First he thinks that M. Badin is joking, then he is moved by his predicament and tells him to return to work. M. Badin answers that he is bored with his job, that it gets on his nerves.
4. For his colleagues, work means only using their skills and being zealous. For him, work means sacrificing his life.
5. M. Badin ask his boss for a raise.
6. (Answers will vary.)

TEST 36

(8 points total: one point for each correct indirect-object pronoun, one point for each correct placement of pronoun)

1. Oui, je leur téléphone une ou deux fois par mois.
2. Oui, je lui ai parlé samedi dernier.
3. Oui, je vais lui acheter un compact disc.
4. Non, il faut que je leur montre mes photos.

V. M. Badin et son directeur

1. lui
2. les
3. la
4. les
5. lui / lui

6. les
7. leur / les
8. lui / la
9. lui
10. l'

Quatrième étape (pp. 311–314)

I. La formation supérieure

3, X, 1, X, 2, 4

II. Le, la, les, lui, leur?

1. l'
2. lui
3. la
4. les
5. leur
6. le
7. l'
8. lui

III. Les postes disponibles

1. caissière dans une boutique de prêt à porter / Paris / pas nécessaire / anglais / 35 de l'heure

2. commerçant en logiciel / Bordeaux / 5 ans dans les ventes / espagnol / 12.860F par mois
3. comptable / Strasbourg / pas nécessaire / allemand / 9.166 la première année, 10.800 l'année suivante
4. traducteur commercial / banlieue de Paris / 4 ans en marketing / russe / 15.000F par mois

IV. Mini-dictée: TGV: Le Texas à grande vitesse

allemand / train / vote / groupe / compagnie / construction / 450 / 320 / 1998 // projet / 1999 / liaison / arrêt / capitale / demande / rapides / / technologie / expérience / joué / condition / soit / soit / budgétaire / années

Travail de fin de chapitre (pp. 314–316)

I. Quatre interviews

A. 3, 4, 1, 2

B.

1. French teacher in American high school
2. United States and Québec (summers)
3. no
4. northwestern France
5. 7
6. worked for a company that made chemical products
7. yes (not married)
8. has done lots of babysitting, loves children
9. elementary school teacher
10. speak English
11. speaks English, spent 3 months in the United States, likes contact with people

II. Jeu: Chaînes de mots

1. lettre / interview / offre
2. ventes / commercial / clients
3. entreprise / société / succursales
4. patron / cadre supérieur / salarié

▼ CHAPITRE TREIZE ▼

Première étape (pp. 317–322)

TEST 37

(30 points total: one point for each correct preposition, one point for each correct country name)

1. en France
2. en Russie
3. En Chine
4. au Québec (au Canada)
5. en Suisse
6. aux États-Unis
7. en Australie
8. au Mexique

9. au Japon
10. en Belgique
11. d'Espagne
12. du Brésil
13. du Sénégal
14. d'Angleterre
15. d'Israël

VI. Deux paragraphes

1. a. Ma mère n'aime pas voyager.
   b. Elle doit tout organiser. Elle doit faire tous les préparatifs.

c. Elle achète les billets. Elle fait les réservations. Elle fait les valises. Elle s'occupe des animaux. Elle prépare quelque chose à manger pour le voyage.

d. C'est pourquoi elle trouve que c'est moins fatigant de rester chez nous.

2. a. Lyon est le premier carrefour ferroviaire français.

b. Lyon voit le trafic de ses gares augmenter de jour en jour.

c. Plus de 12 millions de voyageurs ont fréquenté les gares lyonnaises en 1980. Le trafic a encore progressé avec la mise en service des TGV en 1981.

d. *(none)*

Deuxième étape *(pp. 322–327)*

II. Lecture: On va faire du vélo aussi?

1. treat it as "carry-on luggage"—i.e., you put it on the train (in the bagage car) yourself and you take it out when you arrive (no charge) / picture of a bike next to train in the schedule

2. 30F / half an hour

3. 250F / deposit / no deposit required with credit card

TEST 38

(15 points total: one point for each correct verb form)

1. arriverons	6. auront	11. attendrai
2. fera	7. recevras	12. faudra
3. iras	8. partira	13. répondrai
4. pourrez	9. voudra	14. sauront
5. verra	10. enverrai	15. serez

Troisième étape *(pp. 328–332)*

II. Les automobilistes et le permis de conduire

1. a disastrous holiday weekend (135 deaths on the roads)

2. during the first weekend of the new policy in effect (i.e., suspending the driver's license of drivers committing a dangerous infraction), 126 licenses were taken; the following weekend (another holiday) brought the total up to near 200

3. can't drive for as long as two months

4. no / example: a driver who uses his car for work given a 28-day suspension

5. alcohol and speed (often connected), then not paying attention, fatigue, and mechanical problems

6. yes / foreigners have to pay an automatic 900F fine before getting behind the wheel again

TEST 39

(20 points total: one point for the correct choice of **y** *or* **en,** *one point for correct placement)*

1. J'y habite depuis 10 ans.
2. Non, je n'en veux pas.
3. Oui, j'en ai mangé.
4. Ils y sont allés par le train.
5. Nous y serons le printemps prochain.
6. J'en ai deux.
7. Oui, allons-y!
8. Catherine va s'en occuper.
9. Non, je n'en ai pas besoin.
10. Oui, il faut que j'y achète des vêtements pour mon voyage.

Quatrième étape *(pp. 332–335)*

I. En vacances

1. D	3. F	5. C	7. B
2. A	4. G	6. E	8. H

II. Passé, présent, future?

1. futur	6. futur
2. présent	7. présent
3. passé	8. futur
4. futur	9. passé
5. passé	10. futur

III. Les pronoms *y* et *en*

1. en Tunisie	5. au café
2. de soupe à l'oignon	6. de tomates
3. de ton chien	7. au bureau
4. à Londres	8. des frères et sœurs

IV. Mini-dictée: Les optimistes

ira / réussiront / auront / seront / seras / aurai / habiteras / ferai

V. Dictée: Nous irons chez des amis

La semaine prochaine nous prendrons le train à la gare de l'Est pour aller rendre visite à des amis à Besançon. Nous connaissons Paul et Martine depuis longtemps. Nous passons presque toutes nos vacances ensemble. L'année dernière, nous sommes allés faire du camping en Espagne et nous sommes aussi allés faire du ski à Chamonix. Cette année, nous resterons à Besançon parce que mes parents veulent se reposer. J'adore prendre le train et je suis contente que nous puissions passer nos vacances chez des amis.

VI. En voyage

1. c	2. a	3. d	4. b

VII. Les haut-parleurs

1. a. number 4   b. in 1 minute   c. 3 minutes
2. a. 17h12 (5:12 P.M.)
   b. in the middle and the rear of the train
   c. next to the dining car in the middle of the train
3. a. 14h16 (2:16 P.M.)   b. Lyon and Avignon
4. is expected to be 70 minutes late, due to the weather
5. a. Paris-Orly   b. number 1

Travail de fin de chapitre *(pp. 336–338)*

I. Au guichet

A.			
1. a	3. b	5. b
2. a	4. d	6. d

B.
1. une amie
2. à la maison de campagne de l'amie
3. le 30 juin / le 7 juillet
4. deux aller-retour
5. c'est la fin juin (la saison des vacances commence)
6. sa femme et son fils
7. dans une maison qu'ils ont louée
8. le 6 août / le train de 22h
9. en wagon-lits / ils sont plus confortables
10. son fils — il a 7 ans

▼ CHAPITRE QUATORZE ▼

Première étape (pp. 339–346)

II. Trouvons un restaurant!
1. three-star = the best (food, wine, service, atmosphere), consequently is very expensive / two-star = also expensive, excellent food (including some specialities of the house) and good choice of wines / one-star = good restaurant, can vary from an expensive restaurant with a luxury setting to a small restaurant with quality food and reasonable prices
2. accepts credit cards / is closed from Aug. 1 to 15 as well as on Sundays / one of its specialities is roast pigeon / cost of meal: 200F (lunch), 250F to 500F (dinner)
3. *(Answers will vary.)*

TEST 40
(15 points total: one point for each correct choice of indicative or subjunctive [total: 10]; one point for each correct subjunctive form [total: 5])
1. Il est possible que nous gagnions (vous gagniez) le match.
2. Il est probable qu'elle finira avant nous.
3. Je suis sûr qu'il sait la réponse.
4. Il est impossible que vous achetiez (nous achetions) une Jaguar.
5. Je ne pense pas qu'il y ait une fête ce week-end.
6. Je pense qu'elles seront contentes.
7. Il est vrai que l'inflation est un grand problème économique.
8. Il se peut que la guerre soit bonne pour l'économie.
9. Je doute que Georges téléphone ce soir.
10. Nous sommes certains que tous les invités viendront.

III. Qu'est-ce que c'est?
1. pâté made in the special style of this restaurant
2. beef cooked in red wine in a shallow frying pan
3. mussels served with a topping of spinach
4. pâté made only of vegetables (i.e., no meats)
5. lobster served in a cream sauce
6. scallops served Parisian style (i.e., cooked in a sauce of butter and cheese)
7. green beans served in the style of southern France (with garlic, tomaotes, etc.)
8. trout served in the style of Normandy (with a sauce of butter and cream)

IV. Un restaurant français au Canada
Nos hors-d'œuvres: Shrimp cocktail / Crab pâté / Smoked salmon / Liver pâté / Snails, Burgundy style / Shrimp with garlic // *Nos potages*: Onion soup au gratin / Seafood soup / Today's special soup // *Poissons et crustacés*: Salmon scaloppine / Dover sole / Shrimp on a skewer, Valencia style / Grilled ou boiled lobster / Frogs' legs with garlic // *Nos viandes*: Pepper steak / Grilled steak with butter and herbs / Rack of lamb with garlic / Veal scaloppine

VI. Les jeunes Français et la consommation
1. l'univers quotidien
2. des appareils ménagers
3. une maisonnée / un foyer
4. une grande surface / un hypermarché
5. participer aux virées familiales
6. des achats quotidiens (les courses)
7. la pub
8. l'ère de l'individualisme
9. la société de consommation

VII. Les jeunes Français et la consommation (suite)
(Answers will vary.)
1. jeunes, élèves, enfant, teen-ager, adolescent, progéniture
2. consommer, manger, acheter, faire les courses, évaluer, dépenser, se débrouiller, gérer, profiter, exprimer, respirer, utiliser, s'échanger
3. propriétaire, magasin, commerçants, épicier, grande surface, hypermarchés, mini-foires, supermarché, circuits de distribution

Deuxième étape (pp. 346–352)

III. L'analyse
A. L'histoire
1. his bike has a flat tire
2. first, the operator is more interested in talking to another operator than in placing his call; then, other customers get priority for making long distance calls
3. he decides to call New York and then ask New York to connect him to Asnières / *(Answers will vary.)*

B. Le comique *(Answers will vary.)*

TEST 41
(8 points total: one point for each correct verb form)
1. partirais   3. resterait   5. iraient   7. serais
2. ferions   4. attendrais   6. voudriez   8. pourrais

V. Une invitation à dîner
1. Chère Mademoiselle
2. À l'occasion du 21e anniversaire de notre fille Solange
3. être des nôtres

4. Auriez-vous la gentillesse de donner réponse aussitôt que possible.
5. Veuillez agréer, chère Mademoiselle, l'expression de mes sentiments les meilleurs.

VII. Comment dit-on...?
1. dépenser
2. économiser (faire des économies)
3. l'argent de poche
4. les publicités (les annonces publicitaires, les spots)

VIII. Comment dit-on...? (suite)
1. être fou/folle/dingue de
2. être fasciné(e) par / ne pas pouvoir se passer de
3. l'argent de poche
4. un compte (en banque, bancaire)

Troisième étape (pp. 353–359)

II. Où dîner?
1. a. country style inn (located in the woods) near Paris / elegant traditional French cuisine
   b. Chinese / crowded but comfortable
   c. newly decorated Parisian decor / traditional French cuisine
2. La chaumière de Chine (prix fixe: 68F) / La Gourmandière (full course à la carte: 280F)
3. Brasserie Lutetia
4. a. Seafood and avocado cocktail / sweetbreads / liver pâté / cassoulet / apple tart
   b. Peking duck / Chinese fondue / dim sum / beef with oyster sauce / chicken and mangoes
   c. goose / steak sauce béarnaise / sole meunière / oysters
5. (Answers will vary.)

TEST 42
(8 points total: one point for each correct relative pronoun, no points for verbs)
1. J'ai beaucoup aimé le dessert que vous avez préparé.
2. Comment s'appellent les gens qui habitent dans la maison grise au coin.
3. Est-ce que tu as acheté la voiture que je t'ai montrée?
4. Où habitent les gens avec qui vous êtes allé(e)(s) au cinéma?
5. Quel est le nom du vieux monsieur que nous avons vu au concert?
6. S'il te plaît, donne-moi le stylo qui est sur le bureau?
7. Vous aimez les ceintures que nous avons achetées en Italie.
8. Je ne sais pas le nom de la femme à qui tu parles.

Quatrième étape (pp. 359-363)

I. Le futur ou le conditionnel?

1. F	4. C	7. C	10. F
2. C	5. F	8. F	
3. C	6. F	9. C	

II. Au restaurant
items circled: Oeufs mayonnaise / Terrine de crabe / Escargots de Bourgogne / Filet de sole meunière / Côte de porc grillée / Châteaubriand sauce béarnaise / Camembert / Glace à la vanille / Tartelette aux fruits / Vin blanc / Vin rouge

III. Une recette: Les œufs parmentière
ingredients: pommes de terre / jambon / sel et poivre / beurre / œufs // *preparation*: 5, 7, 2, 3, 1, 4, 6

IV. Mini-dictée: Les pessimistes
voudrais / faudrait / ferais / voyagerais / ferais / pourraient / serait / serait

V. Dictée: Les bonnes manières
Si on vous invite à dîner en France, il sera nécessaire de connaître les bonnes manières à table. En France on tient toujours le couteau dans la main droite et on mange avec la fourchette dans la main gauche. Il ne faut pas couper le pain, il faut le casser. Et quand on veut vous servir une deuxième fois, vous répondez "Je veux bien" ou "Avec plaisir" si vous voulez dire oui, ou bien "Merci" si vous voulez dire non.

VI. Proverbes et expressions
1. du pain
2. un bon fromage
3. un jour / pain
4. vin / soleil
5. mettre un peu d'eau / vin
6. le vin / boire
7. boulanger / médecin

Équivalents
1. We have a lot to do (have a lot on one's plate).
2. My uncle found a cushy job (situation).
3. It's as boring as watching paint dry.
4. A day without orange juice is like a day without sunshine.
5. come down of one's high horse
6. It's too late to turn back now.
7. An apple a day keeps the doctor away.

Travail de fin de chapitre (p. 364)

I. Où manger?
A. 1. c   2. b
B.
1. la Brasserie Alsacienne
2. une choucroute
3. un coq au Riesling
4. c'est l'anniversaire de Laurent
5. aller à un restaurant de luxe (la Tour d'Argent)
6. ce sera pour l'année prochaine! (il plaisante)
7. elles ne veulent pas manger de viande
8. La Méditerranée / pour manger des fruits de mer
9. un melon au porto / des coquilles Saint-Jacques / un demi
10. une assiette de crudités / une dorade grillée / une salade verte / un Vittel

Pratique de la grammaire

The exercises in this section of the Workbook are designed to give you practice with specific grammatical structures. After the title of each grammar topic is the page where it is explained in the textbook. At the end of each group of exercises is the page of this Workbook where you will find the answer key. Do all exercises on a separate sheet of paper. This will facilitate the checking and correcting of your answers.

CHAPITRE · PREMIER

Première étape

▶ *Les verbes réguliers en* **-er** *(1ère et 2e personnes) (Text p.16)*

I. Conjuguez. Give the appropriate conjugated forms of each verb.

1. chanter

   a. Je . . . . . assez bien.
   b. Tu . . . . . très bien.
   c. Nous . . . . . souvent.
   d. Vous . . . . . mal.

2. étudier

   a. Tu . . . . . l'espagnol?
   b. Nous . . . . . le français.
   c. Vous . . . . . l'allemand?
   d. J' . . . . . l'anglais.

3. voyager
   (*Remember to insert an* **e** *in the* **nous** *form.*)

   a. Vous . . . . . souvent.
   b. Je . . . . . très peu.
   c. Tu . . . . . rarement.
   d. Nous . . . . . beaucoup.

II. Parlons de vous! (*Let's talk about you!*)

1. First assume that your teacher asks you questions. Answer affirmatively, using **je** and the appropriate form of the verb.

   a. Vous parlez anglais?
   b. Vous habitez à . . . . . ?
   c. Vous voyagez beaucoup?

2. Now assume that your friend asks you questions. Answer affirmatively or negatively as indicated, using **je** and the appropriate form of the verb.

   a. Tu étudies beaucoup? Oui, . . .
   b. Tu travailles? Non, . . .
   c. Tu chantes bien? Oui (non), . . .

3. Finally, assume that your teacher asks the class questions. Answer affirmatively or negatively as indicated, using **nous** and the appropriate form of the verb.

   a. Vous nagez? Oui, . . .
   b. Vous parlez anglais? Oui, . . .
   c. Vous mangez beaucoup? Non, . . .

(answers, p. P46)

► **Tu et vous** *(Text p.22)*

III. Vous ou tu? In asking the following questions, decide whether to use **vous** or **tu**.

1. Find out if each person lives in Paris.   *Vous habitez à Paris?*

   a. your father's boss
   b. your cousin
   c. your parents' friends

2. Find out if the following people go swimming often.

   a. your teacher
   b. your best friend
   c. your mother and father

3. Find out if each person speaks French.

   a. your aunt and uncle
   b. your neighbor's father
   c. your professor's little daughter

(answers, p. P46)

Deuxième étape

► **Les verbes réguliers en -er** *(3ᵉ personne)* *(Text p.25)*

IV. Les étudiants. There are many foreign students in Paris. They speak different languages, study in different programs, like different beverages in the cafés. Complete each statement with the appropriate form of the verb.

1. Quelle langue est-ce qu'ils parlent?

   a. Antonio . . . . . espagnol.
   b. Olga . . . . . russe.
   c. Peter et Reginald . . . . . anglais.

2. Où est-ce qu'ils étudient le français?

   a. Verity . . . . . le français à l'Alliance française.
   b. Heinrich . . . . . le français à la Sorbonne.
   c. Fabiola et Margarita . . . . . le français à COPE.

3. Qu'est-ce qu'ils aiment boire *(to drink)* au café?

   a. Yoshi . . . . . boire un demi.
   b. Ivan et Natasha . . . . . boire des Oranginas.
   c. Mary Ellen . . . . . boire un thé nature.

V. Et Madeleine? Respond negatively to each inquiry, replacing the proper name with the appropriate subject pronoun.

Modèle: Jean-Louis étudie l'anglais. Et Madeleine?
     Mais non, elle n'étudie pas l'anglais.

1. Martine parle espagnol. Et Annick *(f)* et Chantal?
2. Jean-Alex habite à Grenoble. Et Nicolas et Mathieu?
3. M. et Mme Breton chantent bien. Et Jeannette?
4. Simone étudie l'espagnol. Et Pierre et Sylvie?
5. Vous et Éric, vous parlez italien, n'est-ce pas? Et Marc et moi?
6. Toi, tu voyages beaucoup, n'est-ce pas? Et Moi?

(answers, p. P46)

▶ *L'article défini* **(le, la, l', les)** *(Text p.28)*

VI. Les préférences. People often have strong likes and dislikes in food. Complete the following
sentences, using the appropriate definite articles **(le, la, l', les).**

1. Hervé n'aime pas du tout . . . . . café. Il aime mieux . . . . . thé.
2. Josette aime . . . . . bière, mais elle préfère . . . . . vin.
3. Éric adore . . . . . frites, mais il n'aime pas . . . . . salade.
4. Chantal aime beaucoup . . . . . eau minérale; Véronique préfère . . . . . boissons alcoolisées.
5. Nous aimons . . . . . sandwiches. J'aime mieux . . . . . fromage; Gérard préfère . . . . . jambon.
6. Tu aimes . . . . . pizza? Moi, je préfère . . . . . omelettes.

(answers, p. P46)

Troisième étape

▶ *Le verbe irrégulier* **être** *(Text p.34)*

VII. Où est . . . ? Tell where each person is by completing the sentence with the appropriate form of **être.**

1. Georges . . . . . à Rome.
2. Monique et Chantal . . . . . à Genève.
3. Je . . . . . à Londres.
4. Vous . . . . . à Madrid.
5. Nous . . . . . à Moscou.
6. Tu . . . . . à Montréal.

(answers, p. P46)

▶ *Les noms de profession* *(Text p.39)*

VIII. Je suis avocat(e). Tell the correct profession of each person.

Modèle: Est-ce que Georges est avocat? (médecin)
Non, il n'est pas avocat; il est médecin.

1. Est-ce qu'Annick est professeur? (avocat)
2. Est-ce que Michel est ingénieur? (mécanicien)
3. Est-ce que tu es secrétaire? (journaliste)
4. Est-ce que Nicole et Francine sont étudiantes? (assistant)
5. Est-ce que Juliette est dentiste? (architecte)
6. Est-ce que vous êtes médecins? (comptable)

(answers, p. P46)

▶ *Les adjectifs de nationalité* *(Text p.37)*

IX. Ah, bon. Il est anglais. All of the following people are natives of the country in which they live.
Make the logical association based on the information given.

Modèle: Ralph habite à Londres.
Ah, bon. Il est anglais.

1. Silvano habite à Rome.
2. Yvonne habite à Québec.
3. Leonid et Andrei habitent à Moscou.
4. Luisa et Marisela habitent à Lisbonne.
5. Konrad habite à Berlin.
6. Suimei (*f.*) habite à Pékin.
7. Ruth et Fred habitent à Chicago.
8. Violette et Jacqueline habitent à Paris.

(answers, p. P46)

CHAPITRE · DEUX

Première étape

▶ *Le verbe irrégulier* **avoir** *(Text p.55)*

I. Nos besoins. (*Our needs.*) Yvette is talking about what she and her friends need in order to do their schoolwork. Complete each sentence with the appropriate form of the verb **avoir.**

1. Jean-Pierre . . . . . besoin d'un carnet.
2. Annick et moi, nous . . . . . besoin de livres.
3. Est-ce que tu . . . . . besoin de quelque chose?
4. Marie-Claire et Anne . . . . . besoin de stylos.
5. Moi, j'. . . . . besoin d'une calculatrice.
6. Est-ce qu'on . . . . . besoin d'un cahier pour le cours de français?

II. Oui, mais . . . React to the following statements about possessions by telling what the people do *not* have. Pay attention to who the speaker is.

Modèle: Yvonne: Moi, j'ai une voiture. (vélo)
Oui, mais tu n'as pas de vélo.

1. Gérard: Moi, j'ai une calculatrice. (ordinateur)
2. Sylvie: Éric a un téléviseur. (magnétoscope)
3. Vincent: Toi, tu as un cahier. (livres)
4. Xavier: Monique et moi, nous avons un appartement. (maison)
5. Marianne: Chantal a des cassettes. (chaîne stéréo)
6. Claire: Simone et Véronique ont un vélo. (vélomoteur)

(answers, p. P46)

▶ *Les adjectifs possessifs (1ère et 2e personnes) (Text p.59)*

III. C'est mon livre. Answer the questions affirmatively, using the appropriate form of **mon, ton, notre,** or **votre.**

Modèles: Le livre est à toi?   Les cassettes sont à nous?
     Oui, c'est mon livre.   *Oui, ce sont vos (nos) cassettes.*

1. Le cahier est à toi?
2. Les clés sont à toi?
3. La calculatrice est à toi?
4. La maison est à vous?
5. Le magnétoscope est à vous?
6. Les chiens sont à vous?
7. La chambre est à moi?
8. Les livres sont à moi?
9. L'appartement est à nous?
10. Les disques compacts sont à nous?

IV. L'inventaire. (*The inventory.*) You and your roommate (**camarade de chambre**) are leaving your apartment at the end of the school year. As your landlord (**propriétaire**) watches you pack, you discuss who has what. Complete the conversation by using **mon, ma, mes, ton, ta, tes, votre, vos, notre,** or **nos.**

VOUS:	Bon, j'ai . . . . . radioréveil, ... chaîne stéréo, ... cassettes et . . . . . sac à dos. Est-ce que tu as . . . . . chaise, ... cahiers et . . . . . Walkman?
VOTRE CAMARADE DE CHAMBRE:	Oui. Eh bien, nous avons . . . . . téléviseur, ... livres et . . . . . ordinateur.
VOTRE PROPRIÉTAIRE:	Oui, mais vous n'avez pas . . . . . plantes et . . . . . motocyclette. Et attention! Vous avez . . . . . clés!

(answers, p. P46)

Deuxième étape

▶ *Le verbe irrégulier* **faire** *(Text p.67)*

V. Les activités. You ask some of your friends about their activities. Use appropriate forms of the verb **faire** to complete the questions and answers.

1. Joseph, est-ce que tu . . . . . du ski?
2. Oui, je . . . . . du ski nautique.
3. Élisabeth, toi et ton mari, est-ce que vous . . . . . du tennis?
4. Oh, oui, nous . . . . . du tennis.
5. Est-ce que Jacques . . . . . des promenades?
6. Non, mais les amies de Jacques, Hélène et Martine, elles . . . . . souvent des promenades.
7. Qu'est-ce qu'on . . . . . en France pour s'amuser?

(answers, p. P47)

▶ *Les questions d'information* **(qui, qu'est-ce que, où, pourquoi)** *(Text p.65)*

VI. Des questions. You are trying to get to know your friend Marcel a little better. Here are the answers he gives to your questions; you write the questions that you asked to provoke these answers.

Modèle: J'habite à Marseille.
> *Où est-ce que tu habites?*

1. Je suis étudiant parce que j'aime étudier.
2. Dans mon sac à dos il y a des livres et des cahiers.
3. Je travaille à l'aéroport.
4. L'aéroport est à Marignane.
5. Mon ami Jean-Pierre travaille avec moi à l'aéroport.
6. Pour aller au travail, nous avons une voiture.

VII. Pour faire continuer la conversation. You are sitting in a café with some friends. Whenever someone makes a statement or asks a question, you keep the conversation going by asking a follow-up question using **où, qui, qu'est-ce que,** or **pourquoi.**

Modèle: J'adore les chats.
> *Pourquoi est-ce que tu aimes les chats?*

1. Je n'habite pas à Paris.
2. Mon amie Jacqueline déteste les chiens.
3. J'ai un vélomoteur et une motocyclette.
4. Il n'y a pas de livres dans notre chambre.
5. Je cherche quelque chose.
6. Il y a des gens qui n'aiment pas le rock.

(answers, p. P47)

Troisième étape

▶ *Les adjectifs possessifs (3ᵉ personne)* *(Text p.77)*

VIII. Bien sûr. *(Of course.)* When a friend asks if certain objects belong to people you know, give obviously affirmative answers by using **bien sûr** and the appropriate third-person form of the possessive adjective.

Modèle: C'est la voiture de Charles?
> *Bien sûr, c'est sa voiture.*

1. C'est le sac de Sylvie?
2. C'est la maison de tes parents?
3. Ce sont les clés de ton frère?
4. Ce sont les disques compacts de tes cousins?
5. C'est la voiture de ton oncle?
6. C'est l'adresse de tes amis?
7. Ce sont les plantes de tes sœurs?
8. Ce sont les posters de Michel?

Pratique de la grammaire, chapitre deux   **P5**

IX. His and hers. Give the French equivalent of the following English phrases.

1. his calculator
   her calculator

2. her keys
   his keys

3. his VCR
   her VCR

4. her pen
   his pen

5. his chair
   her chair

6. her address
   his address

X. L'inventaire. (*The inventory.*) Pierre and his sister Danielle have been away at school. Their father watches them unpack and describes to his wife what the children have brought back. Complete the father's description with the appropriate possessive adjectives.

1. Bon. Pierre a . . . . . magnétoscope, ... chaîne stéréo, ... cassettes et . . . . . appareil-photo.
2. Danielle a . . . . . calculatrice, ... vélo et . . . . . cahiers; elle n'a pas . . . . . appareil-photo.
3. Très bien. Ils ont . . . . . radiocassette, ... livres, ... ordinateur. Mais où est . . . . . argent (*money*)?!?

(answers, p. P47)

CHAPITRE · TROIS

Première étape

▶ *Le verbe irrégulier **aller*** (Text p.93)

I. Je reste à la maison. You are sick and cannot go out, but you are very curious about where other family members are going. Complete each question with the appropriate form of the verb **aller.**

1. Où . . . . . Marianne?
2. Où est-ce que vous . . . . . , Victor et toi?
3. Et Mémé et Pépé, où est-ce qu'ils . . . . . ?
4. Et toi, Maman, où est-ce que tu . . . . . ?
5. Et Sylviane et Françoise, où est-ce qu'elles . . . . . ?

II. Vous allez souvent à Paris? Using the number in parentheses as a guide to the number of trips per month, tell how frequently each person goes to Paris. Remember that **de temps en temps** and **quelquefois** either begin or end the sentence, that **souvent** and **rarement** come right after the verb, and that **ne . . . jamais** goes around the verb.

Modèle: Jacques Crépelle (1)
  Jacques Crépelle va rarement à Paris.

1. je (10) **2.** Annick Leclair (4) **3.** nous (1) **4.** tu (4 ou 5) **5.** M. et Mme Santerre (0)

(answers, p. P47)

▶ *La préposition **à** et l'article défini* (Text p.95)

III. Ce soir. When someone asks where you and your friends are going tonight, everyone has a different suggestion. Fill in the blanks with the appropriate form of **à** and the definite article (**le, la, l', les**). Make any necessary contractions.

Où est-ce que nous allons ce soir?

1. . . . . . café! **2.** . . . . . théâtre! **3.** . . . . . . piscine! **4.** . . . . . cinéma!
5. . . . . . université! **6.** . . . . . restaurant! **7.** . . . . . parc! **8.** . . . . . stade!
9. . . . . . gare! **10.** . . . . . hôtel de ville!

IV. Où est-ce que vous allez? Tell where the following people are and are not going.

> *Modèle:* Sylvie / église / cathédrale
> *Sylvie va à l'église, elle ne va pas à la cathédrale.*

1. tu / théâtre / cinéma
2. vous / pharmacie / bureau de poste
3. Jean et Martine / lycée / université
4. je / café / restaurant
5. Claire / banque / librairie
6. nous / gare / aéroport
7. Philippe et Raymond / musée / parc
8. Pierre / maison de Rabelais / hôtel

(answers, p. P47)

▶ *Le futur immédiat* *(Text p.97)*

V. Demain. Say that you and your friends are going to do certain things tomorrow.

> *Modèle:* Anne-Marie / aller à l'université
> *Anne-Marie va aller à l'université demain.*

1. je / visiter le musée
2. Jean-Paul / aller en ville
3. nous / faire un tour à vélo
4. mes amis / faire des devoirs
5. tu / regarder le film
6. mes frères / rester à la maison

(answers, p. P47)

Deuxième étape

▶ *La préposition **de** et l'article défini* *(Text p.103)*

VI. Les noms, les adresses et les numéros de téléphone. Complete the following questions about names, addresses, and telephone numbers. Use **de** and the definite article (**le, la l', les**) and make any necessary contractions.

1. Quel est le nom . . . . . hôtel?
2. Quelle est l'adresse . . . . . pharmacie?
3. Quel est le numéro de téléphone . . . . . librairie?
4. Quel est le nom . . . . . cinéma?
5. Quelle est l'adresse . . . . . restaurant?
6. Quel est le numéro de téléphone . . . . . piscine?
7. Quel est le nom de famille . . . . . grands-parents de Sylvie?
8. Quel est le nom . . . . . professeur d'histoire?
9. Quel est le numéro de téléphone . . . . . cousines de Francine?

VII. Où est . . . ? Using the prepositions **près de, loin de, à côté de, en face de, au bout de, au coin de,** locate as precisely as possible the following places in the town where you're staying. (See the map on p. 81 of this Workbook.)

> *Modèle:* le Café du Théâtre
> *Le Café du Théâtre est à côté de la librairie Molière.*

1. l'hôtel Villages
2. la bibliothèque municipale
3. le bureau de Tourisme
4. le parc de la Colombière
5. l'église Notre-Dame
6. l'hôtel St-Bernard

(answers, p. P47)

► *L'impératif* (Text p.106)

VIII. Les petits. (*The little ones.*) You have been left in charge of Nicole and David, the children of some French friends of your parents. At various times, you have to tell the children, individually and together, what to do and what not to do; you also suggest activities for the three of you.

1. Dites à Nicole . . .

   a. de parler lentement (*slowly*).
   b. d'être sage.

2. Dites à David . . .

   a. de faire attention.
   b. de manger lentement.

3. Dites à Nicole et à David . . .

   a. de ne pas regarder la télé.
   b. d'avoir de la patience.

4. Proposez . . .

   a. d'aller au parc ensemble.
   b. de chanter ensemble.

(answers, p. P47)

Troisième étape

► *Le présent du verbe irrégulier* **prendre** (Text p.114)

IX. Comment est-ce qu'ils vont en ville? People use different means of transportation to go downtown. Complete the following sentences with the appropriate form of the verb **prendre**.

1. Éric . . . . . l'autobus.
2. Nous . . . . . le métro.
3. Tu . . . . . ton auto.
4. Je . . . . . mon vélo.
5. Mes parents . . . . . un taxi.
6. Vous . . . . . le train.

X. Il apprend l'anglais, mais il ne comprend pas très bien. You and your friends are interested in learning new things. Some of you have more success than others. Complete the following sentences with an appropriate form of **apprendre** or **comprendre**.

1. Chantal . . . . . le chinois. Elle . . . . . très bien son professeur.
2. Mon frère et moi, nous . . . . . l'espagnol, mais nous ne . . . . . pas très bien la grammaire.
3. Je voudrais . . . . . à faire du ski.
4. Qu'est-ce que vous . . . . . à l'école? Est-ce que vous . . . . . bien vos professeurs?
5. Georges et Nicole . . . . . à faire du vol libre (*free fall*).

(answers, p. P48)

► *L'heure* (Text p.116)

XI. Quelle heure est-il? Rewrite the following times as they might appear in a document written in English.

Modèle: trois heures vingt de l'après-midi
3:20 P.M.

1. six heures et quart du matin
2. une heure et demie de l'après-midi
3. neuf heures moins le quart le soir
4. minuit cinq
5. cinq heures moins vingt-cinq du matin
6. midi moins dix

(answers, p. P48)

CHAPITRE · QUATRE

Première étape

▶ *Les jours de la semaine* (Text p.131)

I. **La semaine de Philippe.** Using the calendar as a guide, answer the questions about Philippe's life. A vertical arrow indicates something he does every week. The absence of an arrow indicates something that will occur only this week.

L	M	M	J	V	S	D
école	école	aller au parc	école	école	école	église
↓	↓		↓	↓ aller au cinéma	↓ visiter le musée	↓

1. Quels jours est-ce que Philippe va à l'école?
2. Quels jours est-ce que Philippe ne va pas à l'école?
3. Quel jour est-ce que Philippe va à l'église?
4. Quand est-ce que Philippe va au parc?
5. Quand est-ce que Philippe va visiter le musée?
6. Quand est-ce que Philippe va aller au cinéma?

(answers, p. P48)

▶ *Le verbe irrégulier* **vouloir** (Text p.133)

II. **Dimanche après-midi.** You and your friends are talking about what you want to do on Sunday afternoon. Complete the sentences with the appropriate form of the verb **vouloir**.

1. Hélène . . . . . aller au parc.
2. Je . . . . . faire un tour en voiture.
3. Mon père dit (*says*): «Maman et moi, nous . . . . . aller au musée.»
4. Mon frère et ses amis . . . . . regarder un match de foot à la télé.
5. Et toi, qu'est-ce que tu . . . . . faire?

III. **Pourquoi?** Use the first cue to ask why each person wants or doesn't want to do something; then use the second cue to answer the question. Use the appropriate form of **vouloir** in both the questions and the answers.

Modèle: (tu) ne pas aller au cinéma / regarder la télé

—*Pourquoi est-ce que tu ne veux pas aller au cinéma?*
—*Parce que je veux regarder la télé.*

1. (tu) apprendre le français / visiter Paris
2. (ta sœur) ne pas faire une promenade / étudier son français
3. (toi et ton ami) ne pas manger à la maison / déjeuner au restaurant
4. (tes parents) aller à Chamonix / faire du ski

(answers, p. P48)

Deuxième étape

▶ *Les adverbes désignant le présent et le futur* (Text p.142)

IV. **Les projets d'Antoine.** The calendar informs you of Antoine's plans for the next two weeks. Today is June 6. Using the calendar as a guide, tell what he plans to do at the times specified below.

L 6	matin: travailler à la maison; après-midi: aller en ville; soir: aller au cinéma avec des amis . . . . .
M 7	visiter le musée . . . . .
M 8	après-midi: faire des courses en ville; soir: rester à la maison . . . . .
J 9	matin: faire un tour à vélo; soir: aller en discothèque . . . . .
D 12	matin: aller à l'église; après-midi: déjeuner avec mes parents . . . . .
L 13	faire des achats . . . . .
M 14–D 19	aller à Londres . . . . .

Modèle: jeudi matin
> *Jeudi matin il va faire un tour à vélo.*

1. ce matin   2. jeudi soir   3. cet après-midi   4. la semaine prochaine
5. lundi prochain   6. ce soir   7. dimanche matin   8. mercredi après-midi

(answers, p. P48)

▶ *Les expressions* **espérer** *et* **avoir l'intention de** *(Text p.144)*

V. Raymond is talking about his future plans and those of his friends and family. Complete the sentences, using the appropriate form of **espérer**. Remember to change **é** to **è** when the ending is not pronounced.

1. J' . . . . . aller aux États-Unis un jour.
2. Nous . . . . . voyager en Afrique.
3. Mes parents . . . . . visiter l'Australie.
4. Où est-ce que tu . . . . . habiter dans vingt ans?
5. Mon amie Christiane . . . . . avoir cinq enfants.
6. C'est vrai? Vous . . . . . aller en Amérique du Sud?

VI. **L'avenir.** Use the cues to write a sentence telling what each person has in mind for the future. Then use the question form in parentheses to ask a similar question of someone else.

Modèle: ce soir / Paul / vouloir / regarder la télé (qu'est-ce que / tu)
> *Ce soir Paul veut regarder la télé. Qu'est-ce que tu veux faire ce soir?*

1. demain matin / Martine / aller / faire des courses en ville (qu'est-ce que / tu)
2. la semaine prochaine / Jacques / avoir l'intention de / parler à son prof de maths (qu'est-ce que / vous)
3. l'année prochaine / mes parents / vouloir / aller en Europe (où est-ce que / tes parents)
4. ma sœur / espérer / être une actrice célèbre / un jour (qu'est-ce que / ta sœur)

(answers, p. P48)

Troisième étape

▶ *Le présent des verbes pronominaux* (Text p.151)

VII. **Chez nous, on se couche à . . .** Tell the usual bedtime of each family member by completing the sentences with the appropriate form of the pronominal verb **se coucher.**

1. Ma sœur . . . . . à 9h.
2. Mes parents . . . . . entre 10h et 11h.
3. En semaine, mon frère et moi, nous . . . . . vers 11h.
4. Le week-end, je . . . . . vers minuit.
5. Tes frères et sœurs et toi, à quelle heure est-ce que vous . . . . . d'habitude?
6. Mais toi, tu ne . . . . . pas à minuit en semaine, non?

VIII. Le matin, chez les Cousineau. Annick Cousineau is telling what happens at her house on a typical weekday morning. Use the cues to write sentences describing these activities.

> *Modèle:* mon père / se lever / le premier
> *Mon père se lève le premier.*

1. ma mère et mon frère / se lever / à 7h
2. je / ne pas se lever / avant 8h
3. ma mère / préparer / le petit déjeuner
4. mon frère et moi, nous / se préparer / pour aller à l'école
5. ma mère et mon père / ne pas se parler / le matin
6. mon frère / se dépêcher / pour prendre l'autobus
7. moi, je / aller à l'école / à pied
8. ma famille et moi, nous / ne pas s'amuser / le matin

(answers, p. P48)

▶ *Le futur immédiat des verbes pronominaux (Text p.154)*

IX. Aujourd'hui. Using the cues, explain what each person is going to do today.

> *Modèle:* Hélène / se coucher de bonne heure ce soir
> *Hélène va se coucher de bonne heure ce soir.*

1. Dominique et Sylviane / se parler au téléphone ce matin
2. moi, je / se lever à 6h
3. Jean-Pierre et Martine / se promener à vélo
4. Bernard et moi, nous / se retrouver à la bibliothèque
5. vous autres, vous / s'amuser au festival
6. Hervé / se reposer cet après-midi

(answers, p. P48)

▶ *L'impératif des verbes pronominaux (Text p.156)*

X. Le frère et la sœur de Jacqueline. Jacqueline's parents both work. As a result, Jacqueline has to take care of her little brother Gérard and her little sister Monique before and after school. She spends most of her time telling them what to do and not to do. Complete each item with an appropriate command from the list on p. 156 of the textbook.

1. Monique! Gérard! . . . . . Il est déjà 7h40. Vous devez aller à l'école dans vingt minutes.
2. Gérard! . . . . . Monique est déjà prête (*ready*)!
3. Monique! . . . . . Ne pleure pas! (*Don't cry!*) Voici ton sac à dos.
4. Monique! Gérard! . . . . . Nous allons manger maintenant.
5. Alors, Monique, tu vas jouer aux dames chez Jacqueline? . . . . .
6. Gérard! Monique! . . . . . Vous n'allez pas vous coucher tout de suite. Vous pouvez regarder la télé, si vous voulez.

XI. Un verbe pronominal: oui ou non? Some French verbs have both a pronominal and a nonpronominal form. In some cases, the meanings are different: **Où se trouve Caracassonne?** (*Where is Caracassonne located?*) **Je ne trouve pas mes clés.** (*I can't find my keys.*) In other cases, the difference is grammatical: **Marie va retrouver ses amis au café.** (*Marie is going to meet her friends at the café.*) **Marie et ses amis vont se retrouver au café.** (*Marie and her friends are going to meet [each other] at the café.*) Decide which sentence in each pair requires the pronominal form and which one requires the nonpronominal form. Use the tense suggested in parentheses.

1. parler / se parler

   a. Elle va . . . . . à ses cousins demain. (*infinitif*)
   b. Ses parents et ses grands-parents . . . . . tous les week-ends. (*présent*)

2. trouver / se trouver

    a. Où . . . . . le commissariat de police? (*présent*)
    b. J'ai besoin de . . . . . ma calculatrice. (*infinitif*)

3. retrouver / se retrouver

    a. Où est-ce qu'on va . . . . . ? (*infinitif*)
    b. Où est-ce que tu vas . . . . . tes amis? (*infinitif*)

4. promener / se promener

    a. Tous les soirs nous . . . . . notre chien. (*présent*)
    b. Mes amis et moi, nous aimons . . . . . en voiture. (*infinitif*)

(answers, p. P48)

CHAPITRE · CINQ

Première étape

▶ *La date, les mois et les saisons* (Text p.177–179)

I. Quelle est la date? Write out the following dates in French.

Modèle: 5.2
> *le cinq février*

1. 12.1   **2.** 30.9   **3.** 23.5   **4.** 1.3   **5.** 6.12   **6.** la date de votre anniversaire

II. On célèbre . . . Complete the sentences by telling in which month each holiday is celebrated.

    1. On célèbre la fête nationale suisse en . *août* .
    2. On célèbre Noël en . . . . .
    3. On célèbre la Saint-Valentin au mois de . . . . .
    4. On célèbre Pâques en . . . . . ou en . . . . .
    5. On célèbre la fête nationale française et la fête nationale américaine au mois de . . . . .
    6. On célèbre «Thanksgiving» au mois de . . . . .
    7. On célèbre le jour de l'an en . . . . .
    8. On célèbre la fête du Travail au mois de . . . . .
    9. On célèbre la fête des pères en . . . . .
    10. On célèbre l'arrivée de Christophe Colomb en Amérique au mois d' . . . . .

III. En quelle saison . . . ? Tell in what season each activity usually takes place.

    1. On joue au football américain . . . . .   **3.** On fait du ski . . . . .
    2. On se baigne dans la mer . . . . .   **4.** On plante son jardin . . . . .

(answers, p. P48–P49)

▶ *Le passé composé avec* **avoir** (Text p.180)

IV. Les verbes réguliers en -er. Fill in each blank with the **passé composé** of one of the suggested verbs. Be sure the paragraph makes sense when you are through. Use each verb only once. Verbs: **regarder, commencer, quitter, écouter, téléphoner, passer** (*to spend [time]*), **étudier, manger**

Hier j' . . . . . la soirée (*evening*) avec mon amie Suzanne. Nous . . . . . nos devoirs et nous . . . . . le français. La mère de Suzanne . . . . . la radio. Son père et sa sœur . . . . . la télé. Après avoir fini nos devoirs, Suzanne . . . . . à son ami Richard. Ensuite, nous . . . . . quelque chose. À 9h30 j' . . . . . la maison de Suzanne pour rentrer à la résidence.

V. Les verbes irréguliers. Use the **passé composé** of an appropriate verb from the following list to complete each sentence logically. You may use a verb more than once. Verbs: **avoir, être, faire, prendre, apprendre, comprendre**

1. J'..... un accident ce matin.
2. Nous..... à Paris et nous..... beaucoup de choses.
3. Est-ce que tu..... l'article sur l'énergie nucléaire?
4. Ils n'..... pas..... l'autobus.
5. Elle..... une promenade.

VI. Des questions. Use the cues to form questions in the **passé composé**.

Modèle: pourquoi / vous / prendre / taxi / ?
Pourquoi est-ce que vous avez pris un taxi?

1. quand / vous / être / Paris / ?
2. quand / elle / avoir / accident / ?
3. que / ils / faire / hier / ?

4. pourquoi / elle / ne pas apprendre / français / ?
5. est-ce que / tu / prendre / métro / ?

(answers, p. P49)

Deuxième étape

▶ *Les adverbes et les prépositions désignant le passé* *(Text p.191)*

VII. Quand...? Your friends, François and Nicole, have had a very busy month. Using the calendar as a guide, answer the questions about their activities. In some cases, there may be more than one way to respond. Today is Thursday the twenty-second.

LUNDI	MARDI	MERCREDI	JEUDI	VENDREDI	SAMEDI	DIMANCHE
5	6	7 acheter une voiture	8	9	10	11
12 à Londres	13	14	15	16 de Londres	17 théâtre	18 à la maison
19 dîner en ville	20 musée	21 téléphoner à Marc	22	23	24	25
26	27	28	29	30	31	

Modèle: Quand est-ce qu'ils ont dîné en ville?
Ils ont dîné en ville lundi dernier (il y a trois jours).

1. Quand est-ce qu'ils sont allés au théâtre?
2. Quand est-ce qu'ils sont restés à la maison?
3. Quand est-ce qu'ils ont acheté leur voiture?

4. Quand est-ce qu'ils ont fait un voyage à Londres?
5. Quand est-ce qu'ils sont rentrés de Londres?
6. Combien de temps est-ce qu'ils sont restés à Londres?
7. Quand est-ce qu'ils sont allés au musée?
8. Quand est-ce qu'ils ont téléphoné à Marc?

(answers, p. P49)

▶ *Le passé composé avec* **être** *(Text p.193)*

VIII. Où sont-ils allés? Complete the sentences with the appropriate form of the **passé composé** of **aller**.

1. Sylvie . . . . . au bureau de tabac.
2. Nous . . . . . à la gare.
3. Paul et Philippe . . . . . au stade.
4. Je . . . . . à la librairie.
5. Elles . . . . . à la piscine.
6. Est-ce que tu . . . . . à la bibliothèque?
7. Vous . . . . . au bureau de poste, n'est-ce pas?

IX. Le participe passé. It is important to distinguish between verbs conjugated with **être**, whose past participles agree with the subject, and verbs conjugated with **avoir**, whose past participles do *not* agree with the subject. Read the following sentences, paying attention to the speaker and, when appropriate, to the person addressed. If the form of the past participle is correct, put an X in the blank; if the form is incorrect, add the necessary letter(s).

1. Marie-Claude: Moi, je suis arrivé . . . . . il y a une heure. Et toi, Édouard, quand est-ce que tu es arrivé . . . . . ?
2. Jacques: Ma sœur et moi, nous sommes allé . . . . . à la librairie, mais nous n'avons pas acheté . . . . . de livres.
3. Gabrielle: Voilà mes amies Frédérique et Anne. —Salut. Est-ce que vous avez pris . . . . . le métro? Où est-ce que vous êtes descendu . . . . . ?
4. Michel: Mon père est allé . . . . . en ville, mais ma mère est resté . . . . . chez nous.
5. Nathalie: Mes cousins Jean-Pierre et Dominique ont habité . . . . . à Marseille pendant un certain temps, puis ils sont allé . . . . . à Grenoble.
6. Thierry: J'ai eu . . . . . un accident. Je suis sorti . . . . . d'un magasin sans regarder.

X. L'interrogatoire. *(The interrogation.)* When you were in high school, your parents were very strict. They would question you and your sister about all of your activities. Using the cues, recreate your parents' questions. In the first set of questions, they are talking only to your sister. In the second set, they are questioning the two of you.

Votre sœur

Modèle: quand / quitter la maison / ?
Quand est-ce que tu as quitté la maison?

1. où / aller / ?
2. prendre le métro / ?
3. où / descendre / ?
4. combien de temps / rester / librairie / ?
5. que / acheter / ?

Vous et votre sœur

Modèle: que / faire / hier soir / ?
Qu'est-ce que vous avez fait hier soir?

6. où / aller / ?
7. avec qui *(with whom)* / dîner / ?
8. avoir un accident / ?
9. pourquoi / ne pas téléphoner / ?
10. à quelle heure / rentrer / ?

(answers, p. P49)

Troisième étape

▶ *Le passé composé des verbes pronominaux* (Text p.200)

XI. À quelle heure est-ce qu'ils se sont levés ce matin? Complete the sentences with the appropriate form of the **passé composé** of **se lever**. Pay attention to the identity of the speaker or the person addressed.

1. Jacqueline . . . . . vers 8h.
2. Georges et son frère . . . . . à 9h30, comme d'habitude.
3. Moi (Sylvie), je . . . . . de très bonne heure.
4. Moi (Gérard), je . . . . . de très bonne heure aussi.
5. En fait, Sylvie et moi, nous . . . . . à la même heure.
6. Éric ne . . . . . pas . . . . . de très bonne heure.
7. Et toi, à quelle heure est-ce que tu . . . . . ?

XII. Des questions pour Catherine et Jean-Michel. Answer the following questions, using the cues in parentheses. Pay attention to the person to whom each question is addressed.

1. Jean-Michel, à quelle heure est-ce que tu t'es levé ce matin? (à 8h)
2. Et toi, Catherine? (à 7h30)
3. Est-ce que vous vous êtes couchés de bonne heure hier soir, vous deux? (non)
4. Catherine, est-ce que tu t'es dépêchée pour aller à tes cours ce matin? (non)
5. Catherine et Jean-Michel, vous avez fait une petite excursion à Vence samedi dernier. Vous vous êtes bien amusés? (très bien)
6. Catherine et Jean-Michel, est-ce que vous vous êtes disputés la semaine dernière? (non)
7. Jean-Michel, pourquoi est-ce que tu n'es pas allé au concert avec les autres? (se tromper de jour)

XIII. La semaine dernière. Using the cues, recount the major events of last week in the lives of Marie-Jeanne, her family, and her friends.

Modèle: lundi—moi / se lever à 6h30
Lundi je me suis levée à 6h30

1. lundi—mon amie Diane / ne pas se lever à temps pour aller en classe
2. mardi—mes amis et moi / s'amuser à la piscine
3. mercredi—moi / se disputer avec mon petit ami
4. jeudi—mes amis et moi / se retrouver à la bibliothèque
5. vendredi—mes parents / se lever de très bonne heure
6. samedi—mon frère / se reposer pendant toute la journée
7. dimanche—moi / se coucher très tard

(answers, p. P49)

CHAPITRE · SIX

Première étape

▶ *Les adjectifs démonstratifs (**ce, cet, cette, ces**)* (Text p.216)

I. Add the appropriate demonstrative adjective to each noun.

Modèle: cassette *cette cassette*

1. fruits
2. disque
3. vélo
4. jambon
5. ordinateur
6. voiture

7. croissants	10. baguette	13. salade
8. tartelettes	11. pain	14. hôtel
9. appartement	12. étudiante	15. étudiants

(answers, p. P49)

► *Les expressions de quantité* *(Text p.219)*

II. Et votre frère? Use the cues to tell how many of the following items each person possesses.

> *Modèle:* disques / votre frère / beaucoup
> *Mon frère a beaucoup de disques.*

1. livres / votre père / très peu
2. cassettes / votre frère / quelques
3. cahiers / votre sœur / pas beaucoup
4. disques / vos amis / beaucoup
5. stylos / votre mère / peu
6. cassettes / votre petit(e) ami(e) / pas beaucoup

III. Qu'est-ce que vous avez acheté? Tell how much of each item each person bought yesterday.

> *Modèle:* Mme Tanson / eau minérale (1 bouteille)
> *Mme Tanson a acheté une bouteille d'eau minérale.*

1. mon père / pommes (2 kilos)
2. je / Coca (1 litre)
3. Mlle Lecuyer / jambon (4 tranches)
4. nous / croissants (1 douzaine)
5. M. Robichou / pâté (50 grammes)
6. mes cousins / saucisson (1 bout)

IV. Les achats. Evaluate the amounts, using the expressions **beaucoup trop de, trop de, assez de,** and **pas assez de.**

> *Modèles:* Un kilo d'abricots coûte 18 francs. Yves a 23 francs.
> *Yves a assez d'argent pour acheter un kilo d'abricots.*
>
> Mme Leroux a fait trois gâteaux. Elle a invité deux personnes à dîner.
> *Mme Leroux a fait beaucoup trop de gâteaux.*

1. Un Walkman coûte 360 francs. Jean-Jacques a 300 francs.
2. Mme Barron a acheté douze croissants. Il y a deux personnes au petit déjeuner.
3. Anne a acheté trois tartelettes. Il y a trois personnes pour le déjeuner.
4. Un ordinateur IBM coûte 12 000 francs. Nathalie a 9 500 francs.
5. M. Riboux a acheté dix tranches de jambon. Il a invité cinq amis à dîner.

(answers, p. P49)

Deuxième étape

► *Le partitif* *(Text p.227)*

V. Add the appropriate partitive article to each noun.

> *Modèle:* pain
> *du pain*

1. salade	5. tarte	9. eau minérale
2. pâté	6. céréales	10. bananes
3. rôti	7. soupe	11. saucisses
4. jambon	8. gâteau	12. Coca

VI. Complete the sentences, using the appropriate articles (definite, indefinite, or partitive). Remember that the indefinite and partitive articles become **de** after a negative expression.

1. J'adore . . . . . pâtisseries. Ce matin j'ai acheté . . . . . éclair et . . . . . religieuses, mais je n'ai pas acheté . . . . . millefeuille.
2. M. Leblanc a pris . . . . . café parce qu'il n'aime pas . . . . . thé.
3. Adèle a . . . . . sœurs et . . . . . frères, mais elle n'a pas . . . . . cousins.
4. Ce sont . . . . . clés de Martine.
5. Dans mon frigo il y a . . . . . tarte, ... lait, ... fruits, ... confiture, ... beurre. Il n'y a pas . . . . . viande parce que je ne mange jamais . . . . . viande.

VII. Goûts et habitudes. Complete the conversations, using the nouns provided and adding the appropriate articles.

1. pain / baguette / pain de campagne
   —Nous prenons toujours . . . . . avec le dîner.
   —Nous aussi. Moi, j'aime beaucoup . . . . .
   —Voici la boulangerie. Entrons! Moi, je vais acheter . . . . .
   —Et moi, je vais prendre . . . . .

2. pâtisseries / tartelette / millefeuille
   —Je vais acheter . . . . .
   —Attention! Quand on mange . . . . . , on grossit (*gets fat*).
   —Je ne résiste pas à la tentation. J'adore . . . . . Et toi, tu vas prendre quelque chose?
   —Oui, pourquoi pas? Je voudrais bien manger . . . . .

3. Coca / eau minérale / citron pressé
   —Vous désirez . . . . . ?
   —Non, j'aime mieux . . . . .
   —Je n'ai pas . . . . . , mais est-ce que vous voulez . . . . . ?

4. sandwich / jambon / fromage / omelette aux fines herbes
   —Je vais manger . . . . .
   —Moi aussi. Est-ce que vous avez . . . . . ?
   —Non, mais nous avons . . . . .
   —Je n'aime pas . . . . . Je vais prendre . . . . .

(*answers, p. P50*)

Troisième étape

▶ *Le présent et le passé composé du verbe irrégulier* **devoir** (*Text p.238*)

VIII. Complete the sentences, using the present tense of the verb **devoir**.

1. Qu'est-ce que tu . . . . . faire demain? Je . . . . . aller chez le dentiste.
2. Nous . . . . . $100 à nos parents. Paul leur . . . . . $35, et moi, je leur . . . . . $65.
3. Pourquoi est-ce qu'ils ne vont pas au cinéma avec nous? Parce qu'ils . . . . . faire leurs devoirs.
4. Où est-ce que vous . . . . . aller aujourd'hui? Nous . . . . . aller au supermarché.
5. Et elle, qu'est-ce qu'elle . . . . . faire? Je ne sais pas. Elle . . . . . demander à ses parents.

IX. Traduisons! Give the English equivalents of the following sentences. Be careful of the translation of the verb **devoir**.

1. Nous devons parler au professeur. (*2 possibilities*)
2. Elle a dû avoir un accident.
3. Je dois 100 dollars à mes parents.
4. Il doit être malade.
5. Elles ont dû aller au laboratoire. (*2 possibilities*)
6. Je dois retrouver mes amis au café. (*2 possibilities*)

X. Parce que . . . Answer the questions, using either the present tense or the **passé composé** of the verb **devoir**.

Modèle: Pourquoi Marianne n'est-elle pas ici? (aller à la bibliothèque)
Parce qu'elle a dû aller à la bibliothèque.

1. Est-ce que Francine va au cinéma avec nous? (non, faire ses devoirs)
2. Les Merlier ne sont pas chez eux ce soir. Où sont-ils? (aller au travail)
3. Pourquoi ne dînez-vous pas souvent au restaurant? (faire des économies)
4. Pourquoi Anne-Louise est-elle allée en ville? (faire des courses)
5. Pourquoi vas-tu à la librairie? (acheter mon livre de français)
6. Pourquoi est-ce qu'ils font des économies? (devoir 150 dollars à leurs amis)

(answers, p. P50)

▶ *L'adjectif interrogatif* **quel** *(Text p.240)*

XI. Je ne comprends pas! You're very distracted, and when your friends say something, you have no idea what they're talking about. Get clarification by asking questions using a form of **quel**.

Modèle: Mon amie s'appelle Janine.
Quelle amie?

1. J'ai trouvé mes clés.
2. Nous avons visité le monument.
3. Il cherche son chat.
4. Donne-moi la calculatrice.
5. Ma mère a commandé l'ordinateur.
6. J'ai acheté les éclairs.
7. Elles aiment tes disques.
8. Tu as mes cassettes?
9. Ta petite amie a téléphoné.

(answers, p. P50)

CHAPITRE · SEPT

Première étape

▶ *L'accord des adjectifs* *(Text p.257)*

I. Give the feminine form of each adjective.

1. français	5. dernier	9. lourd	13. vieux
2. petit	6. facile	10. brun	14. grand
3. ennuyeux	7. vert	11. cher	15. beau
4. marron	8. léger	12. blanc	16. rouge

II. Give the plural form of each adjective.

1. petit	5. intéressant	9. laide	13. beau
2. ennuyeuse	6. bon	10. dernier	14. orange
3. noir	7. mauvais	11. gris	15. vert
4. vieille	8. blanche	12. brun	16. vieux

III. De quelle couleur . . . ? Give the color of the following items.

De quelle couleur est . . .

1. la neige?
2. le café?
3. votre maison?
4. votre bicyclette?
5. votre livre de français?
6. votre chambre?
7. votre chaîne stéréo?
8. votre sac à dos (sac)?

De quelle couleur sont . . .

9. les pommes?
10. les épinards?
11. les citrons?

12. tes stylos?
13. tes cahiers?
14. les nuages?

(answers, p. P50)

▶ *La place des adjectifs* *(Text p.264)*

IV. Add the adjectives in parentheses to the sentences. First make each adjective agree in gender and number with the noun. Then place it correctly in the sentence (before or after the noun).

Modèle: J'ai une calculatrice. (noir / petit)
J'ai une petite calculatrice noire.

1. Nous avons acheté une vidéo. (nouveau / fantastique)
2. J'ai un vélo. (nouveau / japonais)
3. Nous avons mangé dans un restaurant. (italien)
4. J'ai trouvé un portefeuille. (brun / petit)
5. Elle a regardé la vidéo. (nouveau / allemand)
6. C'est un roman. (russe / long)
7. C'est une maison. (vieux / petit)
8. J'ai eu une note à l'examen. (mauvais)

(answers, p. P50)

Deuxième étape

▶ *Le comparatif* *(Text p.275)*

V. Make comparisons using the cues in parentheses.

Modèle: Jean est grand. (Marc +)
Marc est plus grand que Jean.

1. Janine est intelligente. (Suzanne −)
2. Hervé est généreux. (Monique =)
3. Mes parents sont traditionnels. (les parents de Jacques −)
4. Le cours de français est difficile. (le cours de chinois +)
5. Mes amis sont amusants. (les amis de mes parents −)
6. Le prof de français est patient. (le prof de chinois =)
7. Simone est sympathique. (Isabelle +)

VI. Make comparisons using the cues in parentheses. Remember that **bon** becomes **meilleur** and **bien** becomes **mieux** when you want to say *better.*

Modèle: Les oranges de Californie sont bonnes. (Les oranges d'Espagne +)
Les oranges d'Espagne sont meilleures que les oranges de Californie.

1. Jean chante bien. (Véronique +)
2. François travaille bien. (Alexandre =)
3. Annie mange bien. (Marcel −)
4. Le poulet est bon. (les légumes +)
5. Les notes de Marie sont bonnes. (les notes de Paul −)
6. Ce restaurant chinois est bon. (l'autre restaurant chinois =)
7. Mes amis dansent bien. (je +)
8. Le Perrier est bon. (la Vittel +)

VII. Et votre sœur? Using the cues, compare your possessions to those of other people you know. Use the expressions **plus de . . . que, autant de . . . que,** and **moins de . . . que.**

Modèle: cassettes / votre père
> *J'ai plus (moins) de cassettes que mon père.* or *J'ai autant de cassettes que mon père.*

1. posters / votre frère
2. livres / votre père
3. plantes vertes / votre sœur
4. disques / vos amis
5. clés / votre mère
6. sœurs / votre ami(e)

VIII. Que pensent les étudiants de leurs cours? Students in the science department have been asked to evaluate their courses. Look at the results of their evaluations and make comparisons.

Cours	Difficulté	Heures de préparation	Nombre d'examens	Excellentes notes	Note moyenne
Biologie	difficile	3h	3	A = 6	B −
Physique	très diff.	5h	4	A = 3	C +
Chimie	assez diff.	4h	4	A = 8	B
Géologie	difficile	3h	5	A = 6	B
Astronomie	facile	2h	2	A = 15	B +

Modèle: être difficile / biologie / physique
> *Le cours de biologie est moins difficile que le cours de physique.*

1. être difficile / géologie / biologie
2. être difficile / chimie / astronomie
3. on / travailler sérieusement en / physique / chimie
4. on / travailler sérieusement en / astronomie / biologie
5. il y a / examens en / géologie / biologie
6. il y a / examens en / chimie / physique
7. il y a / examens en / astronomie / chimie
8. on / donner des bonnes notes en / astronomie / chimie
9. on / donner des bonnes notes en / physique / biologie
10. en général / on / se débrouiller bien en / astronomie / chimie
11. en général / on / se débrouiller bien en / physique / biologie

(answers, p. P50–P51)

Troisième étape

▶ *Les verbes réguliers en* **-ir** *(Text p.283)*

IX. Qu'est-ce que vous faites? Someone always wants to know what you and your friends are doing or what you did. Answer the questions, using the cues in parentheses. Pay attention to the tense used in the question.

Modèle: Qu'est-ce que tu fais? (finir les devoirs)
> *Je finis mes devoirs.*

1. Qu'est-ce qu'ils font? (choisir leurs cadeaux)
2. Qu'est-ce qu'elle fait? (choisir un pull-over)
3. Qu'est-ce que vous faites? (réfléchir à notre avenir)
4. Qu'est-ce qu'il a fait? (réussir à ses examens)
5. Qu'est-ce que tu fais? (réfléchir)
6. Qu'est-ce qu'elles ont fait? (obéir à leurs parents)
7. Qu'est-ce qu'ils font? (finir cet exercice)

X. **La vie à l'université.** Your younger brother is curious about college life. Use the cues to give him some information.

> *Modèle:* profs / choisir / livres difficiles
> *Les profs choisissent des livres difficiles.*

1. on / choisir / cours
2. les étudiants / ne pas obéir toujours / profs
3. je / finir d'étudier / vers minuit (*midnight*)

4. nous / réussir / toujours / examens
5. amis / réfléchir / beaucoup / avenir

(answers, p. P51)

▶ *L'interrogation—l'inversion* *(Text p.285)*

XI. **Une conversation.** Rewrite each question in the dialogue using **est-ce que.**

> MARIE: Pourquoi restes-tu à la maison aujourd'hui? Il fait si beau.
> MICHEL: J'ai beaucoup de travail. Et toi, n'as-tu pas de devoirs à faire?
> MARIE: J'ai déjà fait mes devoirs. Travailles-tu toujours le samedi?
> MICHEL: Non, mais j'ai un examen lundi.
> MARIE: Je comprends. Quel examen as-tu?
> MICHEL: Un examen d'espagnol.
> MARIE: Ah? Études-tu l'espagnol et le français?
> MICHEL: Oui, j'adore les langues.

XII. **Eh bien, . . .** (*Well, . . .*) For each statement, ask a follow-up question using inversion and the cues in parentheses. Pay attention to the tense of the verb.

> *Modèle:* Je vais faire un voyage l'été prochain. (où / aller)
> *Eh bien, où vas-tu aller?*

1. Je n'habite pas à Madrid. (où / habiter)
2. Nous cherchons quelque chose. (que / chercher)
3. Mes parents ne sont pas allés au théâtre avec nous. (pourquoi / rester à la maison)
4. J'ai des frères et des sœurs. (combien de / avoir)
5. Marc veut un Coca. (pourquoi / ne pas prendre / lait)
6. Non, il ne va pas faire froid demain. (quel temps / faire)

(answers, p. P51)

CHAPITRE · HUIT

Première étape

▶ *L'imparfait* *(Text p.303)*

I. **Les soirs d'été.** Françoise Delain is remembering the summer evenings she used to spend at her grandparents' home in the mountains. Complete each sentence with the appropriate imperfect-tense form of the verb in parentheses.

1. (passer) Nous . . . . . l'été avec mes grands-parents.
2. (avoir) Ils . . . . . une maison à la montagne.
3. (aimer) J'. . . . . les soirées chez mes grands-parents.
4. (faire) Après le dîner, ma mère et moi, nous . . . . . la vaisselle.
5. (s'installer) Mon père et mon grand-père . . . . . dans le jardin.
6. (être / vouloir) Mon frère, qui . . . . . le plus jeune de la famille, ... toujours que Pépé parle de sa jeunesse.
7. (habiter) «Pépé, où est-ce que tu . . . . . avant d'acheter cette maison?»
8. (jouer / être) «Est-ce que vous . . . . . ensemble, toi et Mémé, quand vous . . . . . petits?»

II. **Vous vous rappelez?** Pierre Le Guiniec likes to reminisce with his old friends about what they did when they were young. Use the cues and the imperfect tense to compose sentences about Pierre's past.

Modèle: le samedi / on / jouer au football
Le samedi on jouait au football.

1. tous les jours / je / prendre l'autobus pour aller à l'école
2. à cette époque / nous / habiter très loin du lycée
3. je / aller souvent chez un copain pour déjeuner
4. mes sœurs / quitter la maison toujours après moi
5. mon petit frère / ne pas se lever avant 9h
6. d'habitude / nous / obéir à nos parents
7. ils / avoir beaucoup de patience avec nous
8. autrefois / tu / passer beaucoup de temps en ville
9. toi et tes parents, vous / sortir souvent ensemble

(answers, p. P51)

▶ *Le verbe irrégulier **pouvoir*** *(Text p.306)*

III. **On ne peut pas sortir.** The following conversations take place at the home of your French family when people want to go out but can't. Complete each sentence with the appropriate form of the verb **pouvoir.** Items 1 through 6 require the present tense, item 7 the imperfect, and item 8 the **passé composé.**

1. Est-ce que je . . . . . aller chez Monique?
2. Non, tu ne . . . . . pas sortir cet après-midi.
3. Est-ce que nous . . . . . aller voir le nouveau film au Rex?
4. Non, vous ne . . . . . pas sortir ce soir.
5. Annick ne . . . . . pas aller à la soirée.
6. Tes cousins ne . . . . . pas y aller non plus.
7. Pourquoi est-ce que Martin ne . . . . . pas sortir?
8. Il n' . . . . . pas . . . . . finir ses devoirs.

IV. **On refuse l'invitation.** Use **pouvoir** and the cues in parentheses to tell why people are unable to accept invitations.

Modèle: Est-ce que tu veux sortir ce soir? (devoir étudier)
Non, je ne peux pas sortir ce soir. Je dois étudier.

1. Est-ce que tu veux passer la journée à la plage? (devoir aider mes parents)
2. Est-ce que vous voulez aller au cinéma ce soir? (avoir trop de devoirs)
3. Est-ce que tes parents veulent faire du jogging? (être trop fatigués)
4. Est-ce que vous voulez dîner au restaurant ce soir? (ne pas avoir assez d'argent)
5. Est-ce que tu veux aller en ville? (devoir jouer avec mon petit frère)
6. Est-ce que Jean-Pierre veut regarder le film à la télé? (devoir sortir ce soir)

(answers, p. P51)

Deuxième étape

▶ *L'imparfait (suite)* *(Text p.314)*

V. **Le bon vieux temps.** (*The good old days.*) Much has changed since your grandparents were young. Many people look back and think that things were better in the good old days. This is what happens when sixteen-year-old Madeleine describes her activities to her grandfather. Use the cues in parentheses and the imperfect tense to state the grandfather's memories.

Modèle: Je mange tous les jours à la cafétéria. (à la maison)
Je mangeais tous les jours à la maison.

1. Mes amis et moi, nous allons souvent au cinéma. (aller au café)
2. Je regarde la télé tous les jours. (écouter la radio)
3. Ma mère et mon père travaillent. (aussi)
4. Je fais de l'aérobic. (faire des promenades)
5. Je me lève à 10h du matin le week-end. (7h)
6. Mes amis et moi, nous avons des mobylettes. (vélos)
7. La famille mange rarement ensemble. (toujours)
8. Je veux quitter la maison à l'âge de 18 ans. (rester à la maison)

(*answers, p. P51*)

▶ *Le verbe irrégulier* **devoir** *(suite)* *(Text p.316)*

VI. **Plusieurs sens.** (*Several meanings.*) The verb **devoir** has several meanings, depending on its tense and the context of the sentence. First, use the present tense of **devoir** to tell what people *have to* do today.

1. Georgette . . . . . rester chez elle ce soir.
2. Voici ce que vous . . . . . apprendre pour demain.

Now use the **passé composé** of **devoir** to tell what people *had to* do in the past.

3. Éric . . . . . attendre à la maison l'arrivée de ses cousins.
4. Moi, j'. . . . . passer une heure et demie chez le dentiste.

Now use the present of **devoir** to tell what people *are supposed* to do today.

5. Anne-Marie . . . . . nous retrouver au café à 6h.
6. Les autres . . . . . téléphoner s'ils ne peuvent pas nous accompagner.

Now use the imperfect of **devoir** to tell what people *were supposed* to do in the past.

7. Tu . . . . . être là avant nous, mais nous sommes arrivés les premiers.
8. Chantal . . . . . nous retrouver devant le cinéma, mais elle n'est pas venue.
9. Qu'est-ce que nous . . . . . apporter, les sandwichs ou les boissons?

Now use the present of **devoir** to tell what *is probably* true now about people.

10. Caroline est absente? Elle . . . . . être malade.
11. Tu as mal à la gorge et tu as de la fièvre. Tu . . . . . avoir une grippe.
12. Mme Vincent? Elle . . . . . avoir soixante ou soixante-cinq ans.

Finally, use the **passé composé** to tell what *was probably* true about people or what they *must have* done.

13. Les autres ne sont pas encore là? Ils . . . . . avoir des ennuis avec la voiture.
14. Monique n'est pas venue? Elle . . . . . oublier.
15. Ils n'étaient pas chez eux? Tu . . . . . te tromper d'adresse.

VII. **Traduisons!** Give the English equivalent of each sentence.

1. Nous devons être à la maison à 6h.
2. Nous devions être à la maison à 6h.
3. Elle doit avoir le mal de mer.
4. Elle a dû se tromper de numéro de téléphone.
5. Ils devaient téléphoner hier soir.
6. Il a dû aller à la banque. (*deux possibilitiés*)

(*answers, p. P52*)

Troisième étape

▶ *Le verbe irrégulier* **savoir** *(Text p.324)*

VIII. On ne sait pas. The following conversations take place at your house when people are trying to find out certain information—without much success. Complete each sentence with the appropriate form of the verb **savoir.** Items 1 through 6 require the present tense, item 7 the imperfect, and item 8 the **passé composé.**

1. Est-ce que tu . . . . . l'adresse de Maxime Le Quintrec?
2. Non, je ne . . . . . pas son adresse.
3. Est-ce que vous . . . . . jouer du piano?
4. Non, mais nous . . . . . jouer de la guitare.
5. Éliane ne . . . . . pas pourquoi on a remis l'examen jusqu'à lundi.
6. Jean-Jacques et François ne . . . . . pas la raison non plus.
7. Je ne . . . . . pas que tu avais des sœurs.
8. Quand est-ce que Marguerite . . . . . la date de ses vacances?

IX. Des talents. Using the cues and the verb **savoir,** explain what talent each person has.

1. mes parents / nager
2. Philippe / jouer de la guitare
3. je / faire de la planche à voile
4. Hélène / danser
5. nous / chanter la Marseillaise
6. mon frère / faire du ski de piste
7. vous / parler allemand
8. tu / utiliser un ordinateur

(answers, p. P52)

▶ *Les expressions* **depuis quand, depuis combien de temps, depuis** *(Text p.327)*

X. Une question de temps. Use the first cue to ask a question and the second cue to supply the answer. Remember to distinguish between **depuis combien de temps** and **depuis quand.**

Modèles: M. Parbot / travailler chez Renault / dix ans
Depuis combien de temps est-ce que M. Parbot travaille chez Renault?
Il travaille chez Renault depuis dix ans.

tu / être malade / lundi dernier
Depuis quand est-ce que tu es malade?
Je suis malade depuis lundi dernier.

1. vous / habiter en France / 1975
2. tu / fais des études à l'université / deux ans
3. Anne-Marie / avoir mal à la gorge / trois jours
4. tu / se sentir mal / dimanche dernier

(answers, p. P52)

CHAPITRE · NEUF

Première étape

▶ *Le superlatif (Text p.350)*

I. Que pensent les étudiants de leurs cours? Use the cues to make statements in the superlative about a variety of courses.

Modèle: le cours / + difficile / physique
    Le cours le plus difficile est le cours de physique.

1. le cours / + facile / biologie
2. le cours / où / il y a / + examens / français
3. le cours / où / on / donner / + bonnes notes / musique
4. le cours / où / il y a / − examens / gymnastique
5. le cours / où / on / donner / − bonnes notes / astronomie
6. le cours / − difficile / comptabilité

II. **À mon avis . . .** Use the cues and the superlative to give your opinion.

Modèle: le haut bâtiment / Paris / la tour Eiffel / +
    À mon avis, le plus haut bâtiment de Paris est la tour Eiffel.

1. le bâtiment moderne / Paris / le centre Beaubourg / +
2. la grande ville / États-Unis / New York / +
3. le bon acteur / Hollywood / Robert DeNiro / +
4. la bonne actrice / Hollywood / Meryl Streep / +
5. le film amusant / l'année / *Home Alone* / +
6. le haut bâtiment / ma ville / . . . . . / +
7. le restaurant cher / ma ville / . . . . . / +
8. la vieille église / Paris / Notre-Dame / +
9. la femme admirée / le monde / . . . . . / +
10. l'homme admiré / le monde / . . . . . / +
11. le bon chanteur de rock / le monde / . . . . . / +
12. la bonne vidéo / le monde / . . . . . / +

(answers, p. P52)

▶ *L'heure officielle* *(Text p.354)*

III. **Quelle heure est-il?** Convert the following official times into conversational time (in English).

Modèle: 13h45
    1:45 P.M.

1. 9h15   **2.** 20h20   **3.** 12h   **4.** 18h50   **5.** 11h30   **6.** 15h40
7. 23h10   **8.** 4h05   **9.** 16h35   **10.** 21h25

(answers, p. P52)

Deuxième étape

▶ *Les nombres ordinaux* *(Text p.361)*

IV. **Des francophones à New York.** You're working as an information guide in New York. When French-speaking tourists ask where a place is, you explain in French on what corner (**coin**) it can be found.

Modèle: Où est l'Empire State Building? (5th / 33nd)
    Il est au coin de la cinquième avenue et de la trente-troisième rue.

1. Où est la bibliothèque municipale de New York? (5th / 42nd)
2. Où est le restaurant P.J. Clarke? (3rd / 55th)
3. Où est cette librairie? (1st / 36th)
4. Où est cette pharmacie? (10th / 84th)
5. Où est ce théâtre? (8th / 52nd)

(answers, p. P52)

► *Les verbes irréguliers* **sortir** *et* **partir** *(Text p.364)*

V. Qu'est-ce que vous allez faire? Complete the following dialogues, using the appropriate tenses and forms of the verbs **sortir** and **partir.**

Dialogue 1: You question your classmate about his/her plans for this evening.
sortir

—Avec qui est-ce que tu . . . . . ce soir?
—Je . . . . . avec Paul et Martine.
—Ah, vous . . . . . tous ensemble?
—Oui, nous . . . . . en voiture.
—Mais quand est-ce que tu vas faire tes devoirs? Tu . . . . . hier soir aussi!

Dialogue 2: Classes are over for the year. Your teacher asks you about your plans for the summer.
partir

—Vous . . . . . aujourd'hui?
—Oui, je . . . . . pour la France.
—C'est formidable! Vous . . . . . seul(e) ou avec des amis?
—Mon ami et moi, nous . . . . . ensemble et mes parents vont nous retrouver à Paris.
—Et vos parents, quand est-ce qu'ils . . . . .?
—Ma mère . . . . . le 15 juin et mon père . . . . . le 20.
—Allez, au revoir. Et bonnes vacances.

VI. Sortir, partir ou quitter? Fill in the blanks using either **sortir, partir,** or **quitter** in the appropriate tense.

1. Hier matin, je . . . . . la maison avant 8h.
2. Nous ne . . . . . pas souvent le soir. Nous sommes trop fatigués.
3. Quand est-ce que tu . . . . . pour l'Angleterre?
4. Ils . . . . . de la salle de classe, ils . . . . . le bâtiment et ils . . . . . pour aller chez eux.
5. Je vais . . . . . en vacances la semaine prochaine.
6. Elle . . . . . du cinéma avant la fin du film.

(answers, p. P52)

Troisième étape

► *L'imparfait et le passé composé* *(Text p.372)*

VII. Qu'est-ce qu'ils ont fait hier? Explain what each person did yesterday and what the situation was like. Decide which verbs should be in the **passé composé** and which ones should be in the imperfect.

Modèle: Marie / aller / jardin public—faire du soleil
Hier Marie est allée au jardin public. Il faisait du soleil.

1. nous / rester / maison—pleuvoir
2. Micheline / faire des courses—y avoir beaucoup de circulation *(traffic)*
3. Jean et Pierre / aller / Versailles—avoir envie / sortir
4. je / vouloir rendre visite / oncle—prendre / train
5. nous / prendre / métro—être pressés

VIII. Qu'est-ce qu'ils faisaient quand . . . ? Answer the questions, using the cues in parentheses. Be careful to distinguish between the **passé composé** and the imperfect.

Modèle: Qu'est-ce qu'ils faisaient quand tu es arrivé(e)? (jouer aux cartes)
Quand je suis arrivé(e), ils jouaient aux cartes.

1. Qu'est-ce que tu faisais quand Jean-Claude a téléphoné? (prendre le petit déjeuner)
2. Qu'est-ce que vous faisiez quand elle est descendue? (faire la lessive)
3. Qu'est-ce qu'il faisait quand tu es sorti(e)? (travailler au jardin)
4. Qu'est-ce qu'elles faisaient quand il est rentré? (étudier)
5. Qu'est-ce que je faisais quand tu t'es couché(e)? (regarder la télé)
6. Qu'est-ce que nous faisions quand vous êtes allés au café? (faire les courses)
7. Qu'est-ce qu'il faisait quand elle a quitté la maison? (s'occuper des enfants)
8. Qu'est-ce que tu faisais quand Marc est tombé? (mettre la table)

IX. **Une excursion à Versailles.** Use the **passé composé** or the imperfect of the verbs in parentheses to complete the paragraphs.

La première fois que je . . . . . (aller) en France, j' . . . . . (avoir) quinze ans. J' . . . . . (passer) un mois chez mon oncle Christian et ma tante Josette. Mes parents . . . . . (vouloir) que j'apprenne le français. Christian et Josette m' . . . . . (apprendre) beaucoup de choses. Nous . . . . . (visiter) des monuments, nous . . . . . (faire) des excursions en voiture et j' . . . . . (manger) beaucoup de bonnes choses. Un jour, Christian . . . . . (décider) que nous allions passer la journée à Versailles. Nous . . . . . (faire) le voyage par le train et nous . . . . . (s'amuser bien).

Le château de Versailles . . . . . (être) très impressionnant. Je . . . . . (ne pas comprendre) l'histoire que . . . . . (raconter) le guide, mais je . . . . . (savoir) qu'il . . . . . (être) surtout question du roi (*King*) Louis XIV. On l' . . . . . (appeler) aussi le Roi Soleil et son règne . . . . . (durer) 72 ans, de 1643 à 1715. À mon avis, ce roi . . . . . (avoir) des habitudes assez bizarres. Il . . . . . (faire) sa toilette devant tout le monde, et la personne qui . . . . . (pouvoir) l'habiller . . . . . (être) très estimée des autres. Chaque jour, certains aristocrates . . . . . (participer) donc à la cérémonie du lever et du coucher du roi.

Maintenant que j' . . . . . (terminer) mes études de français, je sais que mes idées sur Louis XIV . . . . . (être) très simplistes. Les idées et les actions de Louis XIV . . . . . (beaucoup influencer) le développement politique de la France.

X. **La Révolution de 1789.** Put the sentences into the past, using either the imperfect or the **passé composé** according to the context.

1. La Révolution commence au mois de mai 1789.
2. Le roi ne veut pas écouter les membres de la bourgeoisie.
3. La bourgeoisie n'est pas contente parce qu'elle paie trop d'impôts (*taxes*).
4. Le 14 juillet 1789 les Parisiens prennent la Bastille (une prison).
5. En 1792, les révolutionnaires déclarent la France une république.
6. Le roi Louis XVI n'a plus d'autorité.
7. Le gouvernement révolutionnaire guillotine le roi et sa femme, Marie-Antoinette, en 1793.
8. Napoléon Bonaparte est général dans l'armée française quand la Révolution commence.
9. Il fait la guerre (*war*) en Égypte quand il apprend que le gouvernement français a besoin d'un «leader».
10. En 1799 il rentre en France, il prend le pouvoir (*power*) et enfin, en 1804, il se déclare empereur.
11. Malheureusement (*unfortunately*), Napoléon ne donne pas aux Français la paix (*peace*) qu'ils cherchent.

XI. **L'histoire d'un crime.** In the following account of a bank holdup, change the present tense into either the imperfect or the **passé composé** according to the context.

Il y a deux hommes et une femme dans la banque. Ils arrivent vers 14h. Moi, je suis au guichet. Un des hommes est très grand; il a les cheveux noirs; il a une barbe; il est très mince. Il parle très fort et il a l'air impatient. Il a un pistolet.

L'autre homme n'est pas grand. Il est gros et il a une moustache. Il porte un T-shirt avec «Malibu» inscrit sur le dos. Il demande aux clients de lui donner leurs portefeuilles. Il prend aussi nos montres.

La femme est grande. Elle a les cheveux blonds. Elle porte une blue-jean et un T-shirt rouge. Elle a un sac à dos. Elle prend nos affaires. Ensuite elle sort de la banque. Elle est le chauffeur de la voiture.

La voiture est une Citroën. Elle est grise et elle est assez neuve.

Il y a beaucoup de clients dans la banque. Nous sommes très nerveux. Nous avons peur.

Les employés de la banque sont très courageux. Ils sont calmes. Une employée sonne l'alarme et les hommes quittent la banque très vite.

Heureusement, la police arrive quelques minutes plus tard. Mais les voleurs (*robbers*) ne sont plus là.

(answers, p. P52–P53)

CHAPITRE · DIX

Première étape

▶ *Le verbe irrégulier* **connaître** *(Text p.392)*

I. Ils ont beaucoup voyagé. The members of Mireille Loiseau's family have traveled a great deal. Use the present tense of **connaître** to complete Mireille's statements about the places her family members know well.

1. Je . . . . . très bien les États-Unis.
2. Mes parents . . . . . bien l'Afrique.
3. Mon oncle . . . . . bien l'Extrême-Orient.
4. Nous . . . . . aussi l'Amérique du Sud.
5. Est-ce que tu . . . . . le nord de la France?
6. Vous . . . . . mieux le Midi, n'est-ce pas?

II. Nous connaissons . . . Nous ne connaissons pas . . . Use either the present or the imperfect of **connaître** to write a sentence about each person's experiences.

Modèles: J'ai visité le Québec plusieurs fois.
Je connais bien le Québec.

Jusqu'à l'âge de sept ans, Michel a habité au Cameroun. Mais il n'y est pas retourné depuis son départ.
Michel connaissait bien le Cameroun quand il était petit.

Nous avons visité Londres une fois. Nous y avons passé deux jours.
Nous ne connaissons pas très bien Londres.

1. Yves a passé deux ans à Lille.
2. J'ai visité Paris une fois. J'avais trois ans à l'époque.
3. Mireille a fait ses études secondaires à Grenoble. Elle y retourne souvent.
4. Moi, j'ai passé mes dix premières années en Belgique, mais la dernière fois que j'ai visité le pays, c'était il y a vingt ans.
5. Nous n'avons jamais été en Suisse.
6. Geneviève et Étienne sont maintenant à San Francisco. Ils y habitent depuis six ans.

(answers, p. P53)

▶ *Le verbe irrégulier* **mettre** *(Text p.396)*

III. Use the present tense, the imperative, or the **passé composé** of **mettre** to complete the sentences.

1. *(present)* Quand il fait chaud, je . . . . . un T-shirt.
2. *(passé composé)* Est-ce qu'elle . . . . . son pull-over?
3. *(présent)* Quand est-ce que vous . . . . . la table?

4. *(présent)* Nous . . . . . la table tout de suite.
5. *(impératif, tu)* . . . . . les couteaux dans le tiroir!
6. *(impératif, vous)* . . . . . les assiettes sur la table!
7. *(passé composé)* Est-ce qu'ils . . . . . un anorak?

IV. Use the cues to create sentences.

> *Modèle:* je / mettre *(passé composé)* / livres / sac à dos
> *J'ai mis les livres dans le sac à dos.*

1. elle / mettre *(passé composé)* / sandales
2. tu / mettre *(présent)* / couvert / ?
3. ils / mettre *(présent)* / fauteuil / salle de séjour
4. je / mettre *(passé composé)* / asperges / frigo
5. nous / mettre *(présent)* / 5 000F / banque
6. vous / mettre *(passé composé)* / chaises / cuisine / ?
7. je / mettre *(présent)* / fleurs / table / ?
8. nous / mettre *(passé composé)* / lit / premier étage

(answers, p. P53)

Deuxième étape

▶ *Les pronoms interrogatifs (personnes)* *(Text p.400)*

V. **Ils veulent savoir.** Georges and Annick were sick last night and couldn't go to the movies with their friends. Today, they ask one of their friends about the activities last evening. Use an appropriate form of **qui** and a preposition (if necessary) to complete their questions.

1. —. . . . . est allé au cinéma hier soir?
   —Bertrand, Patrick, Solange et Denise.

2. —. . . . . vous avez vu en ville?
   —Marie-Claire, Christine et Frédéric.

3. —. . . . . Solange a parlé?
   —À Christine.

4. —. . . . . as-tu parlé?
   —À Marie-Claire et Frédéric.

5. —. . . . . a choisi le film?
   —Patrick.

6. —. . . . . êtes-vous allés après le film?
   —Chez Bertrand.

7. —. . . . . il a invité à passer la nuit?
   —Patrick.

8. —. . . . . Solange est rentrée?
   —Avec Denise.

VI. **Qui?** Ask questions about the people mentioned in the paragraphs. In the first set of questions, the appropriate interrogative pronouns are provided. In the second set of questions, you have to select the appropriate forms of **qui**.

1. Hier après-midi Élisabeth a accompagné son amie Danielle à la gare. En route Danielle a rencontré deux copains, Richard et Vincent. Tous les quatre ont continué jusqu'à la gare. Quand ils y sont arrivés, Danielle a fait une réservation pour sa mère et Élisabeth a parlé avec les deux garçons.

   a. Qui est-ce qu'. . . . . ?
   b. Qui est-ce que . . . . . ?
   c. Pour qui est-ce que . . . . . ?
   d. Avec qui est-ce qu' . . . . . ?

2. Mes amies Cécile et Francine ont organisé une boum pour l'anniversaire de Simone. Elles ont décidé de faire la soirée chez Cécile. Elles ont invité Hélène, Yvonne, Martine et Josette. Elles ont demandé à la mère de Francine de faire un gâteau.

   a. . . . . . ?
   b. . . . . . ?
   c. . . . . . ?
   d. . . . . . ?
   e. . . . . . ?

(answers, p. P53)

▶ *Le verbe irrégulier* **venir** *(Text p.403)*

VII. Complete each sentence with the appropriate form of **venir, revenir, devenir,** or **se souvenir de.**
Be careful to select the correct tense.

1. Tu . . . . . chez nous ce soir?
2. Mon frère . . . . . de France la semaine dernière.
3. Ma sœur . . . . . avocate et elle travaille maintenant à New York.
4. Quand est-ce que vous . . . . . ?
5. Est-ce qu'ils . . . . . de leur grand-père?
6. Vous . . . . . avec nous?
7. Pourquoi est-ce qu'elles . . . . . si tard hier soir?
8. Je . . . . . de cette ville.

VIII. Use the clues to form sentences.

1. nous / venir / aux États-Unis / 1958
2. elles / revenir / France pour visiter Paris
3. je / se souvenir de / mes dernières vacances / Portugal
4. après ses études, elle / devenir / astronaute
5. à quelle heure / ils / revenir / ?

(answers, p. P53)

Troisième étape

▶ *Les pronoms interrogatifs (choses)* *(Text p.409)*

IX. **Un incendie.** *(A fire.)* There was a fire at a friend's house last night. Ask him about the fire and what the firefighters did. Complete each question using one of the following interrogative pronouns: **que, qu'est-ce que, qu'est-ce qui, de quoi, avec quoi.**

1. —. . . . . s'est passé chez toi hier soir?
   —Il y a eu un incendie.
2. —. . . . . les pompiers ont fait quand ils sont arrivés?
   —Ils ont éteint *(put out)* le feu.
3. —. . . . . ils ont éteint le feu?
   —Avec de l'eau tirée de la rivière.
4. —. . . . . a provoqué l'incendie?
   —On ne sait pas.
5. —. . . . . tu as perdu?
   —Mes vêtements, mes livres, tout.
6. —. . . . . as-tu besoin maintenant?
   —De vêtements chauds.
7. —Les pompiers sont toujours là? . . . . . cherchent-ils?
   —L'origine du feu.
8. —. . . . . tes parents vont faire?
   —Ils vont essayer de trouver une maison dans le même quartier.

X. **Quoi?** Ask questions about the details mentioned in the paragraphs. In the first set of questions, the interrogative expression is provided. In the second set, it's up to you to select the appropriate interrogative pronoun.

1. Il s'est passé quelque chose de curieux hier. Mon frère faisait une promenade. Il a vu deux chiens qui se battaient *(were fighting)*. Mon frère a séparé les deux chiens avec une branche d'arbre. Ensuite les deux chiens ont attaqué mon frère.

   a. Qu'est-ce qui . . . . . ?   **c.** Qu'est-ce qu' . . . . . ?   **e.** Qu'est-ce que . . . . . ?
   b. Que . . . . . ?   **d.** Avec quoi ce que . . . . . ?

2. Mardi soir j'ai trouvé de l'argent. Je me promenais dans le parc avec mon ami Jean-Paul. Nous parlions de nos cours. Soudain un sac est tombé du ciel. Je l'ai ouvert. À l'intérieur il y avait cent billets de 500 francs!

    a. .....?   **c.** .....?   **e.** .....?

    b. .....?   **d.** .....?

XI. **L'art de la conversation.** To be an effective conversational partner, you have to know how to listen to people and ask appropriate follow-up questions. Develop the following conversations, using the elements in parentheses. Be sure to differentiate between questions that have a person as an answer (**qui? qui est-ce que? à qui?** etc.) and those that have a thing as an answer (**qu'est-ce qui? qu'est-ce que? de quoi?** etc.).

Modèles: Je suis allé dans les grands magasins. (acheter)
    Qu'est-ce que tu as acheté?

    Je suis allée faire mes devoirs à la bibliothèque. (rencontrer)
    Qui est-ce que tu as rencontré à la bibliothèque?

1. Mes parents ont eu un accident. (se passer) .....
2. Quand nous sommes allés à Paris, nous ne sommes pas descendus dans un hôtel. (descendre chez) .....
3. Je ne vais pas travailler demain. (faire) .....
4. J'ai proposé à Gérard d'y aller, mais il hésite. (avoir peur de) .....
5. Voici mon nouveau vélo. C'est un cadeau. (te donner) .....
6. Ma sœur va commencer ses études universitaires. (étudier) .....
7. Michel a téléphoné. (vouloir) .....
8. Nous sommes allés faire des courses en ville. (rencontrer) .....

(answers, p. P53–P54)

▶ *L'expression* **venir de** *(Text p.413)*

XII. **Une émission télévisée.** Your friend is in the kitchen preparing dinner while his favorite TV program is on. Use **venir de** to tell him what has just happened on the program.

Modèle: Deux hommes déguisés entrent dans une banque.
    Deux hommes déguisés viennent d'entrer dans une banque.

1. Un des hommes demande tout l'argent.
2. Ils prennent deux personnes en otages.
3. Ils quittent la banque et partent dans un vieille voiture noire.
4. L'employée de la banque téléphone à la police.
5. Les agents de police arrivent.
6. Un client leur donne le numéro d'immatriculation de la voiture.
7. On annonce que cette histoire va continuer la semaine prochaine.

XIII. **Un tremblement de terre.** *(An earthquake.)* The following people were interviewed about their activities and whereabouts just before an earthquake. Use the imperfect of **venir de** and the cues to tell what each person had just finished doing when the earthquake struck.

Modèle: je / faire le ménage
    Je venais de faire le ménage.

1. Hervé et Denise / manger leur dîner
2. Mme Lecoindre / rentrer chez elle
3. je / regarder un film
4. nous / faire les courses
5. Monique / rendre visite à ses parents
6. tu / décorer ta chambre
7. vous / téléphoner à votre cousine

(answers, p. P54)

CHAPITRE · ONZE

Première étape

▶ *L'emploi du subjonctif pour exprimer la nécessité* (Text p.431)

I. Fill in each blank with the appropriate subjunctive form of the verb in parentheses.

1. (être) Il faut que tu . . . . . toujours honnête.
2. (parler) Il est essentiel que vous . . . . . à vos enfants.
3. (finir) Il vaut mieux que tu . . . . . tes devoirs avant le dîner.
4. (mettre) Il faut que vous . . . . . un anorak pour sortir.
5. (savoir) Il est préférable que nous . . . . . la vérité.
6. (manger) Pour être en bonne santé, il faut qu'on . . . . . beaucoup de fruits et de légumes.
7. (réussir) Il est important qu'elles . . . . . à leurs examens.
8. (avoir) Il faut que nous . . . . . beaucoup de patience avec nos étudiants.
9. (regarder) Il faut que tu . . . . . des deux côtés avant de traverser la rue.
10. (acheter) Avant de partir il faut que nous . . . . . les billets.

II. Conseils personnels. Change each general statement of advice into a personal one by using the cues in parentheses and the subjunctive.

Modèle: Il faut étudier. (il est important / tu)
   Il est important que tu étudies.

1. Il faut apprendre une langue étrangère. (il est essentiel / nous)
2. Il faut aller en classe. (il vaut mieux / tu)
3. Il faut faire vos devoirs. (il est nécessaire / vous)
4. Il faut étudier. (il faut / nous)
5. Il faut écouter le professeur. (il est important / vous)
6. Il faut réussir aux examens. (il est préférable / elles)
7. Il faut avoir de la patience. (il est important / il)
8. Il faut être honnête. (il faut / nous)

III. Pour réussir . . . Explain what you have to do to be successful at the university. Use the expressions **il faut que** or **il est nécessaire que** and the subjunctive to transform the sentences.

Modèle: On réussit aux examens.
   Il est nécessaire qu'on réussisse aux examens.

1. Nous étudions le week-end.
2. On va souvent à la bibliothèque.
3. Vous avez beaucoup d'amis.
4. Je suis toujours en classe.
5. Nous parlons aux professeurs.
6. Vous êtes en bonne santé.
7. Tu sais choisir tes professeurs.
8. On prend des cours de sciences.
9. Nous faisons nos devoirs.
10. Vous sortez de temps en temps.

IV. Que faire? Your friends have problems. Use **il faut que** and the cues in parentheses to give them advice.

Modèle: Je me dispute souvent avec mes parents. (avoir de la patience)
Il faut que tu aies de la patience.

1. Elle a toujours mal à la tête. (consulter le médecin)
2. Nous travaillons trop. (prendre des vacances)
3. Mes amis ne s'amusent pas beaucoup. (sortir de temps en temps)
4. Mes vêtements ne me vont pas bien. (maigrir un peu)
5. Il a mal aux dents. (aller chez le dentiste)
6. Nous nous irritons facilement. (être plus calmes)
7. J'ai des difficultés en chimie. (avoir confiance en toi)
8. J'ai besoin d'exercice. (faire de l'aérobic)

(answers, p. P54)

▶ *L'emploi de l'infinitif pour exprimer la nécessité* (Text p.439)

V. Je vais à l'université. Your younger sister is about to go to college. Because you know all about college life, you give her some advice. Use **il faut** or **il est nécessaire** first with the subjunctive and then with the infinitive to tell her what to do.

Modèle: beaucoup étudier

Il faut que tu étudies beaucoup.
Il faut beaucoup étudier.

1. s'amuser aussi
2. étudier les langues étrangères
3. faire les devoirs régulièrement
4. se reposer assez
5. se faire des amis
6. avoir des bonnes notes
7. réussir aux examens
8. réfléchir à l'avenir

(answers, p. P54)

Deuxième étape

▶ *Les pronoms d'objet direct et indirect* **me, te, nous, vous** *(Text p.446)*

VI. En famille. Family members frequently ask one another questions. Use the cues in parentheses to answer the following questions. Pay attention to who is speaking to whom.

Les parents parlent à leurs enfants.

1. Alors, les enfants, vous nous cherchez? (oui)
2. Vous voulez nous demander quelque chose? (oui)
3. Nous allons vous voir pour le dîner? (non)

L'enfant parle à sa mère.

4. Maman, je peux te parler un moment? (oui)
5. Tu veux me donner 200 francs? (non)
6. Papa et toi, vous m'aimez, n'est-ce pas? (oui)

Le père parle à son enfant.

7. Tu me comprends bien? (oui)
8. Tu vas nous écrire toutes les semaines? (oui)
9. Je peux te téléphoner de temps en temps? (oui)

VII. Demandez à . . . Ask each person the indicated questions.

Demandez à une femme que vous voyez chez des amis . . .

Modèle: si vous la connaissez.
  Est-ce que je vous connais?

1. si vous l'avez rencontrée chez les Dupont.
2. si elle vous reconnaît *(recognizes)*.
3. si elle vous a parlé de sa famille.
4. si elle vous a téléphoné l'autre jour.

Demandez à un ami . . .

Modèle: s'il vous cherchait.
  Tu me cherchais?

5. s'il vous a téléphoné.
6. s'il veut vous accompagner au cinéma.
7. si vous lui avez montré votre nouvelle vidéo.
8. s'il va vous montrer son nouvel ordinateur.

VIII. Fais comme ça. Tell your friend to do the following activities.

Modèle: me / donner / cahiers
  Donne-moi les cahiers.

1. me / téléphoner à 6h
2. me / prêter / ton pull-over
3. nous / acheter / des bonbons
4. ne / me / parler
5. ne / nous / téléphoner

(answers, p. P54–P55)

▶ *Les verbes réguliers en -re (Text p.454)*

IX. Use the verbs in parentheses to complete the following sentences.

1. (vendre / *présent*) Est-ce que Janine . . . . . sa maison?
2. (entendre / *présent*) Qu'est-ce qu'il y a? J'. . . . . un bruit.
3. (attendre / *présent*) Qu'est-ce que vous faites ici? Nous . . . . . nos parents.
4. (perdre / *passé composé*) Ils . . . . . leurs billets.
5. (vendre / *subjonctif*) Il faut que tu . . . . . ton auto.
6. (descendre / *imparfait*) Autrefois, il . . . . . toujours au Sheraton.
7. (entendre parler de / *passé composé*) Est-ce qu'elle . . . . . ce film?
8. (répondre / *passé composé*) Vous n'. . . . . pas . . . . . aux questions?
9. (perdre / *présent*) Pourquoi est-ce que tu . . . . . toujours tes affaires?
10. (rendre / *subjonctif*) Il faut que vous . . . . . ces livres tout de suite!

X. Un voleur. *(A robber.)* Someone just robbed a small clothing store. The police interrogate the salesperson and a couple that had just left the store. Use the cues in parentheses to complete the dialogue.

L'agent de police parle d'abord avec la vendeuse.

L'AGENT:	Qu'est-ce que vous vendez ici?
LA VENDEUSE:	(nous / vendre) (. . . . .)
L'AGENT:	Eh bien, qu'est-ce qui est arrivé?
LA VENDEUSE:	(je / entendre / bruit) (je / descendre / sous-sol)
L'AGENT:	Vous avez observé quelque chose d'extraordinaire?

LA VENDEUSE: Non.

L'AGENT: Qu'est-ce que le voleur a pris?

LA VENDEUSE: (nous / perdre / 2 000 francs / trois anoraks)

Ensuite, l'agent parle avec M. et Mme Oreillon.

L'AGENT: Pourquoi étiez-vous ici aujourd'hui?

LES OREILLON: (nous / rendre / cadeau)

L'AGENT: Et ensuite?

M. OREILLON: (je / perdre / patience) (nous / partir)

L'AGENT: Vous avez reconnu le voleur?

LES OREILLON: (nous / entendre dire / que le voleur est jeune et grand)

(*answers, p. P55*)

Troisième étape

▶ *Les pronoms d'objet direct* **le, la, l', les** (*Text p.461*)

XI. Qui? You're discussing weekend activities with some friends. When they ask you questions, answer according to the cues: + = affirmative answer, − = negative answer, and ? = ask another question. Use direct-object pronouns in your answers.

Modèle: Qui écoute souvent la radio? je (+) / Georges (−) / Christophe (?)

> *Moi, je l'écoute souvent, mais Georges ne l'écoute pas. Et toi, Christophe, est-ce que tu l'écoutes souvent?*

1. Qui regarde souvent la télé? je (+) / Isabelle (−) / Vincent (?)
2. Qui regarde les matchs de football à la télé? je (−) / mes frères (+) / Éric et Chantal (?)
3. Qui a vu le film *Trois hommes et un couffin*? je (+) / ma sœur (−) / Renée et Sylviane (?)
4. Qui va aller voir le nouveau film de Woody Allen? je (−) / mes parents (+) / Jeanne (?)

XII. L'accord du participe passé. Use direct-object pronouns to answer the following questions. Remember that a past participle must agree with a preceding direct object.

Modèle: Tu as invité Isabelle? (oui)
    Oui, je l'ai invitée.

1. Elle a apporté ses disques? (oui)
2. Vous avez regardé le film? (non)
3. Tu as acheté les tartes? (oui)
4. Ils ont fini les devoirs? (non)
5. Vous avez trouvé les enfants? (oui)
6. Tu as acheté les chaussures? (non)

XIII. La vérité. (*The truth.*) Use the cue and a direct-object pronoun to answer each question.

Modèle: Est-ce que tu fais la vaisselle tous les jours? (oui)
    Oui, je la fais tous les jours.

1. Est-ce que tu fais ta lessive de temps en temps? (oui)
2. Est-ce que tu aides tes amis avec leurs devoirs? (non)
3. Est-ce que tu fais toujours tes devoirs? (oui)
4. Est-ce que tu prépares le dîner de temps en temps? (oui)
5. Est-ce que tu as écouté la radio ce matin? (non)
6. Est-ce que tu as compris la leçon sur les objets directs? (oui)
7. Est-ce que tu vas faire les courses ce week-end? (non)
8. Est-ce que tu vas étudier le français l'année prochaine? (oui)

(*answers, p. P55*)

► *Le verbe irrégulier* **voir** (Text p.466)

XIV. Complete the sentences with the appropriate tenses and forms of the verb **voir**.

—Est-ce que tu . . . . . Georges le week-end dernier?
—Bien sûr. Je le . . . . . tous les week-ends. Le week-end dernier nous . . . . . un très bon film ensemble.
—Qu'est-ce que vous avez fait d'autre? Vous . . . . . Janine et Philippe?
—Non, nous ne les . . . . . plus très souvent. Et toi, tu les . . . . . régulièrement?
—Non. Autrefois je les . . . . . souvent, mais maintenant qu'ils sont mariés, on ne les . . . . . plus.

XV. Questions et réponses. Complete each question with the correct tense and form of the verb **voir**. Then answer the questions you have created.

1. Quelle est la dernière fois que tu . . . . . tes grands-parents?
2. Est-ce que tu . . . . . souvent des bons films?
3. Est-ce que vous . . . . . des montagnes de votre maison?
4. Quelle est la dernière fois que tes amis . . . . . une pièce de théâtre?
5. Est-ce que tes amis . . . . . le film *Dances with Wolves*?
6. Quand tu étais jeune, quels amis est-ce que tu . . . . . régulièrement?

(answers, p. P55)

CHAPITRE · DOUZE

Première étape

► *Les expressions négatives* **ne . . . rien, ne . . . personne, ne . . . plus, ne . . . pas encore, ne . . . jamais** (Text p.498)

I. Des contraires. Answer each question using a negative expression that is the opposite of the term in italics.

Modèle: Est-ce qu'il va *souvent* à la bibliothèque?
Non, il ne va jamais à la bibliothèque.

1. Est-ce que tu as vu *quelqu'un* dans le jardin?
2. Est-ce que *quelqu'un* vous a appelé?
3. Est-ce qu'ils ont fait *quelque chose* ce week-end?
4. Est-ce que *quelque chose* d'intéressant est arrivé?
5. Est-ce qu'il a parlé à *quelqu'un* ce matin?
6. Est-ce qu'il est *encore* à l'hôpital?
7. Est-ce que tu as *déjà* fait tes devoirs?
8. Quand il est à la Martinique, est-ce qu'il mange *toujours* des bananes? (Recall that **des** becomes **de** after a negative expression.)
9. Est-ce qu'elles ont *déjà* trouvé un job?
10. Est-ce que vous avez *encore* faim?

II. Esprit de contradiction. You're not in a very good mood today. Each time someone says something, you say the opposite. Use negative expressions to contradict the statements.

Modèle: Je suis toujours à l'heure.
Ce n'est pas vrai. Tu n'es jamais à l'heure.

1. Nous allons souvent au restaurant.
2. Elle est encore en France.
3. Il comprend tout.
4. Quelqu'un t'attend.

5. Ses parents ont déjà fait de l'alpinisme.
6. J'ai besoin de beaucoup de choses.
7. J'ai rencontré beaucoup de gens en ville hier.
8. Elle pense à tout.
9. J'ai tout fait.
10. Ils sont encore au centre commercial.

III. **Chez les Français.** You're spending a week with a French family. As the family members ask you questions, answer using appropriate negative expressions.

Modèle: Vous avez mangé quelque chose avant de vous coucher?
Non, je n'ai rien mangé (avant de me coucher).

1. Vous êtes encore fatigué(e)?
2. Vous avez déjà mangé ce matin?
3. Vous avez entendu quelqu'un ce matin?
4. Vous avez besoin de quelque chose pour votre chambre?
5. Vous vous couchez toujours avant 10h?
6. Vous avez laissé quelque chose dans la voiture?
7. Vous voulez téléphoner à quelqu'un aujourd'hui?

(answers, p. P55)

Deuxième étape

▶ *L'emploi du subjonctif et de l'infinitif pour exprimer l'émotion et la volonté* (Text p.510)

IV. **C'est bien dommage!** The following sentences are excerpts from letters you've received. Use the cues to express people's reactions.

Modèle: Je ne peux pas aller à la soirée. (je regrette)
Je regrette que tu ne puisses pas aller à la soirée.

1. Je suis malade. (nous sommes désolés)
2. Michel ne peut pas aller à l'université. (mes parents regrettent)
3. Nous partons demain. (je suis triste)
4. Danielle n'a pas l'argent pour aller en Afrique. (nous sommes navrés)
5. Il apprend l'anglais. (nous sommes contents)
6. Nous étudions le français. (mes parents sont surpris)
7. Mes parents vont en vacances. (je suis content[e])
8. Henri part. (nous sommes étonnés)
9. Michèle ne va pas au concert. (Philippe est fâché)

V. **Le cours de français.** Use the cues to tell people's reactions to what happens in your French class.

Modèles: Nous arrivons au cours à l'heure. (le prof est content)
Le prof est content que nous arrivions au cours à l'heure.

Nous partons. (nous sommes désolés)
Nous sommes désolés de partir.

1. Nous étudions la grammaire. (le prof est heureux)
2. Le prof ne veut pas finir la leçon. (je suis étonné[e])
3. Il nous fait passer beaucoup d'examens. (Marc est fâché)
4. L'examen de fin d'année est facile. (les étudiants sont étonnés)
5. Une seule étudiante réussit toujours aux examens. (le prof est surpris)
6. Demain il n'y a pas de cours. (nous sommes ravis)
7. Nous allons passer toute la journée au centre commercial. (nous sommes heureux)
8. Le prof ne peut pas nous obliger à faire des devoirs le samedi. (le prof regrette)

VI. **Complétez les phrases.** Complete the sentences using either the infinitive or the subjunctive of the verbs in parentheses.

1. (visiter) Je voudrais . . . . . la cathédrale ce matin.
2. (visiter) Je voudrais que vous . . . . . la cathédrale avec moi.
3. (venir) Nous aimerions qu'elle . . . . . nous voir demain.
4. (venir) Elle aimerait . . . . . vous voir demain.
5. (finir) Mon père insiste pour que nous . . . . . nos devoirs avant de sortir.
6. (finir) Moi, je préfère . . . . . mes devoirs très tôt le matin.
7. (rester) Mes frères et moi, nous n'aimons pas . . . . . à la maison le dimanche après-midi.
8. (rester) Ma mère exige que nous . . . . . à la maison avec elle et mon père.

VII. **On n'est pas d'accord.** You and your friends are always disagreeing about something. You oppose their wishes when you speak to each other (**je / tu**) and when speaking about others (**je / il** ou **elle**). Follow the models.

Modèles: manger de la glace maintenant (je / tu)
—*Je veux manger de la glace maintenant.*
—*Mais moi, je ne veux pas que tu manges de la glace maintenant.*

partir en vacances avec ses amis (je / il ou elle)
—*Il (elle) veut partir en vacances avec ses amis.*
—*Mais moi, je ne veux pas qu'il (elle) parte en vacances avec ses amis.*

1. sortir avec mes parents samedi soir (je / tu)
2. savoir le numéro de téléphone de Michel (je / tu)
3. y aller (je / tu)
4. faire un voyage en Afrique (je / il ou elle)
5. choisir la nouvelle voiture (je / il ou elle)
6. se coucher (je / il ou elle)

(answers, p. P55–P56)

Troisième étape

▶ *Les pronoms d'objet indirect* **lui** *et* **leur** (Text p.518)

VIII. Replace each noun in italics by the indirect-object pronoun **lui** or **leur**.

Modèles: J'apprends le français *à ma petite sœur.*
Je lui apprends le français.

Montrez vos photos *aux étudiants.*
Montrez-leur vos photos.

1. Dites *aux enfants* de faire attention aux voitures.
2. Qu'est-ce que tu as acheté *pour Micheline?*
3. Est-ce qu'elle donne quelque chose *au prof de français?*
4. Explique ton problème *à ta mère.*
5. Téléphonez *à vos grands-parents.*
6. Nous avons raconté des histoires *aux enfants.*
7. Quelquefois je prête mes disques *à mon frère.*
8. Ils obéissent toujours *à leurs parents.*
9. Je ne parle pas souvent *à mes voisins.*
10. Je vais apprendre *à Suzanne* à jouer aux échecs.

IX. **Qu'est-ce que tu leur as acheté?** Tell what you bought family members and friends on various occasions. Use **lui** or **leur** as appropriate.

> *Modèle:* sœur / anniversaire / des cassettes
> *Pour son anniversaire, je lui ai acheté des cassettes.*

1. mère (belle-mère, femme) / anniversaire / un bracelet
2. père (beau-père, mari) / anniversaire / une cravate
3. sœur (frère) / Noël (Hanouka) / une vidéo
4. grands-parents / Noël (Hanouka) / des livres
5. parents / Noël (Hanouka) / un appareil ménager
6. mon meilleur ami / anniversaire / un porte-monnaie
7. ma meilleure amie / anniversaire / un sac
8. mes cousins / Noël (Hanouka) des disques compacts

X. **Des questions personnelles.** Answer the following questions, replacing the nouns used as direct and indirect objects by their corresponding pronouns.

1. As-tu fait tes devoirs aujourd'hui?
2. Combien de fois par mois est-ce que tu téléphones à tes parents?
3. Quand est-ce que tu as rendu visite à ta grand-mère la dernière fois?
4. Quand achètes-tu les livres pour tes cours?
5. Est-ce que tu connais le président des États-Unis?
6. Quand vas-tu terminer tes études?
7. Pourquoi étudies-tu le français?
8. Est-ce que tu regardes souvent la télé?

XI. **Qu'est-ce que vous avez fait?** Answer the following questions by using the cue in parentheses and a direct- or indirect-object pronoun.

> *Modèle:* Qu'est-ce que vous avez fait avec les livres? (rendre à Hélène)
> *Nous les avons rendus à Hélène.*

1. Qu'est-ce que tu vas faire avec cet anorak? (vendre)
2. Qu'est-ce qu'ils ont fait avec leurs photos? (montrer au professeur)
3. Qu'est-ce qu'elle fait avec la robe? (raccourcir)
4. Qu'est-ce que vous avez demandé à votre voisin? (de me prêter son aspirateur)
5. Qu'est-ce qu'elles ont dit à Jacques? (de dépenser moins)
6. Qu'est-ce que tu as fait de ton foulard? (perdre)
7. Quand va-t-elle mettre ce manteau? (en hiver)
8. Qu'est-ce qu'ils font avec ces vêtements? (donner à des œuvres charitables)

(answers, p. P56)

CHAPITRE ▪ TREIZE

Première étape

▶ *Les noms géographiques et les prépositions* *(Text p.542)*

I. **Où vont-ils?** Complétez chaque phrase en utilisant la préposition convenable (**à, en, au, aux**).

1. Guy Collet va . . . . . Belgique.
2. Sa sœur Claudine va . . . . . Danemark.
3. Jean-François Rouget va . . . . . Australie.
4. Ses parents vont . . . . . Washington, D.C.
5. Marguerite Audon va . . . . . Tunisie.
6. Ses amis vont . . . . . Philippines.
7. Philippe Barbet va . . . . . Suède.
8. Jean-Louis Guillemin va . . . . . Allemagne.
9. Sa cousine Annick va . . . . . Vénézuela.
10. Les Lellouche vont . . . . . Mexique.

II. **D'où viennent-ils?** Complétez chaque phrase en utilisant la préposition convenable (**de, d', du, des**).

1. Les parents de Victor viennent . . . . . France.
2. Les grands-parents de Micheline viennent . . . . . Canada.
3. Le père d'Annie vient . . . . . États-Unis.
4. Les cousins de Marcel viennent . . . . . Grèce.
5. Les grands-parents de Bernard viennent . . . . . Nouvelle-Zélande.
6. La mère de Roger vient . . . . . Montréal.
7. Les parents d'Ahmed viennent . . . . . Maroc.
8. Les amis de Raymonde viennent . . . . . Argentine.
9. Les cousins de Georgette viennent . . . . . Pays-Bas.

III. **Pour voir . . .** Vous apprenez à des jeunes personnes les pays où se trouvent certains monuments et lieux d'intérêt. Rédigez les phrases en utilisant les éléments donnés.

Modèle: la tour Eiffel / France
Pour voir la tour Eiffel, il faut aller en France.

1. la tour penchée de Pise / Italie
2. le mur des Lamentations / Israël
3. le Sphinx de Guizèh / Égypte
4. Dakar / Sénégal
5. Casablanca / Maroc
6. la Grande Muraille / Chine
7. l'Acropole / Grèce
8. la statue de la Liberté / États-Unis
9. l'Amazone / Pérou ou Brésil
10. la cathédrale de Westminster / Angleterre

IV. **Les unités monétaires.** Un de vos amis va bientôt faire le tour du monde. Vous lui expliquez les unités monétaires dont il va avoir besoin dans les pays suivants.

Modèle: France / francs
En France, tu vas avoir besoin de francs.

1. Japon / yens
2. Angleterre / livres sterling
3. Portugal / escudos
4. Canada / dollars canadiens
5. Suisse / francs suisses
6. Russie / nouveaux roubles
7. Inde / roupies
8. Algérie / dinars
9. Mexique / pesos
10. Viêt-nam / dongs

V. **Ces gens-là arrivent de . . .** En écoutant les annonces à l'aéroport, vous identifiez les pays d'où arrivent les voyageurs. Faites des phrases en utilisant les éléments donnés.

Modèle: La Compagnie Air France annonce l'arrivée du vol 068 en provenance d'Athènes.
Ah, ces gens-là arrivent de Grèce.

1. en provenance de Genève
2. en provenance d'Acapulco
3. en provenance de Moscou
4. en provenance de Francfort
5. en provenance de Chicago
6. en provenance du Caire
7. en provenance de Barcelone
8. en provenance de Bei-jing
9. en provenance de Lisbonne
10. en provenance de Dakar

(answers, p. P56–P57)

Deuxième étape

▶ *Le futur* (Text p.555)

VI. **Le futur.** Mettez le verbe entre parenthèses à la forme convenable du futur.

1. Nous (écouter) du jazz au festival.
2. Elle (choisir) bientôt ses cours pour l'année prochaine.
3. Ils (vendre) leur maison dans quelques années.
4. Est-ce que tu (partir) avec nous?

5. Je (être) très heureuse de vous revoir.
6. Est-ce que vous (avoir) le temps de nous rendre visite?
7. Qui (faire) la vaisselle?
8. Malheureusement nous ne (pouvoir) pas vous accompagner.
9. Je pense qu'elle (prendre) le train.
10. Il (falloir) que vous y fassiez attention.

VII. En l'an 2025 . . . Imaginez le monde en l'an 2025. Mettez les phrases suivantes au futur.

Modèle: Nous habitons d'autres planètes.
Nous habiterons d'autres planètes.

1. Les hommes et les femmes sont égaux *(equals)*.
2. On vend le bifteck sous forme de pilule.
3. Nous n'avons pas de guerres.
4. Il n'y a pas de pollution.
5. Nous faisons des voyages interplanétaires.
6. Nous rencontrons des habitants d'autres planètes.
7. On peut passer ses vacances sur la lune.
8. Les enfants apprennent un minimum de quatre langues à l'école.
9. Nous savons guérir le cancer.

VIII. Le premier jour d'école. Utilisez le futur pour dire que les enfants suivants feront exactement ce que leurs parents leur demanderont le premier jour d'école.

Modèle: Il faut que tu arrives à l'heure.
J'arriverai à l'heure.

1. Il faut que tu te présentes à Mlle Chartrand.
2. Il faut que vous preniez du lait au déjeuner.
3. Il faut que Michel soit très calme en classe.
4. Il faut que tes frères fassent bien attention en classe.
5. Il faut que vous apportiez un crayon et un cahier.
6. Il faut que tu obéisses à Mlle Chartrand.
7. Il faut que tu mettes ton nouveau pantalon.
8. Il faut que tes sœurs apprennent à écrire.
9. Il faut que vous ayez beaucoup de patience.
10. Il faut que tu joues gentiment avec tes copains.

(answers, p. P57)

Troisième étape

▶ *Les pronoms **y** et **en*** *(Text p.566)*

IX. Pour éviter la répétition. *(To avoid repeating.)* Récrivez les phrases suivantes en remplaçant les mots en italique par le pronom **y**. Attention à la place du pronom.

1. Ma famille et moi, nous aimons beaucoup la Normandie. Nous allons *en Normandie* tous les étés.
2. Nous passons les vacances *en Normandie* depuis des années.
3. Nous sommes allés *en Normandie* pour la première fois en 1975.
4. Nous allons retourner *en Normandie* l'été prochain.
5. Nous avons une grande salle de séjour dans notre maison. Mes parents regardent la télé *dans la salle de séjour* tous les soirs.
6. Moi, j'aime faire mes devoirs *dans la salle de séjour*.
7. Hier soir ma sœur a écouté des disques compacts *dans la salle de séjour* avec ses copines.
8. Mais le dimanche après-midi mon père travaille *dans la salle de séjour*.
9. Mes parents aiment aller au parc. Le samedi matin mon père dit à ma mère: «On nous attend au parc. Allons *au parc* tout de suite!»
10. Et ma mère répond toujours: «Oui. Mais n'allons pas *au parc* à pied! Prenons nos vélos!»

X. L'itinéraire de Jeanne, d'Henri et de Mireille. Trois amis vont faire un voyage en Bretagne et en Normandie. En consultant leur itinéraire, répondez aux questions. Utilisez le pronom **y** chaque fois que c'est possible.

17 avril—départ de Paris (8h34); arrivée à Rennes (11h45); louer un vélo pour Jeanne;
         Rennes–St-Malo à vélo (coucher à St-Malo)
18 avril—St-Malo–le Mont-Saint-Michel à vélo (coucher à Caen)
19 avril—visite de Caen et de ses environs
20 avril—visite de Caen et de ses environs
21 avril—Caen–Deauville en autocar; arrivée à Deauville (16h)
22 avril—journée sur la plage à Deauville
23 avril—journée sur la plage à Deauville
24 avril—retour à Paris par le train; arrivée à Paris (18h30)

1. Quel jour est-ce qu'ils vont à Rennes?
2. À quelle heure est-ce qu'ils arrivent à Rennes?
3. Est-ce qu'on peut louer un vélo à Rennes?
4. Quelle nuit est-ce qu'ils vont coucher à St-Malo, la première ou la deuxième?
5. Combien de jours est-ce qu'ils vont passer à Caen?
6. Est-ce que l'autocar arrive à Deauville à midi?
7. Où est-ce que les touristes passent le temps à Deauville?
8. À quelle heure est-ce qu'ils rentrent à Paris le 24?

XI. Les parents de Jean-Jacques. Votre ami Jean-Jacques vous parle de sa famille. Vous lui posez des *questions* sur les membres de sa famille en utilisant les expressions données et le pronom **y**. Mettez les verbes au temps indiqué.

Mes parents habitent à Orléans.

1. habiter / depuis longtemps *(présent)*
2. être nés *(passé composé)*
3. avoir une maison ou un appartement *(présent)*

Ma mère travaille chez Bull.

4. depuis combien de temps / travailler *(présent)*
5. pouvoir aller en voiture *(présent)*
6. qu'est-ce que / faire *(présent)*

Mes parents sont actuellement en vacances en Belgique.

7. être / depuis longtemps *(présent)*
8. quand / aller *(passé composé)*
9. combien de temps / passer *(futur immédiat)*

XII. Le pronom en. Remplacez les mots en italique par le pronom **en**. Attention à la place du pronom.

1. Il a *des timbres.*
2. Elle ne veut pas *de fromage.*
3. Nous avons acheté *des chaussures.*
4. J'ai trois *sœurs.*
5. Elle a lu cinq *livres.*
6. Nous avons assez *d'argent.*
7. Je vais acheter une douzaine *d'œufs.*
8. Ils ont mangé beaucoup *de pizza.*
9. Tu as besoin *de mon ordinateur?*
10. Nous discutions *de politique* avec nos profs.

XIII. Un accident. Vous avez eu un petit accident. Vous n'avez pas été blessé(e), mais vous avez perdu votre sac à dos. Un(e) ami(e) vous pose des questions au sujet de l'accident. Répondez à ses questions en utilisant le pronom **en.**

Modèle: Tu as eu un accident? (oui)
Oui, j'en ai eu un.

1. Il y avait combien de voitures? (trois)
2. Tu as vu des motocyclettes aussi? (non)
3. Est-ce qu'il y avait des témoins *(witnesses)?* (plusieurs)
4. Tu as un autre sac à dos? (deux)
5. Tu veux du thé? (non, merci)
6. Tu veux parler de l'accident? (oui, je veux bien)
7. Tu vas avoir peur des voitures? (non)

XIV. Un interrogatoire. Il y a eu un hold-up au bureau de poste et vous en avez été témoin. La police vous interroge à ce sujet. Répondez aux questions en utilisant des pronoms d'objet direct (**le, la, les**), des pronoms d'objet indirect (**lui, leur**) et le pronom **en.**

1. Vous étiez au bureau de poste au moment du crime, non? Bon, est-ce que vous avez vu les deux hommes au guichet douze? (oui)
2. Est-ce que les deux hommes ont parlé à l'employé? (oui)
3. Est-ce que vous avez parlé aux deux hommes? (non)
4. Est-ce qu'il y avait beaucoup de personnes au bureau de poste? (oui, quatre ou cinq)
5. Est-ce qu'ils se rendaient compte de ce qui se passait? (non)
6. Est-ce que vous avez vu des pistolets? (oui / un)
7. Est-ce que vous pouvez faire une description des voleurs? (oui)
8. Est-ce que vous pouvez identifier ces hommes? (oui)

(answers, p. P57)

CHAPITRE · QUATORZE

Première étape

▶ *L'emploi du subjonctif pour exprimer le doute et l'incertitude; l'emploi de l'indicatif pour indiquer la certitude (Text p.590)*

I. Monique dit . . . Une de vos amies, Monique, aime inventer des histoires au sujet de sa vie. Quand on vous raconte ce que dit Monique, vous exprimez votre scepticisme en utilisant les expressions entre parenthèses et en mettant les verbes au subjonctif.

Modèle: Monique dit qu'elle va sortir avec Tom Cruise. (je doute)
Je doute qu'elle sorte avec Tom Cruise.

1. Monique dit que ses parents ont trois maisons. (il est impossible)
2. Elle dit qu'elle peut traverser la Manche à la nage. (je doute)
3. Elle dit qu'elle ira en Chine cet été. (je ne pense pas)
4. Elle dit qu'elle réussira à tous ses examens sans étudier. (il est peu probable)
5. Elle dit qu'elle connaît très bien le président des États-Unis. (il n'est pas possible)
6. Elle dit qu'elle va passer l'été en Europe. (il est possible)
7. Elle dit qu'elle est l'étudiante la plus intelligente de l'université. (je doute)
8. Elle dit qu'elle apprendra à faire de la planche à voile en dix minutes. (il est peu probable)

II. Un mauvais compagnon de voyage. Quand votre grand-père voyage avec vous, il est toujours très bavard et il critique tout. Complétez les phrases de votre grand-père en mettant les verbes entre parenthèses à la forme convenable de l'indicatif.

1. Il est évident que tu (ne pas savoir) conduire.
2. Je suis sûr que nous (tourner) à droite pour aller à Aix.
3. Il est clair que vous (manger) trop de bonbons.
4. Je pense que l'autoroute (être) à gauche.
5. Il est probable que nous (aller) être en retard.
6. Je suis sûr qu'il y (avoir) une deuxième sortie pour Aubagne.
7. Je pense que nous (pouvoir) dîner après notre arrivée.
8. Je suis certain que tu (avoir) besoin d'une nouvelle voiture.

III. Nous partons demain. Vous partez en vacances demain avec votre famille. Récrivez les phrases suivantes en faisant attention à l'emploi de l'indicatif et du subjonctif.

Modèles: Il va faire beau demain? C'est peu probable.
Il est peu probable qu'il fasse beau demain.

Il va pleuvoir demain? J'en suis certain(e).
Je suis certain(e) qu'il va pleuvoir (qu'il pleuvra) demain.

1. Notre train part de la gare St-Lazare? Je pense que oui.
2. Il part à 10h23? J'en suis sûr.
3. Nous avons des places réservées? Je ne pense pas.
4. Ce train a des voitures fumeurs et des voitures non-fumeurs? C'est certain.
5. Nous pourrons déjeuner dans le train? C'est possible.
6. Maman préparera des sandwiches? C'est possible.
7. Le train arrivera à l'heure? C'est probable.
8. Les trains français sont ponctuels, n'est-ce pas? C'est vrai.
9. L'oncle Paul sera à la gare quand nous arriverons? C'est peu probable.
10. Nous prendrons donc un taxi? J'en doute.

(answers, p. P57–P58)

Deuxième étape

▶ *Le conditionnel* *(Text p.602)*

IV. Au restaurant. Vous dînez au restaurant avec des amis. Complétez les commandes que vous faites en utilisant le conditionnel du verbe **vouloir**.

1. Henri . . . . . le menu à 60F.
2. Janine et Annette . . . . . un steak frites et une salade.
3. Je . . . . . le saumon fumé.
4. Noëlle, est ce que tu . . . . . une salade?
5. Qu'est-ce que vous . . . . ., Marc?
6. Et nous . . . . . deux bouteilles d'eau minérale.

V. Quelle trouvaille! *(What a find!)* Vous venez de lire un article au sujet de quelqu'un qui a trouvé une valise pleine d'argent. Imaginez ce que vous et vos amis feriez si vous aviez cet argent. Utilisez le conditionnel du verbe indiqué.

Avec tout cet argent . . .

1. je / acheter des cadeaux pour tous mes amis
2. Paul / mettre de l'argent à la banque
3. mes parents / ne plus travailler
4. vous / inviter tous vos amis au restaurant
5. tu / voyager partout en Europe
6. Philippe / aller au Mexique
7. nous / faire le tour du monde
8. mes amis / s'amuser

VI. Au restaurant. Vous êtes au restaurant avec votre famille. Vous êtes le (la) seul(e) à parler français. Par conséquent, on vous demande de parler au garçon. Utilisez le conditionnel pour être poli(e).

1. Ask the waiter if we could have a table near the window.
2. Tell him that your parents would like the 100F menu.
3. Ask him for a Coke.
4. Ask him if it's possible to pay with a traveler's check.
5. Ask him if he can recommend a good hotel nearby.

(answers, p. P58)

Troisième étape

▶ *Les pronoms relatifs* **qui** *et* **que** *(Text p.615)*

VII. Donne-moi! Employez les éléments donnés pour créer des phrases avec **qui.**

Modèle: le livre / sur la table
  Donne-moi le livre qui est sur la table.

1. le stylo / dans mon sac à dos
2. les cassettes / sur l'étagère
3. la fourchette / dans le tiroir
4. les assiettes / dans la salle à manger
5. la recette / sur la table

VIII. Des souvenirs. Refaites les phrases selon le modèle. Employez le pronom relatif **que** et faites attention à l'accord du participe passé.

Modèle: J'ai acheté des disques.
  Montre-moi les disques que tu as achetés.

1. J'ai acheté un portefeuille.
2. Paul a acheté des cartes postales.
3. Nous avons acheté une peinture.
4. J'ai acheté des livres de poésie camerounaise.
5. Elles ont acheté une carte de Yaoundé.

IX. À l'université. Employez **qui** ou **que** pour créer une seule phrase à partir des deux phrases données.

Modèle: J'ai aimé le livre. Le professeur m'a donné ce livre.
  J'ai aimé le livre que le professeur m'a donné.

1. J'ai fait des photocopies de tes notes. Tu m'as prêté ces notes hier.
2. Marc a lu l'article. J'ai trouvé l'article dans le journal.
3. C'est le prof d'histoire. Elle donne un examen toutes les semaines.
4. Je viens de trouver ton livre de français. Tu l'as perdu il y a huit jours.
5. As-tu réussi à l'examen? Cet examen était sur les verbes irréguliers.
6. Notre prof de français nous raconte des histoires. J'aime bien ses histoires.
7. Qui est l'étudiant? Tu parlais à cet étudiant ce matin après le cours de physique.

X. De la curiosité. Posez une question pour trouver le renseignement que vous avez oublié. Utilisez un pronom relatif (**qui** ou **que**).

Modèle: Ce jeune homme travaille au magasin de disques, mais je ne me souviens pas de son nom.
  Comment s'appelle le (quel est le nom du) jeune homme qui travaille au magasin de disques?

1. Georgette lit *(is reading)* un très bon roman, mais j'ai oublié son titre.
2. Didier sort avec une jeune femme très sympathique, mais je ne sais pas son nom.
3. Le train arrive à Cassis à 12h30, mais je ne sais pas à quelle heure il part de Marseille.
4. J'ai acheté un pull hier, mais je ne me rappelle pas combien il coûte.
5. Nous avons parlé à un jeune homme très intéressant, mais nous avons oublié son nom.
6. J'ai acheté mon billet hier, mais je ne sais pas où il se trouve.
7. Elle a visité plusieurs pays francophones, mais je ne me rappelle pas quels pays.

(answers, p. P58)

CHAPITRE · 1

Première étape

I. 1. a. chante **b.** chantes **c.** chantons **d.** chantez **2. a.** étudies **b.** étudions **c.** étudiez **d.** étudie **3. a.** voyagez **b.** voyage **c.** voyages **d.** voyageons

II. 1. a. Oui, je parle anglais. **b.** Oui, j'habite à . . . . . **c.** Oui, je voyage beaucoup. **2. a.** j'étudie beaucoup **b.** je ne travaille pas **c.** je chante bien *or* je ne chante pas bien (je chante mal) **3. a.** nous nageons **b.** nous parlons anglais **c.** nous ne mangeons pas beaucoup (nous mangeons très peu)

III. 1. a. Vous habitez à Paris? **b.** Tu habites à Paris? **c.** Vous habitez à Paris? **2. a.** Vous nagez souvent? **b.** Tu nages souvent? **c.** Vous nagez souvent? **3. a.** Vous parlez français? **b.** Vous parlez français? **c.** Tu parles français?

Deuxième étape

IV. 1. a. parle **b.** parle **c.** parlent **2. a.** étudie **b.** étudie **c.** étudient **3. a.** aime **b.** aiment **c.** aime

V. 1. Mais non, elles ne parlent pas espagnol. **2.** Mais non, ils n'habitent pas à Grenoble. **3.** Mais non, elle ne chante pas bien. **4.** Mais non, ils n'étudient pas l'espagnol. **5.** Mais non, vous ne parlez pas italien. **6.** Mais non, tu ne voyages pas beaucoup.

VI. 1. le, le **2.** la, le **3.** les, la **4.** l', les **5.** les, le, le **6.** la, les

Troisième étape

VII. 1. est **2.** sont **3.** suis **4.** êtes **5.** sommes **6.** es

VIII. 1. Non, elle n'est pas professeur; elle est avocate. **2.** Non, il n'est pas ingénieur; il est mécanicien. **3.** Non, je ne suis pas secrétaire; je suis journaliste. **4.** Non, elles ne sont pas étudiantes; elles sont assistantes. **5.** Non, elle n'est pas dentiste; elle est architecte. **6.** Non, nous ne sommes pas médecins; nous sommes comptables.

IX. 1. Ah, bon. Il est italien. **2.** Ah, bon. Elle est canadienne. **3.** Ah, bon. Ils sont russes. **4.** Ah, bon. Elles sont portugaises. **5.** Ah, bon. Il est allemand. **6.** Ah, bon. Elle est chinoise. **7.** Ah, bon. Ils sont américains. **8.** Ah, bon. Elles sont françaises.

CHAPITRE · 2

Première étape

I. 1. a **2.** avons **3.** as **4.** ont **5.** ai **6.** a

II. 1. Oui, mais tu n'as pas d'ordinateur. **2.** Oui, mais il n'a pas de magnétoscope. **3.** Oui, mais je n'ai pas de livres. **4.** Oui, mais vous n'avez pas de maison. **5.** Oui, mais elle n'a pas de chaîne stéréo. **6.** Oui, mais elles n'ont pas de vélomoteur.

III. 1. Oui, c'est mon cahier. **2.** Oui, ce sont mes clés. **3.** Oui, c'est ma calculatrice. **4.** Oui, c'est notre (ma) maison. **5.** Oui, c'est notre (mon) magnétoscope. **6.** Oui, ce sont nos (mes) chiens. **7.** Oui, c'est ta (votre) chambre. **8.** Oui, ce sont tes (vos) livres. **9.** Oui, c'est votre (notre) appartement. **10.** Oui, ce sont vos (nos) disques compacts.

IV. VOUS: mon / ma / mes / mon / ta / tes / ton
VOTRE CAMARADE DE CHAMBRE : notre / nos / notre
VOTRE PROPRIÉTAIRE: vos / votre / mes

Deuxième étape

V. 1. fais **2.** fais **3.** faites **4.** faisons
5. fait **6.** font **7.** fait

VI. 1. Pourquoi est-ce que tu es étudiant?
2. Qu'est-ce qu'il y a dans ton sac à dos?
3. Où est-ce que tu travailles? **4.** Où est l'aéroport? **5.** Qui travaille avec toi (à l'aéroport)? **6.** Qu'est-ce que vous avez pour aller au travail?

VII. 1. Où est-ce que tu habites? **2.** Pourquoi est-ce qu'elle déteste les chiens?
3. Pourquoi est-ce que tu as un vélomoteur et une motocyclette? **4.** Qu'est-ce qu'il y a dans votre chambre? (Pourquoi est-ce qu'il n'y a pas de livres dans votre chambre?)
5. Qu'est-ce que tu cherches? (Pourquoi est-ce que tu cherches quelque chose?)
6. Qui n'aime pas le rock? (Pourquoi est-ce qu'ils n'aiment pas le rock?)

Troisième étape

VIII. 1. Bien sûr, c'est son sac. **2.** Bien sûr, c'est leur maison. **3.** Bien sûr, ce sont ses clés. **4.** Bien sûr, ce sont leurs disques compacts. **5.** Bien sûr, c'est sa voiture.
6. Bien sûr, c'est leur adresse. **7.** Bien sûr, ce sont leurs plantes. **8.** Bien sûr, ce sont ses posters.

IX. 1. sa calculatrice / sa calculatrice **2.** ses clés / ses clés **3.** son magnétoscope / son magnétoscope **4.** son stylo / son stylo
5. sa chaise / sa chaise **6.** son adresse / son adresse

X. 1. son / sa / ses / son **2.** sa / son / ses / son
3. leur / leurs / leur / leur

CHAPITRE ▪ 3

Première étape

I. 1. va **2.** allez **3.** vont **4.** vas
5. vont

II. 1. Je vais souvent à Paris. **2.** Annick va à Paris de temps en temps. (De temps en temps . . .) **3.** Nous allons rarement à Paris. **4.** Quelquefois tu vas à Paris. (. . . quelquefois.) **5.** M. et Mme Santerre ne vont jamais à Paris.

III. 1. Au **2.** Au **3.** À la **4.** Au **5.** À l'
6. Au **7.** Au **8.** Au **9.** À la **10.** À l'

IV. 1. Tu vas au théâtre, tu ne vas pas au cinéma. **2.** Vous allez à la pharmacie, vous n'allez pas au bureau de poste. **3.** Jean et Martine vont au lycée, ils ne vont pas à l'université. **4.** Je vais au café, je ne vais pas au restaurant. **5.** Claire va à la banque, elle ne va pas à la librairie. **6.** Nous allons à la gare, nous n'allons pas à l'aéroport.
7. Philippe et Raymond vont au musée, ils ne vont pas au parc. **8.** Pierre va à la maison de Rabelais, il ne va pas à l'hôtel.

V. 1. Je vais visiter le musée demain.
2. Jean-Paul va aller en ville demain.
3. Nous allons faire un tour à vélo demain.
4. Mes amis vont faire des devoirs demain.
5. Tu vas regarder le film demain.
6. Mes frères vont rester à la maison demain. (*You can also place* **demain** *at the beginning of the sentence.*)

Deuxième étape

VI. 1. de l' **2.** de la **3.** de la **4.** du
5. du **6.** de la **7.** des **8.** du **9.** des

VII. (*Sample answers; other variations are possible.*)
1. L'hôtel Villages est près du cinéma Vauban. **2.** La bibliothèque municipale est à côté du restaurant Les Trois Frères.
3. Le bureau de Tourisme est au coin de la rue Chabot et de l'avenue de Bourgogne.
4. Le parc de la Colombière est près de l'hôpital psychiatrique. **5.** L'église Notre-Dame est au bout de la rue de la Chouette. **6.** L'hôtel St-Bernard est en face du cinéma Royal.

VIII. 1. a. Parle lentement! **b.** Sois sage!
2. a. Fais attention! **b.** Mange lentement!
3. a. Ne regardez pas la télé! **b.** Ayez de la patience! **4. a.** Allons au parc (ensemble)! **b.** Chantons (ensemble)!

Troisième étape

IX. 1. prend **2.** prenons **3.** prends
4. prends **5.** prennent **6.** prenez

X. 1. apprend, comprend **2.** apprenons, comprenons **3.** apprendre **4.** apprenez, comprenez **5.** apprennent

XI. 1. 6:15 A.M. **2.** 1:30 P.M. **3.** 8:45 P.M. **4.** 12:05 A.M. **5.** 4:35 A.M. **6.** 11:50 A.M.

CHAPITRE · 4

Première étape

I. 1. Il va à l'école (il y va) le lundi, le mardi, le jeudi, le vendredi et le samedi. **2.** Il ne va pas à l'école (il n'y va pas) le mercredi et le dimanche. **3.** Il va à l'église (il y va) le dimanche. **4.** Il va au parc (il y va) mercredi. **5.** Il va visiter le musée samedi (après-midi). **6.** Il va aller au cinéma (il va y aller) vendredi (soir).

II. 1. veut **2.** veux **3.** voulons **4.** veulent **5.** veux

III. 1. Pourquoi est-ce que tu veux apprendre le français? Parce que je veux visiter Paris. **2.** Pourquoi est-ce que ta sœur ne veut pas faire une promenade? Parce qu'elle veut étudier son français. **3.** Pourquoi est-ce que (toi et ton ami) vous ne voulez pas manger à la maison? Parce que nous voulons déjeuner au restaurant. **4.** Pourquoi est-ce que tes parents veulent aller à Chamonix? Parce qu'ils veulent faire du ski.

Deuxième étape

IV. 1. Ce matin il va travailler à la maison. **2.** Jeudi soir il va aller en discothèque. **3.** Cet après-midi il va aller en ville. **4.** La semaine prochaine il va aller à Londres. **5.** Lundi prochain il va faire des achats. **6.** Ce soir il va aller au cinéma avec des amis. **7.** Dimanche matin il va aller à l'église. **8.** Mercredi après-midi il va faire des courses en ville.

V. 1. espère **2.** espérons **3.** espèrent **4.** espères **5.** espère **6.** espérez

VI. 1. Demain matin Martine va faire des courses en ville. Qu'est-ce que tu vas faire (demain matin)? **2.** La semaine prochaine Jacques a l'intention de parler à son prof de maths. Qu'est-ce que vous avez l'intention de faire (la semaine prochaine)? **3.** L'année prochaine mes parents veulent aller en Europe. Où est-ce que tes parents veulent aller (l'année prochaine)? **4.** Ma sœur espère être une actrice célèbre un jour. Qu'est-ce que ta sœur espère être (un jour)?

Troisième étape

VII. 1. se couche **2.** se couchent **3.** nous couchons **4.** me couche **5.** vous couchez **6.** te couches

VIII. 1. Ma mère et mon frère se lèvent à 7h. **2.** Je ne me lève pas avant 8h. **3.** Ma mère prépare le petit déjeuner. **4.** Mon frère et moi, nous nous préparons pour aller à l'école. **5.** Ma mère et mon père ne se parlent pas le matin. **6.** Mon frère se dépêche pour prendre l'autobus. **7.** Moi, je vais à l'école à pied. **8.** Ma famille et moi, nous ne nous amusons pas le matin.

IX. 1. Dominique et Sylviane vont se parler au téléphone ce matin. **2.** Moi, je vais me lever à 6h. **3.** Jean-Pierre et Martine vont se promener à vélo. **4.** Bernard et moi, nous allons nous retrouver à la bibliothèque. **5.** Vous autres, vous allez vous amuser au festival. **6.** Hervé va se reposer cet après-midi.

X. 1. Levez-vous! **2.** Dépêche-toi! **3.** Calme-toi! (Ne t'inquiète pas! Ne t'énerve pas!) **4.** Asseyez-vous! (Dépêchez-vous!) **5.** Amuse-toi bien! **6.** Calmez-vous! (Ne vous énervez pas! Ne vous inquiétez pas!)

XI. 1. a. parler **b.** se parlent **2. a.** se trouve **b.** trouver **3. a.** se retrouver **b.** retrouver **4. a.** promenons **b.** nous promener

CHAPITRE · 5

Première étape

I. 1. le douze janvier **2.** le trente septembre **3.** le vingt-trois mai **4.** le premier mars **5.** le six décembre **6.** (le . . . . .)

II. 2. décembre **3.** février **4.** mars / avril **5.** juillet **6.** novembre **7.** janvier **8.** mai **9.** juin **10.** octobre

III. 1. en automne 2. en été 3. en hiver
4. au printemps

IV. ai passé / avons commencé / avons étudié / a écouté / ont regardé / a téléphoné / avons mangé / ai quitté

V. 1. ai eu 2. avons été, avons fait (appris)
3. as compris 4. ont pris 5. a fait

VI. 1. Quand est-ce que vous avez été à Paris?
2. Quand est-ce qu'elle a eu son (un) accident? 3. Qu'est-ce qu'ils ont fait hier?
4. Pourquoi est-ce qu'elle n'a pas appris le français? 5. Est-ce que tu as pris le métro?

Deuxième étape

VII. 1. Ils sont allés au théâtre samedi dernier (il y a cinq jours). 2. Ils sont restés à la maison dimanche dernier (il y a quatre jours).
3. Ils ont acheté leur voiture il y a quinze jours (deux semaines). 4. Ils ont fait un voyage à Londres la semaine dernière (lundi dernier). 5. Ils sont rentrés de Londres vendredi dernier (il y a six jours). 6. Ils sont restés à Londres pendant cinq jours.
7. Ils sont allés au musée mardi dernier.
8. Ils ont téléphoné à Marc hier.

VIII. 1. est allée 2. sommes allé(e)s 3. sont allés 4. suis allé(e) 5. sont allées
6. es allé(e) 7. êtes allé(e)s

IX. 1. e, X 2. s, X 3. X, es 4. X, e
5. X, s 6. X, X

X. 1. Où est-ce que tu es allée? 2. Est-ce que tu as pris le métro? 3. Où est-ce que tu es descendue? 4. Combien de temps est-ce que tu es restée à la librairie? 5. Qu'est-ce que tu as acheté? 6. Où est-ce que vous êtes allé(e)s? 7. Avec qui est-ce que vous avez dîné? 8. Est-ce que vous avez eu un accident? 9. Pourquoi est-ce que vous n'avez pas téléphoné? 10. À quelle heure est-ce que vous êtes rentré(e)s?

Troisième étape

XI. 1. s'est levée 2. se sont levés 3. me suis levée 4. me suis levé 5. nous sommes levés 6. ne s'est pas levé
7. t'es levé(e)

XII. 1. Je me suis levé à 8h. 2. Je me suis levée à 7h30. 3. Non, nous ne nous sommes pas couchés de bonne heure hier soir. 4. Non, je ne me suis pas dépêchée pour aller à mes cours ce matin. 5. Oui, nous nous sommes très bien amusés.
6. Non, nous ne nous sommes pas disputés la semaine dernière. 7. Je me suis trompé de jour.

XIII. 1. Lundi matin mon amie Diane ne s'est pas levée à temps pour aller en classe.
2. Mardi mes amis et moi, nous nous sommes amusés à la piscine. 3. Mercredi, je me suis disputée avec mon petit ami.
4. Jeudi mes amis et moi, nous nous sommes retrouvés à la bibliothèque. 5. Vendredi mes parents se sont levés de très bonne heure. 6. Samedi mon frère s'est reposé pendant toute la journée. 7. Dimanche je me suis couchée très tard.

CHAPITRE · 6

Première étape

I. 1. ces 2. ce 3. ce 4. ce 5. cet
6. cette 7. ces 8. ces 9. cet
10. cette 11. ce 12. cette 13. cette
14. cet 15. ces

II. 1. Mon père a très peu de livres. 2. Mon frère a quelques cassettes. 3. Ma sœur n'a pas beaucoup de cahiers. 4. Mes amis ont beaucoup de disques. 5. Ma mère a peu de stylos. 6. Mon (ma) petit(e) ami(e) n'a pas beaucoup de cassettes.

III. 1. Mon père a acheté deux kilos de pommes.
2. J'ai acheté un litre de Coca. 3. Mlle Lecuyer a acheté quatre tranches de jambon.
4. Nous avons acheté une douzaine de croissants. 5. M. Robichou a acheté cinquante grammes de pâté. 6. Mes cousins ont acheté un bout de saucisson.

IV. 1. Jean-Jacques n'a pas assez d'argent pour acheter un Walkman. 2. Mme Barron a acheté beaucoup trop de croissants.
3. Anne a acheté assez de tartelettes.
4. Nathalie n'a pas assez d'argent pour acheter un ordinateur IBM. 5. M. Riboux a acheté trop (assez) de jambon pour cinq personnes.

Deuxième étape

V. 1. de la **2.** du **3.** du **4.** du **5.** de la
6. des **7.** de la **8.** du **9.** de l'
10. des **11.** des **12.** du

VI. 1. les / un / des / de **2.** un (du) / le
3. des / des / de **4.** les **5.** une / du / des /
de la / du / de / de

VII. 1. du pain / le pain / une baguette / un pain
de campagne **2.** des pâtisseries / des
pâtisseries / les tartelettes / un millefeuille
3. un Coca / l'eau minérale / d'eau minérale /
un citron pressé **4.** un sandwich / du
jambon / du fromage / le fromage / une
omelette aux fines herbes

Troisième étape

VIII. 1. dois / dois **2.** devons / doit / dois
3. doivent **4.** devez / devons **5.** doit /
doit

IX. 1. We have to talk to the professor. We're
supposed to talk to the professor. **2.** She
must have had an accident. **3.** I owe my
parents $100. **4.** He must be sick.
5. They probably went to the lab. (They had
to go to the lab.) **6.** I'm supposed to meet
my friends at the café. (I have to meet my
friends at the café).

X. 1. Non, elle doit faire ses devoirs.
2. Ils ont dû aller au travail. **3.** Parce que
nous devons faire des économies. **4.** Parce
qu'elle a dû faire des courses. **5.** Parce que
je dois acheter mon livre de français.
6. Parce qu'ils doivent $150 à leurs amis.

XI. 1. Quelles clés? **2.** Quel monument?
3. Quel chat? **4.** Quelle calculatrice?
5. Quel ordinateur? **6.** Quels éclairs?
7. Quels disques? **8.** Quelles cassettes?
9. Quelle petite amie?

CHAPITRE · 7

Première étape

I. 1. française **2.** petite **3.** ennuyeuse
4. marron **5.** dernière **6.** facile

7. verte **8.** légère **9.** lourde **10.** brune
11. chère **12.** blanche **13.** vieille
14. grande **15.** belle **16.** rouge

II. 1. petits **2.** ennuyeuses **3.** noirs
4. vieilles **5.** intéressants **6.** bons
7. mauvais **8.** blanches **9.** laides
10. derniers **11.** gris **12.** bruns
13. beaux **14.** orange **15.** verts
16. vieux

III. 1. blanche **2.** brun **3.** personalized
answer **4.** personalized answer **5.** jaune,
noir, mauve, vert et orange **6.** personalized answer **7.** personalized answer
8. personalized answer **9.** rouges, jaunes
ou vertes **10.** verts **11.** jaunes
12. personalized answers **13.** personalized
answers **14.** blancs ou gris

IV. 1. Nous avons acheté une nouvelle vidéo
fantastique. **2.** J'ai un nouveau vélo
japonais. **3.** Nous avons mangé dans un
restaurant italien. **4.** J'ai trouvé un petit
portefeuille brun. **5.** Elle a regardé la
nouvelle vidéo allemande. **6.** C'est un long
roman russe. **7.** C'est une vieille petite
maison. **8.** J'ai eu une mauvaise note à
l'examen.

Deuxième étape

V. 1. Suzanne est moins intelligente que Janine.
2. Monique est aussi généreuse qu'Hervé.
3. Les parents de Jacques sont moins
traditionnels que mes parents. **4.** Le cours
de chinois est plus difficile que le cours de
français. **5.** Les amis de mes parents sont
moins amusants que mes amis. **6.** Le prof
de chinois est aussi patient que le prof de
français. **7.** Isabelle est plus sympathique
que Simone.

VI. 1. Véronique chante mieux que Jean.
2. Alexandre travaille aussi bien que
François. **3.** Marcel mange moins bien
qu'Annie. **4.** Les légumes sont meilleurs
que le poulet. **5.** Les notes de Paul sont
moins bonnes que les notes de Marie.
6. L'autre restaurant chinois est aussi bon
que ce restaurant chinois. **7.** Je danse
mieux que mes amis. **8.** La Vittel est
meilleure que le Perrier.

VII. 1. J'ai moins (plus/autant) de posters que mon frère. 2. J'ai moins (plus/autant) de livres que mon père. 3. J'ai moins (plus/autant) de plantes vertes que ma sœur. 4. J'ai moins (plus/autant) de disques que mes amis. 5. J'ai moins (plus/autant) de clés que ma mère. 6. J'ai moins (plus/autant) de sœurs que mon ami(e).

VIII. 1. Le cours de géologie est aussi difficile que le cours de biologie. 2. Le cours de chimie est plus difficile que le cours d'astronomie. 3. On travaille plus sérieusement en (cours de) physique qu'en (cours de) chimie. 4. On travaille moins sérieusement en (cours d')astronomie qu'en (cours de) biologie. 5. Il y a plus d'examens en (cours de) géologie qu'en (cours de) biologie. 6. Il y a autant d'examens en chimie qu'en physique. 7. Il y a moins d'examens en astronomie qu'en chimie. 8. On donne plus de bonnes notes en astronomie qu'en chimie. 9. On donne moins de bonnes notes en physique qu'en biologie. 10. En général, on se débrouille mieux en astronomie qu'en chimie. 11. En général, on se débrouille moins bien en physique qu'en biologie.

Troisième étape

IX. 1. Ils choisissent leurs cadeaux. 2. Elle choisit un pull-over. 3. Nous réfléchissons à notre avenir. (Je réfléchis à mon avenir.) 4. Il a réussi à ses examens. 5. Je réfléchis. 6. Elles ont obéi à leurs parents. 7. Ils finissent cet exercice.

X. 1. On choisit des cours. 2. Les étudiants n'obéissent pas toujours à leurs (aux) profs. 3. Je finis d'étudier vers minuit. 4. Nous réussissons toujours aux examens. 5. Mes amis réfléchissent beaucoup à l'avenir.

XI. Pourquoi est-ce que tu restes à la maison? Et toi, est-ce que tu n'as pas de devoirs à faire? Est-ce que tu travailles toujours le samedi? Quel examen est-ce que tu as? Est-ce que tu étudies l'espagnol et le français?

XII. 1. Où habites-tu (habitez-vous)? 2. Que cherchez-vous? 3. Pourquoi sont-ils restés à la maison? 4. Combien de frères et de sœurs as-tu (avez-vous)? 5. Pourquoi ne prend-il pas de lait? 6. Quel temps va-t-il faire demain?

CHAPITRE · 8

Première étape

I. 1. passions 2. avaient 3. aimais 4. faisions 5. s'installaient 6. était / voulait 7. habitais 8. jouiez / étiez

II. 1. Tous les jours je prenais l'autobus pour aller à l'école. 2. À cette époque nous habitions très loin du lycée. 3. J'allais souvent déjeuner chez un copain. 4. Mes sœurs quittaient toujours la maison après moi. 5. Mon petit frère ne se levait pas avant 9h. 6. D'habitude, nous obéissions à nos parents. 7. Ils avaient beaucoup de patience avec nous. 8. Autrefois tu passais beaucoup de temps en ville. 9. Tes parents et toi, vous sortiez souvent ensemble.

III. 1. peux 2. peux 3. pouvons 4. pouvez 5. peut 6. peuvent 7. pouvait 8. a / pu

IV. 1. Je ne peux pas passer la journée à la plage. Je dois aider mes parents. 2. Nous ne pouvons pas (je ne peux pas) aller au cinéma ce soir. Nous avons (j'ai) trop de devoirs. 3. Ils ne peuvent pas faire du jogging. Ils sont trop fatigués. 4. Nous ne pouvons pas (je ne peux pas) dîner au restaurant ce soir. Nous n'avons pas (je n'ai pas) assez d'argent. 5. Je ne peux pas aller en ville. Je dois jouer avec mon petit frère. 6. Il ne peut pas regarder le film à la télé. Il doit sortir ce soir.

Deuxième étape

V. 1. Mes amis et moi, nous allions souvent au café. 2. J'écoutais la radio tous les jours. 3. Ma mère et mon père travaillaient aussi. 4. Je faisais des promenades. 5. Je me levais à 7h le week-end. 6. Mes amis et moi, nous avions des vélos. 7. La famille mangeait toujours ensemble. 8. À l'âge de 18 ans, je voulais rester à la maison.

VI. **1.** doit **2.** devez **3.** a dû **4.** ai dû
5. doit **6.** doivent **7.** devais **8.** devait
9. devions **10.** doit **11.** dois **12.** doit
13. ont dû **14.** a dû **15.** as dû

VII. **1.** We are supposed to (have to) be home at
6 o'clock. **2.** We were supposed to be home
at 6 o'clock. **3.** She is probably (must be)
seasick. **4.** She must have called the wrong
number. (She probably called the wrong
number.) **5.** They were supposed to call
last night. **6.** He had to go to the bank. (He
must have gone to the bank.)

Troisième étape

VIII. **1.** sais **2.** sais **3.** savez **4.** savons
5. sait **6.** savent **7.** savais **8.** a su

IX. **1.** Mes parents savent nager. **2.** Philippe
sait jouer de la guitare. **3.** Je sais faire de la
planche à voile. **4.** Hélène sait danser.
5. Nous savons chanter la Marseillaise.
6. Mon frère sait faire du ski de piste.
7. Vous savez parler allemand. **8.** Tu sais
utiliser un ordinateur.

X. **1.** Depuis quand est-ce que vous habitez en
France? Nous habitons en France depuis
1975. **2.** Depuis combien de temps est-ce
que tu fais des études à l'université? Je fais
des études à l'université depuis deux ans.
3. Depuis combien de temps est-ce
qu'Anne-Marie a mal à la gorge? Elle a mal à
la gorge depuis trois jours. **4.** Depuis quand
est-ce que tu te sens mal? Je me sens mal
depuis dimanche dernier.

CHAPITRE · 9

Première étape

I. **1.** Le cours le plus facile est le cours de
biologie. **2.** Le cours où il y a le plus
d'examens est le cours de français.
3. Le cours où on donne le plus de bonnes
notes (les meilleures notes) est le cours de
musique. **4.** Le cours où il y a le moins
d'examens est le cours de gymnastique.
5. Le cours où on donne les moins bonnes
notes est le cours d'astronomie. **6.** Le
cours le moins difficile est le cours de
comptabilité.

II. **1.** À mon avis, le bâtiment le plus moderne
de Paris est le centre Beaubourg. **2.** À mon
avis, la plus grande ville des États-Unis est
New York. **3.** À mon avis, le meilleur
acteur d'Hollywood est Robert De Niro.
4. À mon avis, la meilleure actrice
d'Hollywood est Meryl Streep. **5.** À mon
avis, le film le plus amusant de l'année est
Home Alone. **6.** À mon avis, le plus haut
bâtiment de ma ville est . . . . . **7.** À mon
avis, le restaurant le plus cher de ma ville est
. . . . . **8.** À mon avis, la plus vieille église
de Paris est Notre-Dame. **9.** À mon avis, la
femme la plus admirée du monde est . . . . .
10. À mon avis, l'homme le plus admiré du
monde est . . . . . **11.** À mon avis, le
meilleur chanteur de rock du monde est
. . . . . **12.** À mon avis, la meilleure vidéo du
monde est . . . . .

III. **1.** 9:15 A.M. **2.** 8:20 P.M. **3.** 12:00 noon
4. 6:50 P.M. **5.** 11:30 A.M. **6.** 3:40 P.M.
7. 11:10 P.M. **8.** 4:05 A.M. **9.** 4:35 P.M.
10. 9:25 P.M.

Deuxième étape

IV. **1.** Elle est au coin de la cinquième avenue et
de la quarante-deuxième rue. **2.** Il est au
coin de la troisième avenue et de la
cinquante-cinquième rue. **3.** Elle est au coin
de la première avenue et de la trente-sixième
rue. **4.** Elle est au coin de la dixième
avenue et de la quatre-vingt-quatrième rue.
5. Il est au coin de la huitième avenue et de
la cinquante-deuxième rue.

V. sors / sors / sortez / sortons / es sorti(e) /
partez / pars / partez / partons / partent /
part / part

VI. **1.** j'ai quitté **2.** sortons **3.** pars
4. sortent / quittent / partent **5.** partir
6. est sortie

Troisième étape

VII. **1.** Nous sommes restés à la maison. Il
pleuvait. **2.** Micheline a fait des courses. Il
y avait beaucoup de circulation. **3.** Jean et
Pierre sont allés à Versailles. Ils avaient
envie de sortir. **4.** Je voulais rendre visite à
mon oncle. J'ai pris le train. **5.** Nous avons
pris le métro. Nous étions pressés.

VIII. 1. Quand Jean-Claude a téléphoné, je prenais le petit déjeuner. **2.** Quand elle est descendue, nous faisions (je faisais) la lessive. **3.** Quand je suis sorti(e), il travaillait au jardin. **4.** Quand il est rentré, elles étudiaient. **5.** Quand je me suis couché(e), tu regardais la télé. **6.** Quand nous sommes allés au café, vous faisiez les courses. **7.** Quand elle a quitté la maison, il s'occupait des enfants. **8.** Quand Marc est tombé, je mettais la table.

IX. suis allé(e) / avais / ai passé / voulaient / ont appris / avons visité / avons fait / ai mangé / a décidé / avons fait / nous sommes bien amusés / était / n'ai pas compris / racontait / savais / était / appelait / a duré / avait / faisait / pouvait / était / participaient / ai terminé / étaient / ont beaucoup influencé

X. 1. a commencé **2.** ne voulait pas **3.** n'était pas / payait **4.** ont pris **5.** ont déclaré **6.** n'avait plus **7.** a guillotiné **8.** était / a commencé **9.** faisait / a appris / avait besoin **10.** est rentré / a pris / s'est déclaré **11.** n'a pas donné / cherchaient

XI. avait / sont arrivés / étais / était / avait / avait / était / parlait / avait / avait / était / était / avait / portait / a demandé / a aussi pris / était / avait / portait / avait / a pris / est sortie / était / était / était / était / avait / étions / avions / ont été / étaient / a sonné / ont quitté / est arrivée / étaient

CHAPITRE · 10

Première étape

I. 1. connais **2.** connaissent **3.** connaît **4.** connaissons **5.** connais **6.** connaissez

II. 1. Il connaît bien Lille. **2.** Je ne connais pas Paris. **3.** Mireille connaît très bien Grenoble. **4.** Je ne connais pas très bien la Belgique. (Je connaissais bien la Belgique quand j'étais petit[e]). **5.** Nous ne connaissons pas la Suisse. **6.** Ils connaissent très bien San Francisco.

III. 1. mets **2.** a mis **3.** mettez **4.** mettons **5.** Mets **6.** Mettez **7.** ont mis

IV. 1. Elle a mis des sandales. **2.** Tu mets le couvert? **3.** Ils mettent le fauteuil dans la salle de séjour. **4.** J'ai mis les asperges dans le frigo. **5.** Nous mettons 5 000F à la banque. **6.** Vous avez mis les chaises dans la cuisine? **7.** Je mets les fleurs sur la table? **8.** Nous avons mis le lit au premier étage.

Deuxième étape

V. 1. Qui **2.** Qui est-ce que **3.** À qui est-ce que **4.** À qui **5.** Qui **6.** Chez qui **7.** Qui est-ce qu' **8.** Avec qui est-ce que

VI. 1. a. Qui est-ce qu'Élisabeth a accompagné à la gare? **b.** Qui est-ce que Danielle a rencontré? **c.** Pour qui est-ce que Danielle a fait une réservation? **d.** Avec qui est-ce qu'Élisabeth a parlé? **2. a.** Qui a organisé une boum? **b.** Pour qui est-ce qu'elles ont organisé la boum? **c.** Chez qui est-ce qu'elles ont décidé de faire la soirée? **d.** Qui est-ce qu'elles ont invité? **e.** À qui est-ce qu'elles ont demandé de faire un gâteau?

VII. 1. viens **2.** est revenu **3.** est devenue **4.** revenez (venez) **5.** se souviennent **6.** venez **7.** sont (re)venues **8.** me souviens (reviens)

VIII. 1. Nous sommes venus aux États-Unis en 1958. **2.** Elles sont revenues en France pour visiter Paris. **3.** Je me souviens de mes dernières vacances au Portugal. **4.** Après ses études, elle est devenue (va devenir) astronaute. **5.** À quelle heure est-ce qu'ils reviennent (ils sont revenus, ils vont revenir, reviennent-ils)?

Troisième étape

IX. 1. Qu'est-ce qui **2.** Qu'est-ce que **3.** Avec quoi est-ce qu' **4.** Qu'est-ce qui **5.** Qu'est-ce que **6.** De quoi **7.** Que **8.** Qu'est-ce que

X. 1. a. Qu'est-ce qui s'est passé hier? **b.** Que faisait ton frère? **c.** Qu'est-ce qu'il a vu? **d.** Avec quoi est-ce qu'il a séparé les deux chiens? **e.** Qu'est-ce que les deux chiens ont fait ensuite? **2. a.** Qu'est-ce que tu as trouvé mardi soir? **b.** Qu'est-ce que tu faisais? **c.** De quoi est-ce que vous parliez? **d.** Qu'est-ce qui est tombé du ciel? **e.** Qu'est-ce qu'il y avait à l'intérieur?

XI. 1. Qu'est-ce qui s'est passé? **2.** Chez qui est-ce que vous êtes descendus? **3.** Qu'est-ce que tu vas faire? **4.** De quoi est-ce qu'il a peur? **5.** Qui t'a donné le vélo? **6.** Qu'est-ce qu'elle va étudier? **7.** Qu'est-ce qu'il voulait? **8.** Qui avez-vous rencontré? (Qui est-ce que vous avez rencontré?)

XII. 1. Un des hommes vient de demander tout l'argent. **2.** Ils viennent de prendre deux personnes en otages. **3.** Ils viennent de quitter la banque et ils viennent de partir dans une vieille voiture noire. **4.** L'employée de la banque vient de téléphoner à la police. **5.** Les agents de police viennent d'arriver. **6.** Un client vient de leur donner le numéro d'immatriculation de la voiture. **7.** On vient d'annoncer que cette histoire va continuer la semaine prochaine.

XIII. 1. Hervé et Denise venaient de manger leur dîner. **2.** Mme Lecoindre venait de rentrer chez elle. **3.** Je venais de regarder un film. **4.** Nous venions de faire les courses. **5.** Monique venait de rendre visite à ses parents. **6.** Tu venais de décorer ta chambre. **7.** Vous veniez de téléphoner à votre cousine.

CHAPITRE · 11

Première étape

I. 1. sois **2.** parliez **3.** finisses **4.** mettiez **5.** sachions **6.** mange **7.** réussissent **8.** ayons **9.** regardes **10.** achetions

II. 1. Il est essentiel que nous apprenions une langue étrangère. **2.** Il vaut mieux que tu ailles en classe. **3.** Il est nécessaire que vous fassiez vos devoirs. **4.** Il faut que nous étudiions. **5.** Il est important que

vous écoutiez le professeur. **6.** Il est préférable qu'elles réussissent aux examens. **7.** Il est important qu'il ait de la patience. **8.** Il faut que nous soyons honnêtes.

III. 1. . . . que nous étudiions . . . **2.** . . . qu'on aille . . . **3.** . . . que vous ayez . . . **4.** . . . que je sois . . . **5.** . . . que nous parlions . . . **6.** . . . que vous soyez . . . **7.** . . . que tu saches . . . **8.** . . . qu'on prenne . . . **9.** . . . que nous fassions . . . **10.** . . . que vous sortiez . . .

IV. 1. Il faut qu'elle consulte le médecin. **2.** Il faut que vous preniez des vacances. **3.** Il faut qu'ils sortent de temps en temps. **4.** Il faut que tu maigrisses un peu. **5.** Il faut qu'il aille chez le dentiste. **6.** Il faut que vous soyez plus calmes. **7.** Il faut que tu aies confiance en toi. **8.** Il faut que tu fasses de l'aérobic.

V. 1. . . . que tu t'amuses aussi. / . . . t'amuser aussi. **2.** . . . que tu étudies des langues étrangères. / . . . étudier des langues étrangères. **3.** . . . que tu fasses les devoirs régulièrement. / . . . faire les devoirs régulièrement. **4.** . . . que tu te reposes assez. / . . . te reposer assez. **5.** . . . que tu te fasses des amis. / . . . te faire des amis. **6.** . . . que tu aies des bonnes notes. / . . . avoir des bonnes notes. **7.** . . . que tu réussisses aux examens. / . . . réussir aux examens. **8.** . . . que tu réfléchisses à l'avenir. / . . . réfléchir à l'avenir.

Deuxième étape

VI. 1. Oui, nous vous cherchons. **2.** Oui, nous voulons vous demander quelque chose. **3.** Non, vous n'allez pas nous voir pour le dîner. **4.** Oui, tu peux me parler un moment. **5.** Non, je ne veux pas te donner 200 francs. **6.** Oui, nous t'aimons. **7.** Oui, je te comprends bien. **8.** Oui, je vais vous écrire toutes les semaines. **9.** Oui, tu peux me téléphoner de temps en temps.

VII. 1. Est-ce que je vous ai rencontrée chez les Dupont? **2.** Est-ce que vous me reconnaissez? **3.** Est-ce que vous m'avez parlé de votre famille? **4.** Est-ce que vous m'avez téléphoné l'autre jour? **5.** Tu m'as téléphoné? **6.** Tu veux m'accompagner au cinéma? **7.** Je t'ai montré ma nouvelle vidéo? **8.** Tu vas me montrer ton nouvel ordinateur?

VIII. 1. Téléphone-moi à 6h. **2.** Prête-moi ton pull-over. **3.** Achète-nous des bonbons. **4.** Ne me parle pas. **5.** Ne nous téléphone pas.

IX. 1. vend **2.** entends **3.** attendons **4.** ont perdu **5.** vendes **6.** descendait **7.** a entendu parler de **8.** n'avez / répondu **9.** perds **10.** rendiez

X. Nous vendons . . . . .(student choice of clothing). J'ai entendu un bruit. Je suis descendue au sous-sol. Nous avons perdu 2 000 francs et trois anoraks. Nous avons rendu un cadeau. J'ai perdu patience et nous sommes partis. Nous avons entendu dire que le voleur était jeune et grand.

Troisième étape

XI. 1. Je la regarde souvent, mais Isabelle ne la regarde pas. Et toi, Vincent, est-ce que tu la regardes souvent? **2.** Je ne les regarde pas, mais mes frères les regardent. Et vous, Éric et Chantal, vous les regardez? **3.** Je l'ai vu, mais ma sœur ne l'a pas vu. Et vous, Renée et Sylviane, est-ce que vous l'avez vu? **4.** Je ne vais pas aller le voir, mais mes parents vont aller le voir. Et toi, Jeanne, est-ce que tu vas aller le voir?

XII. 1. Oui, elle les a apportés. **2.** Non, nous ne l'avons pas regardé. **3.** Oui, je les ai achetées. **4.** Non, ils ne les ont pas finis. **5.** Oui, nous les avons trouvés. **6.** Non, je ne les ai pas achetées.

XIII. 1. Oui, je la fais de temps en temps. **2.** Non, je ne les aide pas avec leurs devoirs. **3.** Oui, je les fais toujours. **4.** Oui, je le prépare de temps en temps. **5.** Non, je ne l'ai pas écoutée. **6.** Oui, je l'ai comprise. **7.** Non, je ne vais pas les faire. **8.** Oui, je vais l'étudier.

XIV. as vu / vois / avons vu / avez vu / voyons / vois / voyais / voit

XV. 1. as vu / Je les ai vus . . . **2.** vois / Oui (non) Je les vois . . . **3.** voyez / Oui (non)

Nous les voyons . . . **4.** ont vu / Ils ont vu . . . **5.** ont vu / Oui (non) Ils l'ont vu . . . **6.** voyais / Je voyais souvent . . .

CHAPITRE • 12

Première étape

I. 1. Non, je n'ai vu personne dans le jardin. **2.** Non, personne ne m'a appelé. **3.** Non, ils n'ont rien fait ce week-end. **4.** Non, rien d'intéressant n'est arrivé. **5.** Non, il n'a parlé à personne ce matin. **6.** Non, il n'est plus à l'hôpital. **7.** Non, je n'ai pas encore fait mes devoirs. **8.** Non, quand il est à la Martinique, il ne mange jamais de bananes. **9.** Non, elles n'ont pas encore trouvé de job. **10.** Non, nous n'avons (je n'ai) plus faim.

II. 1. Ce n'est pas vrai. Vous n'allez jamais au restaurant. **2.** Ce n'est pas vrai. Elle n'est plus en France. **3.** Ce n'est pas vrai. Il ne comprend rien. **4.** Ce n'est pas vrai. Personne ne m'attend. **5.** Ce n'est pas vrai. Ses parents n'ont pas encore fait de l'alpinisme. **6.** Ce n'est pas vrai. Tu n'as besoin de rien. **7.** Ce n'est pas vrai. Tu n'as rencontré personne en ville hier. **8.** Ce n'est pas vrai. Elle ne pense à rien. **9.** Ce n'est pas vrai. Tu n'as rien fait. **10.** Ce n'est pas vrai. Ils ne sont plus au centre commercial.

III. 1. Non, je ne suis plus fatigué(e). **2.** Non, je n'ai pas encore mangé ce matin. **3.** Non, je n'ai entendu personne ce matin. **4.** Non, je n'ai besoin de rien pour ma chambre. **5.** Non, je ne me couche jamais avant 10h. **6.** Non, je n'ai rien laissé dans la voiture. **7.** Non, je ne veux téléphoner à personne aujourd'hui.

Deuxième étape

IV. 1. Nous sommes désolés que tu sois malade. **2.** Mes parents regrettent que Michel ne puisse pas aller à l'université. **3.** Je suis triste que vous partiez demain. **4.** Nous sommes navrés que Danielle n'ait pas l'argent pour aller en Afrique. **5.** Nous sommes contents qu'il apprenne l'anglais.

6. Mes parents sont surpris que vous étudiiez le français.   **7.** Je suis content(e) que mes parents aillent en vacances.   **8.** Nous sommes étonnés qu'Henri parte.   **9.** Philippe est fâché que Michèle n'aille pas au concert.

V. 1. Le prof est heureux que nous étudiions la grammaire.   **2.** Je suis étonné(e) que le prof ne veuille pas finir la leçon.   **3.** Marc est fâché qu'il nous fasse passer beaucoup d'examens.   **4.** Les étudiants sont étonnés que l'examen de fin d'année soit facile.   **5.** Le prof est surpris qu'une seule étudiante réussisse toujours aux examens.   **6.** Nous sommes ravis qu'il n'y ait pas de cours demain.   **7.** Nous sommes heureux de passer toute la journée au centre commercial.   **8.** Le prof regrette de ne pas pouvoir nous obliger à faire des devoirs le samedi.

VI. 1. visiter   **2.** visitiez   **3.** vienne   **4.** venir   **5.** finissions   **6.** finir   **7.** rester   **8.** restions

VII. 1. —Je veux sortir avec mes parents samedi soir.—Mais moi, je ne veux pas que tu sortes avec tes parents samedi soir.   **2.** —Je veux savoir le numéro de téléphone de Michel. —Mais moi, je ne veux pas que tu saches le numéro de téléphone de Michel.   **3.** —Je veux y aller.—Mais moi, je ne veux pas que tu y ailles.   **4.** —Il (elle) veut faire un voyage en Afrique.—Mais moi, je ne veux pas qu'il (elle) fasse un voyage en Afrique.   **5.** —Il (elle) veut choisir la nouvelle voiture.—Mais moi, je ne veux pas qu'il (elle) choisisse la nouvelle voiture.   **6.** —Il (elle) veut se coucher.—Mais moi, je ne veux pas qu'il (elle) se couche.

Troisième étape

VIII. 1. Dites-leur de faire attention aux voitures.   **2.** Qu'est-ce que tu lui as acheté?   **3.** Est-ce qu'elle lui donne quelque chose?   **4.** Explique-lui ton problème.   **5.** Téléphonez-leur.   **6.** Nous leur avons raconté des histoires.   **7.** Quelquefois je lui prête mes disques.   **8.** Ils leur obéissent toujours.   **9.** Je ne leur parle pas souvent.   **10.** Je vais lui apprendre à jouer aux échecs.

IX. 1. Pour son anniversaire, je lui ai acheté un bracelet.   **2.** Pour son anniversaire, je lui ai acheté une cravate.   **3.** Pour Noël (Hanouka), je lui ai acheté une vidéo.   **4.** Pour Noël (Hanouka), je leur ai acheté des livres.   **5.** Pour Noël (Hanouka), je leur ai acheté un appareil ménager.   **6.** Pour son anniversaire, je lui ai acheté un porte-monnaie.   **7.** Pour son anniversaire, je lui ai acheté un sac.   **8.** Pour Noël (Hanouka), je leur ai acheté des disques compacts.

X. 1. Oui, je les ai faits. (Non, je ne les ai pas faits.)   **2.** Je leur téléphone . . . . . par mois.   **3.** Je lui ai rendu visite il y a . . . . . jours (mois).   **4.** Je les achète au début du semestre (trimestre).   **5.** Oui, je le connais. (Non, je ne le connais pas.)   **6.** Je vais les terminer. . . .   **7.** Je l'étudie parce que . . .   **8.** Oui, je la regarde souvent. (Non, je ne la regarde pas souvent.)

XI. 1. Je vais le vendre.   **2.** Ils les ont montrées au professeur.   **3.** Elle la raccourcit.   **4.** Je lui ai demandé de me prêter son aspirateur.   **5.** Elles lui ont dit de dépenser moins.   **6.** Je l'ai perdu.   **7.** Elle va le mettre en hiver.   **8.** Ils les donnent à des œuvres charitables.

CHAPITRE · 13

Première étape

I. 1. en   **2.** au   **3.** en   **4.** à   **5.** en   **6.** aux   **7.** en   **8.** en   **9.** au   **10.** au

II. 1. de   **2.** du   **3.** des   **4.** de   **5.** de   **6.** de   **7.** du   **8.** d'   **9.** des

III. 1. Pour voir la tour penchée de Pise, il faut aller en Italie.   **2.** . . . en Israël.   **3.** . . . en Égypte.   **4.** . . . au Sénégal.   **5.** . . . au Maroc.   **6.** . . . en Chine.   **7.** . . . en Grèce.   **8.** . . . aux États-Unis.   **9.** . . . au Pérou ou au Brésil.   **10.** . . . en Angleterre.

IV. 1. Au Japon tu vas avoir besoin de yens.   **2.** En Angleterre . . .   **3.** Au Portugal . . .   **4.** Au Canada . . .   **5.** En Suisse . . .   **6.** En Russie . . .   **7.** En Inde . . .   **8.** En Algérie . . .   **9.** Au Mexique . . .   **10.** Au Viêt-nam . . .

V. 1. Ah, ces gens-la arrivent de Suisse.
2. . . . du Mexique. **3.** . . . de Russie.
4. . . . d'Allemagne. **5.** . . . des États-Unis.
6. . . . d'Égypte. **7.** . . . d'Espagne.
8. . . . de Chine **9.** . . . du Portugal.
10. . . . du Sénégal.

Deuxième étape

VI. 1. écouterons **2.** choisira **3.** vendront
4. partiras **5.** serai **6.** aurez **7.** fera
8. pourrons **9.** prendra **10.** faudra

VII. 1. Les hommes et les femmes seront égaux.
2. On vendra le bifteck sous forme de pilule.
3. Nous n'aurons pas de guerres. **4.** Il n'y
aura pas de pollution. **5.** Nous ferons des
voyages interplanétaires. **6.** Nous
rencontrerons des habitants d'autres
planètes. **7.** On pourra passer ses vacances
sur la lune. **8.** Les enfants apprendront un
minimum de quatre langues à l'école.
9. Nous saurons guérir le cancer.

VIII. 1. Je me présenterai à Mlle Chartrand.
2. Nous prendrons du lait au déjeuner.
3. Michel sera très calme en classe.
4. Mes frères feront bien attention en classe.
5. Nous apporterons un crayon et un cahier.
6. J'obéirai à Mlle Chartrand. **7.** Je mettrai
mon nouveau pantalon. **8.** Mes sœurs
apprendront à écrire. **9.** Nous aurons
beaucoup de patience. **10.** Je jouerai
gentiment avec mes copains.

Troisième étape

IX. 1. Nous y allons tous les étés. **2.** Nous y
passons les vacances depuis des années.
3. Nous y sommes allés pour la première fois
en 1975. **4.** Nous allons y retourner l'été
prochain. **5.** Mes parents y regardent la
télé tous les soirs. **6.** Moi, j'aime y faire
mes devoirs. **7.** Hier soir ma sœur y a
écouté des disques compacts avec ses
copines. **8.** Mais le dimanche après-midi
mon père y travaille. **9.** Allons-y tout de
suite! **10.** Mais n'y allons pas à pied!

X. 1. Ils y vont le 17 avril. **2.** Ils y arrivent à
11h45. **3.** Oui, on peut y louer un vélo.

(Jeanne va y louer un vélo.) **4.** Ils vont y
coucher la première nuit. **5.** Ils vont y passer
deux jours. **6.** Non, il y arrive à 4h de
l'après-midi. **7.** Ils y passent le temps sur la
plage. **8.** Ils y rentrent à 18h30 le 24.

XI. 1. Est-ce qu'ils y habitent depuis longtemps?
2. Est-ce qu'ils y sont nés? **3.** Est-ce qu'ils
y ont une maison ou un appartement?
4. Depuis combien de temps est-ce qu'elle y
travaille? **5.** Est-ce qu'elle peut y aller en
voiture? **6.** Qu'est-ce qu'elle y fait?
7. Est-ce qu'ils y sont depuis longtemps?
8. Quand est-ce qu'ils y sont allés?
9. Combien de temps est-ce qu'ils vont y
passer?

XII. 1. Il en a. **2.** Elle n'en veut pas.
3. Nous en avons acheté. **4.** J'en ai trois.
5. Elle en a lu cinq. **6.** Nous en avons assez.
7. Je vais en acheter une douzaine. **8.** Ils en
ont mangé beaucoup. **9.** Tu en as besoin?
10. Nous en discutions avec nos profs.

XIII. 1. Il y en avait trois. **2.** Non, je n'en ai pas
vu. **3.** Oui, il y en avait plusieurs.
4. Oui, j'en ai deux. **5.** Non, merci, je n'en
veux pas. **6.** Oui, je veux bien en parler.
7. Non, je ne vais pas en avoir peur.

XIV. 1. Oui, je les ai vus. **2.** Oui, ils lui ont
parlé. **3.** Non, je ne leur ai pas parlé.
4. Oui, il y en avait quatre ou cinq.
5. Non, ils ne s'en rendaient pas compte.
6. Oui, j'en ai vu un. **7.** Oui, je peux en
faire une description. **8.** Oui, je peux les
identifier.

CHAPITRE · 14

Première étape

I. 1. Il est impossible que ses parents aient
trois maisons. **2.** Je doute qu'elle puisse
traverser la Manche à la nage. **3.** Je ne
pense pas qu'elle aille en Chine cet été.
4. Il est peu probable qu'elle réussisse à tous
ses examens sans étudier. **5.** Il n'est pas
possible qu'elle connaisse très bien le
président des États-Unis. **6.** Il est possible
qu'elle passe (*or* qu'elle aille passer) l'été en
Europe. **7.** Je doute qu'elle soit l'étudiante

la plus intelligente de l'université. **8.** Il est peu probable qu'elle apprenne à faire de la planche à voile en dix minutes.

II. **1.** ne sais pas **2.** tournons **3.** mangez **4.** est (sera) **5.** allons **6.** a (aura) **7.** pourrons (pouvons) **8.** as (auras)

III. **1.** Je pense que notre train part de la gare St-Lazare. **2.** Je suis sûr qu'il part à 10h23. **3.** Je ne pense pas que nous ayons des places réservées. **4.** Il est certain que ce train a des voitures fumeurs et des voitures non-fumeurs. **5.** Il est possible que nous puissions déjeuner dans le train. **6.** Il est possible que Maman prépare des sandwiches. **7.** Il est probable que le train arrivera à l'heure. **8.** Il est vrai que les trains français sont ponctuels. **9.** Il est peu probable que l'oncle Paul soit à la gare quand nous arriverons. **10.** Je doute que nous prenions un taxi.

Deuxième étape

IV. **1.** voudrait **2.** voudraient **3.** voudrais **4.** voudrais **5.** voudriez **6.** voudrions

V. **1.** J'achèterais des cadeaux pour tous mes amis. **2.** Paul mettrait de l'argent à la banque. **3.** Mes parents ne travailleraient plus. **4.** Vous inviteriez tous vos amis au restaurant. **5.** Tu voyagerais partout en Europe. **6.** Philippe irait au Mexique. **7.** Nous ferions le tour du monde. **8.** Mes amis s'amuseraient.

VI. **1.** Est-ce que nous pourrions avoir une table près de la fenêtre? **2.** Ils voudraient le menu à 100 francs. **3.** Je voudrais (prendrais bien) un Coca. **4.** Est-ce qu'il serait possible de payer par chèque de voyage? **5.** Est-ce que vous pourriez recommander un bon hôtel dans le quartier?

Troisième étape

VII. **1.** Donne-moi le stylo qui est dans mon sac à dos. **2.** Donne-moi les cassettes qui sontsur l'étagère. **3.** Donne-moi la fourchette qui est dans le tiroir. **4** . Donne-moi les assiettes qui sont dans la salle à manger. **5.** Donne-moi la recette qui est sur la table.

VIII. **1.** Montre-moi le portefeuille que tu as acheté. **2.** Montre-moi les cartes postales que Paul a achetées. **3.** Montre-moi la peinture que vous avez achetée. **4.** Montre-moi les livres de poésie camerounaise que tu as achetés. **5.** Montre-moi la carte de Yaoundé qu'elles ont achetée.

IX. **1.** J'ai fait des photocopies des notes que tu m'as prêtées hier. **2.** Marc a lu l'article que j'ai trouvé dans le journal. **3.** C'est le prof d'histoire qui donne un examen toutes les semaines. **4.** Je viens de trouver le livre de français que tu as perdu il y a huit jours. **5.** As-tu réussi à l'examen qui était sur les verbes irréguliers? **6.** J'aime bien les histoires que notre prof de français nous raconte. *or* Notre prof de français nous raconte des histoires que j'aime bien. **7.** Qui est l'étudiant à qui tu parlais ce matin après le cours de physique?

X. **1.** Quel est le titre du roman que Georgette lit? **2.** Comment s'appelle (quel est le nom de) la jeune femme avec qui Didier sort? **3.** À quelle heure part de Marseille le train qui arrive à Cassis à 12h30? **4.** Combien coûte le pull que j'ai acheté hier? **5.** Comment s'appelle le (quel est le nom du) jeune homme à qui nous avons parlé? **6.** Où se trouve le billet que j'ai acheté hier? **7.** Quels sont les pays francophones qu'elle a visités?